C PROGRAMMIEREN

Ein Kurs zum Selbststudium
mit Musterlösungen

Guido Krüger

C PROGRAMMIEREN

Ein Kurs zum Selbststudium mit Musterlösungen

ADDISON-WESLEY PUBLISHING COMPANY

Bonn · Paris · Reading, Massachusetts · Menlo Park, California · New York
Don Mills, Ontario · Wokingham, England · Amsterdam · Milan · Sydney
Tokyo · Singapore · Madrid · San Juan · Seoul · Mexico City · Taipei, Taiwan

Die Deutsche Bibliothek – CIP-Einheitsaufnahme

Krüger, Guido:
C Programmieren : Ein Kurs zum Selbststudium mit Musterlösungen / Guido Krüger. -
Bonn ; München ; Reading, Mass. [u.a.] : Addison-Wesley, 1991
ISBN 3-89319-372-3

3. unveränderter Nachdruck 1994

Satz: EDC, Johanna Bergbauer, Regensburg
Belichtung: CD Computer- und Dokumentations GmbH, Neuler
Druck und Bindearbeiten: Schoder Druck GmbH & Co. KG, 86368 Gersthofen
Herstellung: Claudia Lucht
Umschlaggestaltung: ConSign, Bonn

ISBN 3-89319-372-3

Vorwort

Schon wieder ein neues Buch über C, werden Sie denken !

In der Tat hat die in den letzten Jahren enorm angestiegene Popularität der Programmiersprache C eine kaum übersehbare Flut an Büchern hervorgebracht, die sich mit der Programmiersprache C beschäftigen. Dabei verfolgen die Autoren ganz unterschiedliche Ziele: es gibt Lehrbücher, Nachschlagewerke, Library-Referenzen, Bücher über Systemprogrammierung oder Ratgeber für die Entwicklung von Benutzeroberflächen in C.

Ein neues Buch zu diesem Thema sollte seine Position in diesem Dschungel von vorneherein so definieren, daß es nicht untergeht. Aus eigener Erfahrung weiß ich, wie schwer es ist, ein gutes Buch (noch dazu in deutscher Sprache) zum *Erlernen* der Sprache C zu finden. Oft mangelt es an Beispielen und Aufgaben mit Lösungen, an der Genauigkeit der Darstellung oder es sind didaktische Mängel vorhanden.

Das vorliegende Buch entstand aus einer 3-monatigen Mitarbeiterfortbildung in Sachen C, die ich in der GBS (wir beschäftigen uns mit der Anwendungsentwicklung für den öffentlichen Bereich) durchgeführt habe. Es handelt sich um ein Lehrbuch, das vor allem für Programmierer gedacht ist, die bereits Erfahrungen mit anderen Programmiersprachen haben. Als Programmierneuling wird man mit diesem Buch kämpfen müssen, obschon – genügend Ausdauer vorausgesetzt – auch ein absoluter Anfänger von dem Buch profitieren kann. Großen Wert legte ich auf Beispiele und Aufgaben zur Vertiefung des Stoffes. Zu allen Aufgaben sind lauffähige und kommentierte Musterlösungen vorhanden.

Welchen Zweck hat es, die Programmiersprache C zu erlernen, wenn man schon eine oder mehrere Programmiersprachen beherrscht? Die Antwort darauf ist einfach und einleuchtend: C könnte die vorläufig letzte Programmiersprache in dieser Kette sein!

Das soll keineswegs heißen, daß C die perfekte Programmiersprache ist. Ganz im Gegenteil, Kritiker der Sprache zählen unter anderem folgende Schwächen auf:

1. C ist schwierig zu erlernen, durch die ungewöhnliche Syntax werden Programme unlesbar.

2. Die Freiheiten der Sprache verführen zu einem unsauberen Programmierstil und ermutigen zu Programmkonstruktionen, die man nach einiger Zeit selbst nicht mehr versteht.

3. Die Sprache birgt viele Gefahren, es gibt eine Menge verdeckter Fehlerquellen, die in anderen Sprachen schon beim Compilerlauf ausgeschaltet werden.

4. Selbst unerfahrene Programmierer haben volle Zugriffsmöglichkeit auf die Hardware.

Dennoch hat die Bedeutung von C als General-Purpose-Programmiersprache in den letzten Jahren erheblich zugenommen, denn den erwähnten Nachteilen stehen eine Reihe bedeutender Vorzüge gegenüber.

Einerseits ist für die Verbreitung von C die Popularität des Betriebssystems UNIX verantwortlich: zu jedem UNIX-System gehört ein C-Compiler und das Betriebssystem selbst ist zu einem großen Teil in C geschrieben. Wenn man erfolgreich in UNIX sein will, führt kein Weg an C vorbei. Andererseits bietet C sowohl die wesentlichen Konstrukte höherer Programmiersprachen, als auch die Möglichkeit, sehr hardwarenahe Programme zu schreiben, für die normalerweise eine Assemblersprache verwendet werden müßte. Zudem erzeugen C-Compiler in der Regel sehr schnelle (d.h. effiziente) Programme.

Ein weiterer Vorteil ist die viel gerühmte Portierbarkeit von C-Programmen. Da die Compilerhersteller aufgrund der umfassenden Möglichkeiten, die schon die Originaldefinition der Sprache bot, nicht sofort gezwungen waren, eigene Erweiterungen in die Compiler einzubauen, ist es sehr leicht, Programme zu schreiben, die auf vielen verschiedenen Maschinen laufen.

All dies hat dazu geführt, daß in den letzten Jahren sehr viele System- und Anwendungsprogramme in C geschrieben wurden und/oder Schnittstellen zu C enthalten. Gleichzeitig gab es anerkannte Bemühungen, die Sprache zu standardisieren (ANSI-C). Weiterentwicklungen wie etwa C++ werden auch zukünftig von Bedeutung sein. Für viele Programmierer sind daher heute solide C-Kenntnisse unverzichtbarer Bestandteil ihrer täglichen Arbeit.

Bleibt zu hoffen, daß dieses Buch beim Erlernen der Sprache C eine Hilfe sein wird und daß der Einsatz von C Ihnen die gewünschten Erfolge bringt.

Mein Dank gilt vor allem meinem Arbeitgeber und meiner Familie, ohne die die Arbeit an diesem Buch nicht möglich gewesen wäre.

Itzehoe, April 1991

Guido Krüger

Inhalt

Kapitel 5
Arrays 119

Kapitel 6
Funktionen 143

Kapitel 7
Datenstrukturen 177

Kapitel 8
Ein-/Ausgabe 201

Kapitel 1

Der Einstieg

Zum Arbeiten mit dem Buch

Das Buch »Programmieren in C« ist ein Lehrbuch für die Programmiersprache C. Damit Sie den größtmöglichen Nutzen aus diesem Buch ziehen können, bin ich bei der formalen und inhaltlichen Gestaltung des Buches und der Aufgaben davon ausgegangen, daß Sie zwei Voraussetzungen erfüllen:

Voraussetzungen

1. Sie können bereits programmieren und verfügen über fundierte Kenntnisse einer höheren Programmiersprache.

2. Sie haben Zugang zu einem C-Compiler, um die Beispiele und Aufgaben nachzuvollziehen.

Während das Nichterfülltsein der ersten Forderung durch genügend Ausdauer ausgeglichen werden kann, halte ich es für unmöglich, die Sprache C ohne Zugang zu einem C-Compiler zu erlernen. Ohne Compiler können wahrscheinlich eine Menge der Aufgaben nicht richtig gelöst werden. Ohne Praxis aber werden eine Menge der Dinge, die im Buch erklärt werden, im Dunkel bleiben. Versuchen Sie daher auf jeden Fall, Zugang zu einem C-Compiler zu finden.

Alle in diesem Buch abgedruckten Programme wurden unter Zortech C entwickelt, laufen aber prinzipiell auch unter anderen C-Compilern, wie Turbo-C, Microsoft-C oder einem Standard-UNIX-C-Compiler lauffähig sein. Sie finden im Anhang eine Übersicht einiger geeigneter C-Compiler für MSDOS und UNIX.

Ziel des Buches

Nach dem Durcharbeiten des Buches sollen Sie alle wesentlichen Eigenschaften der Programmiersprache C kennengelernt haben und einige praktische Erfahrung im Umgang mit der Sprache erworben haben. Sie sollen in der Lage sein, kleinere bis mittlere C-Programme zu schreiben sowie einfache C-Programme zu verstehen. Ferner soll das Buch Ihnen die Grundlage für weiterführende Studien der Sprache C oder spezieller Teilgebiete, die sich der Sprache C bedienen, geben.

Aufbau des Buches

Das Buch ist in 11 Kapitel untergliedert, die jeweils ein abgeschlossenes Thema behandeln. Die Kapitel bauen aufeinander auf. Sie sollten also das Buch von vorne nach hinten lesen. Am Ende des Buches finden Sie einige Anhänge, die sich speziellen Themen widmen und ein ausführliches Sachwortregister, mit dessen Hilfe Sie das Buch auch als Nachschlagewerk verwenden können.

Im Anschluß an jedes Kapitel ist eine Reihe von Übungsaufgaben zur Vertiefung und praktischen Anwendung des behandelten Stoffes zu finden. Die Übungsaufgaben haben unterschiedliche Schwierigkeitsgrade, die durch eine Kennung hinter der Nummer der Aufgabe angegeben werden:

A Einfache Aufgabe, welche in erster Linie das Anwenden des Gelernten erfordert.

B Anspruchsvollere Aufgabe, die oft das Erlernte in einem neuen Zusammenhang darstellt und in irgendeiner Weise typisch für das Programmieren (in C) ist.

C Schwierige Aufgabe, die prinzipiell mit den erlernten Fähigkeiten gelöst werden kann. Manchmal sind zusätzliche Kenntnisse auf einem anderen Gebiet erforderlich oder die Lösung erfordert einen besonderen Trick.

Nach dem Durcharbeiten eines Kapitels sollten Sie mindestens die A-Aufgaben lösen. Bleiben Sie solange bei einer Aufgabe, bis Sie sicher sind, die richtige Lösung gefunden zu haben. Diese Aufgaben sind in erster Linie als praktische Ergänzung des Kapitels gedacht, ihr tieferer Sinn liegt jedoch auch darin, die praktischen Abläufe zu üben, um ein Gefühl für Dinge wie Editor-, Compiler- und Linklauf, Syntax der Programmelemente oder das Vorgehen im Fehlerfall zu bekommen. Das Lösen einer A-Aufgabe wird im allgemeinen nicht länger als 30 Minuten dauern.

Die B-Aufgaben sollen Sie dazu motivieren, sich zu beweisen. Versuchen Sie auf jeden Fall, auch diese Aufgaben zu lösen, Sie bekommen durch eine B-Aufgabe möglicherweise eine neue Sicht auf schon bekannte Dinge und verstehen sie dann besser anzuwenden. Wenn Ihnen eine B-Aufgabe zunächst etwas schwierig vorkommt, versuchen Sie, die Lösung durch Hartnäckigkeit zu finden. Selbst wenn Sie eine Aufgabe einmal nicht lösen konnten, haben Sie doch eine Menge gelernt, wenn Sie sich längere Zeit mit dem Problem auseinandergesetzt haben. Das Lösen einer B-Aufgabe wird etwa zwischen einer halben und zwei Stunden erfordern.

Die C-Aufgaben sind am schwierigsten zu lösen. Sie sind unter anderem für die »Überflieger« vorgesehen, denen alle anderen Aufgaben zu einfach sind. Aber auch für die »Normalsterblichen« haben sie einen Sinn: Falls Sie sich nicht zu den Erstgenannten zählen, schauen Sie sich in einem späteren Kapitel einfach die nichtgelösten C-Aufgaben früherer Kapitel noch einmal an, dann fällt Ihnen die Lösung möglicherweise sofort ein. Versuchen Sie bei einer C-Aufgabe aber auf jeden Fall, die Aufgabe zumindest zu verstehen; oft ist das der wichtigste Schritt zur Lösung.

Es steht außer Frage, daß das Lösen der Aufgaben viel Zeit kostet; möglicherweise ebensoviel wie das Durcharbeiten des Kapitels. Sollte Ihre Zeit sehr knapp bemessen sein, so versuchen Sie, in der verfügbaren Zeit erst soviele A- und dann soviele B-Aufgaben wie möglich zu lösen. Nur wenn Sie genügend Zeit haben, sollten Sie sich mit den C-Aufgaben beschäftigen. Bedenken Sie jedoch, daß der Lernerfolg umso größer ist, je mehr Aufgaben Sie bearbeitet und gelöst haben.

Nach dem letzten Kapitel finden Sie die Musterlösungen zu allen Aufgaben aus diesem Buch. Schauen Sie sich die Musterlösung zu einer Aufgabe erst an, wenn Sie sicher sind, deren Lösung gefunden zu haben oder wenn Sie nach längerem Probieren nicht auf die Lösung kommen.

Nach den einleitenden Worten beginnt nun das eigentliche Thema des ersten Kapitels, die Einführung in die Sprache C. Wir werden dazu zunächst sehr informell an einem Beispielprogramm einige Elemente der Sprache ansehen, um uns mit einigen grundlegenden Eigenschaften von C vetraut zu machen. Den Abschluß des Kapitels bildet dann die Einführung der elementaren Datentypen, Konstanten und Variablendeklarationen in C, sowie der obligatorische Aufgabenblock.

Das 'hello-world'-Programm

Betrachten Sie folgendes Programm:

```
/* Das hello, world Programm */

main()
{
  printf("hello, world\n");
}
```

Wenn wir dieses Programm kompilieren, linken und starten, erzeugt es folgende Ausgabe auf dem Bildschirm:

```
hello, world
```

Es soll uns nun dazu dienen, einige typische Bestandteile eines C-Programmes exemplarisch vorzustellen.

Lexikalische Bestandteile

Ein C-Programm besteht für den Compiler zunächst einmal nur aus einer Folge von Bytes, die in einer Datei untergebracht sind. Beim Übersetzen des Programmes liest der Eingabeteil des Compilers (der Scanner) diese Datei sequentiell Byte für Byte und versucht, wo immer möglich, mehrere Bytes zu einem Token zusammenzubauen. Diese Token reicht er dann an den Parser weiter, der sich mit der syntaktischen Analyse des Programmes auseinandersetzt. Ein solches Token kann etwa ein Operator wie + oder ein Schlüsselwort wie *if* sein, es kann sich aber auch um eine numerische Konstante oder einen selbstdefinierten Namen handeln.

Da der Scanner immer versucht, soviel Eingabezeichen wie möglich zu einem Token zusammenzubauen, stellt sich die Frage: wie erkennt er, wann ein Token zuende ist ? Es gibt zwei Möglichkeiten: entweder befindet sich hinter dem Token ein Whitespace-Zeichen (Leerzeichen, Tabulator oder Zeilenschaltung) oder aber ein Delimiter (alle Sonderzeichen außer Unterstrich). Es gilt weiterhin die Regel, daß zwischen zwei aufeinanderfolgenden Token eine beliebige Anzahl an Whitespaces eingefügt werden darf. Dies bedeutet nichts anderes, als daß der Compiler sich nicht für Leerzeilen oder Einrückungen oder so etwas interessiert. Innerhalb eines Tokens darf jedoch kein Whitespace auftauchen.

Damit sind wir also bezüglich der äußeren Gestaltung unserer Programme recht frei. Wir können zusätzliche Leerzeichen, Tabulatoren oder Zeilenschaltungen nach Belieben in den Quelltext einstreuen, um ihn übersichtlicher zu machen. Natürlich haben sich bei den meisten C-Programmierern im Laufe der Zeit Regeln eingebürgert, was Einrückung und Zeilenschaltungen betrifft. So ist es beispielsweise üblich, die Anweisungen innerhalb eines Blockes immer etwas nach rechts einzurücken, oder vor der Definition einer Funktion mindestens eine Leerzeile zu lassen. Am besten, Sie verwenden die Beispielprogramme und Musterlösungen aus diesem Kurs als Anschauungsmaterial, um ein Gefühl für das Aussehen von C-Programmen zu bekommen.

Kommentar

Ein Kommentar wird in einem C-Programm durch /* eingeleitet und durch */ beendet. Die erste Zeile des »hello, world«-Programmes ist also ein Kommentar. Innerhalb eines Kommentars dürfen beliebige Zeichen – außer dem rechten Kommentarzeichen – vorkommen und es spielt keine Rolle, ob sich der Kommentar über mehrere Zeilen erstreckt. Verboten ist es lediglich, Kommentare zu schachteln, also innerhalb eines Kommentares noch einen weiteren Kommentar anzulegen. Ein Kommentar wird vom Compiler immer so behandelt, als wäre er ein Leerzeichen: er erzeugt keinen Programmcode, hat aber die Eigenschaft, zwei aufeinanderfolgende Bezeichner zu trennen.

Bezüglich der Verwendung von Kommentaren in einem Programm streiten sich die Gelehrten. Die Meinungen reichen dabei von »jede Zeile sollte kommentiert werden« bis »ein gutes Programm kommentiert sich selbst«. Beide Positionen sind falsch und eine vernünftige Lösung besteht darin, einen Mittelweg zwischen diesen Extremen zu finden:

1. Am Anfang einer Datei steht ein ausführlicher Kommentar, der mindestens folgende Bestandteile enthält:

a) Name der Datei, Versionsnummer
b) Kurzbeschreibung
c) Portierbarkeitsaspekte (verwendeter C-Compiler und Betriebssystem)
d) Datum der Erstellung und letzte Änderung sowie Programmautor

2. Jede Funktionsdefinition bekommt einen Header, der die Aufgabe der Funktion kurz umreißt und deren Aufrufsyntax klar macht.

3. Globale Typen und Variablen werden bei ihrer Definiton kommentiert.

4. Innerhalb des Anweisungsteils von Funktionen steht ein Kommentar immer dann, wenn eine Anweisungsfolge ungewöhnlich oder schwierig ist, d.h. wenn damit zu rechnen ist, daß dieser Programmteil bei einem späteren Lesen oder durch einen anderen nicht ohne weiteres verstanden wird.

Diese Vorgehensweise ist ein vernünftiger Kompromiß zwischen Aufwand und Nutzen von Kommentaren. Ob Sie selbst so oder anders vorgehen wollen, liegt natürlich bei Ihnen.

Hauptfunktion

Das »hello, world«-Programm besteht – außer dem Kommentar – im wesentlichen aus einer einzigen Funktion mit dem Namen *main*. Da Funktionen in C das einzige Unterprogrammkonstrukt sind, besteht ein C-Programm immer aus einer oder mehreren Funktionen. Eine dieser Funktionen hat in C eine besondere Bedeutung und einen besonderen Namen, nämlich *main*. Diese Funktion wird vom Laufzeitsystem gleich nach dem Starten und Initialisieren des Programmes aufgerufen und ist so der Einstiegspunkt für jedes C-Programm. Es gibt also in einem C-Programm keine Konstruktion für ein separates Hauptprogramm wie in vielen anderen Programmiersprachen, sondern der Programmablauf beginnt da, wo die *main*-Funktion beginnt.

Eine Funktion wie *main* wird im einfachsten Fall durch Angabe des Namens, gefolgt von einer leeren Parameterliste (ein Paar runder Klammern), gefolgt von den auszuführenden Anweisungen, deklariert. Beachten Sie, daß die auszuführenden Anweisungen in geschweifte Klammern eingeschlossen werden müssen. Man bezeichnet den Teil innerhalb der geschweiften Klammern auch als Anweisungsteil der Funktion, den Rest als Funktionskopf. Der Funktionskopf legt also fest, unter welchem Namen die Funktion aufgerufen werden kann und wie die Parameterübergabe stattfinden soll, während der Anweisungsteil festlegt, welche Tätigkeiten die Funktion erledigen soll.

Eine Funktion kann innerhalb eines Programmes in zwei verschiedenen Zusammenhängen auftauchen, erstens als Funktionsdefinition und zweitens als Funktionsaufruf. Mit *main* wird in diesem Beispiel eine Funktion definiert, d.h. es wird festgelegt, *was* die Funktion tun soll. Die Verwendung von *printf* ist dagegen ein Beispiel für einen Funktionsaufruf: eine schon definierte Funktion wird aufgerufen, damit sie für uns Dinge erledigt, die in ihrer Definition festgelegt wurden. Dabei ist *printf* eine Funktion, die uns von den Herstellern des C-Compilers mitgeliefert wurde. Sie hat die Aufgabe, Texte und Zahlen formatiert auf dem Bildschirm auszugeben.

Geschweifte Klammern

Die geschweiften Klammern haben in C sehr weitreichende Bedeutung, sie dienen nämlich als Blockbegrenzer. Für alle C-Anfänger, die an die *BEGIN/END*-Schlüsselworte anderer Sprachen gewöhnt sind, sind sie meist die Hauptursache für die »schlechte Optik« von C-Programmen. Meiner Erfahrung nach dauert es aber nur wenige Wochen, bis man sich – auch als Umsteiger – vollständig an das Aussehen von C-Programmen gewöhnt hat.

Anweisung

Das »hello, world«-Programm enthält eine einzige Anweisung, nämlich den Aufruf der Funktion *printf*. Jedes C-Programm besteht aus einer Folge von Anweisungen, nicht anders als in den meisten anderen Programmiersprachen, die Anweisungen werden nacheinander ausgeführt. Nachdem das Programm die letzte Anweisung ausgeführt hat, wird es beendet. Die Anweisungen sind sozusagen die »Arbeitstiere« eines Programmes, durch Anweisungen wird festgelegt, was das Programm zu tun hat und auf welche Art es das tun soll.

Semikolon

Ein Semikolon ist in C ein Endezeichen, es wird fast ausschließlich dazu verwendet, das Ende einer Anweisung anzuzeigen. Nicht alle Anweisungstypen brauchen jedoch ein Semikolon als Endezeichen. Im Kapitel 3 werden Sie alles über Anweisungen und das Setzen von Semikolons oder anderen Trennzeichen erfahren.

Stringkonstante

Eine Stringkonstante ist ein beliebiger Text innerhalb eines Programmes, der durch Hochkommas eingeschlossen ist. In dem »hello, world«-Programm ist also »hello, world\n« eine Stringkonstante, die in diesem Fall also in Zusammenarbeit mit der Funktion *printf* dazu verwendet wird, eine Ausgabe auf dem Bildschirm zu erzeugen. Um innerhalb einer Stringkonstante besondere Zeichen darzustellen, die normalerweise nicht ohne weiteres über die Tastatur eingegeben werden können, gibt es eine Reihe von Sonderzeichen, die innerhalb von Stringkonstanten erlaubt sind. Eines dieser Sonderzeichen ist *\n*. Obwohl es aus zwei Einzelzeichen besteht, wird es vom Compiler wie ein Zeichen, nämlich wie eine Zeilenschaltung (newline) behandelt. Diese Art von Sonderzeichen haben eine große Bedeutung in C und tauchen an den unterschiedlichsten Stellen innerhalb eines Programmes auf. Im dem Abschnitt »Konstanten« werden Sie mehr darüber erfahren.

Es ist grundsätzlich nicht erlaubt, eine Stringkonstante über das Zeilenende hinausgehen zu lassen. Die schließenden Hochkommas müssen also in derselben Zeile auftauchen wie die öffnenden. Es gibt aber eine Ausnahme: wenn wir innerhalb einer Stringkonstante als letztes Zeichen einer Zeile einen \ (Backslash) setzen, so wird diese Zeile mit der nächsten verbunden, so daß wir auf diese Weise mehrzeilige Stringkonstanten erzeugen können. Das Problem bei dieser Vorgehensweise ist nur, daß die aktuelle Einrückung eingebüßt wird, denn die Fortsetzung der Stringkonstante muß unmittelbar am Anfang der nächsten Zeile beginnen.

Namenskonventionen

Ein C-Programm darf selbstverständlich selbstdefinierte Namen (Bezeichner) enthalten, etwa für Variablen oder Funktionsdefinitionen. Bezüglich der erlaubten Namen gelten folgende Regeln:

1. Bezeichner können beliebig lang sein, der Compiler unterscheidet sie jedoch immer nur bis zu einer festen compilerabhängigen Länge. Typischerweise liegt die Grenze bei 15 bis 31 Zeichen.

2. In C wird zwischen Groß- und Kleinschreibung strikt unterschieden. So ist beispielsweise *X1* ein anderer Variablenname als *x1* und es ist nicht erlaubt, das Schlüsselwort *if* groß zu schreiben.

3. Ein Bezeichner darf Buchstaben, Ziffern und Unterstriche enthalten. Das erste Zeichen darf keine Ziffer sein. Unterstriche am Anfang eines Bezeichners und zwei oder mehr aufeinanderfolgende Unterstriche sind zwar erlaubt, sollten aber vermieden werden, um Kollisionen mit Bezeichnern aus den Standard-Libraries zu vermeiden.

Wir wollen damit die Diskussion des »hello, world«-Programms beenden und beginnen, uns der systematischen Beschreibung der Elemente der Sprache C zuwenden.

Elementare Datentypen

Im Gegensatz zu einer Sprache wie etwa BASIC ist C eine streng typisierte Sprache. Das bedeutet: alle Variablen und Funktionen haben einen genau definierten, vom Programmierer festgelegten, Typ. Der Typ bestimmt, welche Werte eine Variable annehmen (bzw. eine Funktion zurückgeben) darf und welche nicht.

Einleitung

Wir wollen uns in diesem Abschnitt mit den elementaren Datentypen von C befassen, d.h. mit den Typen, die jeder C-Compiler als Grundmenge zur Verfügung stellt. In späteren Kapiteln werden wir Möglichkeiten kennenlernen, aus den Grundtypen durch Anwendung bestimmter Konstruktionsmechanismen neue Typen zusammenzubauen.

Standardtypen

Die folgende Tabelle enthält eine Übersicht aller in C verfügbarer Standardtypen und gibt zu jedem Typ Name, Wertebereich, die Länge der internen Darstellung und einige typische Namen von Variablen dieses Types an.

Name	*Länge*	*Wertbereich*
char	1	-128..127 oder alle ASCII-Zeichen bis 127 oder 0..255 (alle ASCII-Zeichen), je nach Compiler
unsigned char	1	0..255 oder alle ASCII-Zeichen
signed char	1	-128..127 oder alle ASCII-Zeichen bis 127
int	2 (auf 16-Bit-Rechnern) oder 4 (auf 32-Bit-Rechnern)	-32768..32767 (auf 16-Bit-Rechnern) oder -2147483648..2147483647 (auf 32-Bit-Rechnern)
short int	2	-32768..32767
long int	4	-2147483648..2147483647
unsigned int	2 (auf 16-Bit-Rechnern) oder 4 (auf 32-Bit-Rechnern)	0..65535 (auf 16-Bit-Rechnern) oder 0..4294967295 (auf 32-Bit-Rechnern)
unsigned short int	2	-0..65535
unsigned long int	4	0..4294967295
float	4	$-10^{38}..10^{38}$
double	8	$-10^{308}..10^{308}$

char

Der *char*-Datentyp kann in C auf zwei (logisch) völlig unterschiedliche Arten verwendet werden: zum einen dient er der Handhabung einzelner Zeichen wie 'a' oder '\n', die typischerweise im Zusammenhang mit Bildschirmausgabe, Tastatureingabe oder dem Verarbeiten von Textdateien benötigt werden. Seine andere Anwendung ist jedoch das Verarbeiten kleiner Ganzzahlen, deren Wertebereich für die Anwendung des *int*-Typs eigentlich zu klein ist.

Dies ist sicherlich für den C-Anfänger etwas verwirrend, handelt es sich doch um logisch sehr unterschiedliche Anwendungen, die hier zusammengeworfen werden. An dieser Stelle zeigt sich zum erstenmal die Hardwarenähe der Sprache C. Auf der Ebene des ablaufenden Programmes unterscheiden sich beide Anwendungen tatsächlich überhaupt nicht: auf der einen Seite werden einzelne Zeichen intern als gewöhnliche Bytes verarbeitet und bekommen nur durch Tastatur und Bildschirm eine besondere Bedeutung, auf der anderen Seite ist es der

Hardware egal, ob etwa im Bildschirmspeicher ASCII-codierte Zeichen oder unstrukturierte Bytefolgen (z.B. ein Maschinenprogramm) stehen. Lediglich die Interpretation durch den Anwender schafft hier zwei verschiedene Typen.

Diese Anlehnung an maschinennahe Darstellungen wird uns in C noch öfter begegnen, sie reflektiert die ursprüngliche Konzipierung von C als Sprache zur Implementierung des Betriebssystems UNIX und ist oft vorteilhaft für das Programmieren systemnaher Abläufe. Tatsächlich ist der große Vorteil in diesem Fall, daß *char*-Zeichen auch in arithmetischen Ausdrücken verwendet werden können, man kann also Berechnungen mit ihnen durchführen (und dafür gibt es durchaus Anwendungen). Näheres dazu erfahren Sie in Kapitel 2.

Da ein *char*-Typ auch zur Darstellung von kleinen Ganzzahlen geeignet sein soll, gibt es in C sowohl einen vorzeichenbehafteten als auch vorzeichenlosen *char*-Typ. Es ist nicht festgelegt, ob ein Compiler einen *char*-Typ standardmäßig mit oder ohne Vorzeichen darstellen soll. Wir können diesem (Portabilitäts-) Problem begegnen, indem wir eines der Schlüsselworte *signed* oder *unsigned* voranstellen. Das Handbuch des von Ihnen verwendeten Compilers kann zu diesem Thema nähere Auskünfte geben.

int

Der *int*-Datentyp ist der Standard-Ganzzahltyp in C. Er wird immer dann verwendet, wenn ganze Zahlen gespeichert oder verarbeitet werden müssen und *char* ungeeignet ist. Während der *char*-Typ auf allen bekannten Rechnern mit einer Länge von 1 Byte dargestellt wird, ist die interne Länge – und damit auch der Wertebereich – von *int* auf manchen Rechnern unterschiedlich. Üblich sind Längen von 16 oder 32 Bit. Auch hier sollten Sie das Handbuch Ihres Compilers zu Rate ziehen, wenn Ihnen die Darstellungslänge eines *int* nicht bekannt ist.

Der *int*-Typ kann auf verschiedene Arten modifiziert werden. Durch Voranstellen des Schlüsselwortes *long* wird der Wertebereich von *int* möglicherweise erweitert, und zwar typischerweise auf -2^{31}.. $2^{31}-1$. Anwendungen von *long int* finden sich dort, wo der Wertebereich von *int* zu klein ist. Obwohl für die meisten Systeme gültig, muß ein *long int* nicht unbedingt 32 Bit lang sein, und sein Wertebereich könnte dementsprechend größer oder kleiner sein.

Durch Voranstellen des Schlüsselwortes *short* wird der Wertebereich und die Länge der Darstellung von *int* möglicherweise verkürzt, und zwar typischerweise auf $-2^{15}..2^{15}-1$. Das hier und im vorigen Absatz verwendete »möglicherweise« erklärt sich dadurch, daß der Grundtyp *int* auf manchen Rechnern mit einem *short int*, auf anderen Rechnern hingegen mit einem *long int* identisch ist. Auf ersteren unterscheidet sich daher *int* nicht von *short int*, während sich auf letzteren *int* nicht von *long int* unterscheidet. Wir können jedoch davon ausgehen, daß ein *short int* auf allen Rechnern wesentlich kürzer als ein *long int* ist.

Durch Voranstellen des Schlüsselwortes *unsigned* teilen wir dem Compiler mit, daß er die Zahl als vorzeichenlos betrachten soll. Dadurch verschiebt sich der Wertebereich von den oben genannten Grenzen auf $0..2^n$-1, wobei n die Anzahl der Bits der *int*-Darstellung ist. Es gibt zusätzlich das Schlüsselwort *signed*, womit wir dem Compiler mitteilen können, daß wir eine vorzeichenbehaftete Darstellung wünschen. Dies ist jedoch – anders als bei *char* – bei allen *int*-Typen die Voreinstellung und braucht daher i.a. nicht gesondert angegeben werden.

Falls wir einen *int*-Typ durch eines der Schlüsselworte *signed, unsigned, short* oder *long* modifizieren, so können wir das nachfolgende Schlüsselwort *int* auch weglassen. Ein gültiger Name für den Typ *unsigned long int* wäre also ebenso *unsigned long*.

float und double

Diese beiden Datentypen eignen sich zur Darstellung von Fließkommazahlen. Fließkommazahlen sind das computergeeignete Modell der in der Mathematik vorkommenden reellen Zahlen. Im Gegensatz zu diesen ist der Wertebereich und die Genauigkeit allerdings sehr begrenzt. Auf typischen Maschinen hat der *float*-Typ eine Genauigkeit von 7-8 Stellen, während *double* etwa 13-14 Stellen aufzuweisen hat. Die Wertebereiche sind ebenfalls unterschiedlich, sie können der vorangehenden Tabelle entnommen werden.

Dies bedeutet also beispielsweise, daß eine *float*-Zahl, welche den Wert 1.500302085 darstellen kann, noch lange nicht auch den Wert 1.500302086 darstellen kann, denn in den meisten Fällen überschreitet dies ihre Genauigkeit. Dieses Verhalten wird umso eigenartiger, je größer die Zahlen werden. Angenommen, eine *float*-Zahl mit 8 Stellen Genauigkeit enthält die Zahl 315406235.0, dann bedeutet dies beispielsweise, daß die Zahlen 315406236.0 oder 315406234.0 nicht von dieser Zahl unterscheidbar sind. In der Tat ist es z.B. unter Turbo-C so, daß die nächstgrößere unterscheidbare Ganzzahl 315406256.0 ist, eine Differenz von 21 ! Eine Fließkommazahl mit 8-stelliger Genauigkeit kann also nicht etwa immer 8 Dezimalstellen unterscheiden, sondern die Anzahl der signifikanten Stellen von links nach rechts beträgt 8 ! Hat also die Zahl schon vor dem Komma 6 Stellen, so kann sie nach dem Komma nur noch 2 Stellen unterscheiden.

Wir können dem vorigen Absatz auf jeden Fall entnehmen, daß *float*-Zahlen für kaufmännische Berechnungen oft ungeeignet sind. Sollen etwa Geldbeträge mit Zehntelpfennig-Genauigkeit verarbeitet werden, so liefert *float*-Arithmetik allerhöchstens bei Beträgen mit weniger als sechs Vorkommastellen die nötige Genauigkeit (auch kein Zwischenergebnis in irgendeinem Ausdruck darf größer werden). Das ist zweifellos für die meisten Anwendungen zu wenig. Besser ist da schon die Verwendung von *double*, wo i.a. auch zweistellige Millionenbeträge noch ohne Fehler verarbeitet werden können. Die in reinen Anwendungssprachen übliche Festkommadarstellung mit BCD-Arithmetik gibt es in C leider nicht standardmäßig.

Manche C-Compiler bieten noch einen weiteren *double*-Typ, nämlich *long double*. Er wird meist mit 10 Bytes dargestellt und bietet daher noch eine etwas höhere Genauigkeit als *double*.

Konstanten

In allen Programmiersprachen muß es Konstanten geben. Wäre dies nicht der Fall, so könnte keine Variable jemals einen definierten Ausgangswert bekommen und auch viele andere Dinge wären schwer oder gar nicht machbar. Daher kann man in C für jeden einfachen Datentyp Konstanten angeben. Wir werden in einem späteren Kapitel sehen, daß man auch für einige zusammengesetzte Typen unter bestimmten Bedingungen Konstanten angeben kann. Wir wollen im folgenden die Konstanten nach Typen differenziert besprechen.

char

Je nach Verwendung des *char*-Typs als Zahl oder Zeichen können *char*-Konstanten unterschiedlich aussehen. Für Zahlkonstanten gelten die Regeln, die auch bei *int* gültig sind, wobei aufgrund des kleineren Wertebereichs von *char* natürlich nicht so große Zahlen angegeben werden dürfen.

Sollen *char*-Konstanten als Zeichenkonstanten verwendet werden, so ist es besser, die andere Art der Darstellung zu verwenden. Hierbei wird die Zeichenkonstante als Buchstabe, der in einfache Hochkommas eingeschlossen ist, dargestellt. Will man also den Buchstaben a als Zeichenkonstante angeben, so wird man dies in aller Regel als 'a' hinschreiben. Natürlich ist es auch möglich, die Zahl 97 zu verwenden, denn Sie entspricht (wenigstens im ASCII-Zeichensatz) der internen Darstellung eines a. Auf diese Art können alle darstellbaren Zeichen als Zeichenkonstanten verwendet werden.

Um auch nicht darstellbare Zeichen als Konstanten aufschreiben zu können, gibt es einige Sonderregeln in C, die dadurch gekennzeichnet sind, daß die Zeichenkonstante nicht mehr ein, sondern zwei Zeichen enthält. Das erste Zeichen muß dabei immer ein \ (Backslash) sein, während das zweite Zeichen die Bedeutung der Konstante festlegt. Derartige Konstanten werden vom Compiler niemals wie zwei, sondern immer wie ein einziges, nämlich das gewünschte Sonderzeichen, behandelt.

Die folgende Tabelle listet diese Sonderkonstanten auf.

Bezeichnung	*ASCII-Code*	*Name*	*Bedeutung*
\n	10	newline	Erzeugt auf dem Bildschirm einen Zeilenvorschub, wird auf der Tastatur durch die [Enter]-Taste erzeugt.
\t	9	Tabulator	Erzeugt auf dem Bildschirm einen Tabulatorsprung (meist bis zur nächsten, durch 8 teilbaren Spalte); wird auf der Tastatur durch die [Tab]-Taste erzeugt.
\b	8	Backspace	Führt auf dem Bildschirm meist zum Löschen des vorherigen Zeichens; wird auf der Tastatur durch die [Backspace]-Taste erzeugt.
\r	13	Carriage Return	Spielt auf UNIX-Systemen keine große Rolle; unter MSDOS besteht eine Zeilenendemarkierung aus \r\n.
\f	12	Form Feed	Keine Bedeutung für Tastatur und Bildschirm; bei Druckern führt es zu einem Seitenvorschub.
\0	0	Null	Die wichtigste Bedeutung ist die interne Verwendung als Ende-Markierung eines Strings; wird manchmal auch in Druckersequenzen benötigt.
\\	92	Backslash	Ist die Bezeichnung für die Zeichenkonstante \, da ein alleinstehender Backslash immer als Sonderzeichen-Präfix angesehen wird.
\'	39	Einfaches Hochkomma	Ist die Bezeichnung für die Zeichenkonstante ', da ein alleinstehendes einzelnes Hochkomma immer als Begrenzer für eine Zeichenkonstante angesehen wird.

Bezeichnung	*ASCII-Code*	*Name*	*Bedeutung*
\\"	34	Doppeltes Hochkomma	Ist die Bezeichnung für die Zeichenkonstante ", da ein alleinstehendes doppeltes Hochkomma immer als Begrenzer für eine Stringkonstante (s.u.) angesehen wird.
nnn	nnn	Oktalwert	Auf diese Art kann eine Zeichenkonstante direkt über Ihre oktale Zahlendarstellung angegeben werden. So ist mit '\\033' etwa das ESCAPE-Zeichen (mit dem ASCII-Code 27 (oktal 33)) gemeint.

int

Ganzzahlige Konstanten vom Typ *int* können in verschiedenen Zahlensystemen aufgeschrieben werden. Neben der normalen Dezimaldarstellung ist dabei auch die Angabe als oktale (Basis 8) oder hexadezimale Konstante (Basis 16) möglich. Nur dezimale Konstanten dürfen dabei ein Vorzeichen besitzen. Neben der Angabe eines bestimmten Zahlensystems können auch Angaben über die Länge der Darstellung (z.B. *long*) oder die Wahl der Vorzeichens (*unsigned*) gemacht werden. Werden keine derartigen Angaben gemacht, so wird die Konstante dem kleinstmöglichen Wertebereich der Liste (*int, unsigned int, long, unsigned long*) zugeordnet.

Beispiel	*Sonderregel*	*Wirkung*
123	Keine	Die Zahl 123 wird als *int*-Konstante in Dezimaldarstellung erkannt.
-500	Keine	Die Zahl -500 wird als *int*-Konstante in Dezimaldarstellung erkannt.
046	Voranstellen einer 0	Die Zahl 38 wird als *int*-Konstante in Oktaldarstellung erkannt.
0x3F1B	Voranstellen von 0x	Die Zahl 16155 wird als *int*-Konstante in Hexadezimaldarstellung erkannt.
349L	Anhängen eines L	Die Zahl 349 wird als *long*-Konstante betrachtet.
2500U	Anhängen eines U	Die Zahl 2500 wird als *unsigned*-Konstante betrachtet.

Alle Sonderregeln können auch kombiniert werden. Außerdem dürfen die Regeln zur Darstellung in unterschiedlichen Zahlensystemen auch für *char*-Konstanten verwendet werden.

float und double

Fließkommakonstanten unterscheiden sich von den bisher kennengelernten Ganzzahlkonstanten dadurch, daß sie einen . (Dezimalpunkt) oder ein E (Exponenten-Präfix) oder beides enthalten. Der Teil einer Fließkommazahl vor dem E wird als Mantisse bezeichnet, der Teil dahinter als Exponent. Die Angabe eines Exponenten und damit auch das E ist optional. Wird ein Exponent angegeben, so errechnet sich der Wert der Zahl durch Multiplikation der Mantisse mit 10^{Exponent}. Sowohl Mantisse als auch Exponent dürfen ein Vorzeichen enthalten.

Beispiele gültiger Fließkommakonstanten sind:

3.1415926	Die Zahl *pi*
10.26E4	102600.0 in Exponentialschreibweise
.5E-3	0.0005 in Exponentialschreibweise (die 0 vor dem Dezimalpunkt darf weggelassen werden)
-5.61E-6	-0.00000561 in Exponentialschreibweise

Keine Fließkommakonstanten sind jedoch:

100	Die Zahl enthält keinen Dezimalpunkt und wird daher vom Compiler als *int* angesehen
E15	Die Mantisse fehlt

String-Konstanten

Eigentlich können String-Konstanten erst im Kapitel über Arrays behandelt werden. Da sie jedoch selbst in einfachen Programmen zur Ausgabe von Texten auf dem Bildschirm unerläßlich sind, will ich sie kurz informell beschreiben. Eine String-Konstante entsteht durch eine Aneinanderreihung von Einzelzeichen, welche vorne und hinten durch doppelte Hochkommas abgeschlossen ist. Innerhalb der Hochkommas dürfen alle über die Tastatur eingebbaren Zeichen und alle Sonderzeichen, die auch in *char*-Konstanten Verwendung finden, vorkommen. Beachten Sie, daß es jedoch nicht sinnvoll ist, innerhalb einer String-Konstante das Sonderzeichen \0 (ASCII-NUL) zu verwenden, da es vom Compiler und den Laufzeitroutinen als String-Ende-Markierung angesehen wird.

Bezüglich der maximal zulässigen Länge von Strings gibt es in C keine prinzipiellen Beschränkungen, hier hat jeder Compiler seine eigenen Regeln. Meist liegt die maximal erlaubte Länge jedoch recht hoch, typischerweise bei 32767 oder 65535 Zeichen. Wir wollen die Diskussion über Strings auf Konstanten dieses Typs beschränken, für weitere Informationen sei auf das entsprechende Kapitel verwiesen.

Beispiele gültiger Stringkonstanten:

```
"hello, world\n"
"\nWert von x: %d\n"
"Das X\b ist nicht sichtbar\n"
```

Der Typ-Bezeichner von String-Konstanten ist *char**.

Definition einfacher Variablen

Ebenso wie Konstanten braucht jede allgemein verwendbare Programmiersprache Variablen. Variablen sind sozusagen das Gedächtnis eines Programmes. Wir wollen in diesem Kapitel nur die Definition einfacher Variablen besprechen, und auf komplizierte Details wie Speicherklassen oder Sichtbarkeitsregeln nur kurz eingehen.

Allgemeines

Die Syntax einer Variablendefinition lautet:

```
Datentyp Name { , Name } ;
```

Dabei ist *Datentyp* einer der elementaren Datentypen, die wir bisher kennengelernt haben, also etwa *char* oder *int*. Nach der Angabe des Datentyps folgt ein Name oder eine Liste von Namen, die durch Kommas getrennt sind. Durch obige Definition können also Variablen *Name1*, *Name2*, *Name3*, usw... erzeugt werden, die alle den Typ *Datentyp* besitzen.

Beispiele

```
char c;
int i,j,k;
float z,rest;
char *filename;
```

Anmerkung

Falls Sie mit den hier verwendeten Syntaxdiagrammen nicht zurecht kommen, finden Sie im Anhang D bei der Syntaxzusammenfassung aller Sprachelemente eine Erklärung der Notation.

Da C eine typisierte Sprache ist, darf man Werte nichtkompatibler Typen nicht vermischen, es ist also beispielsweise nicht erlaubt, eine Stringkonstante einer *float*-Variablen zuzuweisen. Der Typ einer Variablen ändert sich während ihrer gesamten Lebensdauer nicht und wird einzig und allein durch ihre Definition bestimmt.

Sichtbarkeit und Lebensdauer

Jede Variable hat eine wohldefinierte Sichtbarkeit und Lebensdauer. Diese Werte sind nicht für alle Variablen eines Programmes gleich, sondern jeweils abhängig von dem Kontext, in dem sie definiert wurden. Unter der Sichtbarkeit einer Variablen versteht man dabei die Menge aller Stellen im Programmtext, von denen aus auf diese Variable zugegriffen werden kann. Unter Lebensdauer versteht man die Zeiträume, während denen das ablaufende Programm auf diese Variable zugreifen kann. Obwohl eine differenziertere Betrachtung nötig wäre, wollen wir zunächst nur pauschal zwischen globalen und lokalen

Variablen unterscheiden und die detailliertere Diskussion auf Kapitel 6 (Funktionen) verschieben. Unter einer lokalen Variablen verstehen wir eine Variable, die innerhalb einer Funktion definiert wurde.

Beispiel

```
main()
{
  int i,j;

  /* Anweisungen */
}
```

Die Sichtbarkeit einer lokalen Variable ist auf die Funktion beschränkt, in der sie definiert wurde. Eine lokale Variable kann also nie außerhalb ihrer Funktion verwendet werden. Die Sichtbarkeit der lokalen Variablen *i* und *j* aus obigen Beispiel beschränkt sich damit auf die Funktion *main*. Die Lebensdauer einer lokalen Variable beschränkt sich auf die Zeiten, zu denen die zugehörige Funktion ausgeführt wird. Die lokalen Variablen einer Funktion werden also während des laufenden Programmes immer dann angelegt, wenn die Ausführung der Funktion gerade beginnt und immer dann wieder vernichtet, wenn die Funktion beendet wurde.

Ganz anders verhalten sich hingegen globale Variablen. Unter einer globalen Variablen versteht man eine Variable, die außerhalb einer jeden Funktion definiert wurde.

Beispiel

```
float x;

test_func()
{
  float z;

  /* Anweisungen */
}

main()
{
  int i,j;

  /* Anweisungen */
}
```

Die Sichtbarkeit einer globalen Variablen erstreckt sich auf das gesamte Programm (ab der Stelle, an der diese Variable definiert wurde). In obigem Beispiel ist die globale Variable *x* also sowohl in der Funktion *main* als auch in der Funktion *test_func* sichtbar. Auch die Lebensdauer einer globalen Variable erstreckt sich auf den gesamten Programmablauf, d.h. eine globale Variable wird zu Beginn eines Programmes angelegt und erst mit dem Beenden des Programmes wieder vernichtet.

Falls eine lokale Variable definiert wurde, die den gleichen Namen wie eine innerhalb dieser Funktion sichtbare globale Variable hat, so wird die globale Variable für die Dauer dieser Funktion unsichtbar, d.h. bei Verwendung dieses Namens wird immer auf die lokale zugegriffen. Nach dem Ende dieser Funktion ist jedoch wieder die ursprüngliche globale Variable sichtbar und ihr Wert ist völlig unverändert – unabhängig davon, ob der lokalen Variable innerhalb der Funktion ein anderer Wert zugewiesen wurde.

Beispiel

```
int i;
test_func()
{
  int i;

  i=2;
  printf("i ist %d\n",i);
}

main()
{
  int j,k;

  i=1;
  printf("i ist %d\n",i);
  test_func();
  printf("i ist %d\n",i);
}
```

Dieses Programm erzeugt die Ausgabe

```
i ist 1
i ist 2
i ist 1
```

Die erste Zuweisung in der *main*-Funktion weist der globalen Variablen *i* den Wert 1 zu, danach wird sie auf dem Bildschirm ausgegeben. Die dann aufgerufene Funktion *test_func* definiert eine lokale Variable gleichen Namens und verdeckt dadurch die globale Variable. Die Zuweisung *i=2* weist also der lokalen Variable *i* den Wert 2 zu und erzeugt so die zweite Ausgabezeile. Nach dem Ende von *test_func* wird jedoch die lokale Variable *i* wieder vernichtet und bei der nächsten Anweisung in *main* ist wieder die globale Variable *i* sichtbar, deren Wert nach wie vor unverändert 1 ist.

Wenn Sie bereits Programmierer sind, werden Ihnen diese Zusammenhänge sicherlich klar sein. Sollte dies nicht der Fall sein, versuchen

Sie unbedingt, sie völlig zu verstehen ! Das Verständnis der Regeln für Sichtbarkeit und Lebensdauer von Variablen ist unabdingbar für das Programmieren in C.

Automatische und manuelle Initialisierung

In C gibt es verschiedene implizite und explizite Möglichkeiten, einer Variablen einen definierten Anfangswert zuzuweisen. Jeder globalen Variablen wird zu Beginn des Programmes der Wert 0 zugewiesen, es ist also nicht nötig, eine globale Variable explizit mit 0 zu initialisieren. Anders verhält es sich bei lokalen Variablen, diese werden nicht automatisch initialisiert. Nach dem Aufrufen einer Funktion sind deren lokale Variablen zunächst undefiniert, es spielt dabei auch keine Rolle, welchen Wert sie beim vorigen Aufruf der Funktion hatten. Nur durch eine explizite Initialisierung oder eine Zuweisung kann eine lokale Variable einen definierten Wert bekommen.

Neben der automatischen Initialisierung globaler Variablen, können wir jede einfache Variable bei ihrer Definition initialisieren, indem wir einfach ein = (Zuweisungsoperator, siehe Kapitel 2), gefolgt von einer Konstanten des passenden Typs an den Namen der Variablen anhängen.

Beispiele

```
int     i,j=0;
char    crlf='\n';
double xmax=8640.0, ymax=6533.25;
int     i=1, j=2, k=3;
char    *fritz="Mein Name ist Fritz\n";
char    esc_key=27, *errmes="*** Achtung, Fehler ***\n", c;
```

Wie wir den Beispielen entnehmen können, ist es möglich, sowohl initialisierte als auch uninitialisierte Variablenvereinbarungen innerhalb einer Definition zu verwenden. Beachten Sie insbesondere das letzte Beispiel. Dort werden die folgenden drei Variablen definiert:

esc_key Eine *char*-Variable, die mit dem Wert 27, also mit dem ESCAPE-Zeichen (im ASCII-Zeichensatz) initialisiert wird.

errmes Eine String-Variable, welcher die Stringkonstante "*** Achtung, Fehler ***\n" zugewiesen wird.

c Eine uninitalisierte *char*-Variable. Wäre dies die Definition von globalen Variablen, so würde *c* beim Programmstart automatisch der Wert 0 (also '\0') zugewiesen werden.

Wir wollen nun diese informelle Einführung abschließen und uns nach den Aufgaben dem nächsten Thema »Ausdrücke« zuwenden. Damit es möglich ist, die Aufgaben praktisch nachzuvollziehen, müssen wir allerdings zuvor noch einen kurzen Exkurs in das Kompilieren und Linken von C-Programmen unternehmen.

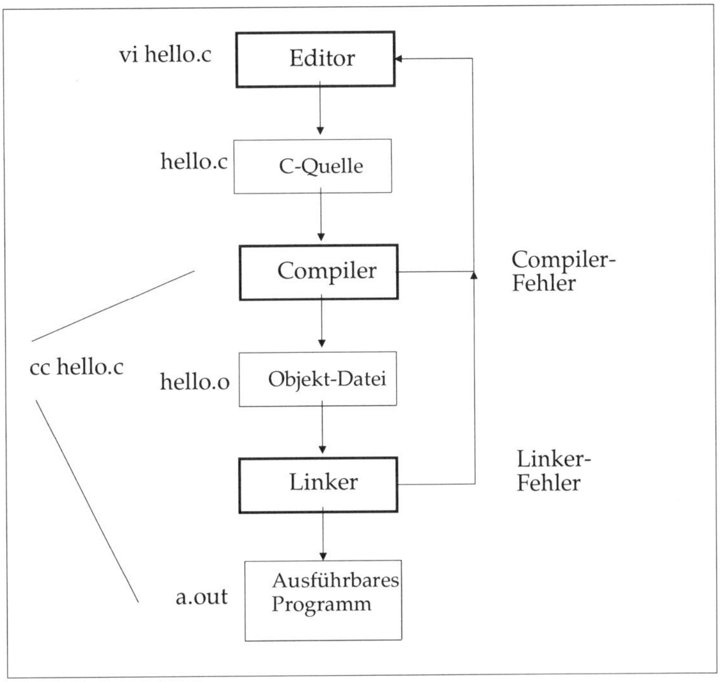

Abbildung 1.1 Der Turn-Around-Zyklus

Turnaround-Zyklus

Zunächst ist ein C-Programm nur ein Gedankengebilde. Damit es auf einem realen Rechner ausgeführt werden kann, sind eine Reihe von Klippen zu umschiffen. Zuerst muß das Programm mit einem Editor erfasst und in eine Textdatei gebracht werden. Diese Textdatei darf einen beliebigen Namen bekommen, muß aber die Erweiterung *.c* haben. Dann muß sie mit dem Compiler kompiliert (übersetzt) werden. Er erzeugt eine Objektdatei gleichen Namens, aber mit der Erweiterung *.o* (bzw. *.obj* unter MSDOS). Schließlich muß diese Datei mit zusätzlich benötigten Routinen, den Laufzeitbibliotheken zusammengelinkt (gebunden) werden. Das Ergebnis des Linklaufes ist ein lauffähiges Programm.

Tritt beim Kompilieren oder Linken ein Fehler auf, wird abgebrochen und es muß wieder der Editor aufgerufen, der Fehler behoben und der entsprechende Ablauf wiederholt werden. Erst wenn weder beim Kompilieren noch beim Linken Fehler aufgetreten sind, ist ein ablauffähiges Programm entstanden (siehe Abbildung 1.1: Der Turn-Around-Zyklus). Dieser prinzipielle Ablauf wird üblicherweise als Turnaround-Zyklus bezeichnet. Bezüglich der prinzipiellen Vorgehensweise unterscheiden sich die verschiedenen Compiler nicht, wie wir gleich sehen werden, gibt es jedoch erhebliche Unterschiede was die nötigen Tätigkeiten des Programmierers betrifft. Wir wollen uns diese Tätigkeiten einmal am Beispiel eines UNIX-C-Compilers und auf der anderen Seite am Beispiel von Turbo-C ansehen.

UNIX-C

Unter UNIX-Systemen sind Editor, Compiler und Linker meist separate Programme, die mit entsprechenden Kommandos aufgerufen werden müssen. Lediglich Compiler und Linker können unter Umständen mit nur einem Kommando gestartet werden. Als Editor ist jeder Texteditor geeignet, auf fast allen UNIX-Systemen gibt es *vi*, einen bildschirmorientierten Editor, der zwar gewöhnungsbedürftig, aber vielseitig ist (wenn man den richtigen Umgang mit ihm erlernt hat). Obwohl es in vielen UNIX-Systemen bessere Editoren gibt (etwa EMACS), wollen wir uns der breiten Verfügbarkeit wegen den *vi* ansehen. Der Compiler/Linker wird durch das Kommando *cc* gestartet und erzeugt – falls keine Fehler aufgetreten sind – ein lauffähiges Programm namens *a.out*. Sind Fehler aufgetreten, so werden diese am Bildschirm angezeigt und müssen durch erneuten Aufruf des Editors behoben werden.

vi

Aufruf:

```
vi [ Dateiname ]
```

vi befindet sich immer entweder im Kommando- oder im Eingabemodus. Der Eingabemodus dient dazu, Text einzugeben oder zu ändern; alles andere (Löschen, Cursorbewegungen, Sichern, Suchen, Kopieren, usw...) findet im Kommandomodus statt. Im Eingabemodus funktioniert als einzige »Cursortaste« die [Backspace]-Taste, mit der man einen Schritt nach links geht. Man gelangt durch [Esc] vom Eingabe- in den Kommandomodus. Um vom Kommando- in den Eingabemodus zu gelangen, gibt es diverse Kommandos. Eine Liste der wichtigsten Kommandos von *vi* lautet:

i	in den Eingabemodus, dann Einfügen von Text an der Cursorposition. Mit [Esc] wieder in den Kommandomodus.
R	in den Eingabemodus, dann Überschreiben von Text an der Cursorposition. Mit [Esc] wieder in den Kommandomodus.
A	in den Eingabemodus, dann Anhängen von Text an das Ende der Zeile. Mit [Esc] wieder in den Kommandomodus.
ctrl-x	Löschen eines Zeichens
dd	Löschen einer Zeile
o	Einfügen einer Zeile unter der aktuellen Zeile.
O	Einfügen einer Zeile über der aktuellen Zeile.

h	Cursor hoch
j	Cursor runter
k	Cursor links
l	Cursor rechts
:x	vi verlassen und die geänderte Datei sichern
:q!	vi verlassen ohne die Änderungen zu sichern

Die hier aufgelisteten Befehle machen nur einen sehr kleinen Teil des Befehlsumfanges von *vi* aus, und können daher nur als erste Einführung in das Arbeiten mit dem Programm angesehen werden.

cc

Aufruf:

```
cc { Schalter } Dateiname { Dateiname }
```

Mit dem Steuerprogramm *cc* werden Compiler und Linker aufgerufen, um aus einer C-Quelldatei ein ausführbares Programm zu machen. Als Parameter übergibt man *cc* im einfachsten Fall den Namen einer C-Quelldatei, die es dann kompiliert und linkt. Das lauffähige Programm hat standardmäßig den Namen *a.out*, es kann aber per Compilerschalter (s.u.) umbenannt werden. In der folgenden Liste der Compilerschalter wird uns zunächst nur der Schalter *-oName* interessieren, mit dem wir den Namen der Ausgabedatei ändern können. Die Bedeutung der anderen Schalter wird in späteren Kapiteln deutlich werden.

-c	Datei(en) nur kompilieren, nicht aber linken. Für jede angegebene .c-Datei wird eine .o-Datei erzeugt.
-oName	Die Ausgabedatei, d.h. das ausführbare Programm, soll nicht *a.out*, sondern *Name* heißen.
-g	Erzeuge Debugger-Information beim Kompilieren.
-DMakro	Externe Makrodefinition
-IPfad	Zusätzlicher Suchpfad für include-Dateien
-lLibrary	Zusätzlich einzubindende Library

Turbo-C

Das Turbo-C-System von Borland unterscheidet sich in der Bedienung ganz erheblich von den geschilderten UNIX-Systemen. Es handelt sich hierbei um eine integrierte und sehr schnelle Entwicklungsumgebung mit eingebautem Editor, Compiler und Linker. Dabei kann das Programm per Knopfdruck [Strg][F9]) direkt vom Editor aus kompiliert, gelinkt und gestartet werden und nach seinem Ende gelangt man wieder in den Editor. Nach dem Starten von Turbo-C befindet man sich direkt im Editor und kann sofort beginnen, ein Programm einzugeben.

Ein großer Vorteil von Turbo-C ist seine eingebaute Hilfefunktion. Wenn man an einer beliebigen Stelle im Entwicklungssystem die Taste [F1] drückt, öffnet sich ein Fenster mit einem kontextbezogenen Hilfetext. Auf diese Weise können Sie sich selbst schrittweise mit der Bedienung des Editors, Compilers und Linkers vertraut machen. Sie erfahren dort insbesondere, mit welchen Tastenkombinationen Sie eine Datei laden oder sichern können, welche Editierfunktionen der Editor bietet und wie Sie ein Programm auf Knopfdruck starten.

tc

Aufruf:

```
tc
```

Falls Sie weder über eine UNIX-Anlage noch über Turbo-C verfügen, finden Sie im Anhang Beschreibungen weiterer Compiler, unter denen sich Ihr Modell möglicherweise befindet.

Kapitel 1

Aufgaben

1.(A) Geben Sie das »hello, world«-Programm ein und bringen Sie es mit Ihrem C-Compiler zum Laufen.

2.(A) Schreiben Sie ein Programm, das den folgenden Text auf dem Bildschirm ausgibt:

```
C unterscheidet zwischen Groß- und Kleinschreibung.
Die Programmausführung beginnt bei der main-Funktion.
Geschweifte Klammern markieren die Funktionsgrenzen.
Ein Semikolon markiert das Ende einer Anweisung.
```

3.(B) Schreiben Sie ein Programm, welches den Quelltext des »hello, world«-Programmes auf dem Bildschirm ausgibt.

4.(B) Kann es ein C-Programm geben, das auf dem Bildschirm seinen eigenen Quelltext ausgibt ?

5.(B) Schreiben Sie ein Programm, welches den Bildschirm löscht.

6.(B) Bestimmen Sie die signifikante Länge von Bezeichnern für Ihren C-Compiler.

7.(B) Welche Ausgabe erwarten Sie von folgendem Programm ?

```
main()
{
  printf("\nZeile 1");
  printf(" Zeile 2 ");
  printf(" Zeile 3 ");
  printf(" Letzte Zeile\n");
}
```

Anmerkung Versuchen Sie zunächst, diese Aufgabe ohne Zuhilfenahme Ihres C-Compilers zu lösen. Erst, wenn Sie die Lösung gefunden haben, verwenden Sie den Compiler, um das Ergebnis zu überprüfen.

Kapitel 2
Ausdrücke

Einleitung

Das vorliegende Kapitel beschäftigt sich mit einem Thema, in dem sich die Programmiersprache C sehr deutlich von den meisten anderen Sprachen unterscheidet, nämlich den Ausdrücken. Das Verständnis dieses Kapitels ist daher sehr wesentlich für das Verständnis der folgenden Kapitel und wichtige Grundlage für das Erlernen der Sprache C. Eine Ausnahme bilden einige der »Sonstigen Operatoren«, die am Ende dieses Kapitels eingeführt werden. Sie können erst nach der Einführung der zugehörigen Konzepte in späteren Kapiteln genau erklärt werden und stehen hier hauptsächlich aus Gründen der Vollständigkeit.

Definitionen

Der Begriff *Ausdruck* bezeichnet in den meisten Programmiersprachen all das, was auf der rechten Seite eines Zuweisungsoperators auftauchen kann. Dabei handelt es sich meist um eine, an bestimmte Regeln gebundene, Verbindung von Variablen, Konstanten und Funktionsaufrufen mittels arithmetischer, logischer und relationaler Operatoren. Bezüglich der Zulässigkeit von Operatoren und Operanden in einem bestimmten Kontext gibt es bei den einzelnen Programmiersprachen erhebliche Unterschiede. Das Erlernen einer neuen Programmiersprache besteht zu einem erheblichen Teil aus dem Erlernen der Schreibweise und Bedeutung ihrer Ausdrücke.

Wir wollen zunächst einige Begriffe definieren, die im weiteren Verlauf dieser Kurseinheit von Bedeutung sind. Diese Begriffe sind nicht C-spezifisch, sondern der üblichen Terminologie der Informatik entnommen. Sie sind daher auch in anderen Bereichen wiederzufinden.

Operator

Operatoren dienen zum Verknüpfen von Operanden. Sie werden benötigt, um aus bekannten Werten neue Werte zu gewinnen. Als einfache Beispiele kann man die arithmetischen Operatoren + und * zum Addieren und Multiplizieren zweier Zahlen nennen.

Die meisten Operatoren sind zweistellig, d.h. sie benötigen zwei Argumente, verknüpfen diese und erzeugen ein Ergebnis. Die meisten Operatoren in C sind ebenfalls zweistellig, es gibt jedoch auch einige einstellige und sogar einen dreistelligen Operator. Im nächsten Abschnitt werden alle Operatoren der Sprache C erklärt und mit Beispielen veranschaulicht. Diejenigen Operatoren, welche das Verständnis noch unbekannter Konzepte voraussetzen, werden hier nur kurz aufgelistet und in einem späteren Kapitel genau erklärt.

Operand

Operanden sind die Argumente der Operatoren. Vereinfacht gesprochen, stellen Operanden also die Eingabewerte der Operatoren dar, mit deren Hilfe diese dann einen neuen Wert – das Ergebnis – erzeugen. Operanden können in C Konstanten, Variablen, Funktionsaufrufe oder wiederum Ausdrücke sein.

Ausdruck

Ein Ausdruck entsteht durch Verknüpfung mehrerer Operanden und Operatoren nach bestimmten Regeln. Obwohl der Aufbau von Ausdrücken im Laufe dieses Kapitels anhand der Beispiele klar werden wird, wollen wir uns zunächst eine formale Definition ansehen:

1. Eine Konstante ist ein Ausdruck.

2. Eine Variable ist ein Ausdruck.

3. Ein Funktionsaufruf ist ein Ausdruck (außer wenn die Funktion als void (siehe Kapitel 6) deklariert ist).

4. Ist A ein Ausdruck und ϕ ein einstelliger Präfix-Operator, so ist auch ϕA ein Ausdruck.

5. Ist A ein Ausdruck und ϕ ein einstelliger Postfix-Operator, so ist auch $A\phi$ ein Ausdruck.

6. Sind A und B Ausdrücke und ist ϕ ein zweistelliger Operator, so ist auch $A\phi B$ ein Ausdruck.

7. Sind A, B, C Ausdrücke und ist ϕ_1, ϕ_2 ein dreistelliger Operator, so ist auch $A\phi_1 B\phi_2 C$ ein Ausdruck.

8. Ist A ein Ausdruck, so ist auch (A) ein Ausdruck.

Beachten Sie, daß diese Definition lediglich das »Aussehen« zulässiger Ausdrücke beschreibt (also deren Syntax), d.h. jeder zulässige Ausdruck genügt diesen Regeln. Allerdings gibt es auch Konstruktionen, die den obigen Regeln genügen, aber keine zulässigen Ausdrücke sind. So ein Fall kommt meist dadurch zustande, daß Operand und Operatoren vom Typ her nicht zueinander passen.

Beispiele

```
a+b

-x*(3+z)

c1+c2+c3-5*(f(j)-10)
```

Rückgabewert

Jeder Ausdruck hat einen Rückgabewert, der durch die verwendeten Operatoren und Operanden eindeutig bestimmt wird. Der Rückgabewert ist sozusagen das Ergebnis der Anwendung der Operatoren auf die Operanden des Ausdrucks.

Beispiele

Ausdruck	*Rückgabewert*
3+5	8
6+1%4	3
(2+6)*4/10	3

Der Rückgabewert ist das eigentliche Unterscheidungsmerkmal zwischen Ausdrücken und Anweisungen (der zweiten Gruppe von codeerzeugenden Bestandteilen einer Programmiersprache). Ausdrücke haben stets einen Rückgabewert und können daher in anderen Ausdrücken verwendet werden, während Anweisungen keinen Rückgabewert besitzen.

Wichtig ist auch der Typ des Rückgabewerts. Er ergibt sich immer eindeutig aus den Typen der Operanden, die auf einen Operator angewendet werden. Nicht jeder Operator ist für Operanden beliebigen Typs geeignet oder sinnvoll. Immer dann, wenn die Operanden eines Ausdrucks unterschiedliche, aber arithmetische Typen haben, nimmt der Compiler automatische Typkonvertierungen vor. Auf den nächsten Seiten finden Sie neben der Beschreibung der Operanden jeweils auch eine Beschreibung der zulässigen Eingabetypen und der daraus erzeugten Ausgabetypen. Am Ende dieser Kurseinheit finden Sie zusätzlich eine Auflistung aller impliziter Typkonvertierungen.

In fast allen Programmiersprachen treten Ausdrücke nicht isoliert, sondern stets innerhalb des Kontextes einer Anweisung auf. Dies kann etwa die Zuweisung an eine Variable, ein Funktionsaufruf, oder die Verwendung als Testausdruck in einer Schleife sein. In C kann ein Ausdruck jedoch auch ohne Kontext verwendet werden; durch einfaches Anhängen eines Semikolons wird ein Ausdruck zu einer Anweisung und kann so für sich alleine stehen. Man kann also sagen, daß es in C nicht nötig ist, den Rückgabewert eines Ausdrucks weiterzuverwenden:

```
main()
{
  1+1;
}
```

ist ein völlig legales, aber zugegebenermaßen sinnloses C-Programm. Wir werden weiter unten sehen, daß das Ignorieren des Rückgabewertes eines Ausdrucks nur dann sinnvoll ist, wenn der Ausdruck Nebeneffekte hat.

Gruppierung

Unter Gruppierung versteht man die Auswertungsreihenfolge innerhalb eines Ausdrucks. Besteht ein Ausdruck aus mehreren Operatoren und Operanden, so wäre es nicht unbedingt sinnvoll, ihn immer von links nach rechts auszuwerten. Schon in der Schule lernt man, daß »Punktrechnung vor Strichrechnung geht«. Um den Anforderungen der Praxis zu genügen, wurden die Operatoren von C in eine Hierarchie von Vorrangregelungen eingebettet. Die Auswertung eines Ausdrucks wird dadurch nach folgenden Regeln vorgenommen:

1. Erst werden geklammerte Teilausdrücke ausgewertet.

2. Dann werden die einstelligen Postfix-Operatoren auf ihre Operanden angewendet. Als Postfix-Operatoren bezeichnet man diejenigen einstelligen Operatoren, die hinter ihrem Operanden stehen (z.B. der [ ]-Operator).

3. Als nächstes werden die einstelligen Präfix-Operatoren auf ihre Operanden angewendet. Als Präfix-Operatoren bezeichnet man diejenigen einstelligen Operatoren, die vor ihrem Operanden stehen (z.B. das unäre Minus).

4. Nun werden die Teilausdrücke mit mehrstelligen Operatoren gemäß der Reihenfolge der Operator-Vorrangtabelle ausgewertet. Stehen Operatoren einer Vorranggruppe nebeneinander, so werden sie gemäß ihrer Assoziativität (s.u.) entweder von links nach rechts oder umgekehrt ausgewertet. Die Vorrangtabelle der Operatoren finden Sie am Ende dieser Kurseinheit. Sie ist für C-Neulinge zunächst eines der wichtigsten Hilfsmittel beim Programmieren.

Assoziativität

Als Assoziativität bezeichnet man im Zusammenhang mit der Beschreibung von Ausdrücken in Programmiersprachen die Reihenfolge, in der die Operanden eines Ausdrucks ausgewertet werden, wenn sie keinen weiteren Vorrangregelungen unterliegen. Dies ist in C immer dann der Fall, wenn auf beiden Seiten eines Operanden zwei Operatoren der gleichen Vorranggruppe stehen.

Die meisten Operatoren in C sind linksassoziativ, d.h. sie werden von links nach rechts ausgewertet. Dies entspricht der gewohnten Vorgehensweise beim Auswerten arithmetischer Terme, wie man es von der Schule her kennt. So wird beispielsweise der Ausdruck a-b+c wie (a-b)+c und nicht etwa wie a-(b+c) ausgewertet.

Einige der in C vorhandenen Operatoren sind jedoch nicht links-, sondern rechtsassoziativ (beispielsweise der Zuweisungsoperator) und machen daher ein gewisses Umdenken bei deren Anwendung erforderlich. Wenn durch die gemischte Verwendung von rechts- und linksassoziativen Operatoren innerhalb eines Ausdruckes Mehrdeutigkeiten entstehen können, muß durch eine geeignete Klammerung Abhilfe geschaffen werden.

lvalues und rvalues

Als *lvalue* bezeichnet man einen Ausdruck, dem ein Wert zugewiesen werden kann. Dazu zählen insbesondere die Namen einfacher oder abgeleiteter Variablen. Einen Ausdruck, dem kein Wert zugewiesen werden kann, bezeichnet man als *rvalue*. Die Anfangsbuchstaben l bzw. r sind ein Hinweis auf die ursprüngliche Verwendung dieser Ausdrükke auf der linken bzw. rechten Seite eines Gleichheitszeichens.

Manche Operatoren (z.B. der Zuweisungsoperator) erfordern, daß einer ihrer Operanden ein lvalue ist. Ist dies bei einem bestimmten Operator der Fall, so wird es der folgenden Beschreibung der Operatoren jeweils ausdrücklich erwähnt.

Nebeneffekte

Während in fast allen anderen Programmiersprachen bei der Auswertung eines Ausdrucks lediglich das Ergebnis (also der Rückgabewert) des Ausdruckes interessiert, gibt es in C viele Operatoren, die innerhalb eines Ausdruckes (quasi nebenbei) Programmvariablen verändern. Dies bezeichnet man als Nebeneffekt.

Beispiel

```
int a,b;

a=10;
b=a++;
```

weist nicht nur der Variablen b den Wert 10 zu, sondern erhöht außerdem den Wert der Variablen a um 1 auf 11.

Durch die Verwendung von Operatoren mit Nebeneffekten ist es möglich, in C sehr kurze und schnelle Programme zu schreiben, wo in anderen Sprachen wesentlich mehr Aufwand zu treiben wäre. Das spektakulärste Beispiel ist sicherlich die Möglichkeit, eine komplette Stringcopy-Routine zu schreiben, die lediglich aus der Zeile

```
*d++=*s++
```

besteht. (Wir brauchen uns an dieser Stelle allerdings noch nicht den Kopf darüber zerbrechen, wie dieser Einzeiler funktioniert – am Ende von Kapitel 10 werden wir darauf zurückkommen).

Andererseits führt der übertriebene Einsatz dieser Operatoren schnell zu unleserlichen und unverständlichen Programmen, so daß in der Praxis immer ein Abwägen zwischen Kürze und Lesbarkeit erforderlich ist. Falls ein Programmteil nicht undedingt auf Geschwindigkeit optimiert werden muß, sollte man der Lesbarkeit den Vorzug geben.

Beschreibung der Operatoren

Dieser Abschnitt enthält eine vollständige Beschreibung der Operatoren der Sprache C. Zu jedem Operator finden Sie eine Tabelle mit den zulässigen Typen der Operanden und dem resultierenden Ergebnistyp. Zusätzlich sind jeweils Beispiele für die Verwendung des Operators angegeben.

Arithmetische Operatoren

Additionsoperator: A+B
Addition des Wertes von A zu dem Wert von B. Dient hauptsächlich zur Addition von arithmetischen Werten, kann aber auch zur Adressberechnung mit Zeigervariablen verwendet werden (in Kapitel 10). Bei der Verwendung von Operanden unterschiedlichen Typs werden die weiter unten genannten impliziten Typkonvertierungen angewendet.

A	*B*	*Rückgabewert*
Arithmetischer rvalue	Arithmetischer rvalue	Arithmetischer rvalue
rvalue-Zeiger	Arithmetischer rvalue	rvalue-Zeiger
Arithmetischer rvalue	rvalue-Zeiger	rvalue-Zeiger

Beispiel	*Ergebnis*	*Nebenwirkungen*
4+5	9	Keine
13.45E3+1000	14.45E3	Keine

Subtraktionsoperator: A-B
Subtraktion des Wertes von B von dem Wert von A. Dient hauptsächlich zur Subtraktion von arithmetischen Werten, kann aber auch zur Adressberechnung mit Zeigervariablen verwendet werden. Dabei ist es insbesondere möglich, die Anzahl von Elementen zwischen zwei Zeigern zu berechnen, indem man zwei Zeiger desselben Datentyps voneinander subtrahiert (s. Kapitel 10).

A	*B*	*Rückgabewert*
Arithmetischer rvalue	Arithmetischer rvalue	Arithmetischer rvalue
rvalue-Zeiger	Arithmetischer rvalue	rvalue-Zeiger
rvalue-Zeiger	rvalue-Zeiger	Arithmetischer rvalue

Beispiel	*Ergebnis*	*Nebenwirkungen*
4-5	-1	Keine
13.45E3-1000	12.45E3	Keine

Multiplikationsoperator: A*B
Multiplikation des arithmetischen Wertes von A mit dem Wert von B.

A	*B*	*Rückgabewert*
Arithmetischer rvalue	Arithmetischer rvalue	Arithmetischer rvalue

Beispiel	*Ergebnis*	*Nebenwirkungen*
4*5	20	Keine
13.45E3*1000	13.45E6	Keine

Divisionsoperator: A/B
Division des Wertes von A durch den Wert von B. Eine Division durch 0 ist nicht zulässig und erzeugt einen Laufzeitfehler. Bei der Division zweier Ganzzahlen (int, usw...) wird der Nachkommateil des Ergebnisses abgeschnitten.

A	*B*	*Rückgabewert*
Arithmetischer rvalue	Arithmetischer rvalue	Arithmetischer rvalue

Beispiel	*Ergebnis*	*Nebenwirkungen*
40/5	8	Keine
41/5	8	Keine
13.45E3/1000	13.45	Keine

Restwertoperator: A%B
Ermittelt den ganzzahligen Rest der Division von A durch B. Dieser Operator ist nur für ganzzahlige Operanden definiert. Wenn der Operator B gleich 0 ist, wird ein Laufzeitfehler erzeugt. Dieser Operator wird manchmal auch Modulo-Operator genannt, da der Ausdruck A%B »A modulo B« ausgesprochen wird.

A	*B*	*Rückgabewert*
Ganzzahliger rvalue	Ganzzahliger rvalue	Ganzzahliger rvalue

Beispiel	*Ergebnis*	*Nebenwirkungen*
40%5	0	Keine
41%5	1	Keine
17%25	17	Keine

Zuweisungs-operatoren

Zuweisungsoperator: A=B
In der Sprache C wird die Zuweisung nicht als Anweisung angesehen, sondern als Ausdruck! Diese Tatsache ist für C-Lernende sicherlich etwas verwunderlich – für mich war sie es jedenfalls. Das bedeutet also, daß eine Zuweisung einen Rückgabewert hat. Der Rückgabewert der

Zuweisung A=B ist der Wert des Ausdrucks B. Nur weil der Zuweisungsoperator zusätzlich einen Nebeneffekt hat, nämlich dem lvalue A den Wert von B zuzuweisen, wird er seinem Namen gerecht.

Diese Vorgehensweise hat einige Vorteile, die von den meisten C-Programmieren reichlich angewendet werden. So ist es beispielsweise möglich, mehrfache Zuweisungen zu realisieren oder Zuweisungen zusammen mit anderen Operatoren in einem Ausdruck zu mischen.

Der Zuweisungsoperator ist rechtsassoziativ, d.h. Zuweisungsketten der Form a=b=c werden von rechts nach links wie a=(b=c) ausgewertet.

A	*B*	*Rückgabewert*
Einfacher lvalue	Kompatibler rvalue	rvalue vom gleichen Typ
Abgeleiteter lvalue	Kompatibler rvalue	rvalue vom gleichen Typ

Beispiel	*Ergebnis*	*Nebenwirkungen*
x=5	5	x wird 5
y=x=i=z+5/10	z+5/10	y, x und i werden z+5/10

Anmerkung

Sind die Operanden von unterschiedlichem, aber kompatiblem Typ, so werden die unten erklärten impliziten Typkonvertierungen angewendet.

Eine häufig vorkommende Fehlerquelle beim Lernen von C ist es, den Zuweisungsoperator = mit dem Gleichheitsoperator == zu verwechseln. Viele Compiler geben deshalb Warnungen aus, wenn dort, wo der Compiler einen logischen Ausdruck erwartet (z.B. in der Bedingung einer *if*-Anweisung), ein Zuweisungs-Ausdruck auftaucht, obwohl dies möglicherweise vom Programmierer beabsichtigt ist.

Additions-Zuweisungsoperator: A+=B

Dieser Operator ist eine Kombination von Addition und Zuweisung. Der Rückgabewert des Ausdrucks ist A+B, gleichzeitig wird (als Nebeneffekt) der lvalue A um den Betrag B erhöht. Ausdrücke dieser Art treten sehr häufig in C-Programmen auf, allerdings wird ihr Rückgabewert meist nicht verwendet, sondern der Programmierer legt nur Wert auf den Nebeneffekt. Damit ist der Ausdruck A+=B ein Ersatz für die Schreibweise A=A+B, wobei er nicht nur den Vorteil hat, kürzer zu schreiben und besser verständlich zu sein, sondern zudem schnelleren Code erzeugt, da die Adresse des lvalues A zur Laufzeit des Programmes nur einmal ermittelt werden muß. Aus diesem Grund besteht die häufigste Anwendung des Additions-Zuweisungsoperators darin, eine Variable um einen (meist konstanten) Betrag zu erhöhen, also beispielsweise A+=10 statt A=A+10 zu schreiben.

A	*B*	*Rückgabewert*
Arithmetischer lvalue	Arithmetischer rvalue	Arithmetischer rvalue
lvalue-Zeiger	Arithmetischer rvalue	rvalue-Zeiger

Beispiel	*Ergebnis*	*Nebenwirkungen*
x+=5	x+5	x wird x+5
a=b+=x+5	b+x+5	a und b werden x+5

Neben dem Additions-Zuweisungsoperator gibt es für die meisten zweistelligen Operatoren ϕ einen zugehörigen Zuweisungsoperator ϕ=. Bezüglich der Verwendung gilt das eben gesagte, ein Ausdruck Aϕ=B hat in jedem Fall dieselbe Semantik wie der Ausdruck A=AϕB. Um die Bedeutung eines solchen Operators zu verstehen, reicht es also aus, die Bedeutung des zugehörigen zweistelligen Operators zu verstehen.

Aus diesem Grund werden die folgenden Zuweisungsoperatoren nicht gesondert erklärt, sondern es wird nur da, wo Besonderheiten bestehen, auf diese hingewiesen.

Subtraktions-Zuweisungsoperator: A-=B
Subtraktion und Zuweisung.

Multiplikations-Zuweisungsoperator: A*=B
Aufgrund der Konstruktion einiger C-Compiler (insbesondere einiger UNIX-Compiler) ist bei diesem Operator die folgende Anmerkung erforderlich. In den Anfangstagen von C wurden die Operator-Zuweisungsoperatoren genau andersherum geschrieben, d.h. das Gleichheitszeichen stand nicht hinter dem Operator, sondern davor. Das hatte zur Folge, daß es z.B. bei Ausdrücken der Art A=-B zu Mehrdeutigkeiten kam: will der Programmierer den Ausdruck A=A-B oder die Zuweisung A=(-B) realisieren? Um diese Probleme aus der Welt zu schaffen, wurde die Syntax umgekehrt und ab sofort der Operator vor das Zuweisungszeichen geschrieben.

Manche Compiler »erinnern« sich jedoch noch an diese alten Operatoren und geben z.B. bei Ausdrücken der Art **p++=*q++* (die Bedeutung wird später klar) die Fehlermeldung »old fashioned assignment operator« aus. Grund dafür ist der Teil =* des obigen Ausdrucks, der als »altmodischer« Multiplikations-Zuweisungsoperator angesehen wird. Abhilfe schafft hier das Klammern des hinteren Teilausdrucks zu

**p++=(*q++)* oder das Einfügen eines Leerzeichens hinter dem Zuweisungsoperator.

Die meisten moderneren Compiler kennen diese »Anachronismen« (siehe Kernighan + Ritchie) nicht mehr.

Divisions-Zuweisungsoperator: A/=B
Division und Zuweisung.

Restwert-Zuweisungsoperator: A%=B
Restwertbildung und Zuweisung.

Bitweises-UND-Zuweisungsoperator: A&=B
Bitweises UND und Zuweisung.

Bitweises-ODER-Zuweisungsoperator: A | =B
Bitweises ODER und Zuweisung.

Bitweises-EXCLUSIV-ODER-Zuweisungsoperator: A^=B
Bitweises EXCLUSIV-ODER und Zuweisung.

Linksschiebe-Zuweisungsoperator: A<<=B
Linksschieben und Zuweisung.

Rechtsschiebe-Zuweisungsoperator: A>>=B
Rechtsschieben und Zuweisung.

Inkrement- und Dekrement-Operatoren

Postfix-Inkrement-Operator: A++
Der Rückgabewert dieses Operators ist exakt der Wert des Operanden, als Nebeneffekt wird nach der Bestimmung des Rückgabewertes der Wert des Operanden um 1 erhöht (inkrementiert). Dieser Operator wird oft als Zähler in Schleifen verwendet, wenn innerhalb der Schleife der aktuelle Wert des Zählers nach seiner Verwendung automatisch erhöht werden soll. Die Anwendung des Ausdrucks A++ hat den Vorteil, schnelleren Code zu erzeugen als etwa ein Ausdruck der Art A=A+1 oder A+=1 und sollte daher, wo möglich, verwendet werden.

Für C-Neulinge ist ein Ausdruck A++ etwas kurios, denn es passieren nacheinander zwei Dinge. Zunächst wird der Rückgabewert ermittelt, er ist A. Danach wird zusätzlich – für den Rückgabewert unsichtbar – der Wert von A inkrementiert. So kommt es, daß beispielsweise nach der Zuweisung A=B++ in A der Wert B steht, während in B der Wert B+1 zu finden ist.

A	*Rückgabewert*
Arithmetischer lvalue	Arithmetischer rvalue

Beispiel	*Ergebnis*	*Nebenwirkungen*
x++	x	x wird x+1
x=y++	y	y wird y+1, x wird y

Postfix-Dekrement-Operator: A– –

Der Rückgabewert dieses Operators ist exakt der Wert des Operanden, als Nebeneffekt wird nach der Bestimmung des Rückgabewertes der Wert des Operanden um 1 verringert (dekrementiert).

Dieser Operator wird oft als Zähler in Schleifen verwendet, wenn innerhalb der Schleife der aktuelle Wert des Zählers nach seiner Verwendung automatisch verringert werden soll. Die Anwendung dieses Operators hat den Vorteil, schnelleren Code zu erzeugen als etwa ein Ausdruck der Art A=A-1 oder A-=1 und sollte daher, wo möglich, verwendet werden.

A	*Rückgabewert*
Arithmetischer lvalue	Arithmetischer rvalue

Beispiel	*Ergebnis*	*Nebenwirkungen*
x– –	x	x wird x–1

Präfix-Inkrement-Operator: ++A

Der Rückgabewert dieses Operators ist der um eins erhöhte Wert des Operanden, als Nebeneffekt wird der Wert des Operanden ebenfalls um 1 erhöht.

Dieser Operator ist in der Praxis nicht ganz so nützlich wie sein Postfix-Gegenstück, das Hauptanwendungsgebiet liegt ebenfalls bei der Verwendung in Schleifen. Beachten Sie, daß der Ausdruck A+=1 äquivalent ist zu dem Ausdruck ++A, nicht jedoch zu A++ (Warum ist dies so?).

A	*Rückgabewert*
Arithmetischer lvalue	Arithmetischer rvalue

Beispiel	*Ergebnis*	*Nebenwirkungen*
++x	x+1	x wird x+1

Präfix-Dekrement-Operator: – –A

Der Rückgabewert dieses Operators ist der um eins verringerte Wert des Operanden, als Nebeneffekt wird der Wert des Operanden ebenfalls um 1 verringert.

Dieser Operator ist in der Praxis nicht ganz so nützlich wie sein Postfix-Gegenstück, das Hauptanwendungsgebiet liegt ebenfalls bei der Verwendung in Schleifen. Beachten Sie, daß der Ausdruck A-=1 äquivalent ist zu dem Ausdruck --A, nicht jedoch zu A-- (Warum?).

A	*Rückgabewert*
Arithmetischer lvalue	Arithmetischer rvalue

Beispiel	*Ergebnis*	*Nebenwirkungen*
– –x	x–1	x wird x-1

Relationale Operatoren

Allgemeines

Relationale Operatoren dienen dazu, zwei Ausdrücke auf eine bestimmte Eigenschaft hin miteinander zu vergleichen und in Abhängigkeit davon, ob diese Eigenschaft besteht oder nicht, einen Wahrheitswert zurückzugeben, der in Bedingungen weiterverwendet werden kann. In C gibt es – anders als etwa in PASCAL – keinen expliziten Datentyp, der Wahrheitswerte speichern kann. Stattdessen wird ein ganzzahliger Ausdruck mit einem Wert ungleich 0 als WAHR, und ein ganzzahliger Ausdruck mit dem Wert 0 als FALSCH betrachtet. Dies gilt sowohl für die Verwendung von Ausdrücken in Bedingungen als auch für das Erzeugen von Wahrheitswerten mittels relationaler oder logischer Operatoren!

Gleichheitsoperator: A==B

Überprüft, ob die Werte A und B gleich sind. Ist dies der Fall, so ist der Rückgabewert ungleich 0, andernfalls 0. Sind die Operanden arithmetische Ausdrücke mit unterschiedlichen Typen, so werden zuvor die weiter unten beschriebenen Typkonvertierungen vorgenommen.

Beachten Sie, daß es in C standardmäßig nicht möglich ist, zwei zusammengesetzte Variablen, etwa zwei Arrays oder Structures jeweils komplett mit einem einzigen Gleichheitsoperator miteinander zu vergleichen.

A	*B*	*Rückgabewert*
Arithmetischer rvalue	Arithmetischer rvalue	Arithmetischer rvalue
rvalue-Zeiger	rvalue-Zeiger	Arithmetischer rvalue

Beispiel	*Ergebnis*	*Nebenwirkungen*
7==7	ungleich 0	Keine
7==8	0	Keine
13.45E3+1000==13450	ungleich 0	Keine

Anmerkung

Der Gleichheitsoperator ist für C-Newcomer eine der häufigsten Fehlerquellen, da er mit großer Regelmäßigkeit mit dem Zuweisungsoperator verwechselt wird!

Angenommen, wir wollen ein Programm schreiben, das zwei Ganzzahlen von der Tastatur einliest, auf Gleichheit prüft und eine entsprechende Meldung ausgibt, so könnte die Lösung etwa wie folgt aussehen:

```
#include <stdio.h>
main()
{
  int a,b;

  scanf("%d %d",&a,&b);
  if (a=b)
    printf("GLEICH\n");
  else
    printf("UNGLEICH\n");
}
```

Beim Testen des Programmes würden wir dann feststellen, daß es – völlig unabhängig von den eingegebenen Werten – fast immer das Wort GLEICH auf den Bildschirm schreibt – nur die beiden Zahlen 0 und 0 werden als UNGLEICH angesehen. Der Grund dafür liegt in der irrtümlichen Verwendung des Zuweisungsoperators = anstelle des Gleichheitsoperators ==. Dadurch werden nicht etwa die Variablen *a* und *b* miteinander verglichen, sondern *a* bekommt den Wert von *b* zugewiesen und dieser wird dann als Wahrheitswert interpretiert, d.h. auf 0 bzw. ungleich 0 getestet.

Wie schon weiter oben erwähnt, warnen einige Compiler daher vor solchen Konstruktionen. Leider bekommt man die Warnungen auch in den Fällen, wo solche Ausdrücke beabsichtigt sind und neigt deshalb möglicherweise dazu, sie grundsätzlich zu ignorieren.

Ungleichheitsoperator: A!=B

Überprüft, ob die Werte A und B ungleich sind. Ist dies der Fall, so ist der Rückgabewert ungleich 0, andernfalls ist er 0. Sind die Operanden arithmetische Ausdrücke mit unterschiedlichen Typen, so werden zuvor die weiter unten beschriebenen Typkonvertierungen vorgenommen.

Beachten Sie, daß es in C nicht möglich ist, zwei zusammengesetzte Variablen, etwa zwei Arrays oder Structures jeweils komplett mit einem einzigen Ungleichheitsoperator miteinander zu vergleichen.

A	*B*	*Rückgabewert*
Arithmetischer rvalue	Arithmetischer rvalue	Arithmetischer rvalue
rvalue-Zeiger	rvalue-Zeiger	Arithmetischer rvalue

Beispiel	*Ergebnis*	*Nebenwirkungen*
7!=7	0	Keine
7!=8	ungleich 0	Keine
13.45E3+1000!=13451	ungleich 0	Keine

Kleinergleich-Operator: A<=B
Überprüft, ob der Wert von A kleiner oder gleich dem Wert von B ist. Ist dies der Fall, so ist der Rückgabewert ungleich 0, andernfalls ist er 0. Sind die Operanden arithmetische Ausdrücke mit unterschiedlichen Typen, so werden zuvor die weiter unten beschriebenen Typkonvertierungen vorgenommen.

Beachten Sie, daß die Anwendung dieses Operators auf Zeiger i.A. nur dann sinnvoll ist, wenn beide Zeiger in das gleiche Array zeigen.

A	*B*	*Rückgabewert*
Arithmetischer rvalue	Arithmetischer rvalue	Arithmetischer rvalue
rvalue-Zeiger in Array A	rvalue-Zeiger in Array A	Arithmetischer rvalue

Beispiel	*Ergebnis*	*Nebenwirkungen*
7<=7	ungleich 0	Keine
7<=8	ungleich 0	Keine
65e-1<=6	0	Keine

Neben dem Kleinergleich-Operator gibt es noch drei weitere relationale Operatoren, die prinzipiell in der gleichen Weise funktionieren, jedoch jeweils eine andere Eigenschaft der Operatoren A und B testen. Aus diesem Grund soll bei diesen Operatoren jeweils nur das unterscheidende Merkmal beschrieben werden.

Größergleich-Operator: A>=B
Gibt einen Wert ungleich 0 zurück, wenn A größer oder gleich B ist.

Kleiner-Operator: A<B
Gibt einen Wert ungleich 0 zurück, wenn A kleiner B ist.

Größer-Operator: A>B
Gibt einen Wert ungleich 0 zurück, wenn A größer B ist.

Logische Operatoren

Logische Operatoren exisitieren im Prinzip in allen allgemein verwendbaren Programmiersprachen. Sie dienen dazu, Wahrheitswerte miteinander zu verknüpfen. In den meisten Sprachen haben sie Namen wie AND, OR und NOT und sind damit Schlüsselworte für den Compiler. In C ist dies nicht der Fall, sondern die logischen Operatoren sind wie die meisten Operatoren aus Sonderzeichen aufgebaut, die gleichzeitig als Delimiter dienen. So ist es in C beispielsweise möglich, *X&&Y* zu schreiben, während das Konstrukt *XandY* in einer anderen Sprache als Bezeichner angesehen wird. (Es gehört aber selbst in C nicht unbedingt zum guten Stil, einen logischen Operator mit seinen Operanden verschmelzen zu lassen.)

Logisches-UND-Operator: A&&B
Dieser Operator liefert genau dann den Wahrheitswert TRUE (also eine Ganzzahl ungleich 0), wenn beide Operanden den Wahrheitswert TRUE (also einen Wert ungleich 0) haben. Ist hingegen mindestens einer der Operatoren A oder B gleich 0, so ist auch der Rückgabewert 0.

A	*B*	*Rückgabewert*
Ganzzahliger rvalue	Ganzzahliger rvalue	Ganzzahliger rvalue

Beispiel	*Ergebnis*	*Nebenwirkungen*
14==14 && x<=x	ungleich 0	Keine
0 && 1	0	Keine
x<=y && y<=x	x==y	Keine
a && a	a	Keine

Anmerkung

Beachten Sie bitte unbedingt den Abschnitt »Auswertungsreihenfolge« am Ende dieses Kapitels. Dort wird noch ein sehr wichtiger Aspekt der logischen Operatoren && und || erläutert.

Logisches-ODER-Operator: A||B
Dieser Operator liefert genau dann den Wahrheitswert TRUE (also eine Ganzzahl ungleich 0), wenn mindestens einer der beiden Operanden den Wahrheitswert TRUE (also einen Wert ungleich 0) hat. Haben

hingegen beide Operanden den Wahrheitswert FALSE (also den Wert 0), so ist auch der Rückgabewert 0.

A	*B*	*Rückgabewert*
Ganzzahliger rvalue	Ganzzahliger rvalue	Ganzzahliger rvalue

Beispiel	*Ergebnis*	*Nebenwirkungen*
14==15 || x<=y || 0	x<=y	Keine
0 || 1	ungleich 0	Keine
x<y || y<x	x!=y	Keine
a || a	ungleich 0	Keine

Anmerkung

Beachten Sie bitte unbedingt den Abschnitt »Auswertungsreihenfolge« am Ende dieses Kapitels. Dort wird noch ein sehr wichtiger Aspekt der logischen Operatoren && und || erläutert.

Die logischen Operatoren für exklusives Oder, Implikation und Äquivalenz sind in C nicht direkt realisiert, können jedoch durch Verknüpfung der vorhandenen logischen Operatoren gewonnen werden.

Logisches-NICHT-Operator: !A

Dieser einstellige Operator dient dazu, den Wahrheitswert eines logischen Ausdruckes zu negieren. Der Rückgabewert dieses Operators ist also 0, wenn der Operand ungleich 0 ist und er ist ungleich 0, wenn der Operand 0 war.

A	*Rückgabewert*
Ganzzahliger rvalue	Ganzzahliger rvalue

Beispiel	*Ergebnis*	*Nebenwirkungen*
!1	0	Keine
!0	ungleich 0	Keine
!!a	a	Keine

Operator-Bindung

Die Bindekraft der logischen Operatoren ist sehr gering, nur die Zuweisungsoperatoren und der Bedingungsoperator haben eine noch schwächere Bindungskraft. Aus diesem Grund können die meisten logischen Ausdrücke ohne Klammerung aufgeschrieben werden. So wird etwa der Ausdruck x==15 || x==17 aufgrund der stärkeren

Bindungskraft des Gleichheitsoperators wie (x==15) || (x==17) ausgewertet. Der Ausdruck i>=0 && i<=10 || i==12 wird wie ((i>=0) && (i<=10)) || (i==12) ausgewertet. Diese Einteilung entspricht recht gut den praktischen Erfordernissen beim Programmieren und führt in den seltensten Fällen zu verdeckten Fehlern. Dennoch ist es guter Stil, kompliziertere logische Ausdrücke zusätzlich zu klammern, um die Lesbarkeit zu erhöhen.

Die Operator-Bindung in logischen Ausdrücken ist leider nicht in allen Programmiersprachen so vernünftig geregelt wie in C. Zwar hat beispielsweise auch in PASCAL der AND-Operator eine höhere Bindungskraft als der OR-Operator, beide binden aber stärker als etwa der Gleichheitsoperator, so daß in PASCAL schon der erste Ausdruck des obigen Beispiels geklammert werden müßte.

Bitweise Operatoren

Die bitweisen Operatoren sind eine Domäne der Sprache C und in dieser Form und Vielfalt standardmäßig in anderen Sprachen nicht zu finden. Wie man richtig vermutet, dienen sie dazu, Manipulationen an einzelnen Bits von Variablen vorzunehmen. So ist es mit ihrer Hilfe möglich, einzelne Bits an- und abzuschalten, zu komplementieren oder zu verschieben. Ihr Hauptanwendungsgebiet liegt im Bereich der hardwarenahen System- und Treiberprogrammierung, wo sie oft zur Ansteuerung von I/O-Bausteinen gebraucht werden. Es gibt jedoch auch andere Bereiche, in denen ihr Einsatz günstig ist, etwa wo eine größere Anzahl von Wahrheitswerten einer einheitlichen Verarbeitung ausgesetzt ist, beispielsweise bei der Implementierung von Mengentypen, oder auch bei arithmetischen Operationen mit Zweierportenzen.

Um die folgenden Operatoren besser beschreiben zu können, nehmen wir an, daß jeder der Operanden aus n einzelnen Bits besteht, welche – beginnend bei dem Bit mit der niedrigsten Wertigkeit – von 0 aufsteigend bis n-1 als Bit_0 bis Bit_{n-1} bezeichnet sind. Jedes Bit kann dabei entweder den Wert 0 oder 1 annehmen.

Anmerkung

Bei der Anwendung der bitweisen Operatoren sollten vorzeichenbehaftete Typen nur mit äußerster Vorsicht verwendet werden. Da das Vorzeichen (bei der üblicherweise angewendeten Zweierkomplementdarstellung) durch das höchstwertige Bit dargestellt wird, kann es bei vorzeichenbehafteten Operanden zu unerwünschten Nebeneffekten kommen. Besser ist die Verwendung von vorzeichenlosen (unsigned) Ganzzahlen.

Bitweises-UND-Operator: A&B

Verknüpft die einzelnen Bits der Operanden A und B mit der logischen UND-Verknüpfung. Das Bit_x des Rückgabewertes ist also genau dann gleich 1, wenn Bit_x von Operand A und Bit_x von Operand B gleich 1 sind, andernfalls ist es 0. Der Bitweises-UND-Operator dient oft dazu, einzelne Bits einer Variable auszuschalten. Sollen etwa die Bits 2 und

3 der Variable A ausgeschaltet werden, so muß A lediglich mit einer Zahl B bitweise UND-verknüpft werden, bei der die Bits 2 und 3 den Wert 0 und alle anderen Bits den Wert 1 haben. Hier bietet sich also insbesondere die Kombination mit einem Zuweisungoperator an und die Lösung der Aufgabe lautet A&=(~12).

A	*B*	*Rückgabewert*
Ganzzahliger rvalue	Ganzzahliger rvalue	Ganzzahliger rvalue

Beispiel	*Ergebnis*	*Nebenwirkungen*
127 & 4	4	Keine
128 & 4	0	Keine
a&a	a	Keine

Anmerkung

Sowohl beim Lesen als auch beim Schreiben von C-Programmen ist es sehr leicht möglich, die bitweisen Operatoren mit den ähnlich aussehenden logischen Operatoren zu verwechseln. Dadurch können schwer zu findende Fehler oder Fehlinterpretationen entstehen. Machen Sie sich deshalb den Unterschied zwischen bitweisen und logischen UND-, ODER und NICHT-Operatoren unbedingt klar.

Bitweises-ODER-Operator: A | B

Verknüpft die einzelnen Bits der Operanden A und B mit der logischen ODER-Verknüpfung. Das Bit_x des Rückgabewertes ist also genau dann gleich 1, wenn Bit_x von Operand A oder Bit_x von Operand B oder beide gleich 1 sind, andernfalls ist es 0.

Der bitweises-ODER-Operator dient oft dazu, Bits anzuschalten. Soll etwa das Bit_7 einer Zahl A angeschaltet werden, so muß diese Zahl A lediglich mit einer Zahl B bitweise ODER-verknüpft werden, bei der das Bit_7 den Wert 1 und alle anderen Bits den Wert 0 haben. Auch hier bietet sich also die Kombination mit einem Zuweisungoperator an und die Lösung dieser Aufgabe lautet A | =128.

A	*B*	*Rückgabewert*
Ganzzahliger rvalue	Ganzzahliger rvalue	Ganzzahliger rvalue

Beispiel	*Ergebnis*	*Nebenwirkungen*
127 | 4	127	Keine
128 | 4	132	Keine
a | ~0	-1	Keine

Bitweises-EXCLUSIV-ODER-Operator: A^B

Verknüpft die einzelnen Bits der Operanden A und B mit der logischen EXCLUSIV-ODER-Verknüpfung. Das Bit_x des Rückgabewertes ist also genau dann gleich 1, wenn Bit_x von Operand A ungleich Bit_x von Operand B ist, andernfalls ist es 0.

Der Bitweises-EXCLUSIV-ODER-Operator dient oft dazu, Bits zu invertieren. Sollen etwa die Bits 0 bis 3 einer Zahl A invertiert werden, so muß die Zahl A lediglich mit einer Zahl B bitweise EXCLUSIV-ODER-verknüpft werden, bei der die Bits 0 bis 3 den Wert 1 und alle anderen Bits den Wert 0 haben. Die Lösung lautet also A^=15.

Eine andere Anwendung dieses Operators ist es, zu ermitteln, ob ein Byte oder Wort eine gerade oder ungerade Anzahl an Einsen enthält. Dazu sind lediglich alle Bits einzeln per EXCLUSIV-ODER miteinander zu verknüpfen. Ist das Ergebnis eine 1, so ist die Anzahl der gesetzten Bits ungerade gewesen, andernfalls war sie gerade. Auf diese Weise kann z.B. bei der Datenübertragung über eine serielle Schnittstelle das Paritätsbit ermittelt werden.

A	*Rückgabewert*	
Ganzzahliger rvalue	Ganzzahliger rvalue	Ganzzahliger rvalue

Beispiel	*Ergebnis*	*Nebenwirkungen*
127 ^ 4	123	Keine
128 ^ 4	132	Keine
a^~0	~a	Keine

Linkschiebe-Operator: A<<B

Verschieben der Bits des Wertes A um B Positionen nach links, d.h. in Richtung der höherwertigen Bits. Die B höchstwertigen Bits gehen verloren.

Eine Anwendung dieses Operators besteht darin, die Multiplikation eines Wertes mit einer ganzzahligen Zweierpotenz zu realisieren, es gilt nämlich A<<1 gleich A*2 und allgemeiner A<<B gleich $A*2^B$. Da eine Schiebeoperation auf den meisten Maschinen schneller ausgeführt wird als eine Multiplikation (80286: Verhältnis 3.5 zu 1), lohnt sich möglicherweise eine solche Vorgehensweise.

Anmerkung

Compiler mit guten Optimierern erkennen in einem Multiplikationsausdruck, ob einer der Operanden eine konstante Zweierpotenz ist und erzeugen dann automatisch anstelle eines Multiplikations- einen Linksschiebe-Befehl.

A	*B*	*Rückgabewert*
Ganzzahliger rvalue	Ganzzahliger rvalue	Ganzzahliger rvalue

Beispiel	*Ergebnis*	*Nebenwirkungen*
1 << 5	32	Keine
22 << 1	44	Keine
a << 0	a	Keine

Rechtsschiebe-Operator: A>>B

Verschieben der Bits des Wertes A um B Positionen nach rechts, d.h. in Richtung der niederwertigen Bits. Die B niederwertigsten Bits gehen verloren.

Eine wichtige Anwendung dieses Operators besteht darin, die Division eines Wertes durch eine ganzzahligen Zweierpotenz zu realisieren, es gilt nämlich A>>1 gleich A/2 und allgemeiner A>>B gleich $A*2^{-B}$. Da eine Schiebeoperation auf den meisten Maschinen schneller ausgeführt wird als eine Division (80286: Verhältnis 3. 7 zu 1), lohnt sich möglicherweise eine solche Vorgehensweise.

A	*B*	*Rückgabewert*
Ganzzahliger rvalue	Ganzzahliger rvalue	Ganzzahliger rvalue

Beispiel	*Ergebnis*	*Nebenwirkungen*
1 >> 5	0	Keine
22 >> 1	11	Keine
a >> 0	a	Keine

Einerkomplement-Operator: ~A

Invertiert jedes Bit des Operators A.

A	*Rückgabewert*
Ganzzahliger rvalue	Ganzzahliger rvalue

Beispiel	*Ergebnis*	*Nebenwirkungen*
~1	-2	Keine
~a	-a-1	Keine

Sonstige Operatoren

sizeof-Operator: sizeof A

Dieser Operator dient dazu, die Größe von Datenobjekten im Hauptspeicher zu ermitteln. Der Operand A darf dabei sowohl Bezeichner einer einfachen oder zusammengesetzten Variable, aber auch ein Typbezeichner sein.

Der sizeof-Operator wird vor allem angewendet, um Programme portabler zu machen. So ist es beispielsweise oft nötig, unter Verwendung der Library-Funktion *memcpy* Objekte direkt im Speicher zu kopieren oder zu verschieben. Dazu benötigt diese Funktion unter anderem die Größe des zu bearbeitenden Objektes. Statt diesen Wert nun als Konstante direkt in das Programm einzukompilieren, ist es bezüglich der Portierbarkeit auf andere Maschinen besser, dem Compiler die Ermittlung der Größe des Objektes zu überlassen. Sollte das Objekt auf einer anderen Maschine aufgrund der internen Darstellung eine andere Größe haben, so müssen wir diese Konstante nicht neu ermitteln und ändern, diese Arbeit nimmt uns ja der Compiler ab.

A	*Rückgabewert*
Beliebiger lvalue	Ganzzahliger rvalue
Beliebiger rvalue	Ganzzahliger rvalue

Beispiel	*Ergebnis*	*Nebenwirkungen*
sizeof(float)	8	Keine
sizeof(4+10%2)	2 (oder 4)	Keine

Beachten Sie, daß der Operand in ANSI-C auch ein rvalue sein darf! Der als Operand übergebene Ausdruck wird jedoch in keinem Fall ausgewertet, sondern vom Compiler lediglich zur Bestimmung des Ergebnistyps verwendet! Machen Sie sich diesen Zusammenhang an folgendem Beispiel klar, das Programm gibt zweimal eine 5 aus!

Beispiel

```
main()
{
  int i=5, j;

  printf("i=%d\n",i);
  j=sizeof(i++);
  printf("i=%d\n",i);
}
```

Anmerkung

Wir können dieses Beispielprogramm verwenden, um zu überprüfen, ob unser Compiler rvalues als Operanden eines sizeof-Operators erlaubt. Ist dies nicht der Fall, gibt es schon beim Compilieren des Programmes eine Fehlermeldung der Art »illegal sizeof operator«.

Komma-Operator: A,B

Dieser Operator wertet die beiden Ausdrücke A und B nacheinander aus, der Wert des zweiten Operators wird zurückgegeben. Verwendung findet dieser Operator etwa, wenn an Stellen, wo syntaktisch nur ein Ausdruck erlaubt ist, von der Logik des Programmes zwei getrennte Ausdrücke ausgewertet werden müssen. Ein Beispiel ist die Initialisierung von zwei Variablen im Initialisierungsteil einer *for*-Schleife (z.B. *for (i=1,j=1; i && x[j]!=0; i++)*, siehe Kapitel 3).

Meiner Erfahrung nach wird der Komma-Operator in der Praxis relativ selten eingesetzt und wenn, dann hauptsächlich zur Ausnutzung der Nebeneffekte seiner Teilausdrücke verwendet.

A	*B*	*Rückgabewert*
Beliebiger rvalue	Beliebiger rvalue	rvalue vom B-Typ

Beispiel	*Ergebnis*	*Nebenwirkungen*
i=0,j=2	2	i wird 0, j wird 2
a++,a++	a+1	a wird a+2

Anmerkung

Beachten Sie, daß der Kommaoperator in aktuellen Argumentlisten von Funktionsaufrufen nicht ohne weiteres verwendet werden kann, da das Komma dort als Argumentseparator betrachtet wird. Abhilfe kann durch eine geeignete Klammerung geschaffen werden.

Bedingungs-Operator A?B:C

Der Bedingungsoperator ist der einzige dreistellige Operator in der Sprache C, ein Äquivalent in anderen Programmiersprachen ist nicht so schnell zu finden. Die Vorgehensweise beim Auswerten des Ausdrucks A?B:C besteht darin, zunächst A auszuwerten und das Ergebnis als Wahrheitswert anzusehen. Ist A dann ungleich 0, so wird B ausgewertet und zum Rückgabewert, andernfalls wird C ausgewertet und zum Rückgabewert des Ausdruckes.

In jedem Fall wird der Teilausdruck A vor einem der Teilausdrücke B oder C ausgewertet.

Der Bedingungsoperator kann oft als Ersatz für eine *if*-Anweisung verwendet werden. So sind beispielsweise die beiden folgenden Programme vollkommen äquivalent:

```
main()
{
  int i,x,y;

  ...
```

```
  if (x==y)
    i=1;
  else
    i=0;
}

main()
{
  int i,x,y;

  ...
  x==y?(i=1):(i=0);
}
```

Noch kürzer läßt sich das Programm wie folgt schreiben:

```
main()
{
  int i,x,y

  ...
  i=x==y?1:0;
}
```

Die letzte Konstruktion ist zwar etwas kryptisch, aber korrekt, schnell und nicht selten zu finden. Natürlich kann es nicht schaden, den Teilausdruck *x==y?1:0* zu klammern, um zu verdeutlichen, was gemeint ist.

A	*B*	*C*	*Rückgabewert*
Arithmetischer rvalue	Beliebiger rvalue	Beliebiger rvalue	rvalue vom B-Typ oder C-Typ

Beispiel	*Ergebnis*	*Nebenwirkungen*
i==i?1:0	1	Keine
0?1:2	2	Keine

Funktionsaufruf-Operator: A(B)

Die Eingabe A(B) stellt einen Funktionsaufruf dar. Dabei muß der Ausdruck A der Name einer Funktion oder eines Zeigers auf eine Funktion sein und B ist die Liste der aktuellen Parameter. Der Wert des Ausdrucks entspricht dem von der Funktion zurückgegebenen Wert. Der Typ des Rückgabewertes entspricht dem Typ der Funktionsdeklaration.

Falls eine Funktion als *void* (d.h. ohne Rückgabewert, siehe Kapitel 6) deklariert ist, hat dieser Ausdruck keinen Rückgabewert und kann somit auch nicht weiterverwendet werden. Funktionen ohne Rückgabewert sind natürlich nur wegen ihrer Nebeneffekte interessant.

A	*B*	*Rückgabewert*
Funktionsname	Argumentliste	rvalue vom Funktionstyp oder void
Name eines Zeigers auf eine Funktion	Argumentliste	rvalue vom Funktionstyp oder void

Beispiel	*Ergebnis*	*Nebenwirkungen*
strlen("hello, world")	12	Keine
printf("OK\n");	3	Ausgeben von "OK\n" auf dem Bildschirm
srand(1000);	Keiner (void)	Initialisieren des Zufallszahlengenerators

Anmerkung

Der Behandlung des Themas »Funktionen« ist natürlich an anderer Stelle innerhalb dieses Kurses ein breiter Raum gewidmet, das Kapitel 6 wird sich ausschließlich mit diesem Thema befassen. Hier soll lediglich verdeutlicht werden, daß in C auch der Funktionsaufruf als Ausdruck zu betrachten ist, der durch Anwendung des Funktionsaufruf-Operators auf Namen und Argumente einer Funktion entsteht.

Typkonvertierungs-Operator: (type)A

Mit diesem Operator ist es in C möglich, explizite Typkonvertierungen vorzunehmen. Dabei wird der Operand in den Typ *type* umgewandelt. Diese Konvertierung ist im allgemeinen nur zwischen einfachen Typen möglich und erfordert einige Vorsicht bei der Anwendung.

Explizite Typkonvertierung wird oft bei der maschinennahen Programmierung verwendet, wenn Operatoren auf Argumente angewendet werden sollen, für die sie nicht zulässig sind. In diesem Fall würde man zunächst eine Typkonvertierung in zulässige Operanden vornehmen, den Operator anwenden und schließlich wieder zurückkonvertieren.

type	*A*	*Rückgabewert*
Einfacher Datentyp	Einfacher rvalue	rvalue des neuen Datentyps

Beispiel	*Ergebnis*	*Nebenwirkungen*
(char)27	27	Keine
(int *)0x8BD0	Zeiger auf Adresse 0x8BD0 (kann je nach Maschine auch etwas anders sein)	Keine

Adress-Operator: &A

Der Adressoperator liefert die Speicheradresse des Objektes A, d.h. er liefert einen Zeiger, der auf das Objekt A zeigt und dessen Typ der Typ von A ist. Dieser Operator wird noch mehrfach in diesem Buch auftauchen und steht insbesondere in engem Zusammenhang mit dem Zeigerkonzept von C, das in Kapitel 9 und 10 erklärt wird.

A	*Rückgabewert*
Beliebiger lvalue	Zeiger auf Objekt A

Beispiel	*Ergebnis*	*Nebenwirkungen*
&i	Adresse der Variablen i	Keine
&j	Adresse der Variablen j	Keine

Anmerkung

Der Adress-Operator hat im Prinzip die gleiche Syntax wie der Bitweises-UND-Operator. Daher entscheidet der Compiler anhand des Kontextes im Ausdruck, ob es sich um ersteren oder letzteren handelt. Der Adressoperator ist einstellig und hat eine wesentlich höhere Bindungskraft als der Bitweises-UND-Operator.

Umleitungs-Operator: *A

Der Umleitungs-Operator liefert den Wert, auf den der Zeiger A zeigt, d.h. das Ergebnis dieses Ausdruckes ist die Variable, deren Adresse im Speicher gleich dem Inhalt des Zeigers A ist. Der Typ des Rückgabewertes entspricht dem Zeigertyp von A, d.h. ein Zeiger auf *int* liefert immer einen *int*-Wert, ein Zeiger auf *char* immer einen *char*-Wert, usw...

Wie auch beim Adressoperator wird die Bedeutung des Umleitungs-Operators in den Kapiteln 9 und 10 über Pointer gebührend gewürdigt und kann hier nicht näher behandelt werden.

A	*Rückgabewert*
Zeiger auf lvalue T	lvalue T

Beispiel	*Ergebnis*	*Nebenwirkungen*
*i	Die Variable x, die an der Stelle im Speicher steht, auf die i zeigt	Keine

Anmerkung

Beachten Sie, daß dieser Operator einen lvalue zurückgibt, der insbesondere auf der linken Seite eines Zuweisungsoperators weiterverwendet werden kann.

Feldindex-Operator: A[B]

Dieser Operator dient dem Zugriff auf Elemente von Feldern (Arrays), er liefert das B+1-te Element des Arrays A. Da Arrays beginnend bei 0 indexiert werden, liefert A[0] das erste, A[1] das zweite und A[B] das B+1-te Element des Arrays A.

A	*B*	*Rückgabewert*
Name eines Array	Ganzzahliger rvalue	Das B+1-te Element von A als lvalue
Name eines Zeigerlvalues	Ganzzahliger rvalue	Das um B Elemente hinter dem *A Wert liegende Element vom Zeigertyp

Beispiel	*Ergebnis*	*Nebenwirkungen*
A[0]	Das erste Element des Arrays A	Keine
Z[i]	Das i Elemente hinter dem Element, auf das der Zeiger Z zeigt, liegende Element vom Zeigertyp	Keine

Anmerkung

Beachten Sie, daß dieser Operator einen lvalue zurückgibt, und insbesondere auf der linken Seite eines Zuweisungsoperators weiterverwendet werden kann. Kapitel 5 wird sich mit Arrays beschäftigen und diesen Operator eingehend erklären.

Memberauswahl-Operator: A.B

Dieser Operator kommt in derselben Syntax in den meisten Programmiersprachen vor, die das Deklarieren von Verbunden (Structures) erlauben und wird dazu benötigt, ein einzelnes Element eines Verbundes, einen Member, zu bezeichnen. In Kapitel 7 werden wir uns mit Structures beschäftigen.

A	*B*	*Rückgabewert*
Name einer Structure oder Union	Name eines Members	Der Member B von A als lvalue

Beispiel	*Ergebnis*	*Nebenwirkungen*
A.name	Der Member name des Verbundes A	Keine
A.ort	Der Member ort des Verbundes A	Keine

Member-Kennzeichnunsoperator: A->B
Dieser Operator arbeitet ähnlich wie der Memberauswahl-Operator, mit dem Unterschied, daß A nicht der Name einer Structure oder Union, sondern der Name eines Zeigers auf eine Structure oder Union ist. Es handelt sich bei diesem Operator also lediglich um eine abkürzende Schreibweise für (*A).B .

Der Member-Kennzeichnungsoperator hat eine enorme Bedeutung im Zusammenhang mit dynamischen Datenstrukturen, er ist zweifellos einer der wichtigsten Operatoren, wenn man Dinge wie lineare Listen oder Bäume programmieren will (s. Kapitel 10).

A	*B*	*Rückgabewert*
Name eines Zeigers auf eine Structure oder Union	Name eines Members	Der Member B von A als lvalue

Beispiel	*Ergebnis*	*Nebenwirkungen*
A–>name	Der Member name des Verbundes, auf den A zeigt	Keine
A–>ort	Der Member ort des Verbundes, auf den A zeigt	Keine

Implizite Typkonvertierungen

Werden in einem Ausdruck arithmetische Operanden unterschiedlicher Typen gemeinsam verwendet, so nimmt der Compiler während der Auswertung des Ausdrucks automatisch gewisse Typkonvertierungen vor.

Es gelten folgende Regeln:

1. Ist jeder der beiden Operanden vom Typ *int* oder *char*, so ist das Ergebnis vom Typ *int* und die Berechnungen werden auf der Grundlage der Ganzzahlarithmetik durchgeführt.

Beispiel

```
int a=5;
char c=27;

c/a; /* 5 */
a+c; /* 32 */
```

2. Ist einer der beiden Operanden vom Typ *int* und der andere vom Typ *long*, oder sind beide vom Typ *long*, so ist das Ergebnis vom Typ *long*. Auch hier werden die Berechnungen auf der Grundlage der Ganzzahlarithmetik durchgeführt.

Beispiel

```
int a=1000;
long l=27;

a%l; /* 1 */
```

3. Ist mindestens einer der beiden Operanden vom Typ *float* oder *double*, so ist das Ergebnis vom Typ *double* und die Berechnungen werden auf der Basis der Fließkommaarithmetik durchgeführt.

Beispiel

```
int i=10;
float x=3.0;

x+i; /* 13.0 */
i/x; /* 3.3333 */
```

4. Bei der Zuweisung einer Variable mit einem Typ eines kleineren Wertebereichs an eine Variable mit einem Typ eines größeren Wertebereich wird versucht, den ursprünglichen Wert soweit wie möglich zu erhalten.

Beispiel

```
int i=30000,j=8;
char c;
double y=10.5;

c=y; /* 10 */
c=j; /* 8 */
c=i; /* nicht definiert */
```

5. Die Zuweisung von Zeigertypen an Ganzzahltypen und umgekehrt ist erlaubt, aber maschinenabhängig. Die Zuweisung des Ganzzahlwertes 0 an einen Zeiger ergibt den Nullzeiger NULL.

Beispiel

```
char *s="1234567890";
int p2;

p2=s;
p2+=3;
*p2; /* '4' (maschinenabhängig) */
```

Auswertungs-reihenfolge

Bei der Auswertung eines Ausdruckes versucht der C-Compiler, die Operatoren in einer ganz bestimmten Reihenfolge auf ihre Operanden anzuwenden. Er geht dabei nach folgenden Regeln vor:

Prinzipielle Reihenfolge

1. Zunächst werden die geklammerten Teilausdrücke ausgewertet.

2. Dann werden die einstelligen Postfix-Operatoren auf ihre Operanden angewendet.

3. Als nächstes werden die einstelligen Präfix-Operatoren auf ihre Operanden angewendet.

4. Nun werden die Teilausdrücke mit mehrstelligen Operatoren gemäß der Reihenfolge der Operator-Vorrangtabelle (s.u.) ausgewertet. Stehen Operatoren einer Vorranggruppe nebeneinander, so werden sie gemäß ihrer Assoziativität entweder von links nach rechts oder von rechts nach links ausgewertet.

Vorrangtabelle der Operatoren

Operator	*Name*	*Assoziativität*
A++	Postinkrement	von links nach rechts
A- -	Postdekrement	
A(B)	Funktionsausfruf	
A[B]	Feldindex	
A.B	Memberzugriff	
A->B	Memberkennzeichnung	
++A	Präinkrement	von rechts nach links
- -A	Prädekrement	
-A	Unäres Minus	
+A	Unäres Plus	
!A	Logische Negation	
~A	Einerkomplement	
*A	Umleitung	
&A	Adresse	
sizeof A	sizeof	
(type)A	Typumwandlung	
A*B	Multiplikation	von links nach rechts
A/B	Division	
A%B	Restwert	

Operator	*Name*	*Assoziativität*
A+B	Addition	von links nach rechts
A-B	Subtraktion	
A<<B	Linksschieben	
A>>B	Rechtsschieben	
A<B	Kleiner als	
A<=B	Kleiner gleich	
A>B	Größer als	
A>=B	Größer gleich	
A==B	Gleichheit	
A!=B	Ungleichheit	
A&B	Bitweises UND	
A^B	Bitweises EXCLUSIV-ODER	
A|B	Bitweises ODER	
A&&B	Logisches UND	
A||B	Logisches ODER	
A?B:C	Bedingung	
A=B	Zuweisung	
A+=B	Addition-Zuweisung	
A-=B	Subtraktion-Zuweisung	
A*=B	Multiplikation-Zuweisung	
A/=B	Division-Zuweisung	
A%=B	Restwert-Zuweisung	
A&=B	Bitweises-UND-Zuweisung	
A|=B	Bitweises-ODER-Zuweisung	
A^=B	Bitweises-EXCLUSIV-ODER-Zuweisung	
A<<=B	Linksschiebe-Zuweisung	
A>>=B	Rechtsschiebe-Zuweisung	
A,B	Komma	

Sonderfälle

Während die Reihenfolge der Auswertung der Operatoren durch die bisher genannten Regeln eindeutig bestimmt ist, kann man über die Reihenfolge der Auswertung der Operanden eines einzelnen Operators meist nichts genaues sagen. Es ist beispielsweise völlig undefiniert, ob in dem Ausdruck f()+g() zuerst f oder g aufgerufen wird. Dies kann Probleme verursachen, wenn die Teilausdrücke (hier also die Funktionen) Nebeneffekte haben.

Beispiel

```
main()
{
  int i=1;

  printf("%d %d %d\n",i++,i++,i++);
}
```

Ob dieses Programm nun 1 2 3 oder 3 2 1 oder noch eine andere Wertereihenfolge ausgibt, ist nicht klar. Lediglich für die folgenden Operatoren ist die Reihenfolge der Auswertung ihrer Operanden definiert:

Komma-Operator
Wird immer von links nach rechts ausgewertet.

Funktionsaufruf-Operator
Die Argumente werden vor dem Aufrufen der Funktion ausgewertet.

Bedingungs-Operator
Der Testausdruck wird immer zuerst und danach einer der beiden Ergebnisausdrücke ausgwertet.

Logische Operatoren
Die logischen Operatoren || und && werden immer von links nach rechts ausgewertet. Falls das Resultat des kompletten Ausdrucks schon nach einer teilweisen Auswertung bekannt ist, wird der verbleibende Rest des Ausdrucks nicht mehr ausgewertet! Die Frage ist nun: wieso kann bei der Auswertung eines logischen Ausdrucks das Ergebnis des kompletten Ausdrucks schon vor seiner endgültigen Auswertung bekannt sein?

Diese Frage ist sehr leicht zu beantworten. Bei einer logischen UND-Operation A && B ist der Wert des Gesamtausdrucks schon nach der Auswertung von A bekannt, wenn A gleich 0 (also FALSE) ist. In diesem Fall ist zwangsläufig der Wert des gesamten Ausdrucks FALSE, unabhängig davon, welchen Wert die Auswertung von B ergibt. Aus diesem Grunde erkennt der C-Compiler einen solchen Fall und verzichtet dann auf die Auswertung von B. Dasselbe gilt bei der Auswertung eines ODER-Ausdruckes A || B, wenn der vordere Ausdruck ungleich 0 (also TRUE) ist. In diesem Fall muß der Wert des gesamten Ausdrucks ungleich 0 (also TRUE) sein und die Berechnung wird abgebrochen.

Diese Eigenschaft wird im allgemeinen als Short-Circuit-Evaluation bezeichnet. Sie sorgt zum einen für schneller laufende Programme und kann zum anderen sehr schön zum Testen voneinander abhängiger Bedingungen innerhalb eines Ausdrucks verwendet werden.

Beispiel

Angenommen, wir haben ein Array *A* mit *len+1* Elementen (indexiert von *0* bis *len*) deklariert und wollen in aufsteigender Reihenfolge alle Elemente bearbeiten, bis entweder das letzte Element abgearbeitet oder ein Element mit dem Wert 0 gefunden wurde. Da es in C die Short-Circuit-Evaluation gibt, können wir folgendermaßen programmieren:

```
main()

{
  int len=1000, i=0;
  int A[len+1];

  while (i<=len && A[i]!=0) {
    /* Verarbeitung von A[i] */
    i++;
  }
}
```

In einer Sprache, in der nicht per »Short-Circuit-Evaluation« ausgewertet wird, ginge das nicht. Hier würde das Programm für den Fall, daß kein Element im Array 0 ist, beim letzten Schleifendurchlauf den Ausdruck *A[len+1]!=0* auswerten, was zu einen Programmabsturz führen oder ein verdecktes Fehlverhalten des Programmes zur Folge haben könnte.

In einer solchen Programmiersprache müßten wir dasselbe Problem auf eine viel umständlichere Art programmieren:

```
main()

{
  int len=1000, i=0;
  int A[len+1];
  int stop=0;

  while (i<=len && !stop) {
    if (A[i]!=0) {
      /* Verarbeitung von A[i] */
      i++;
    } else {
      stop=1;
    }
  }
}
```

Kapitel 2

Aufgaben

Ein-/Ausgaben

Um die Aufgaben zu diesem und den nächsten Kapiteln lösen zu können, brauchen wir Ein- und Ausgabeoperationen für Variablen, die wir an dieser Stelle ganz kurz erklären wollen.

Das Ausgeben von Variablen erfolgt mit der Funktion *printf*. Sie bekommt eine String-Konstante und eine Reihe von Variablen als Parameter übergeben. Jede der Variablen muß in der String-Konstante mit Hilfe einer Formatanweisung verzeichnet sein, die den Typ der Variablen repräsentiert.

Gängige Formatanweisungen sind:

%d	*int*
%ld	*long*
%c	*char*
%e	*float*
%le	*double*

Zusätzlich zu den Formatanweisungen darf die Stringkonstante auch eingestreute Textteile enthalten, die dann unverändert ausgegeben werden.

Beispiel

```
printf("n ist %d\n",n);
printf("a=%d b=%d  Flaeche=%e\n",a,b,3.14*r*r);
```

Um Werte in Programmvariablen einzulesen, können wir die Funktion *scanf* verwenden. Sie ist genauso aufgebaut wie *printf*, vor jeder übergebenen Variable muß jedoch der Adressoperator & stehen.

Beispiel

```
scanf("%d",&i);
scanf("%e %e",&x,&y);
```

1.(A) Schreiben Sie ein Programm, das zwei Fließkommazahlen über die Tastatur einliest und dann Summe, Differenz, Produkt und Quotient auf dem Bildschrim ausgibt. Sorgen Sie dafür, daß eine Division durch 0 keinen Laufzeitfehler erzeugt.

Hilfe: Das Einlesen und Ausgeben von Fließkommazahlen können Sie mit dem %f, %e oder %g Formatanweisungen der *scanf*- und *printf*-Routine erledigen. (Vergessen Sie bei *scanf* nicht, den Adressoperator vor die aktuellen Parameter zu setzen)

2.(A) Schreiben Sie ein Programm, das eine *int*-Zahl von der Tastatur einliest und folgende Informationen über diese Zahl auf dem Bildschirm ausgibt:

1. Ist die Zahl positiv oder negativ?

2. Ist die Zahl gerade oder ungerade?

3. Wieviele Einsen und wieviele Nullen enthält die Bit-Darstellung der Zahl?

Als Hilfe für diese und die nächsten Aufgaben soll die *while*-Schleife informell eingeführt werden. Ihre Syntax lautet:

```
while "(" A ")" "{"
  /* Anweisungen */
"}"
```

Die Anweisungen innerhalb der Schleife werden dabei so oft ausgeführt, wie der Testausdruck A einen Wert ungleich 0 (also TRUE) ergibt. A wird immer zu Beginn der Schleife ausgewertet.

3.(B) Schreiben Sie ein Programm, das herausfindet, ob die Binärdarstellung einer eingegebenen *int*-Zahl mindestens einen 1er-Drilling enthält. Unter einem 1er-Drilling wollen wir – unabhängig von der Nachbarschaft – drei nebeneinanderstehende Einsen verstehen.

4.(B) Schreiben Sie ein Programm, welches eine über die Tastatur eingebene *int*-Zahl in Binärform auf dem Bildschirm ausgibt.

5.(C) Schreiben Sie ein Programm, welches die Quadratwurzel einer positiven Fließkommazahl berechnet. Zur Erinnerung: die Quadratwurzel einer positiven Zahl x ist die positive Zahl y, so daß gilt y*y=x.

6.(A) Schreiben Sie ein Programm, welches eine Tabelle der Werte n^2, 2^n und n! für 0<=n<=20 ausgibt.

7.(B) Geben Sie für die folgenden Ausdrücke gleichwertige Ersatzausdrücke an, die keine relationalen Operatoren enthalten:

1. A==B

2. A!=B

3. A>0

4. A<0

5. A<=B

6. A<B

8.(C) Die folgende Aufgabe entstammt der Wissenschaftsshow »Kopf um Kopf« mit Alexander von Cube. Angenommen, Sie (Person A) befinden sich an einem Strand und in einer bestimmten Entfernung von Ihnen droht ein Mann (Person B) im Wasser zu ertrinken. Weiter angenommen, Sie können sich am Strand mit einer Geschwindigkeit von 5 m/sec., im Wasser jedoch nur mit 2,5 m/sec. bewegen. Welches ist der Weg, auf dem Sie in der kürzesten Zeit bei dem Ertrinkenden sind? (siehe Abbildung 2.1 »Das Problem des Ertrinkenden«)

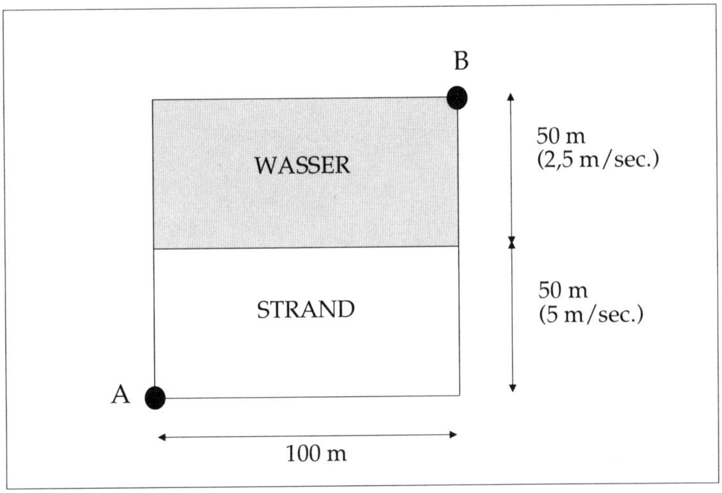

Abbildung 2.1 Das Problem des Ertrinkenden

9.(B) Versuchen Sie herauszufinden, welches mathematische Problem durch das folgende Programm gelöst wird (Keine Angst, es handelt sich um einfache Schulmathematik).

```
#include <stdio.h>
main()
{
  int a,b;

  scanf("%d %d",&a,&b);
  while ((a>b)?(a-=b):(b-=a)) ;
  printf("%d\n",a);
}
```

Kapitel 3

Anweisungen

Obwohl wir durch das Studium der ersten beiden Kurseinheiten schon eine ganze Menge in C programmieren können, fehlt noch eine Menge bis zu einer kompletten Programmiersprache. Daher wollen wir uns in diesem Kapitel mit den Strukturelementen der Sprache befassen, den Anweisungen.

Wir könnten den Begriff »Anweisung« ebenso exakt definieren wie im letzten Kapitel »Ausdruck«, aber eigentlich ist eine derart exakte Vorgehensweise nicht unbedingt nötig. Während bei der Abarbeitung von Ausdrücken insbesondere die exakten zeitlichen und logischen Einzelheiten von Bedeutung sind, geht man mit Anweisungen im allgemeinen viel intuitiver und selbstverständlicher um. Anweisungen sind innerhalb eines Programmes sozusagen die stabilen Kisten, in denen die empfindlichen Ausdrücke verpackt sind. Sie sorgen für die grobe Struktur eines Programmteiles und geben diesem den logischen und funktionalen Überbau.

Grundlegende Anweisungen

Glücklicherweise unterscheiden sich die meisten Sprachen bezüglich dessen, was sie an Anweisungen zu bieten haben, nicht sonderlich. So gibt es beispielsweise eine *for*-Schleife in nahezu jeder höheren Programmiersprache, auch wenn die Syntax nicht überall einheitlich ist. Wenn Sie – gemäß der ersten Eingangsvoraussetzung zu diesem Buch – bereits Erfahrungen mit einer höheren Programmiersprache haben, wird es Ihnen daher nicht allzu schwer fallen, den Stoff dieses Kapitels zu verstehen. Aber auch, wenn Sie bisher nur Programmiersprachen kennen, welche die hier vorgestellten Anweisungen nicht besitzen, können Sie sich aufgrund der Erklärungen und Beispiele das nötige Wissen aneignen.

Ausdrucks-Anweisungen

Syntax:

```
Ausdruck ;
```

Damit ein alleinstehender Ausdruck in einem C-Programm verwendet werden kann, muß er in eine Ausdrucks-Anweisung umgewandelt werden. Das geschieht ganz einfach durch Anhängen eines Semikolons an den Ausdruck. So ist beispielsweise *a=b+1* ein Ausdruck, während *a=b+1;* die zugehörige Ausdrucks-Anweisung ist. Der Unterschied besteht darin, daß die Ausdrucks-Anweisung den Rückgabewert des Ausdrucks nicht verwendet, in ihr sind lediglich die Nebeneffekte von Interesse. Im Gegensatz dazu kann ein reiner Ausdruck nur da eingesetzt werden, wo sein Rückgabewert auch weiterverwendet wird, etwa als Bedingung in einer *if*-Anweisung oder als aktueller Parameter eines Funktionsaufrufes.

Tatsächlich werden etwa in der Definition von ANSI-C drei unterschiedliche Zusammenhänge aufgezählt, in denen ein Ausdruck innerhalb einer Anweisung auftauchen kann:

1. *Testzusammenhang:* Verwendung eines Ausdruckes innerhalb des Testteils einer Schleife oder bedingten Anweisung. Hier interessiert also in der Hauptsache der Rückgabewert des Ausdrucks. Beispiel für den Ausdruck a==6:

Beispiel

```
if (a==6)
printf("a ist sechs\n");
```

2. *Nebeneffektzusammenhang:* An dem Ausdruck interessieren nur die Nebeneffekte, sein eigentlicher Rückgabewert wird nicht verwendet. Hierbei handelt es sich um die obengenannte Ausdrucks-Anweisung.

Beispiel

```
i=10;
a+=12;
printf("\n");
```

3. *Wertzusammenhang:* Wie in 1. wird auch hier der Rückgabewert weiterverwendet, er dient jedoch nicht als Testwert, sondern wird an ein anderes Programmelement weitergegeben. Das kann beispielsweise die Übergabe eines Parameters an eine Funktion oder auch die Rückgabe mit der *return*-Anweisung sein. Beispiel für die Ausdrücke *i* und *j+1*:

Beispiel

```
printf("%d %d",i,j+1);
```

Anmerkung

Ein C-Compiler interessiert sich überhaupt nicht dafür, ob der Ausdruck einer Ausdrucks-Anweisung auch tatsächlich Nebeneffekte produziert.

Vielmehr wird folgendes Programmfragment von jedem C-Compiler kommentarlos akzeptiert:

```
main()
{
  int i=5, j=10;

  i+j+1;
  4/2*j;
}
```

Wie man sich denken kann, ist das Programm wenig sinnvoll und kann nur dazu verwendet werden, Rechenzeit und Speicherplatz zu verbrauchen, ohne jedoch jemals ein brauchbares Ergebnis zu liefern. (Gute Compiler »optimieren« es daher einfach weg!)

Die leere Anweisung

Syntax:

```
;
```

Manchmal ist es günstig, eine Anweisung zur Verfügung zu haben, die gar nichts tut. Sie kann immer dann verwendet werden, wenn die Syntax an dieser Stelle eine Anweisung erfordert, von der Programmlogik her jedoch keine Anweisung benötigt wird. Eine leere Anweisung besteht nur aus einem Semikolon. Ein Beispiel zur Verwendung einer leeren Anweisung finden Sie bei der Erklärung der *while*-Schleife.

Blöcke

Syntax:

```
"{" { Deklaration } { Anweisung } "}"
```

Unter einem Block versteht man in einer Programmiersprache die Zusammenfassung von Deklarationen und Anweisungen zu einer neuen Einheit. Ein Block wird in C deklariert, indem eine beliebige Anzahl Deklarationen gefolgt von einer beliebigen Anzahl Anweisungen in geschweifte Klammern eingeschlossen wird. Die Bedeutung der Blöcke ergibt sich aus folgender Regel:

Ist es an irgendeiner Stelle im Programm erlaubt, *eine* Anweisung zu verwenden, so ist es auch erlaubt, *mehrere* Anweisungen zu verwenden, wenn sie in einen Block verpackt sind. Vom Programmablauf wird sich das Programm immer so verhalten, als hätte es nur eine einzige Anweisung abzuarbeiten.

Wichtigste Anwendung für Blöcke sind bedingte Anweisungen und Schleifen. Diese erwarten nach dem Testausdruck grundsätzlich *eine* Anweisung. Um den wesentlich häufigeren Fall des Abarbeitens *mehrerer* Anweisungen zu behandeln, müssen diese in einen Block verpackt werden. Ein Block wird vom Compiler also syntaktisch als eine Einheit angesehen, von der Bedeutung her bietet er jedoch die Möglichkeit, mehrere Anweisungen darin unterzubringen.

Beispiel

Das Programm

```
main()
{
  int i=1;

  while (i<10)
    printf("i ist %d\n",i++);
}
```

ist vollkommen äquivalent zu dem Folgenden:

```
main()
{
  int i=1;

  while (i<10) {
    printf("i ist ");
    printf("%d\n",i);
    i++;
  }
}
```

und beide schreiben die Zahlen von 1 bis 9 auf den Bildschirm. Etwas anderes macht jedoch das Programm

```
main()
{
  int i=1;

  while (i<10)
    printf("i ist ");
    printf("%d\n",i);
    i++;
}
```

Dieses Programm verhält sich leider nicht so, wie es sollte, sondern gerät in eine Endlosschleife, in der immer wieder die Zeichenkette "i ist" ausgegeben wird. Der Grund dafür ist das Fehlen der Blockklammern, so daß der Compiler nur die Anweisung *printf("i ist ");* als Schleifenrumpf ansieht. Aus diesem Grund wird das Inkrementieren des Zählers *i* erst nach der Schleife durchgeführt.

Wie schon erwähnt, dürfen am Anfang eines Blocks auch Deklarationen stehen, d.h. ein Block darf eigene lokale Variablen enthalten. Die in einem Block deklarierten Variablen sind nur innerhalb des Blocks sichtbar und zugreifbar. Sie werden zu Beginn der Ausführung des Blockes (also zur Laufzeit!) angelegt und nach dem Ende des Blocks wieder gelöscht. Falls Namensüberschneidungen mit Variablen, die auf einer weiter außen liegenden Stufe definiert wurden, bestehen, so gilt die Regel: während der Abarbeitung des Blocks sind die lokalen Blockvariablen sichtbar und gültig, während danach die ursprünglichen Variablen weiterverwendet werden.

Beispiel

```
main()
{
  int i=1;

  printf("%d\n",i);                /* gibt 1 aus */
```

```
  {
    int i=5;

    printf("%d\n",i);           /* gibt 5 aus */
  }
  printf("%d\n",i);       /* gibt wieder 1 aus */
}
```

In diesem Programm existiert die Variable *i* in zwei Versionen. Zunächst wird sie als lokale Variable von *main* angelegt und mit 1 initialisiert. Die in dem folgenden Block angelegte gleichnamige Variable verdeckt dann die erste Definition, so daß *printf* den Wert 5 ausgibt. Nach Ende des Blocks wird das zweite *i* vernichtet und unter dem Namen kann wieder auf die erste *i*-Variable (die nach wie vor den Wert 1 hat) zugegriffen werden.

Da Blöcke beliebig geschachtelt werden dürfen, kann ein einziger Variablenname nicht nur in zwei, sondern in drei, vier oder mehr Instanzen existieren.

Wegen der Möglichkeit, lokale Variablen zu definieren, ist ein Block nicht nur aus syntaktischen Gründen erwähnenswert, sondern auch der besseren Strukturierung eines Programmes dienlich. Um sehr lange Funktionen übersichtlicher zu machen, können zusammenhängende Anweisungsfolgen in einem Block zusammengefasst werden, so daß man die Möglichkeit hat, Variablen für lokale Zwecke zu definieren, ohne sich Gedanken über mögliche Überschneidungen mit bereits existierenden Namen machen zu müssen.

Wir wollen jedoch nicht verschweigen, daß lokale Variablen Probleme verursachen können, wenn sie zu groß werden. Da sie zur Laufzeit des Programmes auf dem Stack angelegt werden, können durch Stack-Überlauf schwer zu lokalisierende Laufzeitfehler entstehen. Die geschilderte Vorgehensweise ist daher vor allem für skalare Datentypen angebracht, zusammengesetzte Typen (vor allem große Arrays) sollte man ohne weitere Vorsichtsmaßnahmen jedoch nicht lokal definieren.

Anmerkung

Ein – auch auf andere Programmiersprachen übertragbares – Beispiel für die Anwendung eines Blocks ist der Rumpf einer Prozedur oder Funktion. Er hat syntaktisch denselben Aufbau wie ein Block und darf ebenso wie dieser Variablendefinitionen und Anweisungen enthalten.

Schleifen

Schleifen dienen in Programmiersprachen dazu, Anweisungsfolgen wiederholt auszuführen. Nicht alle Sprachen aber bieten Schleifenkonstrukte an. So sind etwa ältere BASIC- oder FORTRAN-Dialekte und die meisten Assemblerdialekte Beispiele für Programmiersprachen, die keine (oder nur sehr restriktive) Schleifen zur Verfügung stellen. In diesen Sprachen müssen Schleifen durch eine Kombination von bedingten Anweisungen und Sprüngen nachgebildet werden.

Im Ergebnis führt eine solche Programmierweise im allgemeinen zu extrem schwer lesbaren Programmen.

Nachdem die Diskussionen um diese Art von Programmierstil die Gelehrten mehrere Jahre unter dem Begriff »strukturierte Programmmierung« beschäftigte, weiß man inzwischen, daß man auch ohne Goto's genauso gut, aber viel übersichtlicher programmieren kann. Trotz aller Kritik haben die Entwickler von C erkannt, daß die Möglichkeit, unbedingte Sprünge auszuführen, in bestimmten Programmiersituationen recht nützlich ist und haben daher eine Reihe von Möglichkeiten geschaffen, Sprünge zu programmieren.

Den überwiegenden Teil aller zyklischen Wiederholungen in einem Programm sollte man aber mit Hilfe von Schleifen programmieren.

while-Schleife

Syntax:

```
while "(" Test-Ausdruck ")"
  Anweisung
```

Bei der *while*-Schleife handelt es sich um eine abweisende Schleife, d.h. der Test-Ausdruck wird vor der Ausführung der Anweisung ausgewertet. Ist der Testausdruck ungleich 0, so wird die Anweisung ausgeführt und dann wieder an den Anfang der Schleife, zur erneuten Auswertung des Testausdrucks, gesprungen. Ist der Test-Ausdruck hingegen 0, so wird die Anweisung nicht abgearbeitet, sondern im Programm mit dem ersten Befehl nach dem Ende der Schleife fortgefahren.

Beispiele

Zunächst wollen wir uns ein sehr einfaches Beispiel ansehen, welches wir in jeder anderen Sprache auf die gleiche Art programmiert hätten. Wir wollen die Summe der ersten 10 natürlichen Zahlen 1+2+...+10 ermitteln.

```
main()
{
  int i=1, s=0;

  while (i<=10) {
    s+=i;
    i++;
  }
  printf("Die Summe 1+2+...+10 ist %d\n",s);
}
```

Das folgende Programm berechnet das Produkt zweier eingegebener Zahlen (natürlich kann man diese Berechnung mit Hilfe des Multiplikationsoperators durchführen, uns geht es aber hier um die Konstruktion von Schleifen). Die hier verwendete *while*-Schleife unterscheidet sich von der vorigen vor allem dadurch, daß innerhalb des Schleifenrumpfes nur eine Einzelanweisung ausgeführt wird, während innerhalb des Testausdrucks etwas mehr passiert. Da der Testausdruck immer auf Gleichheit mit 0 getestet wird, kommt man auch ohne relationalen Operator aus, außerdem wird als Nebeneffekt schon im Testausdruck der Schleifenzähler dekrementiert. Eine solcher Programmierstil erzeugt sehr schnellen Programmcode und ist in C-Programmen häufig zu finden.

```
main()
{
  int a, b, p=0;
  printf("Geben Sie zwei Zahlen ein : ");
  scanf("%d %d",&a,&b);
  printf("\n");
  while (a--) p+=b;
  printf("Das Produkt ist: %d\n",p);
}
```

Als letztes Beispiel sehen wir uns ein Programm an, das die Aufgabe hat, von der Tastatur Zeichen einzulesen und den ASCII-Code des ersten Nicht-Whitespace-Zeichens auf dem Bildschirm auszugeben. Es demonstriert eine Schleife mit einer leeren Anweisung. In der Schleife wird alles Nötige allein durch den Testausdruck erledigt.

Bemerkenswert an diesem Programm ist auch die Kombination eines Nebeneffektes mit dem Ausnutzen der Auswertungsreihenfolge der Teilausdrücke des Logisches-UND-Operators im Schleifenkopf. Auch diese Art von Programmierstil ist in C überaus gebräuchlich.

```
#include <stdio.h>
main()
{
  char c;
  while ((c=getchar())==' ' || c=='\t' || c=='\n') ;
  printf("%d\n",c);
}
```

Anmerkung

Das Verhalten der *while*-Schleife kann mit den Sprunganweisungen *break* und *continue* beeinflußt werden. Weiter unten können Sie genaueres dazu lesen.

do-Schleife

Syntax:

```
do
  Anweisung
while "(" Test-Ausdruck ")" ;
```

Die *do*-Schleife unterscheidet sich von der *while*-Schleife dadurch, daß der Test-Ausdruck erst am Ende der Schleife ausgewertet wird. Der

Schleifenrumpf wird also auf jeden Fall mindestens einmal durchlaufen. Ergibt die Auswertung des Test-Ausdrucks einen Wert ungleich 0, so springt der Programmablauf wieder an den Schleifenanfang, andernfalls wird die Schleife beendet und mit der Anweisung unmittelbar hinter der Schleife fortgefahren. Bei der *do*-Schleife handelt es sich somit um eine nichtabweisende Schleife, da der Testausdruck erst nach den Anweisungen ausgewertet wird.

Für PASCAL-Programmierer ist die *do*-Schleife etwas tückisch, denn sie hat große Ähnlichkeit mit der *repeat-until*-Schleife von PASCAL. Der (gravierende) Unterschied besteht jedoch darin, daß die *do*-Schleife solange ausgeführt wird, wie der Test-Ausdruck WAHR ist, während die *repeat-until*-Schleife solange ausgeführt wird, wie der Test-Ausdruck FALSCH ist.

Beispiel

Es war gar nicht einfach, ein gutes Beispiel für die Anwendung einer *do*-Schleife zu finden. Glücklicherweise befindet sich in Kernighan's und Ritchie's Originalwerk zu C ein hübsches Beispiel, welches hiermit wieder einmal zu neuen Ehren gelangen soll.

Das Programm liest eine *int*-Zahl von der Tastatur ein und gibt sie rückwärts wieder aus. Der Grund für die besondere Eignung einer *do*- anstelle einer *while*-Schleife liegt in der Sonderbehandlung einer eingegebenen 0, bei der – obwohl die Abbruchbedingung bereits erfüllt ist – mindestens eine Ziffer wieder ausgegeben werden muß.

```
#include <stdio.h>

main()
{
  int i;

  printf("Bitte eine positive int-Zahl: ");
  scanf("%d",&i);
  printf("\n");
  do {
    printf("%d",i%10);
    i/=10;
  } while (i>0);
}
```

Anmerkung

Das Verhalten der *do*-Schleife kann mit den Sprunganweisungen *break* und *continue* beeinflußt werden. Weiter unten können Sie genaueres dazu lesen.

for-Schleife

Syntax:

```
for "(" [Ausdruck-1] ; [Ausdruck-2] ; [Ausdruck-3]")"
  Anweisung
```

Die *for*-Schleife ist die dritte Möglichkeit, in C Anweisungen zyklisch wiederholt ausführen zu lassen. Diese Schleifenart ist das Gegenstück zu den *for-next*-Schleifen der meisten anderen Programmiersprachen, sie geht aber in ihren Möglichkeiten weit über diese hinaus und ist zunächst auch etwas schwerer zu verstehen. Auch die Syntax ist etwas verwirrend, nach der Gewöhnung wird man jedoch die Vielzahl der Möglichkeiten zu schätzen wissen.

Zunächst wird *Ausdruck-1* ausgewertet, um die Schleife zu initialisieren. Danach wird *Ausdruck-2* ausgewertet und als Testausdruck angesehen, d.h. der Schleifenrumpf – die Anweisung – wird genau dann ausgeführt, wenn *Ausdruck-2* nicht 0 ist. Nach dem Ausführen des Schleifenrumpfes wird *Ausdruck-3* ausgewertet und danach wieder mit dem Auswerten des Testausdrucks *Ausdruck-2* fortgefahren, usw... Eine *for*-Schleife ist also äquivalent der folgenden *while*-Schleife:

```
Ausdruck-1;
while (Ausdruck-2) {
  Anweisung;
  Ausdruck-3;
}
```

Beispiele

Die häufigste Anwendung einer *for*-Schleife besteht sicherlich darin, eine Anweisungsfolge zu durchlaufen, wenn die Anzahl der Durchläufe vorher bekannt ist.

```
main()
{
  int i;

  for (i=1; i<=100; i++) {
    /* Anweisung */
  }
}
```

Diese Verwendung entspricht der Verwendung von *for-next*-Schleifen anderer Programmiersprachen. Natürlich ist es auch möglich, den Schleifenzähler um einen von 1 verschiedenen Wert zu verändern; dazu ist lediglich der *Ausdruck-3* entsprechend zu verändern.

```
main()
{
  int i;
  int n=5; /* Sprungweite */

  for (i=1; i<=100; i+=n) {
    /* Anweisung */
  }
}
```

Die Möglichkeiten der *for*-Schleife sind deshalb so weitreichend, weil beliebige Ausdrücke zur Steuerung der Schleife verwendet werden dürfen, während in anderen Programmiersprachen *Ausdruck-1* immer eine Zuweisung, *Ausdruck-2* immer ein logischer Ausdruck und *Ausdruck-3* immer ein Inkrement- oder Dekrement-Ausdruck ist.

Außerdem ist es möglich, einen oder mehrere der Kontrollausdrükke wegzulassen, um besondere Effekte zu erzielen. Dabei gelten folgende Regeln:

1. Wenn *Ausdruck-1* nicht angegeben wird, so erfolgt am Anfang der *for*-Schleife keine Initialisierung.

2. Wenn *Ausdruck-2* nicht angegeben wird, so setzt der Compiler automatisch die Konstante 1 (also TRUE) dafür ein und erzeugt somit eine Endlosschleife.

3. Wenn *Ausdruck-3* nicht angegeben wird, erfolgt am Ende des Schleifenrumpfes kein automatisches Inkrementieren oder Dekremenentieren des Schleifenzählers.

Die folgenden Programme sind Beispiele für Endlosschleifen, wie sie in vielen Programmen zu finden sind. Vielleicht werden Sie jetzt fragen, welchen Sinn denn eine Endlosschleife hat, da man sie ja – wie der Name schon sagt – nicht mehr verlassen kann? Die Antwort darauf ist: dies ist natürlich nur zum Teil richtig. Zwar ist der Schleifen-Testausdruck immer wahr und kann somit die Schleife nicht aus eigener Kraft beenden, aber mit Hilfe der weiter unten beschriebenen Sprunganweisungen ist es dennoch möglich, aus dem Schleifenrumpf herauszuspringen, um so ein künstliches Ende herbeizuführen.

```
main()
{
  for (;;) {
    /* Anweisungen */
  }
}
```

ist gleichwertig mit

```
main()
{
  while (1) {
    /* Anweisungen */
  }
}
```

Ob man als Programmierer nun die erste oder zweite Variante bevorzugt, ist sicherlich eine Frage des persönlichen Geschmacks, in der Praxis findet man beide Möglichkeiten.

Bedingte Anweisungen

Während Schleifen dazu dienen, Anweisungen mehrfach zu verwenden, haben bedingte Anweisungen die Aufgabe, den Programmablauf zu kontrollieren. Eine Programmiersprache ohne bedingte Anweisungen ist beim besten Willen nicht vorstellbar, auch in einfachen Kommando- oder Makrosprachen finden sich heute standardmäßig Möglichkeiten, im Programmablauf in Abhängigkeit von bestimmten Werten, die erst zur Laufzeit ermittelt werden, zu verzweigen. Die Sprache C bietet in diesem Bereich nichts Ungewöhnliches, sondern die Möglichkeiten, die in den meisten anderen Programmiersprachen zu finden sind.

if-Anweisung

Syntax:

```
if "(" Test-Ausdruck ")"
  Anweisung-1
[ else
  Anweisung-2 ]
```

Die *if*-Anweisung dient dazu, in Abhängigkeit von dem Rückgabewert von *Test-Ausdruck* entweder die *Anweisung-1* oder die *Anweisung-2* auszuführen.

Dabei gilt: *Anweisung-1* wird genau dann ausgeführt, wenn der *Test-Ausdruck* einen Wert ungleich 0 liefert, während *Anweisung-2* genau dann ausgeführt wird, wenn der *Test-Ausdruck* den Rückgabewert 0 hat. In keinem Fall werden beide Anweisungen ausgeführt!

Wie wir dem Syntaxdiagramm entnehmen können, ist der *else*-Teil optional, d.h. er kann auch weggelassen werden. In diesem Fall wird *Anweisung-1* genau dann ausgeführt, wenn der *Test-Ausdruck* einen Wert ungleich 0 liefert, andernfalls wird die Anweisung einfach übersprungen und im Programm unmittelbar dahinter fortgefahren.

Beispiel

```
main()
{
  int i,j;

  printf("Geben Sie zwei gleiche Zahlen ein: ");
  scanf("%d %d",&i,&j);
  printf("\n");
  if (i!=j)
    printf("Die Zahlen sollten GLEICH sein!\n");
}
```

Natürlich können wir hinter einem *if* auch mehrere Anweisungen ausführen lassen. Dazu müssen wir die gewünschten Anweisungen lediglich in einen Block verpacken.

```
main()
{
  int i=0;

  printf("Bitte eine Zahl: ");
  scanf("%d",&i);
  printf("\n");
  if (i) {
    printf("Sie haben nicht die Zahl 0 eingegeben\n");
    if (i<0)
      printf("Die Zahl war kleiner als 0\n");
    else
      printf("Die Zahl war größer als 0\n");
  } else
    printf("Sie haben eine 0 eingegeben\n");
}
```

Für C-Neulinge ist die Syntax der *if*-Anweisung aus zwei Gründen etwas tückisch. Erstens gibt es kein *then* hinter dem Testausdruck und zweitens muß dieser auch noch in Klammern geschrieben werden. Für erfahrene PASCAL-Programmierer gibt es noch eine weitere Falle: während in PASCAL die letzte Anweisung vor dem *else* nicht mit einem Semikolon abgeschlossen werden darf, ist dies in C Pflicht!

Allgemeiner gesprochen zeigt sich hier der prinzipielle Unterschied bei der Verwendung dieses Zeichens in den beiden Sprachen: in PASCAL dient das Semikolon als Trennzeichen zwischen zwei Anweisungen, in C ist es hingegen das Ende-Zeichen für eine Reihe von Anweisungen.

Aus der Syntaxbeschreibung und den Beispielen können wir entnehmen, daß das Ende einer *if*-Anweisung nicht durch ein spezielles Ende-Schlüsselwort (wie *endif* o.ä.) angezeigt wird, sondern sich implizit aus dem Ende der Anweisung oder des Anweisungsblockes ergibt. Damit teilt C das Schicksal von PASCAL und etlichen anderen Sprachen, denn es können Mehrdeutigkeiten auftreten.

Bei dem folgenden Programm

```
if ( Test-Ausdruck-1 )
if ( Test-Ausdruck-2 )
Anweisung-1
else
Anweisung-2
```

ist zunächst nicht klar, ob der *else*-Teil zum inneren oder äußeren *if* gehört; rein syntaktisch sind beide Varianten möglich. Um diese Mehrdeutigkeit aufzulösen, wird die Anweisungsfolge in C (wie in anderen Sprachen) ausgeführt wie

```
if ( Test-Ausdruck-1 ) {
  if ( Test-Ausdruck-2 )
    Anweisung-1
  else
    Anweisung-2 }
```

d.h. das *else* wird dem letzten freien *if* zugeordnet. Die Gefährlichkeit der Problematik offenbart sich etwa, wenn man folgendes Programm betrachtet:

```
if ( Test-Ausdruck-1 )
  if ( Test-Ausdruck-2 )
    Anweisung-1
else
  Anweisung-2
```

Obwohl die Einrückung den Anschein erweckt, die Absicht des Programmierers sei es gewesen, den *else*-Teil zur ersten *if*-Anweisung gehören zu lassen, ist dies nicht der Fall. Vielmehr gehört der *else*-Teil immer zur letzten freien *if*-Anweisung und das Programm wird wie die vorigen ausgeführt. Der C-Compiler interessiert sich nicht im geringsten für die Einrückungen, mit denen wir ihm unsere Absichten verdeutlichen möchten. (Ein Gegenbeispiel ist die Sprache OCCAM, in der Einrückungen fester Bestandteil der Syntax einzelner Anweisungen sind)

Wenn wir also ein Programm schreiben wollen, welches das *else* tatsächlich der äußeren Anweisung zuordnet, so können wir dies durch eine geeignete Klammerung erreichen:

```
if ( Test-Ausdruck-1 ) {
  if ( Test-Ausdruck-2 )
    Anweisung-1
} else
  Anweisung-2
```

Dieses Problem ist in der Literatur unter dem Namen »dangling else« (»herumhängendes« *else*) bekannt. Es kann nur in solchen Programmiersprachen auftauchen, die kein *endif* besitzen und führt unter Umständen zu schwer lokalisierbaren Fehlern.

Um diesen und anderen verwandten Problemen aus dem Weg zu gehen, verwende ich meist einen Stil, bei dem grundsätzlich sowohl der *if*- als auch der *else*-Teil in einen Block verpackt wird. So ist nicht nur kein dangling-else mehr möglich, sondern man hat zusätzlich den Vorteil, daß beim nachträglichen Einfügen einer Anweisung in einem der beiden Teile nicht die geschweiften Klammern vergessen werden können.

elseif-Anweisung

Syntax:

```
if "(" Test-Ausdruck-1 ")"
  Anweisung-1
else if "(" Test-Ausdruck-2 ")"
  Anweisung-2
else if "(" Test-Ausdruck-2 ")"
  Anweisung-2

  ...

[ else
  else-Anweisung ]
```

Um von vorneherein keine Mißverständnisse aufkommen zu lassen, eine separate *elseif*-Anweisung (wie z.B. in Modula-2) gibt es in C nicht. Da eine solche Anweisung in der Praxis aber relativ häufig benötigt wird, wollen wir uns die üblicherweise verwendete Nachbildung kurz ansehen. Bei der *elseif*-Anweisung werden die Test-Ausdrücke nacheinander ausgewertet. Nur die Anweisungen nach dem ersten wahren Ausdruck werden ausgeführt, danach ist die komplette Kette beendet. Ist keiner der Test-Ausdrücke wahr, so werden die Anweisungen nach dem *else*-Teil ausgeführt (falls er vorhanden ist).

Beispiel

```
main()
{
  int i= -4;

  if (i<0)
    printf("Kleiner 0\n");
  else if (i>0)
    printf("Größer 0\n");
  else
    printf("Gleich 0\n");
}
```

switch-Anweisung

Syntax:

```
switch "(" Ausdruck ")" "{"
case Konstante-1 :
  Anweisung-1;
  break;
case Konstante-2 :
  Anweisung-2;
  break;

  ...
```

```
[ default :
  Default-Anweisung; ]
"}"
```

Die *switch*-Anweisung ist eine spezielle Anweisung zur Steuerung des Programmablaufes. Mit ihr wird überprüft, ob ein gegebener Ausdruck einer oder mehreren Konstanten entspricht und entsprechend verzweigt.

Zunächst wird der *Ausdruck* ausgewertet und sein Ergebnis nacheinander mit *Konstante-1*, *Konstante-2* usw... verglichen. Stimmt der Wert des Ausdrucks mit irgendeiner der Konstanten überein, so wird die dahinter stehende Anweisungsfolge ausgeführt. Um die *switch*-Anweisung danach zu beenden, ist es nötig, als letzte Anweisung in dieser Folge ein *break* zu setzen. Bei Auslassen dieser *break*-Anweisung wird nicht hinter die *switch*-Anweisung gesprungen, sondern mit den Anweisungen hinter dem nächsten *case* fortgefahren. Falls keiner der *case*-Teile auf den *Ausdruck* zutrifft, wird die Anweisung hinter der *default*-Marke ausgeführt, deren Verwendung jedoch optional ist.

Beachten Sie, daß keine der Konstanten hinter den *case*-Teilen doppelt vorkommen darf.

Beispiele

Das folgende Programm berechnet Ausdrücke der Art AϕB, wenn A und B numerische Konstanten sind und ϕ ein arithmetischer Operator ist.

```
#include <stdio.h>

main()
{
  int i, j;
  char c;

  printf("Ausdruck : ");
  scanf("%d %c %d",&i,&c,&j);
  switch (c) {
  case '+':
    printf("Ergebnis : %d\n",i+j);
    break;
  case '-':
    printf("Ergebnis : %d\n",i-j);
    break;
  case '*':
    printf("Ergebnis : %d\n",i*j);
    break;
  case '/':
    printf("Ergebnis : %d\n",i/j);
    break;
```

```
  default :
    printf("Operator unbekannt\n");
  }
}
```

Wie Sie vorgehen müssen, wenn eine der Anweisungen bei mehreren Konstanten ausgeführt werden soll, illustriert das folgende Beispiel:

Beispiel

```
#include <stdio.h>

main()
{
  char c;

  printf(" Ein Zeichen eingeben : ");
  scanf("%c",&c);
  printf("\nDas Zeichen war ein ");
  switch (c) {
  case '+':
  case '-':
  case '*':
  case '/':
  case '%':
    printf("arithmetischer Operator\n");
    break;
  case ' ': case '\n': case '\t':
    printf("White Space\n");
    break;
  default :
    printf("Sonstiges Zeichen\n");
  }
}
```

Durch das Hintereinanderschreiben mehrerer *case*-Teile, ohne ihnen jeweils ein *break* anzuhängen, wird nach einem erfolgreichen Test solange in der Kette der *case*-Anweisungen weitergelaufen, bis ein *break* erscheint. Am besten kann man sich diese Art der Abarbeitung einprägen, wenn man sich die *case*-Teile als Labels (also als Ziele von Sprunganweisungen, s.u.) vorstellt.

Sprunganweisungen

Wie schon in der Einleitung zum Abschnitt »Schleifen« erwähnt wurde, gibt es in C einige Sprunganweisungen. Dabei handelt es sich ausnahmslos um unbedingte Sprünge, d.h. solche, die nicht an eine zusätzliche Bedingung gebunden sind. Wenn der Programmlauf an eine Sprunganweisung kommt, wird ohne weitere Überprüfungen zum angegebenen Ziel gesprungen.

Allerdings ist es auch in C möglich, bedingte Sprünge (und damit Spaghetti-Code) zu erzeugen, indem die unbedingten Sprünge in die Anweisungsteile von *if*-Anweisungen gesteckt und somit zu bedingten Sprüngen werden.

Die allermeisten C-Programmierer beschränken sich jedoch bei der Verwendung von Sprunganweisungen auf wenige – allgemein anerkannte – Fälle, die wir im folgenden betrachten wollen.

break

Syntax:

```
break ;
```

Die *break*-Anweisung ist eine Sprunganweisung, die innerhalb einer *do-*, *for-* oder *while*-Schleife oder innerhalb einer *switch*-Anweisung einen Sprung hinter diese Anweisung durchführt. Die Verwendung in *switch* haben wir schon kennengelernt, innerhalb einer Schleife jedoch bietet *break* eine bequeme Möglichkeit, mitten aus der Schleife herauszuspringen. Wir können somit Schleifen konstruieren, welche die Abbruchbedingung nicht am Anfang (*while*-Schleife) oder am Ende (*do*-Schleife), sondern an einer beliebigen anderen Stelle innerhalb der Schleife testen.

Die Existenz der *break*-Anweisung liefert auch die Existenzberechtigung für die schon erwähnten Endlosschleifen, denn sie ist (neben *goto*, s.u.) die einzige Möglichkeit, eine Endlosschleife zu verlassen.

Beispiel

```
main()
{
  int i=0;

  while (1) {
    /* Anweisungen-1 */
    if (i>100) break;
    /* Anweisungen-2 */
    i++;
  }
}
```

Prinzipiell bringt die *break*-Anweisung keine neuen Möglichkeiten, denn den Sprung aus der Schleife kann man immer auch ohne *break* programmieren. Dazu wird anstelle des *break* eine separate *stop*-Bedingung auf TRUE gesetzt und die nach einem *break* nicht mehr auszuführenden Anweisungen werden durch *if (!stop) ...* geschützt. Zusätzlich muß der Schleifen-Testausdruck um die Bedingung *&& !stop* erweitert werden und natürlich zuvor eine passende *stop*-Variable definiert werden. Dies macht die Programme nicht nur voller, sondern durch die komplizierteren Testausdrücke auch schwieriger zu verstehen. Aus diesem Grund ist die *break*-Anweisung ein Beispiel für die sinnvolle Verwendung einer Sprunganweisung.

continue

Syntax:

```
continue ;
```

Die *continue*-Anweisung ist mit der *break*-Anweisung verwandt, der Unterschied besteht jedoch darin, daß sie nicht *hinter* die Schleife, sondern innerhalb der Schleife wieder zum Testausdruck springt. Die *continue*-Anweisung kann in allen Schleifenarten verwendet werden. Innerhalb der *for*-Schleife springt sie allerdings nicht unmittelbar auf den Test-, sondern auf den Iterationsausdruck. Dadurch wird hier ein eventuell vorhandener Schleifenzähler weitergezählt.

Diese Sprunganweisung ist nicht so nützlich wie die *break*-Anweisung, sie kann vor allem dann sinnvoll verwendet werden, wenn relativ weit am Anfang des Schleifenrumpfes mit einem einfachen Test festgestellt werden kann, daß die nachfolgenden (komplizierten) Anweisungen für den aktuellen Schleifendurchlauf überhaupt nicht durchzuführen sind.

Beispiel

```
#include <stdio.h>

main()
{
  char c;

  while (c=getchar()!=EOF) {
    if (c<32) continue;
    /*
    komplizierte Berechnungen
    */
  }
}
```

goto/Label

Syntax (der goto-Anweisung):

```
goto Marke ;
```

Syntax (der Label-Anweisung):

```
Marke: Anweisung
```

Neben den beiden bereits vorgestellten restriktiven Sprungbefehlen für Schleifen gibt es in C noch eine dritte, sehr viel allgemeinere Variante, den absoluten unbedingten Sprung an eine bestimmte Marke. Die Verwendung dieser Sprunganweisung ist bei den meisten Programmierern verpönt und formal vollkommen überflüssig. Dennoch gibt es einige Anwendungen, in denen diese Sprunganweisung recht nützlich ist. Fast alle diese Anwendungen haben etwas mit dem Herausspringen aus der innersten einer Anzahl von geschachtelten Schleifen oder einer globalen Fehlerbehandlung zu tun.

Da es in C-Programmen keine expliziten Zeilennummern (wie etwa in BASIC) gibt, muß man der *goto*-Anweisung auf eine andere Art mitteilen, welches ihr Sprungziel ist. Dazu dient eine Label-Anweisung. Es gilt die Regel: ein *goto* springt immer an die erste Anweisung hinter der durch die zugehörige Label-Anweisung definierten Marke. Mit einem *goto* darf sowohl vorwärts als auch rückwärts gesprungen weren.

Beispiel

Das folgende Programm findet heraus, ob auf dem Bildschirm an irgendeiner Stelle ein '!' steht und gibt eine entsprechende Meldung aus.

Anmerkung

Die Funktion *get_screenchar* ist in C-Libraries normalerweise nicht zu finden, sie dient lediglich zur Konstruktion dieses Beispieles und hat die Aufgabe, den Bildschirminhalt an einer bestimmten Position zu lesen.

```
#include <stdio.h>

main()
{
  int x,y;
  int gefunden=0;
  for (y=1; y<=24; y++) {
    for (x=1; x<=80; x++) {
      if (get_sreenchar(y,x)=='!') {
        gefunden=1;
        goto ende;
      }
    }
  }
  ende:;
  if (gefunden)
    printf("Ein ! an %d,%d gefunden\n",y,x);
  else
    printf("Kein ! gefunden\n");
}
```

Würden wir ein *break* anstelle des *goto* verwenden, so könnte das Programm nicht korrekt arbeiten, denn das *break* würde lediglich aus der inneren *for*-Schleife herausspringen, anstatt beide Schleifen zu verlassen.

return-Anweisung

Syntax:

```
return [ Ausdruck ];
```

Eine return-Anweisung dient zum Beenden einer Funktion und der Rückgabe eines Wertes an den aufrufenden Programmteil. Da die laufende Funktion durch eine *return*-Anweisung sofort beendet wird (unabhängig von der Stelle, an der sich der Programmablauf gerade befindet), kann man diese Anweisung im weitesten Sinne den Sprung-Anweisungen zurechnen.

Der angegebene *Ausdruck* wird ausgewertet und in Form des Rückgabewertes an den aufrufenden Programmteil geliefert. Der Rückgabewert ist zwar optional, er darf aber nur dann tatsächlich weggelassen werden, wenn die Funktion als *void* deklariert wurde, also ausdrücklich keinen Wert zurückgeben soll. Mehr zu diesem Thema erfahren Sie im Kapitel 6, das sich ausgiebig mit Funktionen beschäftigt.

Beispiel

```
main()
{
  /* Anweisungen */
  return (1);
  /* Anweisungen */
}
```

In diesem Beispiel gibt die *main*-Funktion einen Wert zurück. Das ist durchaus zulässig und bewirkt, daß dieser Wert als Exitcode des Programmes (das ja durch das *return* beendet wird) an den aufrufenden Prozess zurückgegeben wird. Wurde das Programm beispielsweise in einem Shell-Script (MSDOS: in einer Batchdatei) aufgerufen, so kann der zurückgegebene Wert getestet und in Abhängigkeit davon gegebenenfalls verzweigt werden.

Anmerkung

Eine Funktion wird auch dann beendet, wenn im Programmablauf die letzte Anweisung abgearbeitet wurde. Ist diese letzte Anweisung kein *return*, so ist der Rückgabewert der Funktion undefiniert, was zu schwer auffindbaren Fehlern führen kann, wenn dieser weiterverwendet wird.

Kapitel 3

Aufgaben

1.(A) Schreiben Sie ein Programm, welches eine über die Tastatur eingegebene *int*-Zahl im Wortlaut ausgibt. Es reicht, wenn Ihr Programm beispielsweise die Zahl 547 in der Form: *Fünf Vier Sieben* ausgibt. Sorgen Sie dafür, daß Ihr Programm die auftretenden Sonderfälle korrekt behandelt.

2.(B) Schreiben Sie ein Programm, welches vom Benutzer zunächst eine *long-int*-Zahl *l* und zwei *int*-Zahlen *i* und *j* verlangt. Ihr Programm soll dann in der Zahl *l* die *i*-te und *j*-te Ziffer miteinander vertauschen.

3.(B) Schreiben Sie ein Programm, welches eine *int*-Zahl von der Tastatur einliest und auf dem Bildschirm wieder ausgibt. Verwenden Sie jedoch zum Einlesen der Zeichen nicht die Funktion *scanf*, sondern lediglich die Funktion *getchar*, welche immer nur ein Zeichen (der Rückgabewert dieser Funktion ist also vom Typ *char*) von der Tastatur liest. Um *getchar* verwenden zu können, müssen Sie am Anfang Ihres Programmes den Befehl *#include <stdio.h>* einfügen.

4.(C) Schreiben Sie ein Programm, welches die Ziffern einer eingegebenen *long-int*-Zahl aufsteigend sortiert und das Ergebnis auf dem Bildschirm ausgibt.

5.(B) Schreiben Sie ein Programm, welches bei einer eingegebenen *int*-Zahl testet, ob es sich um eine Primzahl handelt. Zur Erinnerung: Eine Zahl n ist genau dann eine Primzahl, wenn sie sich nur durch 1 und sich selbst ohne Rest teilen läßt.

6.(C) Schreiben Sie ein Programm, welches eine *double*-Zahl von der Tastatur einliest und wieder auf dem Bildschirm ausgibt. Verwenden Sie auch hier – wie in Aufgabe 4. – zum Einlesen der Zeichen nur die Funktion *getchar*.

7.(B) Schreiben Sie ein Programm, welches eine eingegebene Fließkommazahl formatiert mit zwei Nachkommastellen, deutschem Dezimalkomma und 1000er-Punkten auf dem Bildschirm ausgibt.

8.(B) Versuchen Sie herauszufinden, welches mathematische Problem durch folgendes Programm gelöst wird (wieder einfache Schulmathematik). Versuchen Sie bitte zunächst, die Aufgabe mit Papier und Bleistift zu lösen und benutzen Sie erst, wenn Sie nicht weiterkommen, einen Computer.

```
#include <stdio.h>

main()
{
  int zahl,i;

  printf("Bitte eine positive Zahl : ");
  scanf("%d",&zahl);
  while (zahl>1) {
    for (i=2; i<=zahl; i++) {
      if (!(zahl%i)) {
        zahl/=i;
        printf("%d ",i);
        break;
      }
    }
  }
}
```

9.(A) Schreiben Sie ein Programm, das aufgrund eines eingegebenen Datums herausfindet, in welcher Woche des Jahres sich dieser Tag befindet. Gehen sie zur Vereinfachung davon aus, daß der 1.1. eines jeden Jahres ein Montag ist.

10.(B) Schreiben Sie ein Programm, welches unter Eingabe Ihres zu versteuernden Einkommens die von Ihnen zu zahlende Einkommensteuer berechnet. Zur Berechnung verwenden Sie folgendes Verfahren, wie es im EStG, §32 (von 1989) beschrieben ist.

Die Einkommensteuer beträgt in deutsche Mark

1. Für zu versteuernde Einkommen bis 4752 DM (Grundfreibetrag): 0;

2. für zu versteuernde Einkommen von 4753 DM bis 18035 DM: 0,22x-1045;

3. für zu versteuernde Einkommen von 18036 DM bis 80027 DM: (((0,34y-21,58)y+392)y+2200)y+2911;

4. für zu versteuernde Einkommen von 80028 DM bis 130031 DM: (70z+4900)z+26974;

5. für zu versteuernde Einkommen von 130032 DM an: 0,56x-19561.

»x« ist das abgerundete zu versteuernde Einkommen. »y« ist ein Zehntausendstel des 17982 DM übersteigenden Teils des abgerundeten zu versteuernden Einkommens. »z« ist ein Zehntausendstel des 79974 DM übersteigenden Teils des abgerundeten zu versteuernden Einkommens.

Das zu versteuernde Einkommen ist vor den weiteren Berechnungen auf den nächsten durch 54 ohne Rest teilbaren Betrag abzurunden, wenn es nicht bereits durch 54 ohne Rest teilbar ist.

Kapitel 4

Der Präprozessor

In den meisten Programmiersprachen beginnt der Compiler das Übersetzen des Programmes mit dem Lesen des Quelltextes und der Übersetzung der darin enthaltenen Anweisungen und Ausdrücke. In C ist das anders. Hier wird – bevor der eigentliche Compiler den Quelltext zu sehen bekommt – ein zusätzlicher Übersetzungslauf von einem besonderen Teil des Compilers, dem Präprozessor, durchgeführt.

Einleitung

Die Aufgaben des Präprozessors lassen sich im wesentlichen in drei Gruppen unterteilen:

1. Kopieren externer Dateien in die zu übersetzende Datei (*#include*).

2. Textuelles Ersetzen von symbolischen Konstanten und Makros durch vorher definierte Werte (*#define*).

3. Bedingte Kompilierung (*#ifdef,...*)

Wir wollen in diesem Kapitel alle drei Anweisungtypen besprechen und anhand von Beispielen erläutern.

Syntax

Der Präprozessor erkennt die für ihn bestimmten Anweisungen daran, daß das erste Zeichen in einer Quelltextzeile ein '#' ist. Mittlerweile wurde diese Regel von den meisten Compilerherstellern etwas gelokkert, so daß es im allgemeinen lediglich erforderlich ist, daß das erste Nicht-Whitespace-Zeichen ein '#' ist. Durch diese Änderung der ursprünglichen Festlegung ist es möglich, auch Präprozessor-Anweisungen einzurücken. In jedem Fall muß unmittelbar nach dem '#' die gewünschte Anweisung folgen, eingefügte Leerzeichen sind hier nicht erlaubt.

Eine Präprozessor-Anweisung darf sich prinzipiell nicht über mehrere Zeilen erstrecken, sondern muß am Ende der Zeile, in der sie begonnen wurde, abgeschlossen sein. Prinzipiell bedeutet, daß es eine Ausnahme gibt, denn falls das letzte Zeichen einer Zeile ein \ (Backslash) ist, wird sie mit der nächsten Zeile verbunden. Da diese Regel vor der Auswertung der eigentlichen Präprozessoranweisungen angewendet wird, kann man so auch mehrzeilige Präprozessor-Anweisungen erzeugen. Das ist vor allem bei der Definition längerer Makros nützlich.

Nach diesen Vorbemerkungen wollen wir uns nun der Beschreibung der einzelnen Präprozessor-Kommandos zuwenden.

Einbinden von Dateien

Aufgabe der *#include*-Anweisung ist es, eine separate Textdatei einzulesen. Trifft der Präprozessor im Quelltext auf eine *#include*-Anweisung, so liest er die angegebene Datei ein und kopiert sie für die Dauer des Übersetzungslaufes an diese Stelle der Quelldatei.

Die späteren Compilerläufe bekommen also zunächst den Quelltext bis zur *#include*-Anweisung, dann die Anweisungen aus der eingelesenen Datei und erst danach die Anweisungen hinter dem *#include* zu sehen.

Die #include-Anweisung

Syntax

```
#include <datei>
```

oder

```
#include "datei"
```

An der Syntaxdefinition können wir erkennen, daß es zwei unterschiedliche Typen von *#include*-Anweisungen gibt. Sie unterscheiden sich syntaktisch dadurch, daß der Dateiname entweder in spitze Klammern oder in Anführungszeichen gesetzt wird. Die semantische Unterscheidung betrifft das Verzeichnis, in dem die einzulesende Datei gesucht wird.

Im Falle von Anführungszeichen wird die gewünschte Datei im aktuellen Verzeichnis gesucht, während sie bei spitzen Klammern aus einem speziellen Verzeichnis, dem Standard-Include-Verzeichnis, gelesen wird. Dieses Verzeichnis wird bei der Installation des Compilers angelegt und mit einer Reihe von Dateien gefüllt.

Der Name dieses Verzeichnisses ist unter UNIX meist */usr/include,* während es beispielsweise unter Turbo-C *\tc\include* heißt. Mit Hilfe des Compilerschalters *-IVerzeichnisname* können wir beim Aufruf des Compilers ein zusätzliches Include-Verzeichnis angeben. Dann werden *#include*-Dateien auch in diesem Verzeichnissen gesucht, wenn sie in spitzen Klammern stehen.

Die Aufgabe einer *#include*-Anweisung ist es eigentlich immer, Informationen verfügbar zu machen, die für viele Programme von Interesse sind. Solche Informationen können Typdefinitionen, Konstanten oder Funktionsprototypen sein, die von mehreren Programmen benötigt werden. Um diese nicht in allen Programmen explizit aufschreiben zu müssen, gibt man sie einmal in eine Header-Datei ein und bindet dieselbe dann nur noch per *#include*-Anweisung in die gewünschten Dateien ein.

Standard-Header-Dateien

Die wichtigste Anwendung der *#include*-Anweisung liegt für die meisten Programme darin, Standard-Header-Dateien einzulesen. Diese Dateien werden vom Compilerhersteller mitgeliefert und dienen dazu, jeweils bestimmte Teile der Libraries benutzbar zu machen. Sie befinden sich im allgemeinen in dem oben angegebenen Standard-Include-Verzeichnis. Die aus den Übungsaufgaben bekannte Anweisung

```
#include <stdio.h>
```

können wir nun erklären. Mit dieser Anweisung wird die Standard-Header-Datei */usr/include/stdio.h* in die Quelldatei eingelesen. Diese Header-Datei enthält hauptsächlich Typdefinitionen und Konstanten, die beim Aufruf von Ein- / Ausgabefunktionen wie *printf*, *scanf*, *getchar*, *putchar*, usw... nützlich sind. So ist in *stdio.h* beispielsweise auch die Konstante EOF definiert, die von *getchar()* zurückgegeben wird, wenn das letzte Zeichen der Eingabedatei gelesen wurde (also insbesondere, wenn der Benutzer bei nichtumgeleiteter Standardeingabe [Ctrl][D] (MSDOS: [Ctrl][Z]) eingegeben hat).

Wir können uns diese Datei mit jedem Texteditor ansehen, sollten aber besser keine Veränderungen daran vornehmen. Da fast alle C-Programme die Datei *stdio.h* verwenden, könnte ein Fehler dazu führen, daß eine ganze Anzahl an C-Programmen unkompilierbar wird. Passiert einem so etwas auf einer UNIX-Anlage während des laufenden Betriebes, so wird sich die eigene Popularität nicht gerade erhöhen.

Eine Standard-Header-Datei gibt es fast zu jedem in sich abgeschlossenen Teil der Standard-Library, etwa zu Bildschirm-I/O, Stringmanipulationen, Zeichenkonvertierungen, Fließkommaarithmetik, usw... Man kann der Funktionen-Referenz der jeweiligen Compiler-Dokumentation entnehmen, welche Dateien bei Aufruf bestimmer Funktionen unbedingt eingebunden werden müssen. Diese Angabe in den Handbüchern sollte nicht als Empfehlung, sondern als Vorschrift angesehen werden und alle angegebenen Dateien sollten auch eingebunden werden. Typischerweise befindet sich daher am Anfang eines C-Programmes eine Liste von *#include*-Anweisungen, um die benötigten Header-Dateien einzubinden.

Eigene Header-Dateien

Wir werden in einem späteren Kapitel die Möglichkeit der getrennten Kompilierung kennenlernen, und feststellen, das es in C möglich ist, die Quelltexte eines Programmes auf verschiedene Dateien zu verteilen. Dabei gibt es meist Teile im Programm (typischerweise Konstanten- oder Typdefinitionen), die wiederum für andere Programmteile sichtbar sein sollen. In diesem Fall ist es zweckmäßig, diese Definitionen in eine separate Header-Datei zu verlegen und sie dann per *#include*-Anweisung dort einzubinden, wo sie benötigt werden. So ist garantiert, das alle Quelldateien mit denselben, aktuellen Informationen arbeiten.

In C hat es sich eingebürgert, derartigen Header-Dateien die Namenserweiterung .h zu geben (für Header). Sie können dies z.B. an den Namen der Standard-Header-Dateien erkennen. Obwohl es der *#include*-Anweisung egal ist, wie die einzubindende Datei heißt, sollte man seine eigenen Header-Dateien aus Gründen der Portierbarkeit und Pflege besser auch auf *.h* enden lassen.

#include-Anweisungen dürfen verschachtelt werden, d.h. es ist erlaubt, innerhalb einer Include-Datei ebenfalls *#include*-Anweisungen zu verwenden. Für die maximal mögliche Tiefe der Verschachtelung gibt es bei den einzelnen Compilern unterschiedliche Grenzen, die für die meisten Zwecke ausreichend sind.

Beachten Sie, daß durch das Einbinden von Dateien Abhängigkeiten zwischen Quelldateien erzeugt werden. Wird beispielsweise sowohl in der Datei A als auch in B die Datei I eingebunden, so erfordert eine Änderung in I ein Neukompilieren von A und B, genauso als wäre in beiden Quellen A und B jeweils diese Änderung vorgenomen wurden. Für gewöhnlich sollte man das Programm *make* über die Abhängigkeiten zwischen den Quelldateien eines Programmes wachen lassen. Im Anhang finden Sie eine ausführliche Erklärung des *make*-Programms.

Makrodefinitionen

Makros sind eine Art »Platzhalter«, die vom Compiler bei jedem Auftreten im Programmtest durch den zugehörigen, vom Programmierer selbst definierten Programmcode ersetzt werden.

Die #define-Anweisung

Syntax

```
#define name [ "(" Parameterliste ")" ] [ wert ]
```

Mit der *#define*-Anweisung ist es möglich, Zeichenketten zu definieren, die im nachfolgenden Quelltext gegeneinander auszutauschen sind. Den Vorgang der Definition (das Auftreten der *#define*-Anweisung) bezeichnet man auch als Makro-Definition, das spätere Austauschen als Makro-Substitution und die definierten Zeichenketten als Makros. Die Anwendungsspanne der *#define*-Anweisung reicht von einfachen Konstantendeklarationen bis hin zu parametrisierten Textersetzungen, die große Ähnlichkeit mit Funktionen haben.

Eine Makrodefinition darf an jeder beliebigen Stelle in einem Programm erfolgen, die Sichtbarkeit des so definierten Makros reicht von der auf die Definition folgenden Programmzeile bis zum Ende der Datei. Falls die Makrodefiniton in einer Include-Datei vorgenommen wurde, so ist sie bis zum Ende der Datei sichtbar, die diese Include-Datei eingebunden hat.

Konstanten

Die einfachste Form der *#define*-Anweisung wird dazu verwendet, Konstanten zu definieren. Betrachten Sie das folgende Beispiel:

Beispiel

```
#define EINS 1
```

Kommt diese Präprozessor-Anweisung in einem C-Programm vor, so werden alle nachfolgenden Vorkommen des Bezeichners *EINS* durch 1 ersetzt, bevor der eigentliche Übersetzungslauf beginnt. Taucht das Wort *EINS* in einem Nicht-Bezeichner-Kontext auf, etwa in *printf("Die Zahl EINS\n")* oder in *EINSCHALTEN*, so wird es nicht ersetzt.

Die obige Anweisungszeile hat – verglichen mit den bisher kennengelernten Deklarationen – ein etwas ungewöhnliches Aussehen. Sie ähnelt zwar einer Variablendefinition, es fehlt aber der Zuweisungsoperator = zwischen *EINS* und 1 und am Ende steht kein Semikolon. Dies betont die Tatsache, daß eine Makrodefinition etwas ganz anderes ist als eine Variablendefinition. Bei Makrosubstitutionen handelt es sich lediglich um rein textuelle Ersetzungen von Zeichenketten, die ausgeführt werden, bevor der eigentliche Compiler die Quelltexte zu sehen bekommt.

Man kann mit Makros ungeheuere Sachen anstellen, es ist beispielsweise möglich, C so zu verändern, daß man den Eindruck hat, in einer völlig anderen Sprache zu programmieren. Betrachten Sie folgenden Programmausschnitt:

```
IF (5<=10) THEN
  printf("5 kleiner gleich 10")
ELSE
  printf("5 größer 10")
END
```

Wer Modula-2 kennt, weiß daß es sich nur um diese Sprache handeln kann. Würden wir einem C-Compiler dieses Programm vorsetzen, gäbe es eine stattliche Anzahl an Fehlermeldungen. Viel besser wird es, wenn wir dem Compiler einige *#define*-Anweisungen mit auf den Weg geben.

```
#define IF if
#define THEN {
#define ELSE ; } else {
#define END ; }

IF (5<=10) THEN
  printf("5 kleiner gleich 10")
ELSE
  printf("5 größer 10")
END
```

Wir würden bei erneutem Kompilieren feststellen, daß unser C-Compiler gegen diesen Programmteil keine prinzipiellen Einwände mehr hätte. Bevor er es überhaupt zu Lesen bekommt, hat der Präprozessor schon die Symbole *IF, THEN, ELSE* und *END* gegen die passenderen ausgetauscht.

Obgleich überzogene Beispiele wie dieses in der Praxis kaum vorkommen, gibt es für die Verwendung von symbolischen Konstanten einige schlagkräftige Argumente.

Aussagekraft

Konstanten mit vernünftig gewählten symbolischen Namen sind aussagekräftiger als bloße Zahlen. Programme mit symbolischen Namen sind deshalb besser lesbar als solche, in denen nur Zahlkonstanten vorkommen. Zudem besteht bei symbolischen Konstanten nicht die Gefahr, durch einen Tippfehler in einer langen Konstante unbemerkt einen Programmfehler zu erzeugen. Ein Tippfehler bei der Verwendung einer symbolischen Konstante wird dagegen meist schon vom Compiler gefunden.

Beispiele

```
#define TRUE 1
#define FALSE 0
#define PI 3.1415926535
#define AND &&
#define OR ||
#define NOT !
```

Vorsicht ist immer dann geboten, wenn in einer Makrodefinition auch Operatoren auftauchen. Das folgende Programm tut leider nicht das, was man von ihm erwartet.

```
#include <stdio.h>

#define pi 3.14159265
#define zwei_pi pi+pi

main()
{
  double radius;

  printf("Bitte den Radius : ");
  scanf("%le",&radius);
  printf("Die Fläche ist : %le\n",zwei_pi*radius*radius);
}
```

Der Grund liegt darin, daß der Ausdruck *pi+pi* nicht geklammert ist.

So wird durch die Makrosubstitution aus *zwei_pi* radius*radius* der Ausdruck *3.14159265+3.14159265*radius*radius,* der wegen der Operatorreihenfolge wie *3.14159265+((3.14159265*radius)*radius)* ausgeführt wird. Es ist daher immer empfehlenswert, einen Makroausdruck zu klammern, wenn er mehrere Token enthält, die durch Operatoren miteinander verknüpft sind.

Sie werden möglicherweise festgestellt haben, daß wir alle bisher definierten Makros in Großbuchstaben geschrieben haben. Dies ist zwar nicht vorgeschrieben, hat sich aber in C so eingebürgert und wird von den meisten Programmierern eingehalten.

Erweiterbarkeit

Oft taucht ein und dieselbe logische Konstante an mehreren – möglicherweise auch an sehr vielen – Stellen im Programm auf. Wenn eine Konstante dann nicht symbolisch, sondern durch jeweilige Angabe ihres Wertes im Programm steht, ist es sehr aufwendig, das Programm zu erweitern, falls eine derartige Konstante betroffen ist. In diesem Fall müßten manuell alle Vorkommen der Konstante auf den neuen Wert umgestellt werden. Das ist nicht nur mühsam, sondern auch fehlerträchtig.

Besser ist es in solchen Fällen, mit der *#define*-Anweisung eine symbolische Konstante zu deklarieren und diese anstelle des Wertes zu verwenden. So braucht bei einer Änderung lediglich eine Stelle im Programm geändert werden.

Beispiel

```
#include <stdio.h>
#define WOCHEN_STD 38.5

main()
{
  printf("Sie arbeiten in Stunden : \n");
  printf("Pro Tag :   %10.2lf\n",(double)WOCHEN_STD/5.0);
  printf("Pro Woche : %10.2lf\n",(double)WOCHEN_STD);
  printf("Pro Monat : %10.2lf\n",(double)WOCHEN_STD*4.4);
  printf("Pro Jahr :
        %10.2lf\n",(double)WOCHEN_STD*4.4*12.0);
  printf("Im Leben :
        %10.2lf\n",(double)WOCHEN_STD*4.4*12.0*35.0);
}
```

Portierbarkeit

Daß die Portierbarkeit von C-Programmen recht groß ist, liegt unter anderem auch am Präprozessor. Mit seiner Hilfe ist es oft möglich, maschinenabhängige Details hinter geschickt definierten Makros zu verbergen, die aus einer Include-Datei geladen werden. Bei der Portierung auf eine neue Anlage braucht dann im günstigsten Fall nur noch diese Include-Datei geändert werden, und das Programm läuft wieder. Typische Anwendungen sind etwa die Größe eines *int*, die Anzahl Bildschirmzeilen oder die Blockgröße der Festplatte:

```
#define INT_SIZE 32
#define SCREENROWS 24
#define BLOCKSIZE 1024
```

Parametrisierte Makros

Neben den bisher besprochenen einfachen Makros gibt es auch die Möglichkeit, Makros mit Parametern zu definieren. Während parameterlose Makros vornehmlich zur Definition symbolischer Konstanten geeignet sind, ist der Anwendungsbereich parametrisierter Makros wesentlich größer. Wie wollen mit einem Beispiel beginnen:

Beispiel

```
#define KLEINER_100(x) ((x)<100)

main()
{
  int i=50,j=200;

  if (KLEINER_100(i) || KLEINER_100(j))
    print("Eine der Zahlen ist kleiner 100\n");
}
```

Da unmittelbar auf den Makronamen eine öffnende Klammer folgt, erkennt der Präprozessor, daß ein Makro mit Argumenten definiert werden soll. Das formale Argument hat in diesem Fall den Namen x. Es kann auf der rechten Seite des Makros beliebig oft verwendet werden. Beim Aufruf des Makros muß dann ebenfalls ein Argument übergeben werden. Dieses Argument wird dann beim Expandieren des Makros an den Stellen eingesetzt, an denen in der Definition das formale Argument verwendet wurde. Nach der Substitution hat das Programm also folgendes Aussehen:

```
main()
{
  int i=50,j=200;

  if (((i)<100) || ((j)<100))
    print("Eine der Zahlen ist kleiner 100\n");
}
```

Die Verwendung eines parametrisierten Makros wird umso interessanter, je mehr Schreibarbeit damit gespart werden kann. Ein gutes Beispiel ist ein Programm, in dem mehrfach ermittelt werden muß, ob ein bestimmtes Jahr ein Schaltjahr ist oder nicht:

Beispiel

```
#define SCHALTJAHR(a) (a)%4==0 && (a)%100!=0 || (a)%400==0

main()
{
     ...
  if (SCHALTJAHR(1981))
     ...
```

```
  if (SCHALTJAHR(1990))
    ...
  if (SCHALTJAHR(2000))
    ...
}
```

Durch die Verwendung eines Makros wird nicht nur die Schreibarbeit verringert, sondern auch die Gefahr eines Tippfehlers drastisch reduziert. Beachten Sie in obigem Beispiel die Klammerung aller Vorkommen des formalen Parameters, ohne die beispielsweise der Ausdruck *SCHALTJAHR(1955+x)* nicht korrekt behandelt werden würde.

Ein parametrisiertes Makro darf mehr als ein Argument enthalten. Dazu müssen bei der Definition des Makros zwischen den Argumentklammern die gewünschten Argumente, durch Kommas getrennt, aufgeschrieben werden. Das Beispiel

```
#define MIN(x,y) (((x)<=(y))?(x):(y))
```

zeigt noch einen weiteren Vorteil derartiger Makros. Anders als beim Aufruf einer gleichartigen Funktion (s. Kapitel 6) können die Argumente eines Makros viele Typen annehmen. Das Makro *MIN* arbeitet sowohl mit Fließkomma- als auch mit Ganzzahlen und sogar, wenn beide gemischt verwendet werden.

In einem letzten Beispiel will ich die Verwendung eines Makros mit lokalen Variablen aufzeigen.

Beispiel

```
#include <stdio.h>

#define SWAP(x,y) {\
int j;\
j=x;x=y;y=j;\
}

main()
{
  int x,y;

  printf("Bitte zwei Zahlen : ");
  scanf("%d %d",&x,&y);
  printf("x=%d y=%d\n",x,y);
  SWAP(x,y);
  printf("x=%d y=%d\n",x,y);
}
```

Das Makro SWAP(x,y) wird verwendet, um den Inhalt zweier *int*-Zahlen zu vertauschen. Dazu benutzt es einen Block, in dem eine temporäre Hilfsvariable zur Aufnahme des Zwischenergebnisses deklariert wird.

Durch Anwendung dieser Techniken ist es möglich, recht komplexe Dinge durch Makros erledigen zu lassen, obwohl eigentlich Funktionen verwendet werden müßten. Dabei stehen sich immer zwei Aspekte konträr gegenüber. Auf der einen Seite bringt die Verwendung eines Makros Laufzeitvorteile, da der Overhead eines Funktionsaufrufes entfällt. Auf der anderen Seite hingegen erfordert die Verwendung einer Makrodefinition anstelle einer Funktion einen höheren Platzbedarf, da der Makroinhalt jedesmal in die Quelldatei kopiert wird, während eine Funktion physikalisch nur einmal vorhanden ist und bei jedem Aufruf einfach angesprungen wird.

Leider neigen umfangreiche Makros dazu, versteckte Fehler oder Nebeneffekte zu verursachen und sind so gut wie unmöglich zu debuggen (auch das längste Makro erzeugt immer nur eine Zeile Quelltext!). Daher sollten kompliziertere Makros nur dann definiert werden, wenn es – beispielsweise aus Geschwindigkeitsgründen – wirklich unerläßlich ist. Die Verwendung einfacherer parametrisierter Makros wie in den vorigen Beispielen ist jedoch üblich und weit verbreitet. Sie finden in den Header-Dateien *stdio.h* und vor allem in *ctype.h* mehr als genug Beispiele für nützliche Makros.

Anmerkung

Der Präprozessor erkennt ein parametrisiertes Makros daran, daß *unmittelbar* nach dem Makronamen eine öffnende Klammer folgt. Steht hingegen auch nur ein Whitespace dazwischen, so wird das Makro als parameterlos angesehen und die Klammer gehört schon zum Makrotext.

Die #undef-Anweisung

Syntax

```
#undef Makroname
```

Um die Definition eines Makros rückgängig zu machen, gibt es die *#undef*-Anweisung. Sie sorgt dafür, daß eine vorhergehende Anweisung *#define Makroname ...* wieder aufgehoben wird. Es ist im allgemeinen nicht erlaubt, ein bereits bestehendes Makro neu zu definieren, ohne dessen Definition zuvor mit *#undef* aufgehoben zu haben.

Bedingte Kompilierung

Der Präprozessor bietet die Möglichkeit der bedingten Kompilierung, einem Konzept, das aus Assemblersprachen stammt. Man versteht darunter die Fähigkeit, aufgrund eines zur Übersetzungszeit bekannten Ereignisses, bestimmte Teile des Programmes zu kompilieren und andere nicht. Es gibt dabei unterschiedliche, zur Übersetzungszeit abprüfbare Ereignisse, die hierfür in Frage kommen. Bei der *#ifdef*-Anweisung wird beispielsweise überprüft, ob ein bestimmtes Makro definiert wurde oder nicht.

Die #ifdef-Anweisung

Syntax

```
#ifdef Bezeichner1
...
[ #elif Bezeichner2
... ]
[ #else
... ]
#endif
```

Die genaue Bedeutung der obigen Anweisung ist wie folgt:

Der Compiler überprüft zunächst, ob ein Makro *Bezeichner1* definiert wurde. Dies kann entweder in derselben Datei oder einer von ihr eingebundenen Datei geschehen sein. Ist dies der Fall, werden alle nachfolgenden Anweisungen bis zum ersten *#elif* oder *#else* kompiliert und dann hinter dem *#endif* fortgefahren. Ist dies nicht der Fall, so wird überprüft, ob ein Makro *Bezeichner2* definiert wurde. Wenn ja, werden die nachfolgenden Anweisungen bis zum nächsten *#elif* oder *#else* kompiliert, usw... War keines der aufgeführten Makros bereits definiert, so werden nur die Anweisungen hinter dem *#else* kompiliert. Sowohl die *#elif*-Teile als auch der *#else*-Teil sind optional.

Diese Präprozessoranweisungen haben sehr starke Ähnlichkeit mit der *if*-Anweisung, die Sie schon kennengelernt haben. Der Unterschied liegt darin, daß letztere den Programmablauf steuern, während die Präprozessoranweisungen den Compilerlauf steuern.

Beispiel

```
#define UNIX

...

/* Anweisungen */
#ifdef UNIX
  alarm(2);
#endif
/* Anweisungen */
```

Nur, wenn das Makro *UNIX* definiert wurde, wird das Statement *alarm(2)* übersetzt, andernfalls wird es übergangen. Es gibt zwei wesentliche Anwendungen für bedingte Kompilierung, die im folgenden erklärt werden sollen.

Debugging

Wenn man nicht über einen ausgefeilten Debugger verfügt oder ein hardwarenahes Programm schlecht zu debuggen ist, werden Programme während der Entwicklung ein etwas anderes Aussehen haben als die endgültige Version. Bei komplexen Anweisungsfolgen möchten wir vielleicht einige zusätzliche Ausgabeanweisungen einbauen, um den Programmablauf zu kontrollieren. Diese würden jedoch in der fertigen Version stören und müßten daher wieder aus ihr entfernt werden.

Eine bequeme Möglichkeit, mit diesem Problem umzugehen, ist das bedingte Kompilieren von Test-Ausgabeanweisungen, das sich auf ein Makro *DEBUG* bezieht. Während der Testphase wird mit definiertem Makro *DEBUG* gearbeitet, während zum Kompilieren eines getesteten Moduls das Makro *DEBUG* nicht mehr gesetzt wird. Diese Vorgehensweise hat gegenüber dem manuellen Entfernen der Ausgabeanweisungen aus der Quelldatei den Vorteil, daß zu einem späteren Zeitpunkt – etwa wenn sich doch noch ein Fehler herausgestellt hat – durch einen einzigen Compilerlauf die volle Debug-Version wieder hergestellt werden kann.

Beispiel

```
#include <stdio.h>

#define DEBUG

main()
{
  int i,j,k;
  long s;

  ...
  while (KOMPLIZIERTE BEDINGUNG) {
    ...
#ifdef DEBUG
    printf("i=%d, j=%d, k=%d\n",i,j,k);
    printf("s/i\n",s/i);
#endif
  }
  ...
}
```

Portierbarkeit

Wie wir schon gesehen haben, ist es möglich, die Portierbarkeit eines C-Programmes zu erhöhen, indem bestimmte maschinenabhängige Details in Makros versteckt werden und dann bei einer Portierung nur die Makrodefinitionen an die neue Maschine angepaßt werden. Diese Vorgehensweise hat den Nachteil, daß mehrere Versionen derselben logischen Datei existieren und somit die Pflege dieser Dateien wesentlich mehr Aufwand erfordert als die Pflege einer einzigen Datei. Durch bedingte Kompilierung können wir nun erreichen, daß alle Versionen einer maschinenabhängigen Datei auch physikalisch in einer Datei bleiben. Dazu müssen wir nur am Anfang der Datei ein Makro für den Maschinentyp definieren und danach jeweils nur die Anweisungen zu kompilieren, die zu dem spezifischen Maschinentyp gehören.

Beispiel

```
#define UNIX

/* maschinenunabhängiger Teil */

/* ... */

/* maschinenabhängiger Teil */

#ifdef UNIX
  #define LINES 24
  #define SECTORSIZE 2048
#elif MSDOS
  #define LINES 25
  #define SECTORSIZE 512
  void alarm(i)
  int i;
  {
    /* Anweisungen zum Nachbilden */
    /* des UNIX-Calls alarm()     */
  }
#endif

/* ... */
```

Abhängig davon, ob wir das Makro *UNIX* oder *MSDOS* am Anfang der Datei definieren, werden die zugehörigen maschinenspezifischen Anweisungen kompiliert. Wenig sinnvoll wäre es natürlich, am Anfang der Datei beide Makros zu definieren.

Die #if-Anweisung

Syntax

```
#if Konstanter_Ausdruck1
...
[#elif Konstanter_Ausdruck2
...]
[#else
...]
#endif
```

Die *#if*-Anweisung hat sehr große Ähnlichkeit mit der *#ifdef*-Anweisung und dient ebenfalls zum bedingten Kompilieren von Anweisungsfolgen. Der Unterschied besteht darin, daß die *#if*-Anweisung das Testen beliebiger, allerdings konstanter, Ausdrücke erlaubt, während *#ifdef* nur das Vorhandensein eines Makros feststellen kann. Die *#if*-Anweisung ist also etwas flexibler.

Beispiel

```
#define GRAFIK 2

#if GRAFIK == 1 /* CGA */
  #define YMAX 200
#elif GRAFIK == 2 /* HGC */
  #define YMAX 348
#elif GRAFIK == 3 /* EGA */
  #define YMAX 350
#elif GRAFIK == 4 /* VGA */
  #define YMAX 480
#elif GRAFIK == 5 /* SVGA */
  #define YMAX 600
#endif

#if GRAFIK>=1 && GRAFIK<=4
  #define XMAX 640
#elif GRAFIK==5
  #define XMAX 800
#endif
```

Bei vielen C-Compilern gibt es zusätzlich noch die Pseudo-Funktion *defined(Makroname)*, mit der wir auch in *#if*-Anweisungen testen können, ob ein Makro definiert wurde. Diese Funktion ist zwar mittlerweile Bestandteil von ANSI-C, kommt aber nicht in der Originaldefinition von Kernighan und Ritchie vor und sollte daher mit der nötigen Vorsicht verwendet werden.

```
#if defined(UNIX)
  /* Code für UNIX */
#elif defined(MSDOS)
  /* Code für MSDOS */
#endif
```

Sonstige Präprozessorfähigkeiten

Die meisten C-Compiler verfügen über die Möglichkeit, den Namen der Quelldatei und die aktuelle Zeilennummer während der Übersetzung abzufragen bzw. zu verändern. Das Abfragen dieser Daten kann nützlich sein, um allgemein verwendbare Fehlerroutinen zu schreiben, die zusätzlich zur Fehlermeldung auch noch Angaben über Quelle und Zeilennummer machen können.

Informationen über die Quelldatei

Diese Daten sind über die vordefinierten Konstanten

```
__FILE__
```

und

```
__LINE__
```

verfügbar. Dabei wird *__FILE__* zu einer Stringkonstante, *__LINE__* zu einer numerischen Konstante erweitert.

Mit der Präprozessor-Anweisung *#line* können die aktuellen Werte für Dateiname und Zeilennummer sogar geändert werden.

Syntax

```
#line Zeile [Dateiname]
```

Mit dieser Anweisung teilen Sie dem Compiler bei der Übersetzung mit, daß er seinen internen Zeilenzähler auf den Wert *Zeile* einstellen soll und daß der Name der Quelldatei nun *Dateiname* ist. Diese Einstellungen wirken sich insbesondere auf Fehlermeldungen des Compilers während der Übersetzung aus. Die Präprozessor-Anweisung *#line* wird daher vor allem von Cross-Compilern verwendet, die als Ausgabe C-Quelltext erzeugen. Sie betten in das generierte C-Programm von Zeit zu Zeit Namen und aktuelle Zeilennummer der Originaldatei ein und erlauben so auch bei Fehlern durch den nachgeschalteten C-Compiler-Aufruf noch Rückschlüsse auf die Position des ursprünglichen Fehlers.

Der String-Operator

Bei den meisten C-Compilern gibt es in parametrisierten Makros einen besonderen Operator #, der dazu dient, das aktuelle Argument in Anführungsstriche zu setzen. Der Grund für das Vorhandensein dieses Operators ist die Tatsache, daß Texte in Anführungszeichen (auch innerhalb einer Makrodefinition) normalerweise nicht ersetzt werden. Das Voranstellen des #-Operators bei der Verwendung eines formalen Makro-Parameters bewirkt, daß der aktuelle Parameter beim Aufruf des Makros in Anführungszeichen gestellt wird.

Beispiel

```
#define ERR(text) {\
printf("Fehler   : %s\n",#text);\
printf("In Datei : %s\n",__FILE__);\
}

main()
{
  ERR(Dummer Fehler);
}
```

wird expandiert zu

```
main()
{
{printf("Fehler   : %s\n","Dummer Fehler");
printf("In Datei : %s\n","muster4.c");
}
}
```

Kommandozeilenmakros

Neben der Definition von Makros innerhalb einer Quelldatei gibt es in C die Möglichkeit, Makros beim Aufrufen des Compilers in dessen Kommandozeile zu definieren. Dazu dient der Compilerschalter -*DMakrodefinition*. Er kann in zwei unterschiedlichen Varianten verwendet werden.

Syntax

```
-DMakroname
```

definiert für alle in der Kommandozeile angegebenen Dateien das Makro *Makroname* so, als wäre es innerhalb der Quelldatei mit der Anweisung *#define Makroname* definiert worden. Innerhalb der Quelldatei kann dann dieses Makro genauso verwendet werden, wie ein intern definiertes. Die zweite Variante erlaubt sogar die Definition eines Makroinhalts.

Syntax

```
-DMakroname=Makroinhalt
```

definiert für alle in der Kommandozeile angegebenen Dateien das Makro *Makroname* mit dem Inhalt *Makroinhalt* so, als wäre es innerhalb der Quelldateien mit der Anweisung *#define Makroname Makroinhalt* definiert worden.

Mit dieser Technik ist es möglich, Makrodefinitionen vorzunehmen, ohne die Quelldateien zu ändern. Falls in der Quelldatei eine *#define*-Anweisung mit demselben Makronamen vorkommt, so überschreibt sie die Kommandozeilen-Anweisung.

Beachten Sie, daß die genaue Syntax des *-D*-Schalters möglicherweise von Compiler zu Compiler leicht differiert. So möchten manche Compiler mindestens ein Leerzeichen zwischen dem D und der Makrodefiniton, während andere dies auf keinen Fall erlauben. Außerdem muß manchmal der *-D*-Schalter innerhalb der Kommandozeile unmittelbar vor dem Namen der Quelldatei stehen, für die er gelten soll. Lesen Sie bitte Ihr Compiler-Handbuch vor der Verwendung dieses Schalters.

Kapitel 4

Aufgaben

1.(A) Implementieren Sie mit Hilfe von Makros die ganzzahligen Datentypen *BYTE, WORD* und *DWORD*. Durch sie sollen Variablen mit 8, 16 oder 32 Bit Länge dargestellt werden können.

2.(A) Versuchen Sie, mit Hilfe von Makrodefinitionen einen logischen Datentyp *BOOL*, sowie die logischen Konstanten *TRUE* und *FALSE* nachzubilden. Die Definitionen sollen maschinenunabhängig sein und sich so gut wie möglich in die Sprache einfügen.

3.(B) Erweitern Sie das Makro *SWAP* aus dem Kurstext so, daß es in der Lage ist, mit allen numerischen Datentypen umzugehen. Übergeben Sie dazu als zusätzlichen Parameter den Typnamen der zu vertauschenden Variablen.

4.(B) Schreiben Sie drei Makros *ISNUMBER, ISALPHA* und *ISSPACE*, die zur Klassifizierung einer übergebenen *char*-Variable verwendet werden können. Diese Makros sollen dabei jeweils den Wert 1 erzeugen, wenn das übergebene Zeichen der zugehörigen Klasse angehört, andernfalls sollen sie 0 liefern. Die Klassen sollen sein:

1. ISNUMBER (Ziffern)
2. ISALPHA (Klein- und Großbuchstaben)
3. ISSPACE (Leerzeichen, Tabulator und Zeilenschaltung)

5.(C) Schreiben Sie ein Makro *ASSERT(b)*, das die logische Bedingung *b* auswertet und bei deren Nichterfülltsein eine Fehlermeldung auf dem Bildschirm ausgibt. Die Fehlermeldung soll Namen und Zeile der Quelldatei sowie die Bedingung *b* im Klartext auf dem Bildschirm ausgeben. Das Makro *ASSERT* soll durch eine vorhergehende Definition des Makros *NDEBUG* deaktiviert werden können, d. h., wenn Sie den Compiler mit dem Schalter *-DNDEBUG* aufrufen, sollen die *ASSERT*-Anweisungen in der Quelldatei nicht mitkompiliert werden.

6.(C) Überlegen Sie sich eine Methode, wie man Include-Dateien vor mehrfachem Einbinden schützen kann.

7.(B) Versuchen Sie mit Hilfe geeigneter Makros die in C nicht vorhandene Kontrollstruktur

```
if ()
elseif ()
elseif ()
...
else
```

nachzubilden (siehe Kapitel 3).

Kapitel 5

Arrays

Gebrauch von Arrays

In den vorangegangenen Kapiteln wurden die meisten der grundlegenden Elemente der Sprache C erörtert. Da wir die Diskussion über die Datentypen von C bisher auf die einfachen Typen beschränkt haben, standen uns in den Beispielen und Übungsaufgaben im wesentlichen ganze oder reelle Zahlen zur Verfügung, auf denen wir operieren konnten.

Viele der Beispiele machten daher einen etwas zu »mathematischen« Eindruck, der in dieser Form nicht mit der täglichen Praxis der meisten C-Programmierer übereinstimmt.

In diesem und dem übernächsten Kapitel werden wir uns mit den zusammengesetzten Datenstrukturen von C beschäftigen. Nach dem Durcharbeiten dieser Kapitel werden Sie sehr viel mehr in C programmieren können als bisher und für die meisten der in der Praxis auftauchenden Probleme eine entsprechende Lösung in C finden.

Definition eines Arrays

In allen bedeutenden Programmiersprachen gibt es die Möglichkeit, eine geordnete Folge von Werten eines bestimmten Typs zusammenhängend zu speichern und zu verarbeiten. Wir wollen eine derartige Folge als Array bezeichnen. Leider ist die Namensgebung nicht einheitlich und man findet in der Literatur die synonyme Verwendung der Namen Reihung, Vektor, Feld und Array.

Während ein Array in den meisten Sprachen mit Hilfe eines Schlüsselwortes »array« definiert wird, sieht die Syntax in C etwas anders aus und erinnert dabei sogar entfernt an BASIC.

Syntax

```
Datentyp Name "[" Elementanzahl "]";
```

In diesem Fall sind die eckigen Klammern nicht als Metasymbole, sondern als Bestandteil der Syntax aufzufassen. Der C-Compiler kann also eine Array-Definition daran von einer einfachen Definition unterscheiden, daß hinter dem Namen der Variable in eckigen Klammern die Anzahl der Elemente des Arrays steht. Ein Schlüsselwort »array« gibt es in C nicht. Der Wert *Elementzahl* muß immer eine positive ganze Zahl sein.

Beispiele

```
int a[100];
float x[10],y,z[20];
```

Durch diese Angaben werden folgende Variablen definiert:

1. Ein Array *a* mit 100 Elementen vom Typ *int*.

2. Ein Array *x* mit 10 Elementen vom Typ *float*.

3. Eine einfache *float*-Variable mit Namen *y*.

4. Ein Array *z* mit 20 Elementen vom Typ *float*.

Wie wir an diesem Beispiel sehen, ist es durchaus erlaubt (und auch häufig anzutreffen), innerhalb einer einzigen Definitionszeile sowohl einfache Variablen als auch Arrays zu definieren.

Die Größe eines Arrays muß in C zum Zeitpunkt der Übersetzung bekannt sein, d.h. *Elementzahl* muß eine Konstante sein. Die Definition dynamischer Arrays wie etwa in PL/I ist also nicht vorgesehen (Wir werden in Kapitel 10 sehen, daß wir mit einem kleinen Trick doch dynamische Arrays erzeugen können). Die meisten C-Compiler erlauben allerdings die Verwendung zusammengesetzter Konstanten. Dabei handelt es sich um arithmetische Ausdrücke, deren Ergebnis schon zum Zeitpunkt der Übersetzung des Programmes vom Compiler berechnet werden kann. Bei den allermeisten C-Compilern darf man überall, wo die Verwendung einer Zahlkonstante erlaubt ist, auch eine zusammengesetzte Konstante verwenden.

Beispiel

```
#define SIZE 100

int small_array[10];
int big_array[SIZE];
int very_big_array[SIZE*5+8];

main()
{
  /* Anweisungen */
}
```

In allen Definitionen dieses Beispiels ist die Größenangabe des Arrays letztendlich ein konstanter Wert, obwohl der Compiler den letzten Ausdruck *SIZE*5+8* erst auswerten muß, um dies festzustellen. Um herauszufinden, ob Ihr Compiler das Auswerten konstanter Ausdrükke beherrscht, können Sie versuchen, das Beispielprogramm zu kompilieren. Wird es ohne Fehlermeldung übersetzt, können Sie davon ausgehen, daß Ihr Compiler schlau genug ist, konstante Ausdrücke zu erkennen, ansonsten müssen Sie derartige Konstruktionen vermeiden.

Speicherbedarf

Der Speicherbedarf eines Arrays bestimmt sich aus der Multiplikation der Größe des Grundtyps mit der Anzahl der Elemente des Arrays. Angenommen, die Größe der Darstellung eines *int*-Typs sei 4 und die eines *double*-Typs sei 8, dann belegt ein Array *int zahlen[256]* genau 1000 Bytes im Hauptspeicher des laufenden Programmes und ein

Array *double werte[1000]* schon 8000 Bytes. Es ist also möglich, durch vergleichsweise harmlos aussehende Deklarationen sehr viel Speicher zu reservieren.

Die maximale Größe eines Arrays wird dabei zunächst einmal durch den verfügbaren Hauptspeicher begrenzt, zusätzlich spielen aber noch ein paar andere Dinge eine Rolle:

1. Auf vielen C-Compilern darf ein einzelnes Array eine bestimmte Größe nicht überschreiten. Dies gilt vor allem für alle IBM-PC und kompatiblen Rechner, die aufgrund der Verwendung des Prozessors Intel 8088/80x86 den Haupspeicher in 64 kByte großen Segmenten verwalten. Hierdurch ist die Größe eines Arrays auf den meisten verfügbaren MSDOS-C-Compilern auf 64 kBytes begrenzt. Nur durch Anwendung verschiedener Tricks (z.B. unterschiedliche Speichermodelle) schaffen die Compiler Abhilfe.

2. Da die lokalen Variablen einer Funktion oder eines Blocks dann angelegt werden, wenn der Programmablauf an diese Stelle kommt, kann es durch die Definition sehr großer *lokaler* Arrays zu Laufzeitfehlern kommen. Durch das Anlegen der Variablen läuft der interne Programmstack über und überschreibt andere Datenbereiche. Es ist daher im allgemeinen nicht empfehlenswert, Arrays mit einer Größe von mehr als ein paar hundert Bytes lokal zu definieren.

Wenn wir aus diesem Grund anstelle einer lokalen eine globale Variable definieren, handeln wir uns auf der anderen Seite Probleme durch mögliche Namenskonflikte mit anderen globalen Bezeichnern ein. Es gibt allerdings in C einige Möglichkeiten, diesen Problemen zu begegnen. Wir werden am Ende des nächsten Kapitels unter dem Stichwort »Speicherklassen« noch einmal darauf zu sprechen kommen.

Innerhalb eines Programmes kann der Speicherbedarf eines Arrays unter Umständen mit dem *sizeof*-Operator (siehe Kapitel 2) bestimmt werden. Dies funktioniert allerdings nicht immer so wie erwartet (beispielsweise bei formalen Parametern von Funktionen), so daß hier Vorsicht geboten ist. Wir werden in den nächsten Kapiteln auf diese Problematik noch mehrfach eingehen.

Arraygrenzen

Durch die Definition eines Arrays wird nicht nur sein Speicherbedarf, sondern auch seine untere und obere Grenze festgelegt. Wie wir noch sehen werden, wird auf die einzelnen Elemente des Arrays durch Angabe ihrer Position zugegriffen. Durch die Definition wird festgelegt, welches die kleinste und größte erlaubte Positionsangabe ist. Dabei gilt in C die Regel, daß die einzelnen Elemente eines Arrays mit n Elementen immer von 0 bis n-1 numeriert sind. Anders als etwa in PASCAL ist es in C daher nicht möglich, die Untergrenze eines Arrays frei zu definieren, sondern diese ist immer 0! Dies werden PASCAL-Programmierer zu Recht als Rückschritt ansehen.

Zugriff auf einzelne Elemente

Das Besondere an einem Array ist, daß durch seine Definition nicht nur *ein* Variablenname erzeugt wird, sondern soviele, wie das Array Elemente hat. So erzeugt die Definition *int a[10]* nicht nur den Variablennamen *a* für den Zugriff auf das gesamte Array, sondern noch 10 weitere Variablennamen für den Zugriff auf die einzelnen Elemente des Arrays. Wären dies nun konstante Namen wie *a_0, a_1, ..., a_9*, so würden Arrays nicht sehr viele Freunde finden und wären sicherlich schon längst aus allen Programmiersprachen »wegevolutioniert«. Der Witz an Arrays ist vielmehr, daß die Namen für den Zugriff auf die einzelnen Elemente *dynamisch* erzeugt werden können. Dazu wird einfach an den Arraynamen ein in eckigen Klammern stehender numerischer Ausdruck angehängt. Dieser wird als Arrayindex bezeichnet.

Beispiel

```
a[0]
```

oder

```
a[i]
```

oder

```
a[2n+5-k+1]
```

Der Indexausdruck wird zur Laufzeit berechnet und bestimmt, auf welches Element des Arrays zugegriffen werden soll. Um auf das *k*-te Element eines Arrays zuzugreifen, muß der Ausdruck daher nach seiner Auswertung den Wert *k-1* zurückgeben. Oder andersherum: liefert der Indexausdruck den Wert *m*, so wird auf das *m+1*-te Element des Arrays zugegriffen. Da es etwas verwirrend ist, daß der Zugriff auf das erste Element eines Arrays *a* mit *a[0]* statt *a[1]* beschrieben wird, ist es besser, sich *a[0]* als das Element mit der Nummer 0, *a[1]* als das Element mit der Nummer 1, usw... vorzustellen. Wurde etwa *double werte[1000]* definiert, so ist mit *werte[0]* das erste Element des Arrays *werte* gemeint, mit *werte[1]* das zweite und mit *werte[999]* das letzte Element.

Der so konstruierte Name eines Arrayelementes kann überall dort verwendet werden, wo auch der Zugriff auf eine Variable vom Grundtyp des Arrays erlaubt ist. Syntaktisch entspricht daher ein Array-Element einer normalen Variablen. Das folgende Beispiel füllt ein *int*-Array mit verschiedenen Konstanten und gibt dann einige Werte auf dem Bildschirm aus:

Beispiel

```
#include <stdio.h>

main()
{
  int i, ar[100];


  for (i=0; i<100; i++) ar[i]=1;
```

```
  ar[11]= -5;
  ar[12]++;
  ar[13]=ar[0]+ar[11]+4;
  for (i=10; i<=14; i++) printf("ar[%2d]=%4d\n",i,ar[i]);
}
```

Die Ausgabe des Programmes ist:

```
ar[10] =    1
ar[11] =   -5
ar[12] =    2
ar[13] =    0
ar[14] =    1
```

Dabei werden in der *for*-Schleife zunächst alle Elemente des Arrays mit dem Wert 1 initialisiert. Der lesende Zugriff auf ein beliebiges Arrayelement würde zu diesem Zeitpunkt also immer 1 ergeben. Dann bekommt das Element 11 den Wert -5 zugewiesen, das Element 12 wird um eins erhöht und das Element 13 bekommt die Summe aus dem Wert von Element 0, dem von Element 11 und der Konstanten 4 zugewiesen. Wie wir an diesem Beispiel sehen können, geht man beim Zugriff auf Arrayelemente genauso vor wie beim Zugriff auf beliebige andere Variablen dieses Typs.

Prüfung von Bereichsgrenzen

Eine Eigenschaft von Arrays in C verdient besondere Beachtung und sollte in ihren Konsequenzen nicht unterschätzt werden. In C werden zur Laufzeit des Programmes beim Zugriff auf Arrayelemente grundsätzlich keine Indexüberprüfungen durchgeführt, d.h. es wird nicht überprüft, ob der Rückgabewert eines Indexausdrucks größergleich 0 und vor allem kleiner als die definierte Größe des Arrays ist. Eine solche Überprüfung ist natürlich vor allem während der Entwicklung eines Programmes nützlich, wenn noch nicht alle logischen Fehler entdeckt sind. Sie wird daher bei vielen Sprachen automatisch durchgeführt oder kann optional aktiviert werden. Leider gehört es bei C-Compilern nicht zum guten Ton, Arrayzugriffe auf Gültigkeit zu überprüfen, so daß man sich als Programmierer selbst darum kümmern muß.

Wir wollen uns einmal überlegen, was passieren kann, wenn ein Index berechnet wird, der außerhalb des Gültigkeitsbereiches des Arrays liegt. Zwar läßt sich darauf keine eindeutige Antwort geben (zumal der Fehler nicht unbedingt sichtbar wird), in vielen Fällen wird er aber einen Programmabsturz oder gar einen Stillstand des Rechners verursachen. Ein Beispiel mag dies verdeutlichen:

Beispiel

```
#include <stdio.h>
main()
{
  int i,j;
```

```
  int ar[100];
  int k,l;

  for (i=0; i<100; i++) ar[i]=0;
  i=1;
  j=2;
  k=3;
  l=4;
  printf("ar[ -1] is %d\n",ar[-1]);
  printf("ar[100] is %d\n",ar[100]);
}
```

Das Programm wird irgendetwas auf dem Bildschirm ausgeben. Wenn ich es z.B. unter MSDOS und Zortech-C laufen lasse, erzeugt es folgende Ausgabe:

```
ar[ -1] is 2
ar[100] is 3
```

Ganz offensichtlich wird dabei auf die Variable *j* zugegriffen, wenn der Index -1 ist und auf *k*, wenn der Index 100 ist. Dafür gibt es in diesem Fall eine ganz einfache Erklärung, denn der Compiler ordnet die 5 Variablen *i*, *j*, *ar*, *k* und *l* im Hauptspeicher des Programmes direkt hintereinander an. Dadurch wird bei Arrayzugriffen auf die kurz vor oder hinter dem Array *ar* liegenden »Arrayelemente« zufällig auf die dort liegenden Variablen, in diesem Fall also auf *j* und *k*, zugegriffen. Das Laufzeitsystem überprüft also nicht, ob es ein Element mit der Nummer -1 oder 100 gibt, sondern greift exakt auf den Speicherbereich zu, in dem dieses Element liegen würde, wenn das Array so groß definiert worden wäre.

In diesem Beispiel würde das Programm sicherlich mit falschen Werten weiterrechnnen, aber es stürzt wahrscheinlich noch nicht ab. Problematischer wird es da schon bei *schreibenden* Zugriffen auf ungültige Arrayelemente, insbesondere dann, wenn der falsch berechnete Index weit außerhalb des zulässigen Bereichs liegt. Dann kann es nämlich passieren, daß Speicherstellen verändert werden, an denen sich gar keine Variablen, sondern Programmcode oder Rücksprungadressen o.ä., befinden. Werden diese Speicherstellen dann das nächste Mal benutzt (d.h. vom Prozessor als Maschinenprogramm interpretiert), so wird es unter MSDOS mit sehr großer Sicherheit zu einem harten Absturz des Rechners kommen und unter den meisten UNIX-Systemen (wegen des eingebauten Hardware-Speicherschutzes) einen Programmabbruch mit einer Meldung der Art »Memory Fault – Core dumped« geben. Immerhin kann man danach noch normal weiterarbeiten und muß nicht zum Reset-Knopf des Rechners greifen, um einen Kaltstart auszulösen.

Nach meiner Erfahrung ist der Zugriff auf ungültige Arrayelemente ein sehr häufiger Fehler, der nicht nur beim Erlernen einer Programmiersprache auftaucht. Zudem handelt es sich um die Art von Programmierfehlern, die nur manchmal auftreten und vielleicht ganz verschwunden sind, wenn man ihnen mit dem Debugger zu Leibe rücken will. In der Testphase eines Programmes sollte man daher in kritischen Programmteilen auf jeden Fall manuelle Bereichsüberprüfungen einbauen. Hier empfiehlt sich insbesondere die Verwendung des *assert*-Makros aus der Header-Datei *assert.h,* das auf den meisten C-Systemen zur Verfügung steht (s. Aufgabe 5 von Kapitel 4).

Zugriff auf das ganze Array

Während es beispielsweise in PASCAL möglich ist, mit *einer* Zuweisung ein komplettes Array mit dem Inhalt eines anderen – gleich dimensionierten und typisierten – Arrays zu füllen oder aber zwei Arrays mit *einer* Anweisung auf Gleichheit zu überprüfen, geht dies in C nicht so ohne weiteres. Zwar könnte man auch in C syntaktisch korrekt wie folgt programmieren:

```
#include <stdio.h>

int feld1[100],feld2[100];

main()
{
  int i;

  for (i=0; i<100; i++) {
    feld1[i]=i;
    feld2[i]=i;
  }
  if (feld1==feld2)
    printf("Die Arrays sind gleich\n");
  else
    printf("Die Arrays sind nicht gleich\n");
}
```

Das Programm würde aber stets mit »Die Arrays sind nicht gleich« antworten, obwohl beide Arrays exakt die gleichen Werte, nämlich die Zahlenfolge 0..99, enthalten. Mit den bisher erworbenen Kenntnissen ist es uns leider noch nicht möglich, dieses geheimnisvolle Verhalten vollständig zu ergründen, ich werde die Erklärung daher im Kapitel 10 nachliefern. Für die Leser mit Erfahrung im Umgang mit Zeigern sei nur soviel verraten: in C wird der Name eines Arrays bei seiner Verwendung als Zeiger auf das erste Element des Arrays interpretiert. Dadurch wird durch obiges Programm lediglich verglichen, ob zwei Zeiger gleich sind, das heißt ob die beiden Arrays *feld1* und *feld2* an derselben Stelle im Hauptspeicher des Rechners liegen. Dies ist natürlich nicht der Fall, denn es handelt sich ja um zwei unterschiedliche Variablen.

Ähnlich liegt der Fall, wenn man versucht, zwei Arrays einander zuzuweisen. Betrachten Sie folgendes Programm:

```
#include <stdio.h>

int feld1[100],feld2[100];

main()
{
  int i;

  for (i=0; i<100; i++) feld1[i]=5;
  feld2=feld1;
}
```

In diesem Fall wird sich bereits der Compiler weigern, die Zeile *feld2=feld1* zu übersetzen und stattdessen lieber eine Fehlermeldung der Art »lvalue expected« ausgeben. Wie Sie vielleicht vermuten, hängt dieses Verhalten wieder irgendwie damit zusammen, daß die Array-Namen als Zeiger interpretiert werden. Dies ist tatsächlich so, dabei ist das Problem in diesem besonderen Fall darin zu suchen, daß Array-Namen als *konstante* Zeiger behandelt werden, eine Wertzuweisung also gar nicht erlaubt ist.

Es gibt dennoch Möglichkeiten, die beiden Operationen Vergleich und Zuweisung mit kompletten Arrays durchzuführen, allerdings nicht durch die Sprache selbst, sondern unter Zuhilfenahme der Library-Funktionen *memcmp* und *memcpy*. Diese führen den byteweisen Vergleich bzw. das byteweise Kopieren einer Anzahl von Speicherstellen durch, die an vorgegebenen Positionen im Hauptspeicher liegen. Dazu muß man den Funktionen neben der Position der beiden Speicherbereiche noch die Anzahl der zu testenden bzw. zu kopierenden Bytes übergeben. Dies ist unter Umständen mit Hilfe des sizeof-Operators möglich.

Die korrekten Versionen der vorigen Beispielprogramme sehen damit wie folgt aus:

```
#include <stdio.h>
#include <string.h>

int feld1[100],feld2[100];

main()
{
  int i;

  for (i=0; i<100; i++) {
```

```
    feld1[i]=i;
    feld2[i]=i;
  }
  if (memcmp(feld1,feld2,sizeof(feld1))==0)
    printf("Die Arrays sind gleich\n");
  else
    printf("Die Arrays sind nicht gleich\n");
}
```

und

```
#include <stdio.h>
#include <string.h>

int feld1[100],feld2[100];

main()
{
  int i;

  for (i=0; i<100; i++) feld1[i]=5;
  memcpy(feld2,feld1,sizeof(feld1));
}
```

Beachten Sie in beiden Programmen das Einbinden der Header-Datei *string.h*. Dadurch werden die Funktionen *memcmp* und *memcpy* vor ihrer Verwendung deklariert und der Compiler kann überprüfen, ob die übergebenen Typen korrekt sind (dies gilt vor allem für ANSI-C-Compiler).

Wir wollen die Eröterung von Operationen auf kompletten Arrays an dieser Stelle vorerst beenden. Im Kapitel 11 werden wir im Zusammenhang mit Zeigern lernen, daß in der Sprache C ein außerordentlich enger Zusammenhang zwischen Arrays und Zeigern besteht. Daraus werden sich dann einige interessante Aspekte für den Umgang mit Arrays, was insbesondere das sequentielle Abarbeiten der Arrayelemente angeht, ergeben.

Initialisierung von Arrays

Ähnlich wie einfache Variablen können auch Arrays initialisiert werden. Auch hier gilt, daß einerseits globale Arrays mit 0 initialisiert werden, d.h. alle Elemente eines globalen Arrays bekommen beim Starten des Programmes automatisch den Wert 0 zugewiesen, und andererseits lokale Arrays nicht automatisch initialisiert werden. Neben der automatischen Initialisierung gibt es auch eine Array-Definition mit manueller Initialisierung. Dazu muß nach der eigentlichen Definition des Arrays hinter einem Zuweisungsoperator eine Liste von Werten angegeben werden. Diese Liste wird durch geschweifte Klammern begrenzt, die einzelnen Werte werden durch Kommas voneinander getrennt.

So wird etwa durch die Anweisung

```
int vector5[5] = {1,2,3,6,0};
```

ein *int*-Array mit 5 Elementen definiert, dessen Elemente nacheinander die Werte 1, 2, 3, 6 und 0 zugewiesen bekommen. Die Definition wäre also gleichwertig zu folgendem Programmstück:

```
int vector5[5];


vector5[0]=1;
vector5[1]=2;
vector5[2]=3;
vector5[3]=6;
vector5[4]=0;
```

Bei der Initialisierung eines Arrays gelten die gleichen Regeln wie bei der Initialisierung eines einfachen Datentyps, es ist also insbesondere nötig, Konstanten zu verwenden. Dabei sind aber alle Formen von Konstanten erlaubt, die auch bei der Initialisierung von einfachen Variablen des entsprechenden Typs verwendet werden könnten. Obige Initialisierung könnte damit äquivalent beispielsweise auch so formuliert werden:

```
int vector5[5] = {1,02,0x0003,6-0,'\0'};
```

Mit dieser Methode sehr große Arrays zu initialisieren, ist natürlich etwas mühsam, so daß es eine praktische Sonderregel gibt. Bei der Initialisierung eines Arrays dürfen weniger Konstanten angegeben werden als das Array Elemente hat. In diesem Fall werden dann die ersten Elemente mit den angegebenen Konstanten gefüllt, während die restlichen Elemente bei globalen Arrays den Wert 0 erhalten und bei lokalen Arrays undefiniert sind. In dem nachfolgendem Beispiel haben die ersten drei Elemente des Arrays *data* die Werte 3.56, 10.25 und 1.0001e2, während die restlichen 997 Elemente jeweils den Wert 0 haben.

Beispiel

```
double data[1000] = {3.56, 10.25, 1.0001e2 };
main()
{
}
```

Anders als etwa in der Sprache ADA ist es in C nicht möglich, durch einen einzigen Befehl alle Elemente eines Arrays mit einen konstanten Wert zu initialisieren, wenn dieser nicht 0 sein soll. In diesem Fall ist es meist am günstigsten, den Elementen innerhalb einer *for*-Schleife den gewünschten Wert zuzuweisen.

Anmerkung

Bei einigen Compilern ist es nicht möglich, *lokale* Arrays mit der vorgestellten Methode zu initialisieren, d.h. das Verfahren ist dann nur auf globale Arrays anwendbar. Hier hilft dann wirklich nur noch die zweite Methode, nämlich die manuelle Zuweisung.

Implizite Längenbestimmung

Es gibt noch eine weitere Variante der Array-Definition mit Initialisierung, die vor allem für Zeichen-Arrays von Bedeutung ist. Betrachten Sie das folgende Programm:

```
#include <stdio.h>

char hello[] = {'h','e','l','l','o'};

main()
{
  int i;

  for (i=0; i<sizeof(hello); i++) printf("%c",hello[i]);
  printf("\n");
}
```

Das auffälligste Merkmal dieses Programmes ist die Definition des Arrays *hello* ohne explizite Angabe seiner Größe. Das bedeutet nicht etwa, daß die Größe von *hello* variabel wäre, sondern vielmehr, daß sie durch die nachfolgende Initialisierung festgelegt wird. Da durch die Initialisierung 5 Werte vorgegeben werden, bekommt auch das Array die Größe 5. Im Programm verhält sich das Array daher exakt so, als ob es mit *char hello[5]* definiert worden wäre. Diese Art der impliziten Größenbestimmung funktioniert für alle initialisierbaren Array-Definitionen. Die wichtigste Anwendung dieser Initialisierungsvariante ist allerdings das Definieren von Stringkonstanten, dem wir uns in Kürze noch ausführlich widmen werden.

Mehrdimensionale Arrays

Allen bisher betrachteten Arrays war gemeinsam, daß sie nur eine einzige Dimension besaßen, wir konnten uns diese Arrays bildlich als Gerade vorstellen, entlang derer die einzelnen Elemente angeordnet waren. In der Praxis werden allerdings auch zwei- oder mehrdimensionale Arrays gebraucht um flächige oder räumliche Datenstrukturen darzustellen. In C können Arrays mit beliebig vielen Dimensionen definiert werden. Bei der Konstruktion und Verwendung mehrdimensionaler Arrays geht C wie die meisten anderen Programmiersprachen vor: ein Array mit n Dimensionen ist ein Array, dessen Elemente gleichartige Arrays mit n-1 Dimensionen sind. Diese Denkweise spiegelt sich sowohl bei der Definition und Initialisierung als auch bei der Verwendung des Arrays wieder. Ein zweidimensionales Array kann man sich also als Folge von eindimensionalen Arrays vorstellen.

Eine typische mathematische Anwendung zweidimensionaler Arrays ist die Darstellung von Matrizen. Angenommen, Sie wollen folgende 3 x 4 Matrix *M* darstellen,

```
 3  5   0   0
-1  0  12  -9
 0  2  10   3
```

dann ist ein zweidimensionales Array genau die richtige Datenstruktur. Die Definition lautet:

```
int M[3][4];
```

Am besten ist es, wir stellen uns *M* als Array mit 3 Elementen vor, wobei jedes einzelne dieser Elemente wiederum ein Array mit jeweils 4 Elementen vom Typ *int* ist. Sie können nun auf jedes einzelne der 12 Elemente des Arrays in der gleichen Weise zugreifen wie bei einem eindimensionalen Array: durch *M[i][j]* wird auf das *j-1*-te Element der *i-1*-ten Zeile zugegriffen.

```
M[0][0]=3;
M[0][1]=5;
M[0][2]=0;
M[0][3]=0;
M[1][0]=-1;
M[1][1]=0;
...
```

Ebenso wie eindimensionale Arrays lassen sich auch mehrdimensionale Arrays gleich bei der Definition initialisieren. Für unsere Matrix *M* könnte eine Definition mit Initialisierung dann folgendermaßen aussehen:

```
int M[3][4] = { {3,5,0,0},
                {-1,0,12,-9},
                {0,2,10,3}
              };
```

An der Syntax der Initialisierung können Sie ablesen, daß eigentlich ein Array mit 3 Elementen initialisiert wird, wobei jedes Element wiederum ein initialisiertes Array mit 4 Elementen ist. Ganz ähnlich wie bei einem eindimensionalen Array ist es auch bei einem mehrdimensionalen Array möglich, dieses unvollständig zu initialisieren. Dabei dürfen sowohl Zeilen fehlen als auch Spalten innerhalb einer Zeile unvollständig initialisiert sein. Alle nicht initialisierten Elemente werden bei globalen Arrays mit 0 initialisiert und sind bei lokalen Arrays undefiniert.

Beispiel

```
int A[5][4] = { {1},
                {0,1},
                {0,0,1},
                {0,0,0,1}
              };
```

ist die Darstellung folgender Matrix:

```
1 0 0 0
0 1 0 0
0 0 1 0
0 0 0 1
0 0 0 0
```

Die fehlenden Spaltenangaben in den Zeilen 0 bis 2 werden ebenso wie die fehlende Spalte 4 durch Nullen ersetzt (natürlich vorausgesetzt, es handelt sich um eine globale Variable).

Wir wollen die Diskussion über mehrdimensionale Arrays an dieser Stelle beenden, ohne auf drei- und mehrdimensionale Arrays einzugehen. Da bei höheren Dimensionen keine grundsätzlich neuen Aspekte mehr auftauchen, sollte das hier erworbene Wissen ausreichen, um in der Praxis auch mit Arrays höher Dimension fertig zu werden. Erfahrungsgemäß wiegen sowieso spätestens bei 4 Dimensionen die Probleme mit der Vorstellung schwerer als die sprachlich-syntaktischen.

Anwendungen von Arrays

In diesem Abschnitt will ich einige C-typische Anwendungen von Arrays exemplarisch vorstellen und damit die Beispielpalette des vorigen Abschnittes erweitern.

Darstellung von Folgen

Arrays sind grundsätzlich immer dann nützlich, wenn eine Folge von Werten eines bestimmten Typs zu speichern und zu verarbeiten ist. So können wir bei der Verwendung von Arrays einige der Beispiele und Übungsaufgaben der vorangegangenen Kapitel wesentlich eleganter programmieren als vorher.

Das erste Beispiel betrifft die Übungsaufgabe 3-9. Dort sollten wir ein Programm schreiben, welches zu einem per Datum angegebenen Tag herausfindet, in welcher Woche des Jahres er sich befindet. Das Hauptproblem bei der Lösung dieser Aufgabe bestand darin, die fortlaufende Nummer des angegebenen Tages herauszufinden. Dazu mußte unter anderem mit einer etwas umständlichen *case*-Anweisung die Anzahl der Tage der einzelnen Monate ermittelt werden. Unter Zuhilfenahme eines Arrays kann diese Aufgabe nun deutlich eleganter gelöst werden.

```
#include <stdio.h>
#define schalt_jahr(j) ((j%4==0 && j%100!=0) || j%400==0)

int monats_tage[] = {31,28,31,30,31,30,31,31,30,31,30,31};

main()
{
  int tag,monat,jahr;
```

```
  int tage=0;

  printf("Bitte Datum [Tag Monat Jahr] : ");
  scanf("%d %d %d",&tag,&monat,&jahr);

  while (--monat) tage+=monats_tage[monat];
  tage+=tag;
  if (schalt_jahr(jahr) && monat>2) tage++;
  printf("Der %d. Tag\n",tage);
  printf("Die Woche ist : %d\n",(tage+6)/7);
}
```

In dieser Lösung wird die Anzahl der Tage der einzelnen Monate in einem Array mit 12 *int*-Werten gespeichert, so daß auf die Bestimmung dieser Zahlen in einer *case*-Anweisung verzichtet werden kann. Dadurch wird das Programm einige Zeilen kürzer und übersichtlicher. Verallgemeinernd gesprochen besteht die Aufgabe des Arrays in diesem Beispiel darin, eine Tabelle von Werten zu speichern, die nicht mit einem einfachen Algorithmus berechenbar sind. Derartige Tabellen tauchen in der Praxis sehr häufig auf, sie spiegeln fast immer die komplexen Eigenschaften eines realen Objektes wieder. Vor der Programmierung einer langen *if-then-elseif* oder *case*-Kette sollte man sich als Programmierer daher ruhig Gedanken darüber machen, ob nicht die Verwendung eines Arrays günstiger ist.

Ein anderes Beispiel ist die Musterlösung zur Aufgabe 3-4, bei der man durch die Verwendung eines Arrays noch größere Vorteile erzielt. Dort wurden zwei sehr aufwendige und häßliche Blöcke von jeweils 10 gleichartigen Anweisungen verwendet, um einerseits die Anzahl der Vorkommen einer jeden Ziffer zu ermitteln und andererseits die so ermittelten Werte wieder zur Ausgabe der geordneten Ziffern zu verwenden. Wenn nun statt der Einzelvariablen *nullen, einsen, zweien,* usw. .. ein Array mit 10 *int*-Werten zum Zählen verwendet wird, kann die Musterlösung um mehr als die Hälfte ihrer ursprünglichen Länge verkürzt werden.

```
#include <stdio.h>

int zaehler[10];

main()
{
  int i,j;
  long zahl;

  printf("Bitte eine Zahl : ");
  scanf("%ld",&zahl);
  do zaehler[zahl%10]++; while (zahl/=10);
```

```
  for (i=0; i<10; i++)
    for (j=1; j<=zaehler[i]; j++) printf("%d",i);
  printf("\n");
}
```

In der ersten *do*-Schleife wird – wie auch in der Musterlösung – gezählt, wie oft jede der möglichen Ziffern von 0 bis 9 in der eingegebenen Zahl auftaucht. Statt aber in einer umständlichen *case*-Anweisung zehn unterschiedliche Zähler zu bedienen, verwenden wir nun ein globales Array *zaehler*, das durch die gerade untersuchte Ziffer indexiert wird. Nach dem Ende der Schleife steht also in *zaehler[0]* die Anzahl der aufgetretenen Nullen, in *zaehler[1]* die Anzahl der aufgetretenen Einsen, usw.... Danach werden durch die beiden geschachtelten *for*-Schleifen alle Ziffern in aufsteigender Reihenfolge jeweils so oft auf dem Bildschirm ausgegeben, wie sie in der eingegebenen Zahl gezählt wurden.

Es scheint, daß dieses Programm auf den ersten Blick etwas schwieriger zu verstehen ist, als die ursprüngliche Version. Ohne jeden Zweifel ist es aber um Klassen eleganter, besser zu erweitern und erzeugt weniger Code. Es lohnt sich daher, diese Lösung vorzuziehen.

char-Arrays

Eine der wichtigsten Anwendungen von Arrays ist sicherlich die Darstellung und Verarbeitung von Zeichenfolgen. Diese treten im Programm meist in einem der folgenden beiden Zusammenhänge auf:

1. Bei der Programmierung von Benutzerschnittstellen oder
2. bei der Verarbeitung von Textdateien.

Glücklicherweise haben die Entwickler der Sprache C die große Bedeutung der Zeichenketten-Verarbeitung erkannt und Vorkehrungen getroffen, die das effiziente Implementieren von Zeichenketten-Operationen mit Hilfe von Library-Funktionen ermöglichen. Obwohl diese Funktionen im Gegensatz zu anderen Sprachen nicht Bestandteil der eigentlichen Sprachdefinition sind, konnten sich die vorgeschlagenen Lösungen durchsetzen und liefern heute in jedem C-Entwicklungssystem ein praktikables und portierbares Instrumentarium zur String-Verarbeitung.

Modula-2 ist das Gegenbeispiel für eine eigentlich sehr elegante Sprache, die ebenfalls auf die Implementierung von String- und I/O-Routinen im Sprachkern verzichtet hat, aber leider daran krankt, daß die vorgeschlagenen Library-Funktionen zu unflexibel und zudem mühsam in der Handhabung sind. Die Compileranbieter sind daher eigene Wege bei der Implementierung dieser Konzepte gegangen und haben so die gute Portierbarkeit der Sprache erheblich verringert.

Aufgabe dieses Abschnitts soll es sein, die Implementierung und Verarbeitung von Strings in C zu durchleuchten.

Darstellung von Strings

Der erste Stolperstein auf dem Weg zu universell verwendbaren Strings sind die String-Konstanten. Nur wenn diese vernünftig implementiert und mit normalen Sprachmitteln zugreifbar sind, ist es möglich, die weitere String-Verarbeitung allein durch Library-Funktionen zu realisieren. In den vorangegangenen Kapiteln haben wir String-Konstanten an vielen Stellen bereits verwendet, ohne das uns dies bewußt war.

Wir wissen bereits, das eine String-Konstante definiert wird, indem ein aus einzelnen Zeichen bestehender Text in doppelte Hochkommas eingeschlossen wird.

Das bekannteste Beispiel einer String-Konstante ist natürlich unser altbekanntes

```
"hello, world\n"
```

Um nun mit Library-Funktionen auf String-Konstanten zugreifen zu können, muß man wissen, wie eine String-Konstante intern dargestellt wird. Dies ist glücklicherweise sehr einfach zu verstehen.

Eine String-Konstante wird intern als *char*-Array dargestellt, dessen Länge um eins größer ist als die Anzahl der Zeichen in der Stringkonstante. Als letztes Zeichen wird automatisch das Null-Zeichen '\0' eingefügt. Der "hello, world\n"-String wird also als 14 Zeichen langes *char*-Array gespeichert, wobei von Position 1 bis 13 die Zeichenkette "hello, world\n" und an Position 14 ein Null-Zeichen steht.

Man könnte also auf zwei unterschiedliche Arten eine initialisierte »hello, world«-Variable definieren:

```
char hello[] = "hello, world\n";
```

oder aber

```
char hello[] = {'h','e','l','l','o',',',' ',
                'w','o','r','l','d','\n','\0'};
```

In der Tat sind beide Definitionen vollkommen gleichwertig, aber natürlich wird niemand die zweite Form verwenden, dazu ist sie einfach zu umständlich.

Die Aufgabe des Null-Zeichens besteht darin, das Ende des Strings anzuzeigen. Da zeichenkettenverarbeitende Programme im allgemeinen alle Zeichen eines Strings durchlaufen, müssen sie irgendwie in die Lage versetzt werden, das Ende der Zeichenkette zu erkennen. In C wird dazu einfach ein Null-Zeichen an den eigentlichen String angehängt. Die Stringroutinen brauchen beim Durchlaufen des Arrays also lediglich abzufragen, ob das aktuelle Zeichen den Wert Null hat und wenn ja, die Verarbeitung der Zeichenkette abzubrechen. Dies bedeutet natürlich, daß ein Null-Zeichen nicht als normales Zeichen innerhalb einer Zeichenkette verwendet werden kann, weil dann sämtliche stringverarbeitenden Library-Routinen die Bearbeitung schon beim

Auftreten dieses Nullzeichens abbrechen würden; sie nehmen fälschlicherweise an, das Stringende sei erreicht. Glücklicherweise benötigt man Nullzeichen nicht sehr häufig in Strings, so daß man sich im allgemeinen mit der Speicherung als Einzelzeichen – etwa in einer *char*-Variable – behelfen kann.

Implementierung einiger String-Funktionen

Um ein besseres Gefühl für den Umgang mit Strings zu bekommen, wollen wir uns die Implementierung einiger typischer String-Operationen exemplarisch ansehen. Diese Operationen existieren in der einen oder anderen Variante meist auch als Library-Funktion.

Beispiel

Betrachten Sie folgendes Programm:

```
#include <stdio.h>

char *s1 ="hello, world\n";
char s2[] ="";
char s3[] ="Anfang\0Ende";

main()

{
  int i;
  int cnt1=0, cnt2=0, cnt3=0;

  for (i=0; s1[i]!='\0'; i++) cnt1++;
  for (i=0; s2[i]!='\0'; i++) cnt2++;
  for (i=0; s3[i]!='\0'; i++) cnt3++;
  printf("Die Länge von s1 ist %d\n",cnt1);
  printf("Die Länge von s2 ist %d\n",cnt2);
  printf("Die Länge von s3 ist %d\n",cnt3);
}
```

Das Programm ermittelt die Länge der 3 Stringkonstanten *s1*, *s2* und *s3*. Die wichtigsten Programmteile dabei sind die *for*-Schleifen. Sie durchlaufen die einzelnen Strings jeweils vom ersten Element (dem mit der Nummer 0) bis zum ersten Nullzeichen. Bei jedem Durchlauf wird ein Zähler inkrementiert, der nach Ende der Schleife die Länge des Strings angibt.

Wir können an dem Programm auch erkennen, daß es prinzipiell egal ist, ob eine Stringvariable durch die Zeigernotation *char *s1* oder als offenes Array *char s2[]* definiert wird. Beide Definitionen sind gleichwertig. Beachten Sie auch die korrekte Behandlung des Leerstrings "". Dieser wird als Zeichenarray der Länge 1 gespeichert, bei dem das einzige Element den Wert 0 hat. Dies entspricht genau den vorgestellten Konventionen und wird von dem Programm korrekt behandelt.

Beispiel

In der Praxis ist häufig das Problem anzutreffen, die Buchstaben in einem String in Großschrift zu konvertieren, alle anderen Zeichen jedoch unverändert zu lassen. Die Implementierung eines geeigneten Programmes ist denkbar einfach.

```
#include <stdio.h>
#include <ctype.h>

char s1[] ="hello, world\n";
char s2[] ="Die 2 wird nicht umgewandelt";

main()
{
  int i;

  for (i=0; s1[i]!='\0'; i++) {
    if (s1[i]>='a' && s1[i]<='z') s1[i] -= 32;
  }
  for (i=0; s2[i]!='\0'; i++) s2[i]-=islower(s2[i])?32:0;
  printf("%s\n",s1);
  printf("%s\n",s2);
}
```

Die erste *for*-Schleife durchläuft nacheinander alle Zeichen des Strings *s1* und überprüft jeweils, ob es sich um einen Kleinbuchstaben handelt. Ist dies der Fall, so wird der Wert 32 subtrahiert, um ihn in einen Großbuchstaben zu verwandeln. Diese Arithmetik mit Zeichen ist in C sehr weit verbreitet und in vielen Programmen anzutreffen. Allerdings ist sie auf den ASCII-Zeichensatz zugeschnitten und wird daher bei Verwendung eines anderen Zeichensatzes nicht mehr funktionieren.

Die Überprüfung auf Kleinschreibung in der zweiten *for*-Schleife sieht äußerlich etwas anders aus. Zur Abwechslung wollen wir dort nicht durch einen expliziten Vergleich, sondern durch Aufrufen des Makros *islower* aus der Header-Datei *ctype.h* feststellen, ob es sich um einen Kleinbuchstaben handelt. Obwohl das Makro meist etwas anders implementiert ist als der obige Vergleich, wird letztendlich das gleiche Ergebnis erzielt. Die Verwendung des Makros *islower* hat allerdings gegenüber dem direkten Vergleich den Vorteil, keine Portierbarkeitsprobleme zu verursachen.

Beispiel

Als letztes Beispiel wollen wir das Kürzen einer Zeichenkette demonstrieren. Hierbei geht es darum, einen String an einer vorgegebenen Stelle abzuschneiden, so daß nur noch eine vorgegebene Anzahl an Zeichen stehenbleibt. Ist der String allerdings kürzer als die Vorgabe, so soll gar nichts passieren.

```
#include <stdio.h>

char s1[] ="hello, world\n";
char s2[] ="Dies ist ein langer String";
char s3[] ="kurz";

main()
{
  int i;
  int len1=5,len2=13,len3=8;

  for (i=0; s1[i]!='\0' && i<len1; i++);
  s1[i]='\0';
  for (i=0; s2[i]!='\0' && i<len2; i++);
  s2[i]='\0';
  for (i=0; s3[i]!='\0' && i<len3; i++);
  s3[i]='\0';
  printf("%s\n",s1);
  printf("%s\n",s2);
}
```

Um eine Zeichenkette zu kürzen, müssen wir nur die Endemarkierung weiter nach vorne verschieben. Wir hätten also eigentlich nur

```
s1[len1]='\0';
s2[len2]='\0';
s3[len3]='\0';
```

zu programmieren brauchen. Wie man leicht überprüfen kann, würde eine derartige Vorgehensweise bei den ersten beiden Zeichenketten wunderbar funktionieren. Das liegt daran, daß die Zeichenketten vor dem Kürzen länger waren als danach. Bei dem dritten String würde dieses Vorgehen aber zu einem illegalen Speicherzugriff führen, denn das Array *s3* ist nur 5 Zeichen lang, so daß der Zugriff auf das achte Element natürlich nicht erlaubt ist. Aus diesem Grund müssen die Routinen in jedem Fall das Array von Anfang an elementweise durchlaufen, um ein vorzeitiges Stringende feststellen zu können. Nur wenn an der geforderten Position noch nicht das Ende des Strings erreicht wurde, wird dort ein Nullzeichen eingesetzt.

Beachten Sie, daß es nicht mehr ohne weiteres möglich ist, den String wieder auf seine ursprüngliche Länge zu bringen. Man könnte zwar das Nullzeichen wieder entfernen, steht dann aber vor dem Problem, wieder das ursprüngliche Zeichen an dessen Stelle einsetzen zu müssen. Dieses ist natürlich nicht mehr bekannt.

Durch das hier vorgestellte Kürzen einer Zeichenkette wird kein Hauptspeicher wiedergewonnen! Selbst, wenn ein 10000 Zeichen langer String mit diesem Verfahren auf 3 Zeichen verkürzt wird, bleibt weiterhin der Platz für 10000 Zeichen der Stringvariablen zugeordnet. Unser Verfahren hat ja lediglich das Element mit der Nummer 3 durch ein Nullzeichen überschrieben und gaukelt damit allen anderen String-Funktionen eine so kurze Zeichenkette vor. String-Routinen in C haben im allgemeinen keine Möglichkeit festzustellen, wieviel Platz noch hinter dem Nullzeichen verbleibt.

Verarbeitung von Textdateien

Der Erfolg des Betriebssystems UNIX hängt unter anderem mit dessen großer Flexibilität im Umgang mit Textdateien zusammen. Dabei haben sich vor allem die Konzepte der Ein-/Ausgabeumleitung und des Pipings als überaus nützlich erwiesen. Glücklicherweise hat MSDOS diese Fähigkeiten von UNIX geerbt, so daß die folgenden Ausführungen uneingeschränkt auch für MSDOS-C-Compiler gelten. In diesem Abschnitt will ich kurz den Zusammenhang beleuchten, der zwischen diesen Konzepten und C-Programmen besteht und dadurch eine neue Klasse von Anwendungen eröffnen.

Dieser kleine Abschnitt soll keine formale Behandlung der Ein-/Ausgabefunktionen von C sein, sondern dient lediglich der informellen Einführung einiger Ein-/Ausgabekonzepte. Wir haben so die Möglichkeit, Aufgaben mit größerer Praxisnähe zu bearbeiten und zusätzlich den Vorteil, eine gewisse Vorbereitung auf das Kapitel 8, in dem dieses Thema ausführlich abgehandelt wird, zu besitzen.

Standardein-/ ausgabe

Wenn wir mit einer der bisher kennengelernten Library-Funktionen Texte auf dem Bildschirm ausgeben, so wird dadurch nicht etwa direkt die Bildschirmhardware programmiert, sondern das C-Programm schreibt die Texte zunächst einfach in eine bestimmte Datei. Dabei handelt es sich allerdings nicht um eine gewöhnliche Datei, sondern um einen sogenannten Gerätetreiber (device-driver). Das Schreiben in einen geeigneten Gerätetreiber führt nun aber nicht zum Speichern der Zeichen auf der Festplatte wie bei einer normalen Datei, sondern zum Ausgeben dieses Textes auf dem Bildschirm. Man bezeichnet den Gerätetreiber, der einem laufenden C-Programm als Ausgabe zugeordnet ist, als Standardausgabe dieses C-Programmes. Die schon bekannten Libraryfunktionen *printf* und *putchar* schreiben die von ihnen erzeugten Zeichen immer auf die Standardausgabe.

Ganz ähnlich verhält sich ein C-Programm beim Einlesen von Zeichen über die Tastatur. Auch hier kommen die Daten durch das Lesen einer Datei zustande, welche natürlich wieder ein Gerätetreiber ist. Die Quelle für die Eingabezeichen eines C-Programmes wird als Standardeingabe bezeichnet. Die schon bekannten Libraryfunktionen *scanf* und *getchar* lesen die von ihnen zurückgegebenen Zeichen immer von der Standardeingabe. Sinnvoll wird diese dateiartige Abarbeitung vor allem dadurch, daß man sowohl Standardeingabe als auch -ausgabe umleiten kann, ohne daß das Programm etwas davon merkt.

Syntax

```
Programmname > Dateiname
```

Wenn Sie das Programm *Programmname* auf diese Weise aufrufen, lenken Sie dessen Standardausgabe um. Das Programm gibt natürlich nach wie vor seine Ausgaben mit *printf* usw... aus, diese werden jedoch nicht mehr auf dem Bildschirm angezeigt, sondern in die Datei *Dateiname* umgeleitet. Das Programm merkt von alldem nichts. Diesen Vorgang bezeichnet man als Umleitung der Standardausgabe.

Syntax

```
Programmname < Dateiname
```

Wenn wir eines unserer selbstgeschriebenen Programme auf diese Weise aufrufen, so lenken wir dessen Standardeingabe um. Dies führt dazu, daß die Eingaben des Programmes nicht mehr von der Tastatur, sondern aus der Datei *Dateiname* kommen. Auch hier merkt das Programm nichts, es arbeitet die Eingabedatei Zeichen für Zeichen ab und behandelt jedes Byte so, als wäre es von der Tastatur gekommen. Beide Umleitungsarten können auch kombiniert werden, das heißt, wir können Standardeingabe und -ausgabe gleichzeitig umleiten. In diesem Fall hätte das Programm überhaupt keine Verbindung mehr zum Terminal.

Piping

Als letzten Mechanismus wollen wir das Piping besprechen. Programme, die ihre Eingaben von Standardeingabe lesen und ihre Ausgaben auf Standardausgabe schreiben, können als Pipes (auch als Filter bezeichnet) verwendet werden. Durch Piping werden mehrere Programme in der Weise verbunden, daß die Standardausgabe des einen Programmes als Standardeingabe des nächsten Programmes verwendet wird.

Syntax

```
Programm1 "|" Programm2
```

Die Ausgabe von *Programm1* wird umgeleitet und zur Eingabe von *Programm2*. Während das Piping unter MSDOS nicht so häufig verwendet wird (weil es bei den meisten Programmen nicht möglich ist, Ein- und Ausgabe umzuleiten), spielt es auf UNIX-Systemen eine sehr große Rolle. Ebenso wie bei der Umleitung der Standardeingabe oder -ausgabe merken die einzelnen Programme nichts davon, daß ihre Eingabe möglicherweise nicht von der Tastatur eines Terminals, sondern von der Ausgabe eines anderen Programmes kommt oder daß ihre Ausgabe nicht auf den Bildschirm geht, sondern als Eingabe für ein anderes Programm verwendet wird.

Einige Beispiele aus der UNIX-Welt sind:

Beispiele

```
ls | sort
```

gibt eine sortierte Liste der Dateien im aktuellen Verzeichnis aus.

```
ls -l | grep "^d"
```

listet alle Unterverzeichnisse auf.

Wir wollen das Thema Ein-/Ausgabeumleitung an dieser Stelle beenden, es findet sich in nahezu jedem MSDOS- oder C-Handbuch wieder. Einige der nachfolgenden Übungsaufgaben werden das Thema noch einmal aufgreifen.

Kapitel 5

Aufgaben

1.(A) Schreiben Sie ein Programm, welches den Mittelwert einer über die Tastatur eingegebenen Folge von 5 *double*-Zahlen errechnet und auf dem Bildschirm ausgibt.

2.(A) Schreiben Sie ein Programm, welches eine beliebige Anzahl von Zeichen von der Standardeingabe liest. Nach Ende der Eingabe soll das Programm die Anzahl der Vorkommen jedes Zeichens, das mindestens einmal in der Eingabe enthalten war, auf dem Bildschirm ausgeben. Verwenden Sie die Funktion *getchar*, um die Zeichen einzulesen. Diese Funktion gibt die Konstante EOF zurück, wenn das Ende der Eingabe erreicht ist (sie müssen *stdio.h* einbinden).

3.(C) Schreiben Sie ein Programm, welches das bekannte 8-Damen-Problem löst. Dabei sollen 8 Damen so auf einem Schachbrett aufgestellt werden, daß keine die andere schlagen kann.

4.(B) Schreiben Sie ein Programm, das als Filter hinter *ls -l* (MSDOS: *dir *.**) eingesetzt werden kann und nur noch die Zeilen ausgibt, die den Namen eines Unterverzeichnisses enthalten. Alle Namen, die eine normale Datei bezeichnen, sollen nicht ausgegeben werden.

5.(B) Versuchen Sie einen Filter zu schreiben, der etwa wie das Programm *more* arbeitet, d.h. alle Zeichen, die über Standardeingabe kommen, sollen bildschirmseitenweise wieder ausgegeben werden. Nach der Ausgabe einer kompletten Bildschirmseite soll das Programm darauf warten, daß der Bediener die [Enter]-Taste drückt; erst dann soll der nächste Bildschirm voll Informationen ausgegeben werden. Falls Sie auf Ihrem System keine angemessene Lösung finden, begründen Sie, warum dies der Fall ist.

6.(C) Schreiben Sie einen Druckerfilter, der den über Standardeingabe eingelesenen Text wie folgt formatiert:

a) Links soll ein Rand von 5 Zeichen gelassen werden.

b) In einer Zeile dürfen nicht mehr als 70 Zeichen ausgegeben werden, d.h. inklusive linkem Rand soll das letzte Zeichen einer Zeile nicht rechts von der 75-ten Spalte ausgegeben werden.

c) Am Anfang und am Ende einer Seite sollen jeweils 5 Leerzeilen ausgegeben werden. Gehen Sie davon aus, daß brutto 72 Zeilen auf eine Seite passen.

7.(B) Versuchen Sie herauszufinden, welche einfache mathematische Aufgabe durch das folgende kompliziert aussehende Programm gelöst wird:

```
#include <stdio.h>

long A[2] = { 1, 0 };

main()
{
  int i,j,k;
  int a,b;

  printf("Bitte zwei positive Zahlen : ");
  scanf("%d %d",&a,&b);
  for (i=1; i<=b; i++) {
    A[1]=0;
    for (j=1; j<=a; j++) {
      A[1]+=A[0];
    }
    A[0]=A[1];
  }
  printf("%ld\n",A[0]);
}
```

8.(B) Schreiben Sie ein Programm, welches beliebig viele Zeichen als Eingabe akzeptiert und zählt, wieviele Buchstaben, Worte und Zeilen in der Eingabe vorgekommen sind. Testen Sie das Programm, indem Sie es per Standardeingabe-Umleitung Textdateien (z.B. C-Programme) analysieren lassen.

Kapitel 6
Funktionen

Grundsätzliches

Dieses Kapitel wird sich mit dem Unterprogrammkonzept der Programmiersprache C beschäftigen. Nach dem Durcharbeiten des Kapitels werden wir Syntax (Schreibweise) und Semantik (Bedeutung) von Funktionen in C kennen. Wir werden uns zudem mit den softwaretechnischen Aspekten des Funktionskonzeptes in Bezug auf die Entwicklung größerer Programme beschäftigen. Den Abschluß des Kapitels bildet ein Abschnitt zum Thema Rekursion; es geht dabei um Funktionen, die sich selber aufrufen.

Arbeitsweise

Wir haben bisher nur Programme kennengelernt, die aus einem einzigen zusammenhängenden Block bestanden, nämlich dem Rumpf der Funktion *main*. Die bisher kennengelernten Möglichkeiten der *Wiederverwendung* von Programmcode beschränkten sich darauf, die mehrfach auszuführenden Anweisungen in eine Schleife einzubetten und sie unter Kontrolle des Schleifentest-Ausdrucks beliebig oft auszuführen. Mit dem Unterprogrammkonzept von C werden wir nun ein wesentlich flexibleres Mittel kennenlernen, wiederverwendbaren Programmcode zu produzieren. Im Unterschied zu Schleifenkonstruktionen beschränkt sich die Wiederverwendbarkeit dabei nicht auf das bloße wiederholte Ausführen eines Blocks, sondern sie besteht darin, daß eine einmal definierte Anweisungsfolge von einer beliebigen Stelle des Programmes aus »aufgerufen« werden kann. Ein derartiger Aufruf bewirkt dann, daß an der Aufrufstelle der Programmcode des Unterprogrammes ausgeführt wird und erst nach Ende des Unterprogrammes mit der nächsten Anweisung fortgefahren wird.

In jeder prozeduralen Programmiersprache gibt es ein Unterprogrammkonzept, das in dieser Weise funktioniert. In manchen Sprachen werden die Unterprogramme als Funktionen, in anderen als Prozeduren bezeichnet. Es gibt auch Programmiersprachen (z.B. PASCALoder Modula-2), die sowohl Funktionen als auch Prozeduren anbieten und streng zwischen beiden unterscheiden. In C gibt es dagegen nur Funktionen zur Realisierung des Unterprogrammkonzeptes, wir wollen daher beide Begriffe synonym verwenden.

Wir werden in den folgenden Abschnitten immer wieder zwischen den beiden unterschiedlichen Aspekten von Funktionen differenzieren müssen. Es handelt sich dabei um

1. die Definition der Funktion und
2. den Aufruf der Funktion

Bei der Funktionsdefinition werden die Aufgaben der Funktion festgelegt, d.h. es wird festgelegt, welche Anweisungen darin in welcher Reihenfolge enthalten sind. (Wir werden später feststellen, daß diese Darstellung etwas vereinfacht ist.) Bei der Definition der Funktion wird der angegebene Programmcode noch nicht ausgeführt, sondern dem Compiler lediglich bekanntgemacht. Erst beim Aufruf der Funktion führt das Programm die bei der Definition festgelegten Anweisungen tatsächlich aus.

Am besten, wir stellen uns den Aufruf einer Funktion als Sprung an die Definitionsstelle vor und denken uns hinter die letzte Anweisung in der Definition einen Rücksprungbefehl. Dieser sorgt dafür, daß nach Ende der Funktion wieder an die Programmstelle gesprungen wird, von der aus die Funktion aufgerufen wurde.

Bevor wir uns auf den nächsten Seiten eingehend mit der Bedeutung (der Semantik) von Funktionsdefinition und -aufruf beschäftigen, wollen wir uns deren Syntax ansehen.

Syntax einer Funktionsdefinition:

```
[Speicherklasse] [Typ] Name "(" [Parameterliste] ")"
[Parameterdefinition]
Block
```

Syntax eines Funktionsaufrufes:

```
Funktionsname "(" [Parameterliste] ")"
```

Die syntaktischen Bestandteile dieser Definitionen werden nun nach und nach erklärt. Da viele Einzelheiten aufeinander aufbauen, sollten Sie dieses Kapitel sorgfältig und in der vorgegebenen Reihenfolge durcharbeiten.

Semantik von Funktionen

Im folgenden finden Sie eine genaue Beschreibung der Bedeutung (der Semantik) von Funktionsdefinition und -aufruf.

Die parameterlose Funktion

Wir kommen zur einfachsten Form eines Unterprogrammes in C, der parameterlosen Funktion. Betrachten Sie hierzu das nachfolgende Beispiel:

Beispiel

```
#include <stdio.h>

stars()
{
  printf("***********************************\n");
```

```
06 }
07
08 main()
09 {
10   stars();
11   printf("hello, world\n");
12   stars();
13 }
```

Dieses Programm enthält neben der *main*-Funktion die Definition einer weiteren Funktion mit dem Namen *stars*. Die Definition von *stars* beginnt in Zeile 3 und endet in Zeile 6. Zunächst wird der Name der Funktion angegeben, gefolgt von einem Paar runder Klammern. In C gibt es kein besonderes Schlüsselwort zum Einleiten einer Funktionsdefinition (z.B. *function* in PASCAL); hierin unterscheidet sich C von den meisten anderen Programmiersprachen. Die Klammern begrenzen die Parameterliste der Funktion, die auch leer sein darf. Da unsere Funktion parameterlos ist, steht nichts zwischen den Klammern. Im Gegensatz etwa zu PASCAList es in C nicht erlaubt, bei der Definition einer parameterlosen Funktion die Klammern wegzulassen – es sind nämlich gerade die Klammern, welche syntaktisch den Unterschied zwischen der Definition einer Variablen und einer Funktion anzeigen.

Dieser Teil der Funktionsdefinition wird auch als *Funktionskopf* bezeichnet, während der eigentliche Anweisungsteil als *Funktionsrumpf* bezeichnet wird. Der Funktionsrumpf wird durch die geschweiften Klammern begrenzt, in unserem Beispiel geht er also von Zeile 4 bis Zeile 6. Wenn wie an Kapitel 3 zurückdenken, so werden uns die geschweiften Klammern bekannt vorkommen, sie sind nämlich die Begrenzer eines Blocks. Tatsächlich ist der Rumpf einer Funktion nichts anderes als ein Block im Sinne von Kapitel 3. Er darf also neben den eigentlichen Anweisungen insbesondere Variablendefinitionen enthalten. Wir werden darauf später zurückkommen und uns im Moment lediglich mit den Anweisungen innerhalb des Blocks befassen.

In unserem Beispiel enthält der Funktionsrumpf nur eine einzige Anweisung, nämlich die *printf*-Anweisung in Zeile 5. *stars* ist also eine sehr einfache Funktion, da weder Parameter oder lokale Variablen noch ein Rückgabewert vorhanden sind und im Anweisungsteil lediglich eine einzige Anweisung auftaucht. Im allgemeinen werden Funktionen, mit denen man in der Praxis zu tun hat, sehr viel komplizierter sein. Sie werden in den allermeisten Fällen nicht nur eine, sondern mehrere Anweisungen enthalten, die zudem komplizierter strukturiert sind, also etwa bedingte Anweisungen oder Schleifen oder Aufrufe weiterer Funktionen enthalten.

Neben der reinen Wiederverwendbarkeit von Programmcode wird hier eine andere wichtige Eigenschaft von Funktionen angesprochen, nämlich deren Fähigkeit, Programme zu strukturieren. Durch Aufteilung in Funktionen werden komplizierte Programme in kleinere, besser überschaubare Einheiten zerlegt, die separat entwickelt, ausgetestet und in einem allgemeineren Zusammenhang verwendet werden können. Wir werden auf diesen Aspekt in einem Abschnitt über *separate Kompilierung* noch näher eingehen.

Soviel zur Definition der Funktion. Nun stellt sich natürlich die Frage, wie die Funktion verwendet werden kann. Wir haben schon erwähnt, daß die Verwendung einer Funktion darin besteht, diese aufzurufen. In dem vorliegenden Beispiel sehen wir dies in den Programmzeilen 10 bis 12. In Zeile 10 wird die Funktion *stars* aufgerufen, d.h. wenn der Programmablauf an die Zeile 10 gelangt, wird an den Anfang der Funktion *stars* gesprungen, deren Anweisungen abgearbeitet und nach der letzten Anweisung wieder zurückgesprungen. Wie an dem Beispiel zu sehen ist, wird eine Funktion also dadurch aufgerufen, daß der Name der Funktion, gefolgt von runden Klammern und (in diesem Fall) einem Semikolon angegeben wird. In unserem konkreten Fall besteht die Aufgabe der Funktion *stars* darin, eine Zeile mit Sternchen auf dem Bildschirm auszugeben, also wird durch die Zeile 10 in dem Beispielprogramm genau diese Sternchenzeile ausgegeben.

Zeile 11 enthält ebenfalls einen Funktionsaufruf. Dieser unterscheidet sich durch zwei Dinge von dem in Zeile 10. Erstens ist die Parameterliste nicht leer, denn zwischen den runden Klammern werden Argumente angegeben, die für die Funktion *printf* von Bedeutung sind. Zweitens handelt es sich nicht um eine selbstgeschriebene Funktion (wie *stars*), sondern um eine Funktion aus der vom Compilerhersteller mitgelieferten Standard-Library. Wir können hieran sehr gut die oben erwähnte zweite Haupteigenschaft einer Funktion erkennen, denn wurde eine Funktion erst einmal entwickelt und getestet, so brauchen wir uns nicht mehr um ihre Implementierung zu kümmern, sondern müssen lediglich ihre äußeren Eigenschaften kennen, um sie verwenden zu können. Gerade die *printf*-Funktion (mit allen von ihr aufgerufenen Unterfunktionen) ist ein Beispiel für eine einfach zu verwendende Funktion, deren Innenleben sehr komplex ist.

Nachdem also durch die Zeile 11 der Text »hello, world« auf dem Bildschirm ausgegeben wurde, wird in der Zeile 12 erneut die *stars*-Funktion aufgerufen und schreibt wiederum eine Zeile mit Sternchen auf den Bildschirm. Insgesamt sieht die Ausgabe unseres Programmes also so aus:

```
**********************************
hello, world
**********************************
```

Wie Sie vielleicht schon aus anderen Programmiersprachen wissen, ist der Einsatzbereich parameterloser Unterprogramme sehr begrenzt. Eine solche Funktion führt im allgemeinen immer haargenau dieselbe

Aufgabe durch und kann nicht auf äußere Ereignisse reagieren. Die einzige Möglichkeit, das Verhalten parameterloser Funktionen zu beeinflussen, besteht darin, mit ihnen über globale Variablen zu kommunizieren. Aus diesem Grund haben sich im Laufe der Zeit Unterprogrammformen entwickelt, die eine flexiblere Verwendungsweise ermöglichen. Wir werden uns nun diese Konzepte ansehen.

Lokale Variablen in Funktionen

Wie wir schon gesehen haben, ist der Rumpf einer Funktion nichts anderes als ein Block. Aus diesem Grund darf er also neben reinen Anweisungen auch Definitionen von Variablen enthalten. Derartige Variablen werden als lokale Variablen bezeichnet. Die in einem Block definierten Variablen sind nur innerhalb des Blocks sichtbar und zugreifbar. Sie werden zu Beginn der Ausführung des Blocks (also zur Laufzeit des Programmes!) angelegt und nach dem Ende des Blocks wieder gelöscht. Bei Namensüberschneidungen mit Variablen, die auf einer weiter außen liegenden Stufe definiert wurden, gilt folgende Regel: während der Abarbeitung des Blocks sind die lokalen Blockvariablen sichtbar und gültig, während eventuell namensgleiche globale Variablen verdeckt werden. Nach dem Blockende sind hingegen wieder die globalen Variablen mit ihren ursprünglichen Werten sichtbar.

Beispiel

```
#include <stdio.h>

int a,b,c;

a_hoch_b_nach_c()
{
  int i;

  c=1;
  for (i=1; i<=b; i++) c*=a;
}

main()
{
  a=2;
  b=10;
  a_hoch_b_nach_c();
  printf("%d\n",c);
}
```

Hier wird eine Funktion *a_hoch_b_nach_c* definiert, deren Aufgabe darin besteht, die globale Variable *a* mit der globalen Variable *b* zu potenzieren und das Ergebnis in die globale Variable *c* zu schreiben. Die Funktion enthält eine lokale Variable *i*, die als Schleifenzähler für das Bestimmen des Ergebniswertes verwendet wird. Diese Variable ist (nach obiger Definition einer lokalen Variablen) nur innerhalb des sie umgebenden Blockes sichtbar, in diesem Fall also nur innerhalb der Funktion *a_hoch_b_nach_c*. Gäbe es zusätzlich eine globale Variable *i*, so wäre innerhalb der Funktion nur das lokale *i* sichtbar und zugreifbar, während das globale *i* verdeckt würde.

Vom Standpunkt des sauberen Software-Engineerings aus sollte man innerhalb von Funktionen möglichst nur lokale Variablen verwenden. Nur wenn es absolut unabdingbar ist, sollten globale Variablen verwendet werden. Werden nämlich für die Programmierung funktionsinterner Abläufe globale Variablen verwendet, so besteht immer die Gefahr, daß derartige Variablen unbeabsichtigt von anderen Funktionen, die man aufruft oder die an anderer Stelle aufgerufen werden, verändert werden. Insbesonders bei der Programmentwicklung im Team kann dies zu schwerwiegenden Fehlern führen.

Die Angewohnheit, globale *int*-Variablen *i, j* und *k* zu definieren, um diese häufig gebrauchten Variablen nicht in jeder Funktion neu definieren zu müssen, kann zu sehr unangenehmen Fehlern führen, wenn Funktionen anderer Programmierer aufgerufen werden müssen, die genauso vorgehen. Es ist daher unbedingt empfehlenswert, in einer Funktion für alle rein internen Zwecke lokale Variablen zu definieren.

Wir sehen an obigem Beispiel aber auch, daß die Kommunikation zwischen Hauptprogramm und Funktion über die globalen Variablen sehr holprig ist. Es besteht nicht nur die Gefahr unerwünschter Nebeneffekte, sondern zudem kann man bei der Verwendung der Funktion nicht erkennen, welche globalen Variablen denn nun eigentlich verwendet werden und in welcher Variable das Ergebnis steht. Beim Schreiben größerer Programme verringert ein solches Vorgehen in kürzester Zeit die Lesbarkeit des Programmes und treibt den Aufwand für kleine Änderungen ins Unermeßliche. In einigen Sprachen (z.B. ältere BASIC-Dialekte) ist die Kommunikation über globale Variablen tatsächlich die einzige Möglichkeit, mit einem Unterprogramm Variableninhalte auszutauschen, weshalb diese Sprachen bei vielen Programmierern verpönt sind. In neueren BASIC-Implementierungen sind diese Schwächen allerdings meistens von den Compiler-Herstellern durch eigene (i.a. PASCAL-ähnliche) nicht-standardisierte Konstruktionen behoben worden. Gerechterweise müßten die meisten BASIC's jüngeren Datums eher BASCAL heißen.

Wir werden in den nächsten Abschnitten sehen, daß C glücklicherweise sehr viel weitreichendere Möglichkeiten der Kommunikation der Funktionen eines Programmes untereinander bietet.

Funktionen mit Parametern

Um die oben erwähnten Nachteile der Kommunikation über globale Variablen zu vermeiden, kann man in C eine Funktion mit Parametern ausstatten. Darunter versteht man Werte, die beim Aufrufen der Funktion vom aufrufenden Programm an die Funktion übergeben werden. Innerhalb der Funktion können diese Werte dann wie ganz normale Variablen behandelt werden – der Unterschied besteht lediglich darin, daß sie bei jedem Aufruf der Funktion einen anderen Anfangswert haben können. Wir werden in diesem Abschnitt sehen, wie eine Funktion mit Parametern definiert und aufgerufen wird.

Wirkungsweise

Wenn eine Funktion mit Parametern aufgerufen werden soll, so muß dies bei ihrer Definition angegeben werden. Dazu wird die (bisher leere) Parameterliste im Funktionskopf mit Namen versehen, denen jeweils ein bestimmter Typ zugeordnet ist.

Beispiel

```
01 #include <stdio.h>
02
03 say(num)
04 int num;
05 {
06   printf("Die Zahl ist: %d\n",num);
07 }
08
09
10 main()
11 {
12   int i=5,j=10;
13
14   say(i);
15   say(j);
16   say(i+j);
17 }
```

In diesem Programm wird eine Funktion *say* definiert. Im Gegensatz zu den bisher kennengelernten Funktionen sind die Klammern hinter dem Funktionsnamen jedoch nicht leer, sondern enthalten den Bezeichner *num*, der einen Funktionsparameter darstellt. Durch diese Definition haben wir nun eine Funktion mit genau einem Parameter festgelegt. Um den Parameter innerhalb der Funktion wie eine Variable verwenden zu können, muß er typisiert werden. Dies geschieht in der Zeile 04. Diese Zeile befindet sich genau zwischen dem Kopf und dem Rumpf der Funktion und dient dazu, alle in der Parameterliste vorkommenden Namen von Parametern noch einmal wie Variablen zu deklarieren. In unserem Beispiel wird also festgelegt, daß der Parameter *num* vom Typ *int* ist, so daß wir ihn wie eine initialisierte *int*-Variable verwenden können (also beispielsweise mit einer *printf*-Anweisung auf dem Bildschirm ausgeben).

Beachten Sie, daß es in C nicht erlaubt ist, einem Funktionsparameter denselben Namen wie einer lokalen Variable zu geben.

Nun bleibt nur noch das Problem zu klären, wie eine solchermaßen parametrisierte Funktion aufgerufen wird. Dazu muß lediglich beim Aufrufen der Funktion innerhalb der runden Klammern ein Ausdruck vom Typ *int* angegeben werden. Dagegen ist es nicht mehr erlaubt, die Funktion ohne Angabe eines Parameters oder mit einem anders typisierten Parameter aufzurufen. In Zeile 14 bis 16 wird die Funktion *say* dreimal mit unterschiedlichen Parametern aufgerufen; zunächst wird ihr die Variable *i* übergeben, d.h. innerhalb der Funktion enthält *num* nun den Wert, den auch *i* enthalten hat. Das gleiche passiert bei dem nachfolgenden Aufruf mit *j* als Parameter. In der Zeile 16 sehen wir aber, daß es ebenso erlaubt ist, einen komplizierten Ausdruck als Parameter zu übergeben. Vor dem Aufruf der Funktion wird dann zunächst der Wert des Audrucks berechnet, in einer temporären Variable gespeichert und an die die Funktion übergeben. Beim letzten Aufruf hat also innerhalb der Funktion der Parameter *num* den Wert *i+j*. Damit liefert das Programm folgende Ausgabe:

```
Die Zahl ist : 5
Die Zahl ist : 10
Die Zahl ist : 15
```

Formale und aktuelle Parameter

Wir wollen an dieser Stelle zwei Begriffe einführen, die in den folgenden Abschnitten immer wieder verwendet werden und deren Verwechslung zu einigen Verwirrungen führen könnte.

Die bei der Definition einer Funktion angegebenen Parameter bezeichnet man als *formale Parameter* dieser Funktion. Ihre Sichtbarkeit beschränkt sich (wie bei lokalen Variablen) auf den Funktionsrumpf. Der einzige formale Parameter der Funktion *say* aus dem vorigen Beispiel war *num*. Im Unterschied dazu bezeichnet man die Parameter, die beim Aufruf an eine Funktion übergeben werden, als *aktuelle Parameter* der Funktion. Im obigen Beispiel waren also nacheinander die Ausdrücke *i*, *j* und *i+j* aktuelle Parameter für die Funktion *say*.

Da die Sichtbarkeit der formalen Parameter auf den Funktionsrumpf beschränkt ist, besteht nicht der geringste namentliche Zusammenhang zwischen formalen und aktuellen Parametern. Es ist daher auch vollkommen egal, ob etwa ein aktueller Parameter den gleichen Namen hat wie ein Formaler oder ob sich beide Namen unterscheiden. Wichtig ist nur, zu wissen, daß innerhalb der Funktion der formale Parameter verwendet wird, und außerhalb der Funktion der aktuelle Parameter.

Der Übergabemechanismus bei einfachen Typen

Wir wollen in diesem Abschnitt die bisherigen – etwas informellen – Betrachtungen zur Parameterübergabe vertiefen. Der Parameterübergabemechanismus in C-Programmen funktioniert immer nach dem Prinzip CALL BY VALUE. Dies bedeutet, daß beim Aufrufen einer Funktion zunächst die aktuellen Parameter in lokale Variablen der

Funktion kopiert werden. Diese lokalen Variablen sind dann innerhalb der Funktion über die Namen der formalen Parameter zugreifbar.

Beim Aufrufen einer Funktion werden also zunächst alle formalen Parameter wie lokale Variablen angelegt und danach mit den Werten der aktuellen Parameter initialisiert. Erst dann wird die erste Anweisung innerhalb der Funktion ausgeführt. Da somit die aktuellen Parameter innerhalb der Funktion nur in Form von Kopien existieren, besteht eine vollkommene Trennung zwischen formalen und aktuellen Parametern. Wenn wir etwa innerhalb einer Funktion einem formalen Parameter einen Wert zuweisen, so wird dadurch nur für die Dauer der Funktionsausführung der Wert dieses Parameters geändert, auf den korrespondierenden aktuellen Parameter wirkt sich diese Änderung nicht im geringsten aus. Betrachten Sie folgendes Beispiel:

Beispiel

```
#include <stdio.h>

int num;

quark(num)
int num;
{
  num+=1;
  printf("%d\n",num);
}

main()
{
  num=5;
  printf("%d\n",num);
  quark(num);
  printf("%d\n",num);
}
```

Die Ausgabe des Programmes lautet:

```
5
6
5
```

In diesem Programm gibt es einige potentielle Namenskonflikte durch die mehrfache Verwendung des Bezeichners *num*. Zunächst wird *num* als globale Variable definiert und ist damit potentiell im kompletten Programm sichtbar. In der Definition der Funktion *quark* wird allerdings ein formaler Parameter mit demselben Namen definiert. Da formale Parameter sich bezüglich der Sichtbarkeit und Lebensdauer ebenso verhalten wie lokale Variablen, wird durch diese Definition die globale Variable *num* versteckt. In der Tat greift der Ausdruck *num+=1* innerhalb der Funktion nicht auf die globale Variable, sondern auf den formalen Parameter *num* zu. In der *main*-Funktion wird ansschließend der globalen Variable *num* der Wert 5 zugewiesen und auf dem Bildschirm ausgegeben. Dann wird die Funktion *quark* mit dem aktuellen Parameter *num* aufgerufen. Bei diesem *num* kann es sich nur um die globale Variable handeln, denn an dieser Stelle ist keine weitere Variable desselben Namens sichtbar. Also wird der Inhalt der globalen Variable *num* in eine lokale Variable der Funktion *quark* kopiert, die als formaler Parameter zugreifbar ist. Daß dieser formale Parameter denselben Namen hat, führt dazu, daß innerhalb der Funktion das globale *num* verdeckt ist und sich somit der Ausdruck *num+=1* nur lokal auswirkt. Nach dem Beenden der Funktion hat die globale Variable *num* daher immer noch den Wert 5.

Wir sehen an diesem Beispiel auch, daß die Parameterübergabe auf diese Art nur in einer Richtung funktioniert, nämlich von außen in die Funktion hinein. Will man hingegen Werte von der Funktion an den aufrufenden Programmteil zurückgeben, so muß man anders vorgehen; wir werden später darauf zurückkommen. Den aus vielen Sprachen bekannten Übergabemechanismus CALL BY REFERENCE zur Rückgabe von Parametern gibt es in C in dieser Form nicht, er kann allerdings explizit über Zeiger realisiert werden (siehe Kapitel 10). Dies ist ein Nachteil der Sprache C, der oft zu unnötig komplizierten Programmen führt. In der objektorientierten Nachfolgesprache C++ haben die Entwickler diesen Mangel erkannt und die Sprache mit dem CALL-BY-REFERENCE-Mechanismus ausgestattet.

Übergabe von Arrays

Der im vorherigen Abschnitt erläuterte Übergabemechanismus CALL-BY-VALUE wird in C nicht bei allen Variablentypen verwendet. Insbesonders bei der Übergabe eines Arrays an eine Funktion wird anders vorgegangen. Betrachten Sie folgendes Beispiel:

Beispiel

```
#include <stdio.h>
#define LEN 3
int A[LEN] = {12,5,7};

add1(B)
int B[];
{
  int i;

  for (i=0; i<LEN; i++) B[i]++;
}

main()
{
  printf("%d %d %d\n",A[0],A[1],A[2]);
  add1(A);
  printf("%d %d %d\n",A[0],A[1],A[2]);
}
```

Die Funktion *add1* wurde mit einem Parameter *B*, einem *int*-Array definiert. Innerhalb der Funktion werden alle Elemente des formalen Parameters *B* inkrementiert. Würde auch in diesem Beispiel die Parameterübergabe per CALL-BY-VALUE vorgenommen werden, so hätten diese Zuweisungen keinen Einfluß auf den aktuellen Parameter, mit dem diese Funktion aufgerufen wird, d.h. die Ausgabe des Programmes würde lauten:

```
12 5 7
12 5 7
```

Wir hätten uns dieses Beispiel natürlich nicht angesehen, wenn es sich bei Arrays nicht etwas anders verhalten würde. Hier gilt nicht die Übergabeart CALL-BY-VALUE, sondern tatsächlich CALL-BY-REFERENCE. Alle Änderungen, die innerhalb der Funktion an dem formalen Parameter *B* vorgenommen werden, wirken sich also auch auf den aktuellen Parameter aus. Die Ausgabe des Programmes ist damit:

```
12 5 7
13 6 8
```

Der Grund für dieses abweichende Verhalten von Arrays liegt darin, daß der Name eines Arrays gleichbedeutend mit einem Zeiger auf sein erstes Element ist. Beim Aufruf der Funktion *add1(A)* wird nicht das komplette Array *A* in den formalen Parameter *B* kopiert, sondern lediglich ein Zeiger auf das erste Element. Obwohl der Zeiger selbst mit CALL-BY-VALUE übergeben wurde, zeigt seine Kopie natürlich auf das Originalarray, so daß innerhalb der Funktion nicht mit einer Kopie des kompletten Arrays, sondern lediglich mit einer Kopie des Zeigers auf das erste Element gearbeitet wird. Dies ist gleichbedeutend mit dem Arbeiten auf dem Original-Array.

Sie brauchen sich an dieser Stelle keine Sorgen über weitere Ausnahmen von der CALL-BY-VALUE-Regel machen, das Array ist – neben der expliziten Übergabe von Zeigern, die wir später kennenlernen – tatsächlich der einzige Datentyp, der mit diesem abweichenden Mechanismus übergeben wird.

Diese abweichende Behandlung von Arrays bei der Parameterübergabe gibt es in erstaunlich vielen Programmiersprachen. Meist stehen dafür praktische Gründe im Vordergrund. Da bei der Übergabe mit dem Verfahren CALL-BY-VALUE zur Laufzeit des Programmes eine Kopie der kompletten Datenstruktur angelegt werden muß, kann dies bei einem großen Array sehr viel Hauptspeicher und Ausführungszeit kosten. Da bei der Übergabe mit CALL-BY-REFERENCE jedoch lediglich ein Zeiger kopiert werden muß (vom Aufwand vergleichbar mit einem *int*), werden wesentlich weniger Ressourcen des Rechners in Anspruch genommen.

Rückgabeparameter

Nach dem bisher Gelernten gibt es keine Möglichkeit, Werte von einer Funktion an den Aufrufer zurückzugeben, außer wenn es sich um einen Array-Parameter handelt. Wäre dies wirklich der Fall, so könnte man mit Funktionen in C nicht sehr viel anfangen. Tatsächlich ist es aber so, daß prinzipiell jede Funktion in C genau einen Wert zurückgibt, dessen Typ bei der Definition der Funktion festgelegt wird. Wir werden uns in diesem Abschnitt mit der Definition und dem Aufruf von Funktionen mit Rückgabewerten beschäftigen.

Der Standard-Rückgabetyp int

In den bisherigen Beispielen haben wir unsere Funktionen gemäß folgender Syntax definiert:

```
Funktionsname "(" [Parameternamen] ")"
[Parameterdefinition]
Block
```

Dabei haben wir unter anderem den optionalen Bestandteil *[Typ]* der Syntaxdefinition vom Beginn dieses Kapitels außer acht gelassen. Dieser syntaktische Bestandteil einer Funktionsdefinition legt aber den Typ des Rückgabewerts einer Funktion fest; d.h. für *Typ* darf einer der Standardtypen (*int*, *float*, ...) oder ein selbstdefinerter Typname (siehe nächstes Kapitel) eingesetzt werden. Wird er ausgelassen, so bedeutet dies implizit, daß der Rückgabewert vom Typ *int* sein soll. Alle bisher von uns definierten Funktionen hatten also einen *int*-Rückgabewert.

Um die Bedeutung des Rückgabewertes einer Funktion zu verstehen, sollten wir uns kurz an das Kapitel 2 (Ausdrücke) erinnern. Dort wurde vom Rückgabewert eines Ausdrucks gesprochen, der in einem weiteren Ausdruck weiterverwendet werden konnte. Genauso ist es bei Funktionen, durch den Rückgabewert wird eine Funktion zu einem Ausdruck! Da jede Funktion (mit Ausnahme von *void*-Funktionen, die wir weiter unten kennenlernen) einen Rückgabewert liefert, ist der Aufruf einer Funktion syntaktisch ein Ausdruck. Damit kann eine Funktion also genauso verwendet werden, wie ein einfacher Ausdruck desselben Typs. Aus diesem Grund mußten wir auch an das Ende eines Funktionsaufrufs ein Semikolon setzen, denn syntaktisch handelte es sich stets um eine Ausdrucksanweisung (siehe Kapitel 3). In dem einfachen Beispiel

Beispiel

```
#include <stdio.h>
hello()
{
  printf("hello, world\n");
}
main()
{
  hello();
}
```

wird eine Funktion *hello* definiert, deren Aufgabe es ist, die altbekannte Zeichenkette »hello, world« auf dem Bildschirm auszugeben. Wie wir eben gelernt haben, ist *hello* aber eine Funktion mit einem *int*-Rückgabewert. Da uns der Rückgabewert in diesem Fall nicht interessiert, können wir die Funktion (genau wie jeden anderen Ausdruck) in einer Ausdrucksanweisung aufrufen und dadurch ihren Rückgabewert ignorieren.

Die return-Anweisung

Wenn wir den Rückgabewert einer Funktion verwenden wollen, müssen wir noch einen Schritt weitergehen, denn bisher haben Sie zwar gelernt, wie der Typ des Rückgabewertes festgelegt wird, nicht aber wie man tatsächlich einen bestimmten Wert zurückgibt. Zu diesem Zweck gibt es die *return*-Anweisung, welche innerhalb einer Funktion in der Form

```
return Ausdruck ;
```

aufgerufen werden kann. Der dort angegebene Ausdruck muß typmäßig mit der Funktionsdefinition kompatibel sein (numerische Standard-Konvertierungen werden automatisch vorgenommen).

Tritt innerhalb einer Funktion eine *return*-Anweisung auf, so wird die Funktion sofort beendet, der Ausdruck *Ausdruck* ausgewertet und dieser Wert an den aufrufenden Programmteil zurückgegeben.

Beispiel

```
#include <stdio.h>

quadrat(n)
int n;
{
  return n*n;
}

main()
{
  int i,j;

  printf("Liste der Quadratzahlen\n");
  printf("======================\n\n");
  printf("  n    n*n\n");
  printf("---------\n");
  for (i=0; i<=16; i++) {
    j=quadrat(i);
    printf("%3d %5d\n",i,j);
  }
}
```

In der dritten Zeile wird die Funktion *quadrat* definiert. Durch Auslassen der Typ-Angabe wird vereinbart, daß es sich um eine Funktion mit einem *int*-Rückgabewert handelt. Am Funktionsrumpf können wir erkennen, daß die einzige Aufgabe von *quadrat* darin besteht, den mit sich selbst multiplizierten Wert des Parameters *n* zurückzugeben. Die Funktion liefert uns also bei jedem Aufruf das Quadrat des übergebenen Wertes. Im Hauptprogramm wird die Funktion dazu verwendet, eine Tabelle der Quadratzahlen auf dem Bildschirm auszugeben. Dazu wird in jedem Durchlauf der *for*-Schleife das Quadrat des Schleifenzählers ermittelt und nach der Zuweisung an die Variable *j* auf dem Bildschirm ausgegegeben.

Da ein Aufruf von *quadrat* ein Ausdruck vom Typ *int* ist, könnten wir die *for*-Schleife auch folgendermaßen verkürzen:

```
for (i=0; i<=16; i++)
  printf("%3d %5d\n",i,quadrat(i));
```

und auf die Definiton der Variablen *j* verzichten.

An den bisherigen Beispielen dieses Kapitels konnten wir erkennen, daß die *return*-Anweisung optional ist und daher auch ausgelassen werden kann. In diesem Fall wird die Funktion dadurch beendet, daß der Programmablauf die letzte Anweisung in der Funktionsdefinition erreicht. Wird eine Funktion ohne expliziten Aufruf der *return*-Funktion beendet, so ist ihr Rückgabewert ebenfalls undefiniert und jeder Versuch, den Rückgabewert weiterzuverwenden, wird undefinierte Resultate liefern.

Beachten Sie, daß der C-Compiler im allgemeinen nicht überprüfen kann, ob eine Funktion in jedem Fall mit einer *return*-Anweisung beendet wird und das Fehlen einer solchen daher nicht bemängelt. Es kann z.B. sein, daß eine *return*-Anweisung in einer *if*-Anweisung versteckt ist und daher nur in bestimmen Fällen – die erst zur Laufzeit bekannt sind – aufgerufen wird. Einige Compiler (z.B. Turbo-C) sind aber auf Wunsch in der Lage, eine Warnung auszugeben, wenn innerhalb der Funktionsdefinition überhaupt keine *return*-Anweisung auftaucht.

void-Funktionen

In der Praxis tauchen recht häufig Funktionen auf, bei denen nicht der Rückgabewert, sondern nur die Nebeneffekte interessieren. Für diesen Fall können wir eine Funktion durch Angabe des Rückgabetyps *void* explizit so deklarieren, daß sie keinen Wert zurückgibt. Jeder nachfolgende Aufruf dieser Funktion, der den Rückgabewert weiterverwendet, verursacht dann einen Compilerfehler. In vielen anderen Programmiersprachen werden Funktionen ohne Rückgabewert als *Prozeduren* bezeichnet und explizit deklariert. Dies ist in C nicht möglich, die einzige Form von Unterprogrammen sind Funktionen.

Angenommen, wir haben im Programm die Funktion *hello* folgendermaßen definiert:

```
void hello()
{
  printf("hello, world\n");
}
```

Jetzt dürfen wir *hello* nur noch in einer Ausdrucksanweisung in der Form

```
hello();
```

aufrufen. Es ist dagegen nicht mehr erlaubt, die Funktion *hello* unter Weiterverwendung ihres Rückgabewertes aufzurufen. Die folgenden Aufrufe führen daher zu einem Compilerfehler:

```
int i;

i=hello();
if (hello()) printf("***\n");
...
usw...
...
```

Für PASCAL-Kenner ist die Bedeutung von *void*-Funktionen sehr leicht zu verstehen, denn sie entsprechen genau den (per *procedure* definierten) *eigentlichen Prozeduren* in PASCAL, während die bisher kennengelernten Funktionen das Gegenstück zu den (per *function* definierten) *Funktionsprozeduren* waren.

Obwohl *void*-Funktionen keinen Wert zurückgeben, können sie eine *return*-Anweisung enthalten, in diesem Fall jedoch ohne Angabe eines Ausdrucks. Tritt innerhalb der Funktion an irgendeiner Stelle eine *return*-Anweisung auf, so wird die Funktion an dieser Stelle beendet und zum aufrufenden Programmteil zurückgesprungen.

Beispiel

```
#include <stdio.h>

void fehler(klasse,typ)
int klasse,typ;
{
  if (klasse==0) {
    printf("Warnung : %d\n",typ);
    return;
  }
  printf("**********************\n");
  printf("**  Schwerer Fehler  **\n");
  printf("**                   **\n");
  printf("**  Fehlertyp %5d **\n",typ);
  printf("**                   **\n");
  printf("**  Programmabbruch  **\n");
```

```
  printf("**********************\n");
  exit(1);
}

main()
{
  fehler(0,5);
  fehler(0,801);
  fehler(1,30066);
}
```

Hier enthält die Funktion *fehler* zwei unterschiedliche Rücksprungstellen. Im Falle eines nicht so schwerwiegenden Fehlers (*typ*==0) wird die Funktion nach der Ausgabe einer Warnmeldung durch die *return*-Anweisung beendet, während im Falle eines schweren Fehlers (*typ*!=0) die Funktion implizit durch das Ende der Anweisungen beendet wird (In diesem Beispiel kommt es natürlich nie dazu, da schon durch den Aufruf von *exit* das Programm vorzeitig beendet wird, siehe Kapitel 11).

Andere Rückgabe-Typen

Neben der Verwendung von *int*- und *void*-Rückgabetypen dürfen Funktionen auch alle anderen Standardtypen zurückgeben. Dazu ist in der Typ-Angabe der Funktionsdefinition der gewünschte Rückgabetyp anzugeben. In den Übungen zu Kapitel 2 haben wir beispielsweise in der Aufgabe 5 eine Methode zur Berechnung der Quadratwurzel von positiven Fließkommazahlen entwickelt und diese in Aufgabe 8 sehr umständlich wiederverwendet. Wesentlich eleganter ist es, die Quadratwurzelmethode in eine eigene Funktion zu verpacken, die dann nur noch mit dem gewünschten Parameter aufgerufen werden braucht:

```
#include <stdio.h>

double sqrt(x)
double x;
{
  double s=0.0,prec=0.001;

  while (s*s<x) s+=prec;
  return s;
}

main()
{
  double x;

  printf("Geben Sie eine Fließkommazahl ein : ");
```

```
  scanf("%le",&x);
  printf("Bitte einen Moment Geduld ...\n");
  printf("Die Quadratwurzel ist %.3lf\n",sqrt(x));
}
```

Diese Vorgehensweise hat einige Vorteile:

1. Nach dem Programmieren der Quadratwurzelroutine braucht man sich nicht mehr um deren Details zu sorgen, sondern muß lediglich die Details (Syntax und Semantik) des Aufrufs kennen.

2. Das Programm wird besser strukturiert, denn komplizierte Teilprogramme können in eine separate Funktion verpackt und getrennt entwickelt werden.

3. Die Quadratwurzelfunktion ist auf einfachste Weise wiederverwendbar.

4. Details der Quadratwurzelroutine können verändert werden (z.B. zur Steigerung der Geschwindigkeit), ohne daß dies unerwünschte Auswirkungen auf die übrigen Programmteile hätte.

Man sollte also immer dann zur Lösung eines Problems eine separate Funktion entwerfen, wenn diese an mehreren Stellen im Programm verwendet werden soll oder wenn sie durch Verstecken von Implementierungsdetails dazu beiträgt, die Lesbarkeit des Programmes zu verbessern. Mit Hilfe der in diesem Abschnitt vorgestellten Möglichkeiten der Übergabe und Rückgabe von Parametern können wir für alle erdenklichen Anwendungsfälle Funktionen entwerfen und damit die oben beschriebenen Vorteile erzielen.

Beachten Sie, daß es bei der Angabe des Rückgabeausdrucks innerhalb der *return*-Anweisung erlaubt ist, sämtliche impliziten Typkonvertierungen (siehe Kapitel 2), die bei der Umwandlung unterschiedlich typisierter numerischer Ausdrücke vorgenommen werden, auszunutzen. So ist es beispielsweise zulässig, in der obigen Quadratwurzelroutine mit der *return*-Anweisung einen *int*-Wert zurückzugeben (z.B. um immer ein ganzzahliges Ergebnis zu liefern), welcher dann implizit vom Compiler in einen *double*-Wert umgewandelt wird, damit er der Funktionsdefinition entspricht.

Aspekte bei der Programmentwicklung

Eine der größten Fehlerquellen bei der Entwicklung von C-Programmen liegt darin begründet, daß der Compiler keine Überprüfungen bezüglich Anzahl und Typisierung von Funktionsparametern vornimmt. So ist es bei einem Standard-C-Compiler beispielsweise erlaubt, an eine mit einem formalen *float*-Parameter definierte Funktion ein *int* als aktuellen Parameter zu übergeben. Die Ergebnisse eines solchen Aufrufes sind natürlich nicht vorhersehbar und machen die Programmausführung fehlerhaft oder führen zum Absturz des Programmes. Immerhin ist ein C-Compiler in der Lage, wenigstens die korrekte Verwendung des Rückgabewertes zu überprüfen. Dazu muß er vor dem Aufruf eine *Deklaration* oder die Definition der Funktion »gesehen« haben. Eine Funktionsdeklaration hat folgende Syntax:

```
[Speicherklasse] [Typ] Funktionsname "(" ")";
```

Eine Funktionsdeklaration dient dazu, dem Compiler den Rückgabewert bekannt zu machen und darf in einem C-Programm an beliebiger Stelle innerhalb eines Definitionsteiles stehen; d.h. an den Stellen, an denen auch globale oder lokale Variablen definiert werden dürfen. Es ist immer dann erforderlich, eine Funktion vor ihrem Aufruf zu deklarieren, wenn folgende Bedingungen gleichzeitig zutreffen:

1. Der Rückgabewert ist nicht vom Typ *int* und

2. Die Funktion wurde nicht innerhalb derselben Datei textuell vor dem Aufruf definiert.

Um diese Bedingungen zu verstehen, muß man sich die Arbeitsweise des Compilers klarmachen. Da ein Funktionsaufruf für den Compiler ein Ausdruck ist, muß er den Typ des Rückgabewertes der Funktion kennen, um diesen Ausdruck richtig zu übersetzen. Wurde die aufgerufene Funktion innerhalb derselben Datei vor ihrer Verwendung definiert, so merkt sich der Compiler Namen und Rückgabetyp und kann den Funktionsaufruf richtig übersetzen. Falls die Funktion jedoch nicht in derselben Datei oder erst *nach* dem Aufruf definiert wurde, so kennt der Compiler den Typ des Rückgabewertes natürlich noch nicht und geht deshalb von *int* aus. Falls die Funktion jedoch keinen *int*, sondern einen anderen Typ zurückgibt, wird es zu den oben geschilderten Fehlern kommen. Um dieses Problem zu lösen, gibt es die Möglichkeit, eine Funktion vor ihrer Verwendung zu *deklarieren*. Damit wird dem Compiler gesagt, welchen Rückgabetyp die Funktion liefert.

Wir wollen als Beispiel das bekannte Quadratwurzelprogramm betrachten, bei dem nun die Reihenfolge der Definition der Funktionen *main* und *sqrt* vertauscht wurde.

Beispiel

```
#include <stdio.h>

main()
{
  double x;

  printf("Geben Sie eine Fließkommazahl ein : ");
  scanf("%le",&x);
  printf("Bitte einen Moment Geduld ...\n");
  printf("Die Quadratwurzel ist %.3lf\n",sqrt(x));
}
```

```
double sqrt(x)
double x;
{
  double s=0.0,prec=0.001;

  while (s*s<x) s+=prec;
  return s;
}
```

Obwohl der Compiler dieses Programm akzeptiert, wird doch die Anweisung *printf("Die Quadratwurzel...* falsch übersetzt. Da zum Zeitpunkt des Aufrufes die Funktion *sqrt* noch unbekannt ist, betrachtet sie der Compiler als Funktion mit einem *int*-Rückgabewert und verursacht dadurch das Fehlverhalten des Programmes. Um dieses Problem zu umgehen, kann die Funktion vor ihrem Aufruf mit *double sqrt();* deklariert werden:

```
main()
{
  double x;
  double sqrt();

  printf("Geben Sie eine Fließkommazahl ein : ");
  scanf("%le",&x);
  printf("Bitte einen Moment Geduld ...\n");
  printf("Die Quadratwurzel ist %.3lf\n",sqrt(x));
}
```

Genauso gut hätte die Deklaration auch vor der Funktion *main* erfolgen können, wichtig ist lediglich, daß die Deklaration im Quelltext textuell vor dem ersten Aufruf steht.

An dieser Stelle wird auch die Bedeutung der Standard-Header-Dateien eines C-Systems klarer; darin befinden sich nämlich (neben Makros und Konstanten) die Deklarationen der Library-Funktionen. Durch das Einbinden dieser Header-Dateien werden also automatisch die betreffenden Library-Funktionen deklariert. So befinden sich beispielsweise in der Datei *stdio.h* Deklarationen aller Ein-/Ausgabefunktionen, in der Datei *math.h* Deklarationen der mathematischen Funktionen.

Durch das Vergessen von Funktionsdeklarationen können äußerst schwierig zu findende Fehler entstehen. Wo immer möglich, sollten daher Standard-Header-Dateien eingebunden bzw. eigene Funktionen vor der Verwendung explizit deklariert werden.

In Weiterentwicklungen von Standard-C (z.B. ANSI-C oder C++) gibt es optional weitere Möglichkeiten der Überprüfung von Funktionsargumenten und Rückgabewerten:

1. Der Compiler verlangt für jeden Funktionsaufruf eine vorhergehende Funktionsdeklaration, andernfalls wird eine Fehlermeldung ausgegeben. Dadurch kann eine Deklaration nicht mehr vergessen werden.

2. Funktionsdeklarationen können typisierte Parameterangaben enthalten, so daß auch die Übereinstimmung zwischen aktuellen und formalen Parametern überprüft werden kann. Derartige Deklarationen werden als Funktions-Prototypen bezeichnet.

Beispiel

```
float sqrt(float x);
```

Es ist auf jeden Fall empfehlenswert, diese erweiterten Fähigkeiten zu nutzen, wenn ein Compiler sie beherrscht. Eine Menge Fehler können dann gleich beim Übersetzen erkannt werden und wiegen denn Nachteil der schlechteren Portierbarkeit leicht auf.

Getrenntes Kompilieren

Bisher haben wir lediglich Programme geschrieben, deren Quelltext komplett in einer Datei stand. Diese Vorgehensweise ist ideal für kleinere Programme, führt aber bei größeren Programmen zu einigen Problemen:

1. Das Editieren und Kompilieren einer Quelle dauert wesentlich länger und vergrößert so die Turn-Around-Zeiten.

2. Große Quelldateien sind unübersichtlicher und damit schwieriger zu verstehen und zu pflegen.

3. Das Arbeiten im Team ist unmöglich, wenn mehrere Programmierer mit nur einer einzigen Datei arbeiten sollen, denn es gibt – auch auf Multiuser-Anlagen – kaum mehrbenutzerfähige Editoren.

Diese Gründe haben die Entwickler der Sprache C dazu veranlaßt, das Erstellen von Programmen, die aus mehr als einer Quelldatei bestehen, zu ermöglichen. Der Schlüssel dazu ist die Möglichkeit, den Quellcode eines ausführbaren Programmes auf mehrere Dateien zu verteilen, separat zu kompilieren und später zu einem ablauffähigen Programm zusammenzubinden (linken). Um nicht zu weit von dem eigentlichen Anliegen dieses Buches abzuschweifen, werden wir uns in den folgenden Abschnitten im wesentlichen die »rein mechanische« Vorgehensweise beim Erstellen separat kompilierter Programmdateien ansehen, während die softwaretechnischen Aspekte jeweils nur kurz angesprochen werden sollen, um die Techniken zu begründen. Wir wollen in diesem Buch davon ausgehen, daß die Einsicht, Programmquellen auf mehrere Dateien zu verteilen, automatisch mit dem Erstellen größerer Programme wächst und sich dann von ganz alleine zweckmäßige Formen der Modularisierung entwickeln.

Da es sich im allgemeinen Sprachgebrauch so eingebürgert hat, werden wir in den folgenden Abschnitten mitunter den Begriff *Modul* verwenden, wenn eine getrennt kompilierbare Datei mit C-Quellen gemeint ist.

Kompilieren und Linken

Üblicherweise werden Gruppen von logisch zusammengehörenden Funktionen in eine Quelldatei geschrieben und getrennt übersetzt. Durch Angabe des Schalters *-c* wird der Compiler veranlasst, die betreffende Datei zwar zu übersetzen, nicht aber den abschließenden Linklauf durchzuführen. Angenommen, ein größeres Programm sei auf die Quelldateien *A.c*, *B.c* und *C.c* verteilt, dann können wir diese Quellen separat durch die drei Kommandos

```
cc -c A.c
cc -c B.c
cc -c C.c
```

übersetzen. Der Compiler erstellt daraus die drei Objektdateien *A.o*, *B.o* und *C.o* (unter MSDOS: *.obj* statt *.o*). Diese können dann durch einen Linklauf zu einem ausführbaren Programm zusammengebunden werden:

```
cc A.o B.o C.o
```

Obwohl dieser Aufruf genauso aussieht wie die bisherigen Compileraufrufe, erkennt das Compilerkontrollprogramm *cc* an den Erweiterungen *.o*, daß die angegebenen Dateien nicht mehr kompiliert, sondern nur noch gelinkt werden brauchen und erstellt daraus das lauffähige Programm *a.out*. Durch Verwendung der Option *-o* können wir dem fertigen Programm natürlich auch einen anderen Namen geben.

Falls sich nun in einer der Dateien eine Änderung ergibt, so braucht lediglich diese eine Datei editiert, neu übersetzt und das Ergebnis mit den anderen *.o*-Dateien zusammengelinkt werden. Bei einer Änderung in *A.c* beispielsweise ist zunächst mit

```
cc -c A.c
```

die Quelldatei neu zu übersetzen und anschließend mit dem Linkbefehl

```
cc A.o B.o C.o
```

das lauffähige Programm zu erzeugen. Wir ersparen uns also das (möglicherweise zeitaufwendige) Übersetzen der Quelldateien *B.c* und *C.c*.

Damit der Linklauf gelingt, muß in genau einer der beteiligten Quelldateien die Definition einer *main*-Funktion enthalten sein. Ist dies hingegen nicht der Fall, so meldet dies der Linker mit einem Fehler der Art »unresolved external: main«. Gibt es mehr als eine *main*-Funktion, so wird sich der Linker ebenfalls beschweren, und zwar mit einer Meldung »duplicate symbol: main«. In beiden Fällen wird kein ausführbares Programm erzeugt.

Nun stellt sich die Frage, welche Art von Programmobjekten in welche Quelldatei geschrieben werden sollen. Sie können sowohl Datenobjekte als auch Funktionen separat kompilieren, es ist jedoch niemals erlaubt, einen Teil einer Funktion oder einer Variable in einer separat kompilierbaren Datei unterzubringen. Ansonsten gibt es keine Restriktionen, etwa bezüglich der maximal erlaubten Anzahl von Funktionen in einer Datei. Allerdings gibt es eine Reihe von Dingen zu beachten, wenn man getrenntes Kompilieren wirklich gewinnbringend einsetzen will.

Speicherklassen

Wir haben bisher bezüglich Lebensdauer und Sichtbarkeit von Variablen lediglich ganz grob zwischen globalen und lokalen Definitionen unterschieden, je nachdem, ob sie innerhalb oder außerhalb einer Funktion vorgenommen wurden. Die beiden Begriffe haben für Variablen jedoch noch weitere Aspekte und sind in C ebenfalls für Funktionen von Bedeutung.

Die Lebensdauer von Funktionen erstreckt sich immer auf das komplette Programm, d.h. alle Funktionen existieren vom Start des Programmes bis zu seinem Ende. Bezüglich der Sichtbarkeit einer Funktion gibt es zwei Möglichkeiten: eine Funktion kann einerseits global, d.h. im kompletten Programm, sichtbar sein, anderseits ist es aber auch möglich, ihre Sichtbarkeit auf die Quelldatei zu beschränken, in der sie definiert wurde. Die Unterscheidung wird anhand des Schlüsselwortes *static* getroffen, das optional einer Funktionsdefinition vorangestellt werden kann. Es gilt die Regel, daß eine *static*-Funktion nur innerhalb derselben Quelldatei sichtbar ist, während eine Funktion ohne das *static*-Schlüsselwort im gesamten Programm, also global, sichtbar ist. So wird beispielsweise durch die Definition

```
static double sqrt(x)
double x;
{
  /* ... */
}
```

eine Funktion *sqrt* definiert, die nur innerhalb derselben Quelldatei verwendet werden kann. Es ist also nicht möglich, diese *sqrt*-Funktion aus einer anderen Quelldatei heraus aufzurufen. Falls wir es dennoch versuchen, wird der Linker mit einer entsprechenden Fehlermeldung abbrechen.

Schlüsselworte, wie beispielsweise *static*, bezeichnen in C *Speicherklassen*. Diese dienen dazu, Lebensdauer und Sichtbarkeit von Funktionen und Variablen zu regeln. Während auf Funktionen im wesentlichen nur die Speicherklasse *static* angewendet werden kann, gibt es für Variablendefinitionen eine Vielzahl von weiteren Speicherklassen, die wir uns im folgenden näher ansehen wollen.

auto

Variablen dieser Speicherklasse dürfen nur innerhalb von Funktionen definiert werden. Diese Variablen verhalten sich bezüglich Lebensdauer und Sichtbarkeit wie lokale Variablen; d.h. sie sind nur innerhalb der Funktion sichtbar und leben vom Aufruf der Funktion bis zu ihrem Ende. Der Name dieser Speicherklasse kommt daher, daß sie automatisch angelegt und vernichtet werden, ohne daß man sich als Programmierer darum kümmern muß. Die Speicherklasse *auto* ist die Voreinstellung für innerhalb einer Funktion definierte Variablen und wird daher gewöhnlich nicht extra angegeben. Die folgenden Funktionsdefinitionen sind daher vollkommen äquivalent:

```
int verdopple(i)
int i;
{
  int j;

  j=i+i;
  return j;
}

int verdopple(i)
int i;
{
  auto int j;

  j=i+i;
  return j;
}
```

register

Diese Speicherklasse verhält sich in Bezug auf Lebensdauer und Sichtbarkeit genauso wie *auto*, weist jedoch den Compiler an, die Variable so lange wie möglich in einem Prozessorregister zu halten. Dadurch soll der Zugriff auf diese Variable beschleunigt werden. Registervariablen werden bevorzugt eingesetzt, wenn in der Funktion auf diese Variable sehr häufig zugegriffen werden soll, z.B. wenn sie als Zähler in der innersten einer Reihe von geschachtelten Schleifen verwendet wird. Beachten Sie jedoch, daß es sich hierbei lediglich um eine Empfehlung an der Compiler handelt. Ob und welche Variablen er in den schnellen Prozessorregistern hält, entscheidet letztendlich er alleine.

Die Speicherklasse *register* ist etwas altmodisch, denn sie stammt aus einer Zeit, als die Compiler gute Code-Optimierungen noch nicht selbstständig durchführen konnten. Bei modernen Compilern ist diese Speicherklasse daher meist überflüssig, da der Compiler auch ohne die Angabe entscheiden kann, welche Variablen sinnvollerweise in Registern gehalten werden sollen und welche nicht.

static

Diese Speicherklasse hat nicht nur für Funktions-, sondern auch für Variablendefinitionen eine Bedeutung und macht dabei sowohl eine Aussage über die Lebensdauer als auch über die Sichtbarkeit der Variable. Eine *static*-Definition besagt, daß die Lebensdauer der Variable für das ganze Programm gelten soll, während ihre Sichtbarkeit auf den Kontext beschränkt bleibt, in dem sie definiert wurde. Wird also innerhalb einer Funktion eine *static*-Variable definiert, so ist sie nur innerhalb dieser Funktion sichtbar; da ihre Lebensdauer aber nicht auf den Zeitraum des Aufrufs ihrer Funktion beschränkt ist, überlebt sie das Ende der Funktion und behält bis zum nächsten Funktionsaufruf ihren Wert. Wird eine *static*-Variable hingegen außerhalb einer Funktion definiert, so ist sie ab der Definitionsstelle in dieser Datei sichtbar, andere (getrennt kompilierte Module) können jedoch nicht auf sie zugreifen. Man bezeichnet erstere auch als *interne* und letztere als *externe static*-Variablen.

Interne static-Variablen können immer dann vorteilhaft eingesetzt werden, wenn eine Funktion eine dauerhafte Variable braucht, deren Name aber nicht global sichtbar sein soll. Als Beispiel mag die Konstruktion einer Zählerfunktion dienen:

Beispiel

```
#include <stdio.h>

int count(adjust)
int adjust;
{
  static int cnt=0;

  if (adjust)
    cnt=adjust;
  else
    cnt--;
  if (cnt<0) cnt=0;
  return cnt;
}

main()

{
  int i;

  count(10);
  while (i=count(0)) printf("%d\n",i);
}
```

Die Funktion *count* soll bei jedem Aufruf, bei dem sie eine 0 übergeben bekommt, einen Zähler um 1 verringern und den Zählerstand zurückgeben; bei Übergabe eines Wertes ungleich 0 hingegen den Zähler auf den angegebenen Wert setzen. Als Zähler verwendet *count* die interne *static*-Variable *cnt*, die entgegen einer *auto*-Variable nach dem Ende der Funktion nicht gelöscht wird (und damit beim erneuten Aufruf ihren Wert verloren hätte), sondern ihren alten Wert beibehält. Natürlich hätte auch eine globale Variable als interner Zähler verwendet werden können, als (schwerwiegenden) Nachteil müßte man dann allerdings hinnehmen, daß deren Name im gesamten Programm bekannt ist und dadurch (insbesondere unbeabsichtigt) auf sie zugegriffen werden kann.

global

Diese Speicherklasse besitzt kein eigenes Schlüsselwort. Alle Variablen, die in einem Programm außerhalb einer Funktion ohne Angabe einer Speicherklasse definiert wurden, sind global. Globale Variablen leben während der gesamten Ausführungsdauer des Programmes und ihre Sichtbarkeit erstreckt sich im Prinzip auf alle Teile des Programmes. Soll jedoch aus einer separat übersetzten Datei auf eine globale Variable zugegriffen werden, so muß diese unter Angabe der Speicherklasse *extern* in der entsprechenden Datei erneut deklariert werden (sieheu.). Der Zugriff auf globale Variablen ohne eine vorhergehende *extern*-Deklaration führt zu einem Fehler beim Kompilieren der Datei.

extern

Diese Speicherklasse dient dazu, auf globale Variablen zuzugreifen, die in einer anderen Datei definiert wurden. Dazu muß die gewünschte Variable unter Voranstellen des *extern*-Bezeichners in derselben Form wie in ihrer Definition in der anderen Datei deklariert werden. Die *extern*-Speicherklasse reserviert also keinen Speicher für eine Variable, sondern teilt dem Compiler lediglich mit, daß eine bestimmte Variable nicht in dieser, sondern in einer anderen Datei definiert wurde. Zu einer globalen Variable darf es in anderen Dateien beliebig viele *extern*-Deklarationen geben, wichtig ist dabei vor allem, daß diese in Name und Typ haargenau mit der Definition der globalen Variable übereinstimmen. Neben dem Aufrufen separat kompilierter Funktionen sind die *extern*-Variablen die einzige Möglichkeit, getrennt kompilierte Module miteinander zu verbinden. Falls zu einer externen Variablendeklaration in keinem anderen Modul eine Definition der zugehörigen globalen Variable steht, gibt es einen Fehler beim Linken.

Beachten Sie, daß es nicht erlaubt ist, eine externe Variable mit einem konstanten Wert zu initialisieren, dies darf ausschließlich bei der Definition der zugehörigen globalen Variable erfolgen.

Angenommen, es existiert folgende Quelldatei A.c:

```
#include <stdio.h>

int global=10;

main()
{
  printf("%d\n",global);
```

```
  remote();
  printf("%d\n",global);
}
```

und eine Quelldatei B.c:

```
extern int global;

remote()
{
  global=20;
}
```

dann wird das aus diesen beiden Quelldateien bestehende Programm nach dem Übersetzen und Linken die Ausgabe

```
10
20
```

erzeugen. Durch die Initialisierung in *A.c* hat die globale Variable *global* zunächst den Wert 10, was durch die erste *printf*-Funktion bestätigt wird. Durch den anschließenden Aufruf von *remote* aus der Quelldatei *B.c* bekommt die dort als *extern* deklarierte Variable *global* aber den Wert 20 zugewiesen. Da es sich um ein und dieselbe Variable handelt, gibt die zweite *printf*-Funktion innerhalb von *main* dann folgerichtig den Wert 20 aus.

Deklarationen in Headerdateien

Bei der Entwicklung größerer Programme mit C wird man in aller Regel das zu lösende Problem in kleinere überschaubare Einzelprobleme unterteilen. Gemäß den Prinzipien des Top-Down-Entwurfs werden die meisten Einzelprobleme dann durch separat entwickelte Dienstleistungsmodule abgedeckt, die jeweils eine Reihe von Funktionen und Variablen enthalten, die von anderen, übergeordneten Programmteilen verwendet werden sollen. Um die exportierten Funktionen und Variablen zu verwenden, müssen die importierenden Module diese zuvor deklarieren. Besteht ein Programm aus einer großen Anzahl von Dienstleistungs- und Klientenmodulen, so ist die Gefahr eines Schreibfehlers und damit eines unentdeckten Programmfehlers sehr groß.

Aus Kapitel 4 kennen wir bereits das Konzept der Headerdateien, die mit der *#include*-Anweisung eingebunden werden. Dieses Konzept können wir auch im Zusammenhang mit Dienstleistungsmodulen sehr gewinnbringend einsetzen. Anstatt die benötigten Funktionen und globalen Variablen in jedem Klientenmodul erneut zu deklarieren, empfiehlt es sich, eine einzige Headerdatei anzulegen, die alle exportierten Deklarationen enthält. In den einzelnen Klientenmodulen braucht diese dann nur noch per *#include*-Anweisung eingebunden werden, und alle Definitionen sind vollständig und korrekt vorhanden.

Diese Vorgehensweise hat zudem den Vorteil, daß nur an einer einzigen Stelle eine Änderung vorzunehmen ist, wenn sich eine der Definitionen ändert.

Es hat sich in C eingebürgert, der Headerdatei eines Dienstleistungsmoduls denselben Namen wie der Quelldatei, allerdings mit der Erweiterung *.h*, zu geben.

Rekursion

Rekursion ist eines der interessantesten Gebiete in Zusammenhang mit Funktionen und Prozeduren in höheren Programmiersprachen. Bevor wir uns der programmiertechnischen Seite zuwenden, will ich zunächst versuchen, den Begriff Rekursion anhand eines Beispieles aus der Mathematik zu veranschaulichen.

Einführung

Rekursion kann recht treffend mit dem Wort *Selbstbezüglichkeit* übersetzt werden. Selbstbezüglichkeit taucht beispielsweise in der folgenden Vorschrift zur Konstruktion der Menge der natürlichen Zahlen auf:

a. 1 ist eine natürliche Zahl

b. wenn n eine natürliche Zahl ist, so ist auch n+1 eine natürliche Zahl

Um alle natürlichen Zahlen zu konstruieren, beginnen wir mit Regel a) und erhalten {1}. Dann wenden wir Regel 2 auf die so erhaltene Menge an und erhalten {1,2}, durch erneutes Anwenden von Regel 2 erhalten wir {1,2,3} usw..., so daß sich auf diese Weise alle natürlichen Zahlen konstruieren lassen. Die Selbstbezüglichkeit in diesem Verfahren steckt in der Regel b), welche immer und immer wieder auf das Teilergebnis angewendet wird und so die Menge aller natürlichen Zahlen konstruieren kann.

Während wir es hier mit der rekursiven Konstruktion einer unendlichen Menge zu tun haben, interessiert uns in Zusammenhang mit der Programmierung meist der umgekehrte Fall: ein gegebenes Problem soll durch eine rekursive Vorgehensweise nach und nach in kleinere Teilprobleme zerlegt werden, die zuletzt trivial lösbar sind und, in der richtigen Weise zusammengesetzt, die Lösung des Anfangsproblems ergeben. Analog zum vorigen Beispiel betrachten wird die Aufgabenstellung, herauszufinden, ob eine gegebene Zahl n eine natürliche Zahl ist oder nicht. Einen Lösungsansatz liefert uns:

a. 1 ist eine natürliche Zahl

b. n ist genau dann eine natürliche Zahl, wenn auch n-1 eine natürliche Zahl ist

Um herauszufinden, ob n eine natürliche Zahl ist, müssen wir also zunächst überprüfen, ob n gleich 1 ist. Wenn ja, so handelt es sich um eine natürliche Zahl, andernfalls überprüfen wir wegen b), ob n-1 eine natürliche Zahl ist. Die Regel b) wird also solange auf das von ihr ermittelte Ergebnis angewendet, bis der Trivialfall n=1 eintritt und die Antwort gefunden ist.

Sicherlich wird Ihnen aufgefallen sein, daß unser Verfahren nur dann eine Antwort (nämlich JA) liefert, wenn n tatsächlich eine natürliche Zahl ist, andernfalls wird Regel b) unendlich oft durchgeführt und wir bekommen niemals eine Antwort. Um Abhilfe zu schaffen, bietet es sich an, eine zusätzliche Regel a' einzuführen, die besagt:

a'. eine Zahl kleiner 1 ist keine natürliche Zahl

Um diese Regel erweitert, liefert unser rekursives Verfahren nun für alle ganzen, rationalen und reellen Zahlen die richtige Antwort.

Dieses theoretische Beispiel sollte einen ersten Eindruck rekursiver Lösungsansätze geben. Wir wollen uns nun der Praxis, also rekursiver Programmierung, zuwenden und beginnen mit dem allseits bekannten Problem der Berechnung der Fakultät n! einer gegebenen natürlichen Zahl n.

Programmieren rekursiver Lösungen

Die Fakultät n! einer natürlichen Zahl kann man mit Hilfe der Formel n!=1*2*...*n berechnen. Man könnte also durch n-1 Multiplikationen (in einem C-Programm etwa innerhalb einer *for*-Schleife) das Ergebnis berechnen. Eine derartige Vorgehensweise hat natürlich noch nichts mit Rekursion zu tun, diese kommt erst dann ins Spiel, wenn man zur Lösung die folgende Identität verwendet. Es gilt nämlich ebenso:

```
0! = 1       und
n! = n*(n-1)!  für n>0
```

Die zweite Gleichung besagt, daß für alle natürlichen Zahlen n, die größer als 0 sind, die Fakultät von n gleich dem Produkt aus n und der Fakultät von n-1 ist. Die erste Gleichung besagt, daß die Fakultät von 0 gleich 1 ist. Wir haben also das ursprüngliche Problem der Multiplikation vieler Zahlen auf eine einzige Multiplikation und die Lösung desselben Problems für einen kleineren Wert reduziert. In der Tat ist es möglich, ein C-Programm zu schreiben, welches nach diesem Lösungsansatz vorgeht:

```
#include <stdio.h>

long fak(n)
int n;
{
  if (n) return n*fak(n-1);
  return 1;
}

main()
{
  int i;
```

```
  printf("Bitte eine Zahl : ");
  scanf("%d",&i);
  printf("%ld\n",fak(i));
}
```

Die Berechnung der Fakultät einer vorgegebenen Zahl erledigt die Funktion *fak*. Sie ermittelt das Ergebnis jedoch nicht *iterativ* (durch eine explizite Schleifenkonstruktion), sondern rekursiv. Zunächst wird überprüft, ob der Parameter *n* ungleich 0 ist. Ist dies der Fall, so gibt die Funktion mit der *return*-Anweisung den Wert *n*fak(n-1)* zurück; d.h. das Produkt aus *n* und der Fakultät von *n-1*. Zur Auswertung des Ausdrucks *fak(n-1)* muß natürlich erneut die Funktion *fak* aufgerufen werden, jetzt allerdings mit dem um eins verringerten Wert *n-1*. Auch in diesem Fall wird zunächst überprüft, ob der übergebene Parameter (also *n-1*) ungleich 0 ist und wenn ja, *fak* erneut mit einem um eins verringerten Wert (also *n-2*) aufgerufen. Diese Kette von Funktionsaufrufen setzt sich solange fort, bis *fak(0)* aufgerufen wird. In diesem Fall erfolgt kein weiterer Funktionsaufruf, da die Bedingung *if(n)* nicht erfüllt ist, sondern lediglich die Rückgabe des Wertes 1. Dadurch kann die vorletzte Funktion beendet werden und gibt den Wert *1*fak(0)*, also 1*1 an ihren Aufrufer zurück. Dadurch wird natürlich auch der drittletzte Aufruf der *fak*-Funktion beendet und gibt den Wert *2*fak(1)*, also 2*1 zurück. Aus demselben Grund wird dann der viertletzte Funktionsaufruf beendet und gibt *3*fak(2)*, also 3*2 zurück. Dies geht solange, bis alle aufgerufenen Funktionen beendet sind und die erste aufgerufene Funktion *fak(n)* den Wert *n*fak(n-1)*, also *n!* an das Hauptprogramm zurückgibt.

Wenn Sie diesen Absatz verstanden haben, dann ist die größte Hürde zum Verständnis der Rekursion bereits genommen!

Der Schlüssel zur Implementierung rekursiver Lösungsansätze in C-Programmen liegt darin, daß Funktionen sich selbst aufrufen dürfen (so wie im vorigen Beispiel die Funktion *fak*). Wir haben schon erwähnt, daß beim Aufruf einer Funktion zunächst alle formalen Parameter und lokalen Variablen erzeugt werden und erst dann die Ausführung der Funktion beginnt. Dies gilt auch für rekursive Funktionen: bei jedem Aufruf wird ein neuer Satz Parameter und lokaler Variablen angelegt, der nur innerhalb dieser Instanz der Funktion sichtbar ist! Nach dem Ende des Funktionsaufrufes werden diese wieder vernichtet und zu der aufrufenden Funktion zurückgekehrt. Wenn eine rekursive Funktion sich selbst also 1000 mal aufruft, existieren nach dem letzten Aufruf auch 1000 Sätze von formalen Parametern und lokalen Variablen, die jeweils nur in der Instanz der Funktion sichtbar sind, die sie erzeugt hat.

Damit die Kette der Funktionsaufrufe nicht unendlich wird, muß jede rekursive Funktion auch einen nicht-rekursiven Teil haben, der beim Eintreten einer bestimmten Bedingung die Aufrufkette unterbricht. Im vorigen Beispiel war dies die Anweisung *return 1;*, die genau dann ausgeführt wird, wenn *n* beim Aufruf der Funktion gleich 0 war, und dafür sorgt, daß die Kette von Funktionsaufrufen beendet wird.

Obwohl vielleicht schon jetzt ein Eindruck von der Eleganz rekursiver Problemlösungen entstanden ist, wird deren volle Bedeutung erst in Zusammenhang mit rekursiven Datenstrukturen wie Bäumen oder Listen deutlich, die im Kapitel 9 dieses Buches in Zusammenhang mit Zeigern und dynamischen Datenstrukturen behandelt werden. Bevor wir dieses Kapitel abschließen, will ich noch ein letztes Beispiel einer rekursiven Problemlösung geben.

Angenommen, wir wollen eine Funktion entwerfen, welche eine Zeichenkette rückwärts auf dem Bildschirm ausgibt. Ein iterativer Lösungsansatz könnte darin bestehen, zunächst die Länge der Zeichenkette zu ermitteln und dann in einer Schleife durch Rückwärtszählen alle Einzelzeichen in verkehrter Reihenfolge auf dem Bildschirm auszugeben. Für dieses Problem gibt es jedoch auch eine rekursive Lösung:

Das Spiegelbild einer Zeichenkette s ist

a. leer, wenn s leer ist

b. das Spiegelbild der Zeichenkette s', gefolgt von dem ersten Zeichen von s. Dabei sei s' die um das ersten Zeichen verkürzte Zeichenkette s.

Da wir sowohl auf das erste Zeichen eines Strings einfach zugreifen, als auch leicht bestimmen können, ob ein String leer ist, läßt sich eine rekursiv programmierte Lösung wie folgt angeben:

```
#include <stdio.h>

void spiegeln(s,n)
char s[];
int n;

{
  if (s[n]) {
    spiegeln(s,n+1);
    putchar(s[n]);
  }
}

main()
{
  spiegeln("hallo",0);
  spiegeln("brave new world\n\n\n",0);
}
```

Die Funktion *spiegeln(s,n)* gibt das Spiegelbild der Zeichenkette *s*, beginnend bei dem *n*-ten Element aus. Versuchen Sie in diesem Fall selbst, sich die Funktionsweise von *spiegeln* klarzumachen, indem Sie alle rekursiven Aufrufe, die durch *spiegeln("1234",0)* verursacht werden, genau verfolgen.

Zusammenfassung

Rekursion ist ein wichtiges Hilfsmittel beim Lösen bestimmter Klassen von Problemen. In Programmiersprachen ist Rekursion durch Funktionen, die sich selbst aufrufen, implementiert. Nicht alle höheren Programmiersprachen erlauben es, daß Funktionen sich selbst aufrufen. Beispiele für solche Sprachen sind BASIC, FORTRAN oder COBOL. Andere Sprachen (z.B. die Datenbanksprache CLIPPER) erlauben zwar prinzipiell rekursive Funktionsaufrufe, sind aber bei der Ausführung so langsam, daß kein praktischer Nutzen daraus zu ziehen ist. Grundsätzlich gibt es zu jeder rekursiven Lösung auch eine iterative; welche der beiden im Einzelfall vorzuziehen ist, muß durch Abwägen von Laufzeit- und Speicherbetrachtungen auf der einen und softwaretechnischen Aspekten, wie Lesbarkeit des Programmes, auf der anderen Seite entschieden werden.

Die hier gegebenen Beispiele können nur als erster Einstieg in die Thematik angesehen werden und dienten hauptsächlich zur Demonstration der Eleganz rekursiver Lösungen. In der Praxis hätte jeder erfahrene C-Programmierer sowohl die Fakultät als auch das Spiegelbild aus Performance-Gründen iterativ programmiert. Es gibt jedoch in der Informatik eine Vielzahl praktischer Aufgabenstellungen, bei denen auch Experten Rekursion einsetzen. Wir werden in den Übungsaufgaben einige dieser Aufgabenstellungen ansatzweise aufgreifen.

Kapitel 6

Aufgaben

1.(A) Schreiben Sie ein Programm, welches die drei Fließkommaroutinen *abs*, *sign* und *neg* zur Verfügung stellt. Dabei soll mit *abs* der Absolutwert einer *double*-Zahl berechnet werden, *sign* soll einen der 3 *int*-Werte -1, 0 oder 1 zurückgeben, je nachdem ob die übergebene Zahl kleiner, gleich oder größer 0 ist und *neg* soll die übergebene Zahl negieren.

2.(A) Schreiben Sie eine Funktion, welche die Potenz a^b für zwei *int*-Zahlen ermittelt.

3.(B) Schreiben Sie eine Funktion *search* mit zwei String-Parametern *s* und *s1*, die das erste Auftreten eines beliebigen Zeichens aus *s1* in *s* sucht. Die Funktion soll angeben, an welcher Position in *s* die Übereinstimmung gefunden wurde. Bei erfolgloser Suche soll -1 zurückgegeben werden.

4.(B) Schreiben Sie eine rekursive Funktion *max*, welche das größte Element aus einem vorgegebenen *int*-Array liefert. Suchen Sie den rekursiven Ansatz darin, daß das größte Element entweder das erste Element oder das größte der verbleibenden Elemente ist.

5.(C) Schreiben Sie eine rekursive Lösung des »Türme-von-Hanoi«-Problems. Bei diesem Problem sind drei Stäbe auf einem Brett montiert, auf die Scheiben unterschiedlicher Größe gesteckt werden können. Zu Beginn befinden sich n Scheiben nach absteigender Größe sortiert auf Stab A. Die Aufgabe besteht nun darin, unter Beachtung der folgenden Regeln, alle n Scheiben Schritt für Schritt in der gleichen Ordnung auf Stab C zu plazieren (siehe Abbildung 6.1 »Türme von Hanoi«).

1. Ein Schritt besteht darin, daß die oberste Scheibe eines beliebigen Turmes auf einen anderen Stab gesteckt wird.
2. Niemals darf eine größere auf einer kleineren Scheibe liegen.
3. Stab B darf als Zwischenablage verwendet werden.

Interpretieren Sie zur Lösung der Aufgabe den aus n Scheiben bestehenden Turm rekursiv als Zusammensetzung einer ganz unten liegenden großen Scheibe mit einem darauf befindlichen Turm-von-

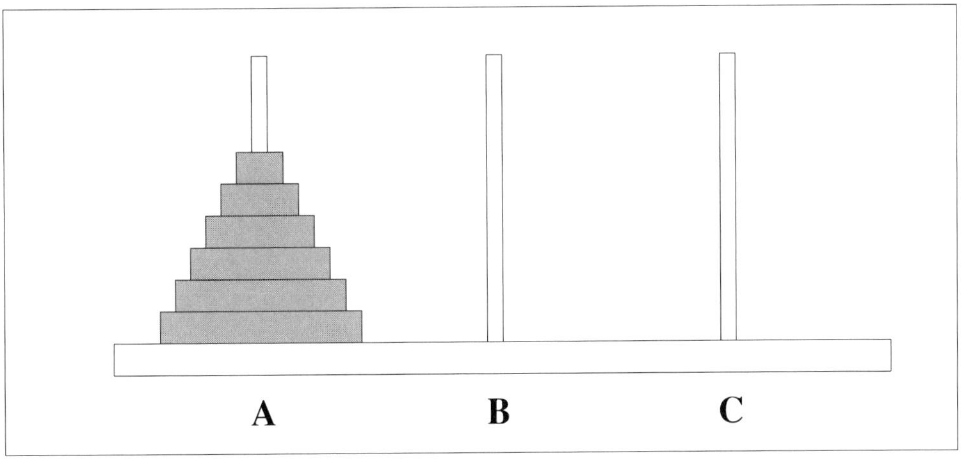

Abbildung 6.1 Türme von Hanoi

Hanoi aus n-1 Scheiben. Falls Sie nicht eine vollkommene Abneigung gegen rekursive Problemlösungen haben, sollten Sie sich unbedingt mit dieser Aufgabe beschäftigen. Die Lösung ist extrem verblüffend und elegant. »Türme-von-Hanoi« ist sicher eines der am meisten zitierten Beispiele bei der Einführung rekursiver Programmiertechniken.

6.(B) Schreiben Sie eine Funktion, welche ein vorgegebenes *int*-Array aufsteigend sortiert.

7.(B) Schreiben Sie eine Funktion, welche herausfindet, ob ein vorgegebenes *int*-Array aufsteigend, absteigend, alternierend oder auf gar keine dieser Arten geordnet ist.

8.(A) Schreiben Sie eine Funktion *pyth*, welche bei Eingabe der beiden Katheten die Hypothenuse eines rechtwinkligen Dreiecks berechnet. Verwenden Sie dazu den Satz des Pythagoras.

9.(A) Versuchen Sie herauszufinden, welche einfache mathematische Aufgabe durch folgende Funktion berechnet wird:

```
long nett(a,b)
int a,b;
{
  if (b)
    return nett(a,b-1)+1;
  else
    return a;
}
```

10.(B) Schreiben Sie eine Funktion, welche alle n! Permutationen eines n Zeichen langen *int*-Arrays ausgibt. Als Permutationen bezeichnet man die unterschiedlichen Möglichkeiten, die einzelnen Elemente eines Arrays anzuordnen. Die Permutationen des dreielementigen Arrays {1,2,3} sind beispielsweise {1,2,3}, {1,3, 2}, {2,1,3}, {2,3,1}, {3,1,2} und {3,2,1}. Versuchen Sie auch hier einen rekursiven Lösungsansatz.

Kapitel 7

Datenstrukturen

Allgemeines

Die bisherigen Kapitel haben sich jeweils mit einem zusammenhängenden Themenkomplex auseinandergesetzt. Dadurch wurden einige kleinere Gebiete, die sich keinem dieser Themenbereiche zuordnen ließen, noch nicht angesprochen. Aufgabe des vorliegenden Kapitels ist es nun, diese Versäumnisse nachzuholen.

Im wesentlichen fehlt uns zur Komplettierung der grundlegenden Spracheigenschaften noch die Vervollständigung des Typkonzepts der Sprache C. Ganz ähnlich wie in anderen strukturierten Hochsprachen (z.B. PASCAL) gibt es in C zusätzlich zu den schon bekannten Arrays noch eine Reihe weiterer Sprachelemente zur Konstruktion zusammengesetzter Datentypen. Wir wollen uns in diesem Kapitel also alle noch nicht behandelten strukturierten Datentypen der Sprache C ansehen.

Structures

Im Kapitel über Arrays haben wir schon die Möglichkeit kennengelernt, mehrere Elemente eines Grundtyps zu einer größeren Einheit, dem Array zusammenzufassen. Charakteristisches Merkmal war dabei, daß alle Einzelelemente eines Arrays denselben Typ hatten. In diesem Kapitel werden wir nun die Möglichkeit der Zusammenfassung unterschiedlich strukturierter Daten kennlernen. Die Entwickler von C haben diesen Datenstrukturen den Namen *struct* gegeben und verwirren damit zunächst vor allem PASCAL- und Modula-2-Programmierer, denen dasselbe unter dem Namen *record* bekannt ist. Weil der Name *struct* etwas ungewöhnlich ist, werden wir im Text die Bezeichnung *Structure* verwenden.

Definition und Verwendung

Angenommen, wir wollen ein Programm schreiben, welches mit Daten über die Angestellten eines Betriebes umgeht. Diese Daten sollen über das Terminal eingelesen, auf eine bestimmte Art und Weise verarbeitet und wieder ausgegeben werden können.

Die Daten eines Angestellten bestehen aus mehreren Einzelkomponenten, zum Beispiel Anrede, Name, Strasse, Plz/Wohnort und Geburtsjahr des Angestellten. Zur Speicherung eines Angestellten könnten wir also in einem C-Programm folgende Variablen-Definitionen vornehmen:

```
char anrede[10], name[25], strasse[25];
int  plz;
char ort[20];
int  geb_jahr;
```

Offensichtlich sind diese Definitionen korrekt und zur Darstellung eines Datensatzes geeignet, bei näherer Betrachtung weisen sie allerdings eine Reihe von Nachteilen auf:

1. Beim Aufrufen obiger Bearbeitungsfunktionen müssen alle Parameter einzeln übergeben werden; das ist umständlich und fehlerträchtig.

2. Im Anweisungsteil des Programmes ist im Prinzip nicht erkennbar, daß die Namen *anrede*, *name*, usw... zusammengehören und Bestandteil einer übergeordneten logischen Einheit sind.

3. Wollen wir noch einen weiteren Datensatz vom Typ »Angestellter« definieren, so müssen wir alle Definitionen typmäßig wiederholen und bekommen zudem langsam Probleme bei der Namensgebung der Variablen.

All diese Nachteile werden vermieden, wenn man statt der einzelnen Definitionen eine Structure verwendet. Bei einer Structure handelt es sich um eine Datenstruktur, die aus mehreren, beliebig typisierten Einzelkomponenten besteht, die wahlweise separat oder auch zusammenhängend angesprochen werden können. Eine Structure wird wie eine ganz normale Variable definiert und kann danach beliebig oft im Programm verwendet werden. Bezüglich Ihrer Sichtbarkeit und Lebensdauer gelten exakt dieselben Regeln wie für einfache Variablen. Um eine Structure zu definieren, muß die nachfolgende Syntax eingehalten werden.

Syntax der Definition

```
struct [ TypName ] "{"
  Komponente_1;
  [
    Komponente_2;
    ...
    Konponente_n;
  ]
"}" [VarName {, VarName }];
```

Durch diese Definition wird eine Variable *VarName* angelegt, die eine Structure mit den n Einzelkomponenten *Komponente_1* bis *Komponente_n* bildet. Auf die Structure kann komponentenweise oder komplett zugegriffen werden.

Die Komponenten bezeichnet man auch als *Member* der Structure, jede Komponente hat einen Typ und einen Namen und wird definiert wie eine normale Variable.

Der komponentenweise Zugriff hat folgende Syntax:

```
VarName.Komponente
```

Um eine Komponente der Structure zu verwenden, müssen wir also den Namen der Structure, gefolgt von einem Punkt und dem Namen der gewünschten Komponente angeben. Diesen Vorgang bezeichnet man auch als Member-Selektion. Ein derart ausgewählter Member verhält sich genauso wie eine Variable vom Grundtyp des Members. Neben der Member-Selektion ist es möglich, auf die komplette Structure zuzugreifen, indem lediglich der Name der Structure angegeben wird:

```
VarName
```

Allerdings gilt auch hier, ähnlich wie bei dem Zugriff auf komplette Arrays, daß nur sehr wenige Operatoren auf kompletten Structures erlaubt sind. Wir werden darauf später näher eingehen. Zunächst wollen wir unser Beispiel komplettieren, und brauchen dazu eine zusätzliche Eigenschaft von Structures. Wie wir dem obigen Syntaxdiagramm entnehmen können, gibt es einen optionalen Teil *TypName* innerhalb der *struct*-Definition. Dieser dient dazu, dem Aufbau dieser speziellen Structure einen Namen zu geben. Damit haben wir die Möglichkeit, diesen Namen erneut zu verwenden, und zwar um weitere Variablen oder formale Parameter mit genau demselben Aufbau zu definieren.

Es ist wichtig, nicht den Typnamen mit dem Namen der Variable zu verwechseln. Während zum Zugriff auf die Structure und deren Member der Variablenname verwendet werden muß, wird der Typname hauptsächlich zur Definition neuer Structures verwendet, die denselben Aufbau haben sollen wie das Original. Dabei muß folgende Syntax eingehalten werden:

```
struct TypName NeuName {, NeuName } ;
```

Durch diese Definition wird eine neue Structure mit dem Namen *NeuName* angelegt. Sie hat exakt denselben Aufbau wie die mit dem Typnamen *TypName* angelegte Original-Structure, d.h. sie enthält alle Member der Original-Structure in derselben Reihenfolge und mit denselben Typen.

```
#include <stdio.h>

struct ang_typ {
  char anrede[10];
  char name[25];
  char strasse[25];
  int  plz;
  char ort[20];
```

```
  int  geb_jahr;
} ang_satz;

void write_ang(ang)
struct ang_typ ang;
{
  printf("Anrede... %s\n",ang.anrede);
  printf("Name..... %s\n",ang.name);
  printf("Strasse.. %s\n",ang.strasse);
  printf("PLZ/Ort.. %4d %s\n",ang.plz,ang.ort);
  printf("Geboren.. %4d\n",ang.geb_jahr);
}

main()
{
  strcpy(ang_satz.anrede  ,"Herr");
  strcpy(ang_satz.name    ,"Meier, Hans");
  strcpy(ang_satz.strasse ,"Bachstr. 3");
  ang_satz.plz=4000;
  strcpy(ang_satz.ort     ,"Düsseldorf");
  ang_satz.geb_jahr=1954;
  write_ang(ang_satz);
}
```

Zur Strukturierung unserer Angestelltendaten haben wir eine Structure-Variable *ang_satz* definiert. Damit wir in der nachfolgenden Funktion *write_ang*, die einen kompletten Angestelltensatz auf dem Bildschirm ausgeben soll, einen formalen Parameter mit demselben Aufbau definieren können, haben wir für die Structure zusätzlich einen Typnamen, *ang_typ*, festgelegt. Dadurch ist der Aufbau des formalen Parameters *ang* mit dem der globalen Variable *ang_satz* absolut identisch, so daß wir später beim Aufruf an die Funktion die globale Structure *ang_satz* übergeben können. Die Structure *ang_satz* enthält die Bestandteile zur Aufnahme der Informationen eines Angestellten, in der sowohl *int* als auch *char** als Grundtypen vorkommen. Tatsächlich dürfen die Member einer Structure aus jeder beliebigen Kombination von Datentypen (auch Structures) bestehen.

Das obige Programm läuft nun so ab, daß in *main* zunächst den einzelnen Membern von *ang_satz* konstante Werte zugewiesen werden. Um einen konstanten Wert in ein Zeichenarray zu schreiben, müssen wir eine Library-Funktion benutzen. Während wir dazu bisher (siehe Kapitel 5) die Funktion *memcpy* verwendet haben, können wir bei nullterminierten Zeichenketten einfacher mit *strcpy* arbeiten, weil hier die explizite Längenangabe nicht nötig ist. Die Routine kopiert alle Zeichen, bis das Nullbyte auftaucht. Die *int*-Member können hingegen einfach per Zuweisung initialisiert werden. Bei diesen Zugriffen handelte es sich also um Zugriffe auf einzelne Member, die letzte Anweisung in *main* greift jedoch auf die komplette Structure zu, indem sie diese als aktuellen Parameter an die Ausgabefunktion *write_ang* übergibt. Durch diesen Aufruf bekommt *write_ang* eine Kopie von *ang_satz* in dem formalen Parameter *ang* übergeben und bearbeitet diesen wiederum memberweise, um die Bildschirmausgabe zu erzeugen.

Zulässige Operatoren

Wir haben schon gesehen, daß der Zugriff auf eine Structure sowohl memberweise als auch komplett erfolgen kann. Wenn auf einen einzelnen Member zugegriffen wird, so verhält sich dieser genauso wie eine einfache Variable desselben Typs, d.h. es sind genau die Operationen möglich, die auch mit einer einfachen Variable möglich wären. Der Zugriff auf einen Member erfolgt mit dem Punkt-Operator.

Bezüglich des Zugriffs auf die komplette Structure gibt es – ähnlich wie bei Arrays – nur sehr wenig Möglichkeiten. Dies sind:

1. Übergabe einer Structure an eine Funktion.

2. Rückgabe einer Structure aus einer Funktion.

3. Zuweisung des Wertes einer Structure an eine Structure gleichen Aufbaus.

4. Anwendung des Adressoperators und *sizeof*-Operators.

Damit eine Structure an eine Funktion übergeben werden kann, muß der entsprechende formale Parameter der Funktion eine gleichartige Structure sein. Normalerweise wird man daher zur Definition des aktuellen und des formalen Parameters denselben Typnamen verwenden. Wir haben diesen Vorgang bei der Funktion *write_ang* im vorigen Beispiel kennengelernt. Eine Structure wird – anders als ein Array – mit demselben Mechanismus an eine Funktion übergeben wie ein einfacher Datentyp, nämlich per CALL-BY-VALUE, d.h. ein formaler *struct*-Parameter ist beim Aufruf der Funktion eine Kopie des aktuellen *struct*-Parameters. Insbesondere bei der Übergabe sehr großer Structures muß der Compiler daher beim Aufruf der Funktion viele Bytes explizit kopieren. Wir sollten diesen Umstand gegebenenfalls bei der Laufzeit- und Speicherplatzanalyse eines entsprechenden Programmes nicht unberücksichtigt lassen.

Neben der Übergabe in eine Funktion darf eine Structure auch Rückgabetyp einer Funktion sein. Die nötige Definition der Funktion sieht dann wie folgt aus:

```
struct TypName FunktionsName "(" ")" ...
```

und entspricht damit genau dem Schema der Definiton einer *struct*-Variablen aus dem Typ einer schon bestehenden Structure. Wir werden im nächsten Abschnitt ein Beispiel für eine Funktion mit einem *struct*-Rückgabewert ansehen.

Anders als bei einem Array kann im allgemeinen mit dem Zuweisungsoperator der Wert einer Structure einer anderen, gleichartigen Structure zugewiesen werden. Da Standard-C keine genaue Aussage zu diesem Thema macht, kann es hier jedoch Unterschiede zwischen den einzelnen Compilern geben. Möglicherweise gibt es Compiler, die nicht in der Lage sind, Zuweisungen zwischen kompletten Structures auszuführen.Wir wollen uns ein Beispiel ansehen:

Beispiel

```
struct {
  int a,b;
  char c;
} t1,t2;

main()
{
  t1.a=5;
  t1.b=10;
  t1.c='\0';
  t2=t1;
}
```

In diesem kleinen Programm werden zwei gleichartige Structures *t1* und *t2* definiert. Da beide innerhalb derselben Definition vereinbart werden, ist ein expliziter Typname nicht nötig. Im Hauptprogramm wird zunächst *t1* memberweise initialisiert, anschließend bekommt *t2* per Zuweisungsoperator den Inhalt von *t1* zugewiesen. Nach dieser Anweisung haben *t1* und *t2* denselben Inhalt.

Falls Ihr Compiler nicht in der Lage ist, Zuweisungen zwischen Structures durchzuführen, können Sie sich mit der Library-Funktion *memcpy* behelfen, indem Sie die Quell-Structure zeichenweise in die Ziel-Structure kopieren:

```
memcpy(&t2,&t1,sizeof(t1));
```

Neben den bisher besprochenen Operatoren können auf eine komplette Structure noch zwei weitere Operatoren angewendet werden, nämlich der Adressoperator & und der *sizeof*-Operator. Der Adressoperator wird in den Kapiteln 9 und 10 bei der Einführung von Zeigern noch ausführlich besprochen werden. Der *sizeof*-Operator liefert – wie immer – den Speicherbedarf des angegebenen Ausdrucks. Wir werden im nächsten Kapitel sehen, daß der *sizeof*-Operator beim Schreiben und Lesen von Dateien, in denen Structures vorkommen, eine große Rolle spielt.

Initialisierung

Wie andere Typen können auch Structures bei ihrer Definition initialisiert werden. Dabei ist syntaktisch genauso vorzugehen wie bei Arrays, d.h. die Werte der Structure werden nach einem Zuweisungsoperator in geschweiften Klammern hinter der Definition angegebeben.

```
struct ang_typ {
  char anrede[10];
  char name[25];
  char strasse[25];
  int  plz;
  char ort[20];
  int  geb_jahr;
} ang_satz = {"Frau","Baum","Seeweg 2",5000,"Köln",1934};
```

In den geschweiften Klammern stehen dann die Konstanten zur Initialisierung der Member des Arrays. Im Gegensatz zur Initialisierung bei Arrays können jetzt also durchaus unterschiedliche Typen innerhalb der Initialisierungssequenz vorkommen.

Es ist erlaubt, weniger Member zu initialisieren, als tatsächlich in der Structure enthalten sind. Hier gilt – ganz analog zu Arrays – daß die verbleibenden Member bei lokalen Variablen undefiniert und bei globalen Variablen Null sind. Beachten Sie, daß es in Standard-C nicht erlaubt ist, lokale, sondern nur globale oder statische Structure-Variablen zu initialisieren. In vielen neueren Compilern gibt es diese Restriktion jedoch nicht mehr.

Structure-Konstanten

Die Verwendung von Structure-Konstanten ist nicht möglich. Würden wir etwa versuchen, die Funktion *write_ang* des obigen Beispiels folgendermaßen aufzurufen:

```
write_ang({"Fa","XYZ","",2000,"HH",1983});
```

so würde ein Compilerfehler auftreten.

Alignment

Unter *Alignment* versteht man die physikalische Anordnung der Member einer Structure im Speicher. Viele Compiler ordnen die Member nicht unmittelbar hintereinander an, sondern beginnen mit der Speicherung eines Members immer an einer durch 16 oder 32 teilbaren Speicheradresse. Der Grund dafür liegt in der verwendeten Maschinenhardware: so ist bei vielen 32-Bit-Rechnern der Zugriff auf Hauptspeicher, der nicht an einer durch 32 teilbaren Speicheradresse liegt, sehr aufwendig. Um diesen Problemen aus dem Weg zu gehen, wird der Compiler möglicherweise zusätzlich Platz zwischen den einzelnen Membern lassen, um sie immer an einer durch 32 teilbaren Adresse beginnen zu lassen.

Folgt also z.B. innerhalb einer Structure auf ein *char* (das 1 Byte belegt) ein *long* (das 4 Byte belegt), so wird das *char* ab der 1. Position, das *long* aber nicht ab der 2., sondern ab der 3. (oder sogar der 5. Position) beginnend, gespeichert. Zwischen dem *char*- und dem *long*-Member bleiben daher 1 (bzw. 3) Bytes ungenutzt. Zudem ist die (per *sizeof* ermittelte) Größe der Structure nicht 5, sondern 6 (bzw. sogar 8) Bytes. Hieraus können einige Portierbarkeitsprobleme entstehen.

Beispiel

```
#include <stdio.h>

struct {
  char c;
  long l;
} test;

main()
{
  printf("%d\n",sizeof(test));
}
```

Dieses Programm wird je nach Maschine den Wert 5, 6 oder gar 8 ausgeben.

Portierbarkeitsprobleme

Solange auf eine Structure nur memberweise zugegriffen wird, können Alignment-Probleme nicht entstehen. Wenn jedoch die komplette Structure verwendet wird, muß man aufpassen. Die im folgenden beispielhaft dargestellten Fehlermöglichkeiten sollen einen Eindruck von der Art dieser Probleme vermitteln.

1. Wenn wir mit den Low-Level-Funktionen, welche direkten Speicherzugriff ermöglichen (*memcpy*, etc..) auf Teile einer Structure zugreifen, kann es passieren, daß sich Member wegen des Alignments nicht da befinden, wo sie von uns vermutet werden und unser Programm wird sich fehlerhaft verhalten.

2. Wenn wir Structures in Dateien speichern (s. nächstes Kapitel), kann es passieren, daß diese Dateien nicht korrekt von einem anderen Rechner gelesen werden können, da er ein anderes Alignment verwendet.

Bevor wir also derartige Operationen mit Structures vornehmen, sollten wir uns über die Anordnung der Member in der Structure Klarheit verschaffen, das potentielle Problem bei einer Portierung bleibt jedoch bestehen.

Komplizierte Structure-Definitionen

Eine Structure kann beliebig typisierte Member enthalten. Wir haben in den vorangegangenen Abschnitten schon gesehen, daß innerhalb einer Structure beispielsweise *int*-, *long*- oder Array-Member beliebig auftauchen können. Dieser Abschnitt soll zeigen, daß Structures auch in anderen Datenstrukturen weiterverwendet werden können.

Arrays aus Structures

Angenommen, wir wollen unser Programm mit den Angestelltendaten erweitern und nicht mehr nur einen, sondern alle Angestellten unserer Firma im Programm speichern. Wir könnten dann natürlich soviele Einzelvariablen vom Typ *struct ang_typ* definieren wie benötigt, aber diese Vorgehensweise wäre sehr unbequem. Aus Kapitel 5 wissen wir, daß die Verwendung eines Arrays angemessener wäre. In der Tat ist es erlaubt, ein Array aus Structures aufzubauen und genau wie ein einfaches Array zu verwenden. Betrachten Sie folgende Definition:

```
struct ang_typ {
  char anrede[10];
  char name[25];
  char strasse[25];
  int  plz;
  char ort[20];
  int  geb_jahr;
} ang_firma[100];
```

Durch diese Definition wird ein Array mit 100 Elementen definiert, dessen Einzelelemente vom Typ *struct ang_typ* sind. Wir können dieses Array also dazu verwenden, maximal 100 unterschiedliche Angestellte unserer Firma zu speichern. Der Zugriff auf die einzelnen Elemente des Arrays erfolgt genauso, als wenn es sich um ein einfaches *int*-Array handeln würde, also durch den [ ]-Operator. Mit

```
ang_firma[i]
```

erhalten wir also das Element mit der Nummer *i* des Arrays; dessen Typ ist *struct ang_typ*. Glücklicherweise ist es möglich, den Zugriff auf ein einzelnes Array-Element und die Member-Selektion zu kombinieren, so daß uns

```
ang_firma[30].name
```

den Namen des Mitarbeiters mit der Nummer 30 liefert. Wir haben mit dem Structure-Array *ang_firma* nun schon eine vernünftige Datenstruktur zum Verwalten der Angestelltendaten einer kleineren Firma erzeugt und können sie verwenden, um eine Vielzahl von anwendungsorientierten Operationen darauf auszuführen. Als abschließendes Beispiel soll deshalb eine Funktion gezeigt werden, welche es erlaubt, alle Angestellten, deren Nachname mit einem bestimmten Buchstaben beginnt, auf dem Bildschirm auszugeben.

```
void select(ANG,c)
struct ang_typ ANG[];
char c;
{
  int i;

  for (i=0; i<100; i++) {
    if (ANG[i].name[0]==c)
      write_ang(ANG[i]);
  }
}
```

Diese Funktion durchläuft das komplette Angestellten-Array und untersucht jedes einzelne Element daraufhin, ob das erste Zeichen des Namens (also *name[0]*) der gewünschte Buchstabe *c* ist. Ist dies der Fall, so wird die Ausgabefunktion *write_ang* mit diesem Array-Element, welches ja vom Typ *struct ang_typ* ist, aufgerufen und so der betreffende Datensatz auf dem Bildschirm ausgegeben. Wir können an diesem Beispiel sehr schön die unterschiedlichen Stufen der Dekomposition einer komplizierten Datenstruktur mit den daraus resultierenden Typen erkennen:

Name	*Typ*	*Bedeutung*
ANG	struct ang_typ[100]	Eine Datenstruktur, die 100 unterschiedliche Angestelltendatensätze fassen kann.
ANG[i]	struct ang_typ	Der Angestellten-Datensatz mit der Nummer i
ANG[i].name	char[25]	Der Name des Angestellten mit der Nummer i
ANG[i].name[j]	char	Das j+1-te Zeichen im Namen des Angestellten mit der Nummer i

In C gibt es keine prinzipiellen Beschränkungen bezüglich der Tiefe der Schachtelung strukturierter Datentypen. Die Datenkonstruktoren Array und Structure können zum Erzeugen beliebig komplizierter Datentypen verwendet werden. Diese können durch Anwendung der Operatoren [ ] und . nach und nach auf ihre Grundtypen reduziert werden.

Structures in Structures

Neben der Kombination von Arrays und Structures ist es auch erlaubt, Structures innerhalb von Structures zu verwenden. Ein solcher Member einer Structure ist dann nicht mehr atomar, sondern enthält selbst wieder Member. Wir wollen uns als Beispiel eine Datenstruktur zur Darstellung der Zeit überlegen, um einen Terminplaner aufbauen zu können.

Damit wir einen Zeitpunkt speichern können, müssen wir sowohl Datum als auch Uhrzeit erfassen. Wir könnten also eine Structure definieren, in der die nötigen Komponenten als gleichberechtigte Member auftauchen. In der Praxis wird sich dann jedoch herausstellen, daß es sinnvoll ist, nur die Datums- oder nur die Zeitkomponente zur Verfügung zu haben.

Es wäre also besser, die Member nach Datum und Uhrzeit zu konsolidieren und folgende Darstellung zu wählen:

```
struct uhrzeit {
  unsigned char
    stunde,
    minute,
    sekunde;
};

struct datum {
  unsigned char
    tag,
    monat;
  int jahr;
};

struct zeit {
  struct datum d;
  struct uhrzeit z;
} t;
```

Die Structure *zeit* besteht nun also aus zwei Unterstrukturen. Dadurch gestaltet sich zwar der Zugriff auf die einzelnen Elemente etwas aufwendiger, vorteilhaft ist jedoch, daß mit einem Befehl auf die gesamte Uhrzeit- oder Datumskomponente zugegriffen werden kann. Wir wollen wieder eine typische Dekompositionsfolge betrachten:

Name	*Typ*	*Bedeutung*
t	struct zeit	Eine vollständige Zeitangabe
t.d	struct datum	Der Datumsteil der Zeitangabe
t.d.jahr	int	Das Jahr, in dem die Zeitangabe liegt

Auch geschachtelte Structures können initialisiert werden, dabei hat die Initialisierung große Ähnlichkeit mit der Initialisierung von mehrdimensionalen Arrays. Die Unterstrukturen werden als eigenständige Initialisierungsanweisungen angesehen und müssen deshalb separat in geschweifte Klammern gesetzt werden.

```
main()
{
  struct zeit t = {{24,12,1990},{14,30,00}};
}
```

Durch diese Initialisierung wird also der Zeitpunkt 14:30 Uhr am 24. Dezember 1990 angegeben. Wir wollen nun die Structures verlassen und uns den weiteren Möglichkeiten des Typkonzeptes von C zuwenden.

Unions

Eine weitere Möglichkeit, Daten zu strukturieren, bietet C mit Hilfe der Unions, einer weiteren Art von Verbunden. Syntaktisch gibt es keine Unterschiede zwischen Unions und Structures, bezüglich der Speicherung der Daten verhalten sie sich allerdings völlig verschieden.

Arbeitsweise

Während in einer Structure alle Member gleichzeitig gespeichert werden, kann eine Union immer nur ein Element halten. Der Compiler reserviert für eine Union nur soviel Speicher, wie der größte Member benötigt. Eine Union bietet also die Möglichkeit, unter einem gemeinsamen Namen unterschiedlich typisierte Daten zu speichern, wenn diese niemals gleichzeitig verwendet werden müssen.

Beispiel

```
union test_typ {
  char c;
  int i;
  double x;
} test;
```

Durch diese Definition wird eine Union *test* erzeugt. Diese Union kann einen *char*-Wert unter dem Namen *c*, ein *int* unter dem Namen *i* oder ein *double* unter dem Namen *x* speichern – allerdings immer nur eines dieser Elemente gleichzeitig. Durch die Zuweisung

```
test.i=10;
```

wird in der Union ein *int* gespeichert, das den Wert 10 enthält. Da die Union genügend Speicher für das größte seiner Member zur Verfügung stellt (hier der *double*-Member x), kann *i* problemlos gespeichert werden. Nachfolgende lesende Zugriffe auf *test.i* sind also erlaubt und liefern den Wert 10. Folgt später im Programm aber eine Anweisung

```
test.x=3.14;
```

so wird in der Union nun ein *double* mit dem Wert 3.14 gespeichert. Ein lesender Zugriff auf den Member *i* ist zwar noch möglich, aber nicht mehr definiert, denn der Inhalt von *i* wurde durch den überlappend gespeicherten Member *x* verdeckt. Allgemein gesprochen liefert ein lesender Zugriff auf einen Member genau dann einen definierten Wert, wenn die letzte Schreiboperation genau diesen Member betraf.

Anwendung

Unions sind sicherlich ungewöhnliche Gebilde, spielen aber in der täglichen Praxis eine eher untergeordnete Rolle. Sie haben zwei typische Anwendungsbereiche:

1. Das Einsparen von Speicherplatz bei der Verarbeitung großer Structures, wenn bestimmte Member nicht zusammen auftreten.

2. Die maschinennahe (und -abhängige) Manipulation von Datentypen mit Operatoren, die es für diese Typen eigentlich nicht gibt.

Wir wollen zu jedem der beiden oben beschriebenen Punkte ein Beispiel betrachten.

Speicherplatzeinsparung

Die oben definierte Structure mit den Angestellten soll um arbeitsplatzbezogene Daten erweitert werden. Dazu klassifizieren wir zunächst alle Mitarbeiter bezüglich ihres Anstellungsverhältnisses und speichern dann durch Anwendung von Unions nur die Daten, die für das jeweilige Anstellungsverhältnis von Bedeutung sind. Die Datenstruktur zur Speicherung unserer Angestelltendaten könnte dann etwa so aussehen:

```
struct ang_typ {
  char name[20];
  int  anst_verhaeltnis;
  union {
    struct {
      int  lohn;
      char lst_klasse;
      char kr_kasse[30];
      int  einstg_datum;
    } arb;
    struct {
      char tarif;
      int  gehalt;
      char lst_klasse;
      char kr_kasse[30];
      int  kuend_frist;
    } ang;
    struct {
      long jahres_gehalt;
      char lst_klasse;
      char kr_kasse[30];
      char zus_kasse[30];
      char abschluss[30];
      int  sich_stufe;
    } wiss;
    struct {
      int  rechnungs_betrag;
      int  arb_zeit;
      char umst;
    } frei;
  } angest_dat;
} ang_firma[100];
```

Um das Beispiel nicht zu unübersichtlich zu machen, habe ich einige der konstanten Member weggelassen. Wesentlich für diese neue Structure ist der *int*-Member *anst_verhaeltnis* und der *Union*-Member *angest_dat*. Ersterer soll immer einen der Werte von 0 bis 3 enthalten und so die Art des Arbeitsverhältnisses ausdrücken:

0 Arbeiter

1 Angestellter

2 Wissenschaftler

3 Freier Mitarbeiter

Abhängig vom diesem Wert werden die Anwendungsprogramme die exklusiven Daten in der zugehörigen Union halten. Wenn beispielsweise die Variable *ang_firma[25].anst_verhaeltnis* den Wert 2 hat, so erkennen daran die Anwendungsprogramme, daß es sich um einen wissenschaftlichen Mitarbeiter handelt und greifen bezüglich der exklusiven Daten nur auf den Union-Member *wiss* zu.

Durch die Verwendung von Unions kann die Größe der Datenstruktur in unserem Beispiel auf ca. 50 % ihres ursprünglichen Speicherbedarfs reduziert werden.

Maschinennaher Einsatz

Betrachten Sie die folgenden Erklärungen bitte nicht als Empfehlung, so zu programmieren, sondern lediglich als Demonstration, was in C machbar ist und manchmal angewendet wird!

Angenommen, wir sollen das Problem lösen, die bitweise Darstellung einer *double*-Zahl auf dem Bildschirm auszugeben. Da das direkte Anwenden der bitweisen Operatoren auf *double* nicht erlaubt ist, kann man eine Union anlegen, das aus einem *double*-Member und einem gleichgroßen Member eines ganzzahligen Typs besteht. Der *double*-Member bekommt dann den auszugebenden Wert *zugewiesen*, während er aus dem ganzzahligen Member mit Hilfe der bitweisen Operatoren wieder ausgelesen wird.

Man könnte die Funktion dann etwa folgendermaßen programmieren:

```
void show_bits(x)
double x;
{
  int i,j;
  union {
    double a;
    unsigned char b[8];
  } xx;

  xx.a=x;
  for (i=0; i<8; i++) {
    for (j=7; j>=0; j--) printf("%d",(xx.b[i]>>j)&1);
```

```
    printf(" ");
  }
  printf("\n");
}
```

Hier wird die »Konvertierung« durch die Union *xx* vorgenommen, deren Member *a* an derselben Stelle im Speicher liegt wie das gleich große *char*-Array *b*. Beachten Sie jedoch, daß diese Anwendungen von Unions nicht dokumentiert sind. Um sie erfolgreich einsetzen zu können, ist eine genaue Kenntnis des verwendeten Compilers, dessen Alignment-Regeln sowie der zugrundeliegenden Hardware (Bytefolge-Anordnung) erforderlich. Natürlich können wir bei einer derartigen Vorgehensweise auch keine großen Ansprüche an die Portierbarkeit unseres Programmes stellen.

Mit einem Wort: versuchen Sie nach Möglicheit, so einen Programmierstil zu vermeiden.

Aufzählungstypen

Oft benötigt man eine Variable, die nur ganz wenige unterschiedliche Werte annehmen kann. In den bisherigen Beispielen haben wir in diesem Fall meist ein *int* oder *char* verwendet, und die Werte implizit durch einige ausgewählte ganzzahlige Konstanten aus dem Wertebereich des Grundtyps dargestellt. Als Beispiel können die boolschen Variablen herangezogen werden. Sie benötigen nur zwei unterschiedliche Werte, um *wahr* und *falsch* darzustellen. Zur Verbesserung der Lesbarkeit der Programme haben wir mit *#define* symbolische Namen TRUE und FALSE definiert, um die erforderlichen Konstanten 0 und 1 zu ersetzen. Dadurch haben wir jedoch keinen Schutz gegen das unbeabsichtigte Zuweisen eines anderen Wertes an eine Wahrheitswertvariable, denn der Grundtyp ist nach wie vor *int* oder *char*, so daß es beispielsweise auch möglich ist, versehentlich die Zahl 2 oder -6 oder andere an eine Wahrheitswertvariable zuzuweisen.

Arbeitsweise

In C gibt es nun die Möglichkeit, Aufzählungstypen zu definieren. Dabei handelt es sich um Variablen, denen nur ganz bestimmte, bei der Definition festgelegte symbolische Konstanten zugewiesen werden dürfen.

Syntax

```
enum TypName
  "{" Name { , Name } "}"
VarName { ; VarName } ;
```

Die Aufzählungstypen von C entsprechen sehr genau dem auch in Sprachen wie PASCAL oder Modula-2 vorhandenen gleichnamigen Konzept. Zur Definition eines Aufzählungstyps dient das Schlüsselwort *enum*. Betrachten Sie folgendes Beispiel:

Beispiel

```
enum BOOL {FALSE,TRUE};
main()
{
  enum BOOL x;

  x=TRUE;   printf("%d\n",x);
  x=FALSE;  printf("%d\n",x);
}
```

In der ersten Zeile wird ein Aufzählungstyp BOOL definiert, der aus den beiden Konstanten TRUE und FALSE besteht. In *main* wird dann eine Variable *x* dieses Typs definiert. Ihr dürfen nur die Werte TRUE oder FALSE zugewiesen werden.

Während in PASCAL oder Modula-2 tatsächlich nur die aufgezählten symbolischen Konstanten verwendet werden dürfen, wird in C eine andere Strategie verfolgt. Alle bekannten Compiler betrachten Aufzählungstypen und *int* als zuweisungskompatibel, so daß auch Zuweisungen der Art *x=5* erlaubt sind. In diesem Fall hat man natürlich den Vorteil der Werteüberprüfung wieder verloren, es bleibt aber immer noch die bessere Lesbarkeit der Programme bei Verwendung eines Aufzählungstyps. Der C-Compiler betrachtet die Elemente eines Aufzählungstyps als ganzzahlige Konstanten vom Typ *int* und ordnet den symbolischen Namen intern numerische Konstanten zu. Er beginnt beim ersten Symbol mit 0 und numeriert alle übrigen Konstanten in aufsteigender Reihenfolge fort. In dem obigen Beispiel entspricht also FALSE der Konstanten 0 und TRUE der Konstanten 1 – genau so, wie es Wahrheitswerte in C erfordern. Dadurch ist es möglich, die BOOL-Variablen auch in Testausdrücken zu verwenden, z.B.

```
if (x)
  printf("x ist WAHR\n");
else
  printf("x ist UNWAHR\n");
```

Hätten wir den Aufzählungstyp hingegen mit

```
enum BOOL {TRUE,FALSE};
```

definiert, so hätte die Konstante TRUE den Wert 0 und wäre damit nach C-Konventionen FALSE, während es bei FALSE genau umgekehrt wäre. Die Reihenfolge der symbolischen Namen bei der Deklaration des Aufzählungstyps ist also nicht egal, wenn man die vom Compiler dahintergelegten numerischen Konstanten ausnutzen will.

Falls eine andere Zuordnnung zwischen den symbolischen Namen und den Konstanten erforderlich ist, können wir dies durch Angabe des gewünschten Wertes hinter dem Namen erreichen. Die restlichen Konstanten werden danach weiterhin aufsteigend, beginnend mit dem neuen Wert, zugeordnet.

```
enum farben {rot, gelb=5, blau};
```

Durch diese Definiton wird der Aufzählungstyp *farben* und mit ihm die symbolischen Konstanten *rot* (Wert 0), *gelb* (Wert 5) und *blau* (Wert 6) angelegt. Der Compiler beginnt also mit der Zuweisung der Konstanten bei 0 und vergibt danach immer um eins höhere Werte; diese Regel kann durch explizite Zuweisung einer Zahl an einzelne Symbole unterbrochen werden.

Neben der bisher aufgezeigten separaten Definition von Aufzählungstyp und -variable können diese auch in einer einzigen Anweisung kombiniert werden, außerdem ist es in diesem Fall auch erlaubt, den Typnamen wegzulassen, wenn keine weitere Variable dieses Aufzählungstyps definiert werden soll.

Beispiel

```
enum hr_typ {
  ost,
  sued,
  west,
  nord
} k1,k2;
```

oder

```
enum {
  ganz,
  teilweise,
  halb,
  nicht
} p;
```

Verwendung

Aufzählungstypen sollten immer dann verwendet werden, wenn der Wertebereich eines Datentyps nur sehr klein ist. Bei Verwendung aussagekräftiger Namen helfen sie, das Programm lesbarer und übersichtlicher zu machen. Falls der Compiler typfremde Zuweisungen an Aufzählungstypen erkennt, können sie helfen, ein Programm stabiler zu machen.

Bitfelder

Wir haben mit den Structures im ersten Abschnitt dieses Kapitels ein Instrument zur Zusammenfassung heterogener Datentypen kennengelernt, welches uns dabei hilft, die zu modellierende Realwelt besser in ein C-Programm abbilden zu können. Zwar sind Structures vom logischen Standpunkt her geeignet, nahezu beliebige reale Strukturen nachzubilden, wir haben uns jedoch kaum Gedanken über die physikalischen Aspekte der Darstellung, also Laufzeit- und Speicherplatzbedarf, gemacht. Die in diesem Abschnitt behandelten Bitfelder bieten Möglichkeiten, Structures bezüglich ihres Platzbedarfs im Hauptspeicher zu optimieren, ohne große Laufzeit- oder andersartige Qualitätsverluste der betreffenden Programme hinnehmen zu müssen.

Arbeitsweise

Angenommen, wir wollen eine Structure anlegen, welche eine Schalttafel aus einer Kombination von vier Ein-Aus-Schaltern und zwei 64-stufigen Anzeigeinstrumenten simuliert. Diese sollen auf einer langen Produktionsstrasse einer Qualitätskontrolle unterzogen werden. Eine geeignete Structure könnte etwa so aussehen:

```
struct {
  unsigned char schalter1;
  unsigned char schalter2;
  unsigned char schalter3;
  unsigned char schalter4;
  int anzeige1;
  int anzeige2;
} band1[5000];
```

Der Speicherbedarf dieser Datenstruktur ist mit mindestens 40000 Byte schon recht groß. Um Hauptspeicher zu sparen, könnten wir versuchen, die einzelnen Member platzsparender zu speichern. Wir wissen, daß ein Ein-Aus-Schalter zur Darstellung nur ein Bit (Bit=1 bedeutet: Schalter ist an, Bit=0 bedeutet: Schalter ist aus) und jedes der Anzeigeinstrumente 6 Bit (damit sind Werte zwischen 0 und 63, also 64 Abstufungen anzeigbar) zur Darstellung benötigen. Daraus ergibt sich ein Gesamtspeicherbedarf von nur 16 Bit für eine Schalttafel. Da ein *unsigned int* auf jeden Fall mindestens 16 Bit groß ist, könnten wir unser Produktionsband wie folgt definieren:

```
unsigned int band1[5000];
```

und implizit davon ausgehen, daß innerhalb eines Elementes von *band1* zwischen Bit 0 bis 5 die zweite Anzeige, zwischen Bit 6 bis 11 die erste Anzeige und darüber die 4 Ein-Aus-Schalter gespeichert sind. Obwohl der Speicherbedarf jetzt nur noch 10000 Bytes (also ein Viertel) der ursprünglichen Definition beträgt, ist der Zugriff auf die einzelnen Komponenten eines Elementes wesentlich komplizierter und undurchsichtiger geworden.

Um beispielsweise der ersten Anzeige der 105-ten Armatur den Wert 25 zuzuordnen, müßten wir mit Hilfe der bitweisen und Schiebeoperatoren wie folgt programmieren:

```
band1[105]=(band1[105]&~(63<<6)) | (25<<6);
```

Glücklicherweise gibt es in C einen bequemeren Weg, um zu der gewünschten Speicherersparnis zu kommen. Dazu definieren wir statt der gewöhnlichen Structure einfach ein Bitfeld. Dieses unterscheidet sich syntaktisch im wesentlichen durch eine zuätzliche Längenangabe hinter jedem Member, durch die dem Compiler der Platzbedarf mitgeteilt wird.

```
struct console {
  unsigned schalter1 :1;
  unsigned schalter2 :1;
  unsigned schalter3 :1;
  unsigned schalter4 :1;
  unsigned anzeige1 :6;
  unsigned anzeige2 :6;
} band1[5000];
```

In dieser Definition wird dem Compiler also mitgeteilt, daß die Member *schalter1* bis *schalter4* jeweils nur ein Bit und die Member *anzeige1* und *anzeige2* jeweils 6 Bit belegen. Der Compiler erkennt an diesen Angaben, daß die Summe der Längen aller Member nicht größer als die Länge eines *int* ist und verbraucht nun je Element des Arrays nur noch 16 Bit (statt der 64 Bit in der vorigen Structure) zur Speicherung.

Vom Speicherplatzbedarf haben wir nun also die Verhältnisse der Darstellung durch das *int*-Array erreicht, wir haben uns aber nicht dessen Nachteile des umständlichen und unleserlichen Zugriffs auf die Einzelteile der Armatur eingehandelt, sondern können wie bei der Original-Structure bequem über die Member auf die Daten zugreifen. Um das letzte Beispiel wieder aufzugreifen und der ersten Anzeige der 105-ten Armatur den Wert 25 zuzuordnen, können wir nach dieser Definition viel einfacher schreiben:

```
band1[105].anzeige1=25;
```

Die Zugriffe auf Bit-Felder sehen also genauso aus wie die Zugriffe auf Member einer gewöhnlichen Structure.

Dabei brauchen wir uns keine Gedanken über einen möglichen Überlauf eines Bit-Feldes zu machen, falls ein zu großer Wert zugewiesen wird; dies regelt der Compiler automatisch. Bit-Felder können in Ausdrücken auftauchen und werden dabei vor der Verwendung in ein *int* umgewandelt.

Erweiterungen und Restriktionen

Kombination mit Structures

Bit-Felder können auch mit normalen Structures kombiniert werden, indem innerhalb derselben Structure gewöhnliche Member (also ohne explizite Längenangabe) auftauchen. Dabei wird der Compiler immer versuchen, soviele Bit-Felder wie möglich in ein *int* zu packen, er wird zur Optimierung aber nicht die Reihenfolge der Member-Anordnung im Speicher verändern.

Anonyme Bitfelder

Es ist möglich, ein Bit-Feld ohne Namen anzugeben. Dieses gehört dann dem Compiler, d.h. es ist bei der physikalischen Darstellung der Daten zwar vorhanden, kann aber nicht vom Anwendungsprogramm angesprochen werden, da es keinen Namen hat.

```
struct {
  unsigned datbits:2;
  unsigned stopbit:1;
  unsigned :3;
  unsigned baud:5;
  unsigned parity:2;
} ASIC_regl;
```

Diese anonymen Felder werden vornehmlich zur Anpassung von Bit-Feldern an vorhandene Hardwarestrukturen (in unserem Beispiel an einen Schnittstellen-Baustein) verwendet. Die obige Definiton besagt, daß zwischen *stopbit* und *baudrate* 3 Bits liegen, die für die Anwendung nicht von Bedeutung sind. Ein Sonderfall ist ein anonymes Bit-Feld mit der Längenangabe 0; dieses hat die Aufgabe, das nächste Bit-Feld an einer neuen *int*-Grenze beginnen zu lassen.

Restriktionen

Es ist nicht möglich, die Adresse eines Bitfeldes zu ermitteln, da ja die Speicherung eines Bitfeldes möglicherweise nicht genau an einer Byte-Adresse beginnt. Aus diesem Grund sind auch keine Arrays auf Bit-Feldern (z.B. *unsigned schalter1:1[20]*) erlaubt. Manche Compiler haben zusätzlich die Einschränkung, daß zusammengehörige Bit-Felder nicht länger als ein *int* sein dürfen, oder aber daß bei der Zuweisung von Werten kein Überlauf überprüft wird.

Selbstdefinierte Typen

Nachdem wir in diesem Kapitel sehr viel über die Strukturierung von Daten in C gelernt haben, wollen wir noch eine nützliche Eigenschaft von C besprechen, die in höheren Programmiersprachen unter dem Namen Typkonzept geführt wird. Darunter versteht man die Möglichkeit, aus bestehenden Datentypen neue zu erzeugen, die dann zur Definition von Variablen oder formalen Parametern verwendet werden können.

Arbeitsweise

Wir haben schon oft einen eigenen Typ zur Darstellung von Wahrheitswerten in C vermißt und uns auf unterschiedliche Art geholfen. Eine Möglichkeit war die Verwendung des Präprozessors mit

```
#define TRUE 1
#define FALSE 0
#define BOOL int
```

Im Abschnitt über Aufzählungstypen zeigte sich, daß diese Vorgehensweise Nachteile hatte, die wir durch

```
enum BOOL {FALSE,TRUE};
```

beseitigten. Leider ist es etwas unbequem, bei jeder Definition einer Variablen das Schlüsselwort *enum* mit anzugeben. Tatsächlich können wir noch einen Schritt weitergehen und einen eigenen Typ definieren, so daß wir tatsächlich auf das *enum* verzichten können:

```
typedef enum BOOL {FALSE,TRUE} bool;
```

ist die Definition eines neuen Typs *bool*,der exakt dem Typ *enum BOOL* entspricht. Wahrheitswertvariablen können wir nach dieser Definition also auf zwei unterschiedliche Arten erzeugen, nämlich erstens durch

```
enum BOOL b1,b2;
```

und zweitens – und das ist das Neue – auch durch

```
bool b1,b2;
```

Mit der *typedef*-Definiton haben wir also einen neuen Typnamen *bool* erzeugt. Dieser kann nach der Definition genauso wie einer der eingebauten Typnamen der Sprache C verwendet werden. Es ist also insbesondere möglich, mit seiner Hilfe Variablen oder formale Parameter zu definieren und den *sizeof*- oder den Typ-Konvertierungs-Operator darauf anzuwenden (siehe Kapitel 2). Die genaue Syntax einer Typdefinition sieht einer Variablendefinition sehr ähnlich und lautet:

```
typedef Typ TypName;
```

Wenn wir in obigem Beispiel auf die Verwendung von *enum BOOL* verzichten können, brauchen wir den Bezeichner BOOL in der Typdefinition gar nicht angeben und können kürzer

```
typedef enum {FALSE,TRUE} bool;
```

schreiben. Einige zusätzliche Beispiele von Typ-Definitionen sind:

Beispiele

```
typedef struct {
  unsigned char
    stunde,
    minute,
    sekunde;
} uhrzeit;

typedef struct {
  unsigned char
    tag,
    monat;
  int jahr;
} datum;

typedef struct {
  datum d;
  uhrzeit z;
} zeit;
```

zur Definition von Datums- und Uhrzeittypen oder

```
typedef char string[81];
```

zur Definition einer Zeichenkette mit maximal 80 Zeichen Länge oder

```
typedef unsigned char byte;
```

zur Definition eines 8 Bit langen Datentyps, der nicht zur Speicherung von Zeichen, sondern von Zahlen verwendet werden soll.

Anwendungen

Es gibt im wesentlichen zwei wichtige Anwendungsbereiche für Typdefinitionen. Zum einen steigern aussagekräftige Typnamen die Lesbarkeit eines Programmes und helfen somit, große Programme pflegbarer zu machen. Auf der anderen Seite können Typdefinitionen auch dazu verwendet werden, die potentielle Portierbarkeit eines Programmes zu erhöhen. Dazu werden so viele der maschinenabhängigen Datentypen wie möglich in eigenen Typen verborgen und im Programm ausschließlich diese neuen Typen benutzt. Bei der Portierung auf eine neue Anlage brauchen dann nur noch die Typdefinitionen umgeschrieben werden. Als Beispiel für ein Portierbarkeitsproblem, welches auf diese Art gelöst werden kann, sei die Länge von Ganzzahldarstellungen angesprochen. Wenn Sie in Ihrem Programm unbedingt ein 32-Bit-*int* brauchen, so definieren Sie dazu einen neuen Typ *int32*, und verwenden diesen an Stelle des gewöhnlichen *int*. Bei der Portierung auf eine Maschine mit einer abweichenden Wortlänge brauchen Sie dann nur noch diese eine Definition (und nicht das halbe Programm) umschreiben.

Kapitel 7

Aufgaben

1.(A) Überlegen Sie sich eine Datenstruktur zur Darstellung von Datumswerten, welche den Speicher besser ausnutzt als die im Kurstext vorgestellte.

2.(A) Überlegen Sie sich eine Datenstruktur zur Darstellung von Koordinatenwerten. Dabei sollen die Koordinaten wahlweise kartesisch (d.h. mit x- und y-Wert) oder polar (d.h. mit Winkel und Entfernung) dargestellt werden können.

3.(B) Schreiben Sie Funktionen *write_date* und *read_date* zur formatierten Aus- und Eingabe von Datumswerten auf der in Aufgabe 1 definierten Datenstruktur.

4.(C) Schreiben Sie eine Funktion *date_diff*, welche die Anzahl an Tagen zwischen zwei als Parametern übergebenen Datumswerten berechnet. Auch hier sollen die Datumswerte wie in der Lösung zu Aufgabe 1 übergeben werden.

5.(A) Schreiben Sie ein Programm, mit dem Sie feststellen können, ob Ihr Compiler Zuweisungen zwischen gleichartigen Structures erlaubt oder nicht.

6.(B) Schreiben Sie ein Programm mit einem großen Array und einer großen Structure. Der *sizeof*-Operator soll bei beiden Typen den Wert 5000 liefern. Versuchen Sie herauszufinden, wie lange es dauert, eine Funktion aufzurufen, die das Array bzw. die Structure als Parameter übergeben bekommt. Versuchen Sie, die Ergebnisse zu bewerten.

Kapitel 8

Ein-/Ausgabe

Allgemeines

Wir wollen uns in diesem Kapitel mit einem Thema befassen, welches schon in den vergangenen Kurseinheiten eine beträchtliche Rolle spielte, aber noch nicht systematisch erklärt wurde. Es geht um die Möglichkeit, Programmdaten mit Hilfe von Ein-/Ausgabefunktionen auszugeben oder einzulesen. Nachdem wir die Möglichkeiten der Bildschirmein- und Bildschirmausgabe bisher mehr nebenbei kennengelernt haben, wollen wir das Thema in diesem Kapitel vertiefen und zusätzlich auf die Ein- und Ausgabe in Dateien erweitern.

Bei der in diesem Bereich verwendeten Terminologie hat es sich eingebürgert, das Kürzel I/O (Input/Output) zu verwenden, wenn Ein-/Ausgaben gemeint sind. Wir werden uns diesem »Standard« weitgehend anschließen, alternativ jedoch auch die deutsche Schreibweise verwenden. In der deutschsprachigen Literatur ist oft auch das Synonym E/A (Ein-/Ausgabe) zu finden.

Bildschirm I/O

Während in den meisten konventionellen Programmiersprachen die Routinen zur Bildschirmeingabe und -ausgabe fester Bestandteil der Sprachdefinition sind, ist dies in C nicht der Fall. Vielmehr werden diese Aufgaben von speziell dafür entwickelten Library-Funktionen erledigt, wie es auch in vielen anderen Sprachen wie z.B. ADA oder Modula-2 der Fall ist.

Damit bei einer derartigen Vorgehensweise nicht im Laufe der Zeit eigene Spracherweiterungen entstehen, muß das ursprüngliche I/O-Konzept mindestens folgenden Anforderungen genügen:

1. Es muß mächtig genug sein, alle vordefinierten Typen nach Belieben formatiert oder unformatiert auszugeben und

2. es muß bequem genug in der Handhabung sein. Die meisten Programmierer erwarten von 'bequemen' I/O-Routinen, daß sie generisch sind, d.h. daß es möglich ist, mit einer einzigen Funktion unterschiedliche Typen auszugeben.

Gerade dem zweiten Punkt wurde früher manchmal zuwenig Beachtung geschenkt. So ist etwa Modula-2 das Beispiel einer Sprache mit katastrophal umständlichen Ausgabeprozeduren. Die C-Funktion

```
printf("a=%d b=%d\n",a,b);
```

zur Ausgabe zweier Zahlen in einem textuellen Kontext erfordert in Modula-2 fünf Prozeduraufrufe

```
InOut.WrStr("a=");
InOut.WrCard(a);
InOut.WrStr(" b=");
InOut.WrCard(b);
InOut.WrLn;
```

und ist damit textuell mehr als zweimal länger als das C-Gegenstück und auch wesentlich schwieriger einzugeben. Dies führte dazu, daß sich in einigen Modula-2-Compilern Änderungen des Standards herausgebildet haben. Das Grundproblem von Modula-2 ist, daß die Sprachdefinition nicht stark genug ist, um das Implementieren guter (im oben genannten Sinn) I/O-Routinen mit Mitteln der Sprache selbst zu gestatten.

Glücklicherweise sind die I/O-Funktionen von C sehr umfangreich und bequem in der Anwendung, so daß seitens der Compilerhersteller keine Notwendigkeit bestand, eigene Standards zu entwickeln. Da die I/O-Funktionen in den meisten Programmen einen erheblich Anteil am Gesamtumfang des Codes haben, ist dies wieder ein Grund für die gute Portierbarkeit von C-Programmen.

Zeichenorientierte Ein-/Ausgabe

Neben den Funktionen zur formatierten Aus- oder Eingabe von Zeichenketten gibt es in C auch einige Funktionen zur unformatierten Ausgabe von Einzelzeichen auf dem Bildschirm. Diese Routinen arbeiten zeichenorientiert und sind daher – vor allem im Zusammenhang mit dem Umleiten der Ein- oder Ausgabe – nützlich, um zeichenorientierte Filterprogramme zu schreiben. Eine andere Anwendung der zeichenorientierten Funktionen ist die Verwendung bei der Implementierung höher abstrahierender I/O-Funktionen.

Innerhalb eines C-Programmes spielt es keine Rolle, ob wir die zeichenorientierten oder die formatierenden I/O-Funktionen verwenden, beide Arten dürfen innerhalb eines Programmes nach Belieben gemischt werden. Das Konzept der Ein-/Ausgabeumleitung funktioniert ebenfalls für beide Klassen von Funktionen gleichermaßen.

putchar

```
#include <stdio.h>

int putchar(c)
int c;
```

Beschreibung

Die Funktion *putchar* dient zur unformatierten, zeichenorientierten Ausgabe von Einzelzeichen auf den Bildschirm. Durch den Aufruf *putchar(c)* wird das Zeichen *c* auf dem Bildschirm ausgegeben. Der Rückgabewert von *putchar* ist das übergebene Zeichen *c*. Auf *putchar* ist die Umleitung der Standardausgabe anwendbar.

Die Ausgabe von Zeichen mit dieser Funktion erfolgt in der Regel gepuffert, d.h. nicht jeder Aufruf von *putchar* führt dazu, daß auch wirklich sofort etwas auf dem Bildschirm zu sehen ist. Vielmehr werden jeweils so viele Zeichen zwischengespeichert, bis das nächste Mal eine Zeilenschaltung übergeben wird. Erst dann werden alle bis dahin aufgelaufenen Zeichen tatsächlich auf dem Bildschirm ausgegeben.

Dieses Verhalten resultiert aus der Pufferung von Ausgabeoperationen. Da die Ausgabe von n einzeln übergebenen Zeichen für einen Terminaltreiber sehr viel (zeit-) aufwendiger ist als die Ausgabe eines einzelnen Blocks von n Zeichen, führen nahezu alle dateiorientierten Funktionen (zu denen auch die hier besprochenen Funktionen für die Bildschirmausgabe gehören) eine Pufferung durch. Während bei der Ausgabe in eine Datei meist in einem Puffer konstanter Größe zwischengespeichert wird, erfolgt die Pufferung bei den Bildschirmausgaben aus praktischen Gründen zeilenorientiert. Außer durch Übergabe einer Zeilenschaltung kann der Ausgabepuffer allerdings auch noch auf andere Art geleert werden:

1. Durch Beenden des Programms.
2. Durch Aufrufen der Funktion *fflush* (s.u.).
3. Wenn der Puffer voll ist.

Nicht immer ist eine solche zeilenorientierte Pufferung erwünscht. Daher gibt es Möglichkeiten, eine zeichenorientierte Ein- oder Ausgabe auch ohne Pufferung durchzuführen. In UNIX-Systemen wird dazu z.B. der *ioctl*-Systemaufruf verwendet, während es unter MSDOS meist umfangreiche Bibliotheken für schnellen, ungepufferten Bildschirm-I/O gibt. Letztere haben dann allerdings meist den Nachteil, nicht mehr auf die Umleitung der Standardausgabe oder -eingabe zu reagieren. Wir wollen hier aber nicht näher auf dieses Problem eingehen.

Beispiel

```
#include <stdio.h>

main()
{
  int i;

  for (i=0; i<=9; i++) putchar('0'+i);
  putchar('\n');
}
```

Anmerkung

Da *putchar* im allgemeinen als Makro implementiert ist, muß man bei der Übergabe von Parametern etwas vorsichtigt sein. Weil alle Parameter eines Makros rein textuell ersetzt werden, ist die Übergabe von Parametern mit Nebeneffekten kritisch. Falls nämlich bei der Definition des Makros seine »formalen« Parameter mehrfach verwendet werden, würden auch die Nebeneffekte beim Aufrufen des Makros mehrfach ausgeführt.

getchar

```
#include <stdio.h>

int getchar()
```

Beschreibung

Die Funktion *getchar* dient zum Einlesen einzelner Zeichen über die Tastatur. Verwunderlich ist dabei zunächst, daß ihr Rückgabewert nicht vom Typ *char*, sondern der Zahlentyp *int* ist. Wenn wir jedoch an Kapitel 2 zurückdenken, erinnern wir uns, daß *int* und *char* innerhalb von Ausdrücken kompatibel sind, denn ein *char* wird vor seiner Verwendung in einem Ausdruck immer erst in ein *int* konvertiert. Von der Bedeutung her gibt *getchar* daher sehr wohl einen Zeichentyp zurück. Es ist also inbesondere erlaubt, den Rückgabewert unmittelbar an eine Zeichenvariable zuzuweisen:

```
#include <stdio.h>

main()
{
  char c;

  while ((c=getchar())!=EOF) {
    /*
    Bearbeiten von c
    */
  }
}
```

In diesem Fall steht in *c* jeweils das eingelesene Zeichen, da der Rückgabewert durch die Zuweisung automatisch wieder in ein *char* konvertiert wird. Wird hingegen der Rückgabewert von *getchar* als *int* weiterverwendet, so steht darin jeweils der numerische Code des eingelesenen Zeichens – auf den meisten Computern also dessen ASCII-Code. Genaugenommen handelt es sich bei diesen Unterscheidungen aber sowieso nur um Spitzfindigkeiten, denn der *char*-Datentyp wird prinzipiell nicht anders verarbeitet als die anderen ganzahligen Typen, er hat lediglich einen kleineren Wertebereich als etwa *int* oder *long*.

Wir können an diesem Beispiel noch eine weitere Eigenschaft der Funktion *getchar* erkennen. Wenn das Ende der Eingabe erreicht ist, liefert *getchar* keinen »vernünftigen« Wert mehr, sondern die symbolische Konstante EOF, die Dateiende-Kennung (End Of File). Es gibt prinzipiell zwei Möglichkeiten, wann von *getchar* das Dateiende gemeldet wird:

1. Wenn die Eingabe umgeleitet wurde, liefert *getchar* genau dann EOF zurück, wenn alle Zeichen aus der Eingabedatei gelesen wurden.

2. Wenn die Eingabe nicht umgeleitet wurde, wird EOF zurückgegeben, wenn der Benutzer die Dateiende-Tastenkombination eingegeben hat. Unter MSDOS ist dies [Ctrl][Z] (oder [F6]), unter UNIX normalerweise [Ctrl][D].

Ebenso wie *putchar* arbeitet auch *getchar* zeilenorientiert. Diese Arbeitsweise führt zu einem etwas merkwürdigen Verhalten der Funktion und kann C-Anfänger leicht verwirren. Wenn wir *getchar* einmal aufrufen, werden wir in aller Regel nicht sofort ein Ergebnis bekommen, denn die Funktion terminiert erst, wenn eine komplette Zeile eingelesen werden konnte. Auch hier wird das Ende einer Zeile durch ein eingegebenes Newline-Zeichen, also durch das Drücken der [Enter]-Taste, angezeigt. Wir wollen dieses Verhalten an einem Beispiel untersuchen:

```
#include <stdio.h>

main()
{
  int c;

  printf("Vor der Schleife\n");
  while ((c=getchar())!=EOF) {
    printf("In der Schleife\n");
  }
  printf("Hinter der Schleife\n");
}
```

Wenn wir das Programm starten, schreibt es zunächst die Meldung »Vor der Schleife« auf den Bildschirm. Da keine weitere Meldung ausgegeben wird, können wir zu Recht annehmen, daß das Programm gerade in der *getchar*-Funktion wartet. Wenn wir nun ein 'a' eingeben, passiert nichts weiter als das dieses 'a' auf dem Bildschirm ausgegeben wird. Also wartet das Programm immer noch in der *getchar*-Funktion. Dasselbe Verhalten wird sich zeigen, wenn wir nun nacheinander ein 'b' und ein 'c' eingeben. Eine Änderung tritt erst nach dem Drücken der [Enter]-Taste ein, denn dann werden plötzlich 4 Zeilen »In der Schleife« auf dem Bildschirm ausgegeben.

Die Erklärung dafür ist: an dem eingegebenen Newline erkennt *getchar* das Ende der Eingabezeile, terminiert und liefert in *c* das erste Zeichen (das 'a') zurück. Natürlich springt es jetzt in die Schleife hinein und erzeugt die erste der vier Ausgabezeilen. Dann kommt es wieder an den Schleifenkopf und ruft erneut *getchar* auf. Da die eingegebenen Zeichen der aktuellen Eingabezeile noch nicht vollständig ausgegeben sind, terminiert *getchar* sofort, liefert das 'b' zurück und in der Schleife wird die zweite Ausgabezeile erzeugt. Dieser Vorgang wiederholt sich noch für das 'c' und das '\n', so daß danach alle 4 Ausgabezeilen auf dem Bildschirm stehen. Nachdem auf diese Weise die komplette Eingabezeile abgearbeitet wurde, beginnt *getchar* mit dem Einlesen einer neuen Zeile und sammelt wieder Eingabezeichen, bis das nächste '\n' erkannt wurde. Um das Programm zu beenden, müssen wir ein Dateiende-Zeichen ([Ctrl][Z] bzw. [Ctrl][D]), gefolgt von einem '\n' eingeben. In diesem Fall gibt das Programm noch eine Meldung »In der Schleife« und eine Meldung »Nach der Schleife« aus und terminiert dann.

An dieser Stelle wollen wir die Behandlung der zeichenorientierten I/O-Funktionen von C beenden. Obwohl es sowohl in Standard-C, ANSI-C als auch den meisten anderen kommerziell verfügbaren C-Systemen eine Reihe weiterer Funktionen dieser Art gibt, ergeben sich durch sie jedoch keine grundsätzlich neuen Aspekte mehr. All diese Funktionen beleuchten das gleiche Thema jeweils aus einem etwas anderen Blickwinkel, so daß Sie sich deren Verständnis leicht mit Hilfe Ihrer Compiler-Dokumentation aneignen können. Wir wollen uns jetzt lieber der formatierten Ein-/Ausgabe zuwenden.

Formatierte Ein-/Ausgabe

Im Gegensatz zur zeichenorientierten Ausgabe dient die formatierte Ausgabe dazu, Daten in Übereinstimmung mit ihren zugrundeliegenden Typen auszugeben. Wenn wir also beispielsweise die Zahl 65 ausgeben wollen, so ist die formatierte Ausgabe davon abhängig, ob wir 65 als *int, double* oder *char* betrachten. Die Bildschirmausgaben könnten etwa so aussehen:

Typ	*Ausgabe*
int	65
double	65.0
char	A

Da es in C nicht möglich ist, zur Laufzeit eines Programmes herauszufinden, welchen Typ eine Variable hat, müssen wir dies den I/O-Routinen bei der Entwicklung unserer Programme explizit mitteilen. Während diese Aufgabe z.B. in Modula-2 dadurch gelöst wird, daß es zu jedem der vordefinierten Typen eine eigene I/O-Funktion gibt (siehe Beispiel am Anfang dieses Kapitels), können in C alle Datentypen mit *einer* einzigen Funktion ausgegeben bzw. eingelesen werden. Um der I/O-Funktion mitzuteilen, welcher Datentyp ausgegeben werden soll, muß man bei jedem Aufruf einen Formatstring übergeben, der – neben anderen Angaben – Informationen über die auszugebenden Datentypen zur Verfügung stellt.

Damit die I/O-Funktionen möglichst anwendungsfreundlich sind, sollte es möglich sein, mit einem Funktionsaufruf mehrere (auch unterschiedlich typisierte) Werte auszugeben. Da es in C möglich ist, an eine Funktion eine variable Anzahl an Parametern zu übergeben und zudem die Typen der Parameter nicht überprüft werden, können wir mit Hilfe normaler Sprachmittel genau diese Forderungen erfüllen. Wir werden in den nächsten Abschnitten sehen, daß beide Konzepte in den Funktionen zur formatierten Ein- und Ausgabe ausgiebig genutzt werden.

printf

```
#include <stdio.h>

int printf(s [,arg] ...)
char s[];
```

Beschreibung

Die Funktion *printf* dient zur formatierten Ausgabe von Variablen und Konstanten eines beliebigen Grundtyps. Da die Zeichen auf die Standardausgabe gehen, reagiert *printf* auf das Umleiten der Ausgabe in eine Datei oder die Verwendung als Filter.

printf bekommt mindestens einen Parameter übergeben, den Formatstring *format*. Dabei handelt es sich um eine Zeichenkette beliebiger Länge, in der die Typen und Ausgabeformate der übrigen Parameter angegeben werden. Der Formatstring ist der Schlüssel zur Steuerung der Ausgabe. Ziel dieses Abschnittes ist es, alle Möglichkeiten der Ausgabesteuerung mit Hilfe des Formatstrings zu erläutern.

Da es in C nur Funktionen – nicht aber Prozeduren – gibt, hat *printf* auch einen Rückgabewert. Dieser ist stets wohldefiniert und liefert einen *int*, der normalerweise die Anzahl der tatsächlich ausgegebenen Zeichen angibt. Falls bei der Ausgabe ein Fehler auftritt, gibt *printf* den Wert -1 zurück. In den meisten Fällen werden wir den Rückgabewert nicht weiterverwenden wollen, sondern nur an den Nebeneffekten der Funktion – der Ausgabe von Zeichen auf dem Bildschirm – interessiert sein. Daher taucht *printf* in C-Programmen meist in Form einer Ausdrucksanweisung (s. Kapitel 3) auf.

Der Formatstring

Der Formatstring einer *printf*-Anweisung kann aus zwei unterschiedlichen Komponenten bestehen:

1. Auszugebenden Textteilen und

2. Formatanweisungen

Wenn die Funktion *printf* aufgerufen wird, so interpretiert sie als erstes den Formatstring. Dazu wird dieser von links nach rechts gelesen und nach Ausgabetexten oder Formatanweisungen durchsucht. Erkennt *printf* einen Ausgabetext, so wird dieser unmittelbar ausgegeben, während beim Erkennen einer Formatanweisung der nächste, noch nicht verarbeitete Parameter formatiert ausgegeben wird. Die Unterscheidung zwischen Ausgabetexten und Formatanweisungen wird anhand eines Prozentzeichens vorgenommen. Hierzu das folgende Beispiel:

Beispiel

```
#include <stdio.h>

main()
{
  int i=1,j=2;

  printf("i ist %d und j ist %d\n",i,j);
}
```

Die Ausgabe des Programmes lautet

```
i ist 1 und j ist 2
```

Was ist passiert ? Wir haben an *printf* 3 Parameter übergeben: einen Formatstring und zwei auszugebende numerische Werte. Wie schon erwähnt, analysiert *printf* den Formatstring. Der Text bis zum ersten Prozentzeichen (also "i ist ") ist Ausgabetext und wird daher ohne Veränderung ausgegeben. Das folgende Prozentzeichen leitet eine Formatanweisung ein. Da das nachfolgende Zeichen ein *d* ist, geht *printf* davon aus, daß ein *int* formatiert auszugeben ist und ersetzt die Formatanweisung *%d* durch die formatierte Ausgabe des nächsten übergebenen Parameters, in diesem Fall *i*. Danach folgt wieder ein Ausgabetext (" und j ist "), der unverändert ausgegeben wird und erneut eine Formatanweisung *%d*. Auch hier soll also wieder ein *int* ausgegeben werden.

Da der Parameter *i* schon verarbeitet wurde, wird nun der Inhalt von *j* formatiert auf dem Bildschirm ausgegeben. Zu guter Letzt gibt es noch einen Ausgabetext (die Zeilenschaltung "\n"), der unverändert auszugeben ist. Damit ist der Formatstring vollständig durchgelesen und *printf* wird beendet.

An diesem Beispiel können wir schon erkennen, daß für jede Formatanweisung ein zusätzlicher Parameter an *printf* übergeben werden muß, d.h. die Gesamtanzahl der Parameter bei einem Aufruf von *printf* muß um eins größer sein als die Anzahl der Formatanweisungen innerhalb des Formatstrings.

Einfache Formatanweisungen

Wir können auch erkennen, daß ein Formatstring aus mindestens zwei Zeichen besteht, nämlich dem Prozentzeichen und einem nachfolgenden Buchstaben. Der Buchstabe hat dabei die Aufgabe, den Typ des auszugebenden Parameters anzugeben.

Sie finden nachfolgend eine Tabelle der wichtigsten Typbezeichner, die innerhalb von Formatanweisungen erlaubt sind:

Format-anweisung	*Bedeutung*
%d	int, short int oder char als Zahl in Dezimalnotation *Beispiel für 78:* 78
%c	int, short int oder char als Zeichen *Beispiel für 78:* N
%x	int, short int oder char als Zahl in Hexadezimalnotation mit kleingeschriebenen Buchstaben a..f *Beispiel für 78:* 4e
%X	int, short int oder char als Zahl in Hexadezimalnotation mit großgeschriebenen Buchstaben A..F *Beispiel für 78:* 4E
%o	int, short int oder char als Zahl in Oktalnotation *Beispiel für 78:* 116
%u	unsigned int, unsigned short int oder unsigned char als Zahl in Dezimalnotation *Beispiel für 78:* 78
%f	float in Fließkommaschreibweise *Beispiel für 78:* 78.000000
%e	float in Exponentialschreibweise mit kleingeschriebenem e *Beispiel für 78:* 7.800000e+001
%E	float in Exponentialschreibweise mit großgeschriebenem E *Beispiel für 78:* 7.800000E+001
%g	float in Exponentialschreibweise oder Fließkommaschreibweise ohne Ausgabe nachfolgender Nullen *Beispiel für 78:* 78
%s	char* (bzw. char[ ]) zur Ausgabe von Zeichenketten *Beispiel für 78:* HALLO bei Aufruf mit »HALLO« als aktuellem Parameter. Numerische Werte können mit dieser Formatanweisung natürlich nicht ausgegeben werden.
%%	Diese Zeichenfolge ist keine Formatanweisung, sondern dient lediglich dazu, das Prozentzeichen auszugeben.

Da die Zuordnung zwischen Formatanweisungen und den auszugebenden Parametern erst zur Laufzeit des Programmes erfolgt, kann der Compiler keine Typüberprüfung der Parameter vornehmen. In der Praxis tauchen daher häufig fehlerhafte Bildschirmausgaben auf, weil die tatsächlich übergebenen Parameter nicht die Typen haben, die *printf* aufgrund des Formatstrings von ihnen erwartet. Falls sich der geforderte und der tatsächlich übergebene Parameter sehr stark unterscheiden (z.B. wenn einer von beiden ein Zeiger ist), kann es sogar zu Abstürzen des Programmes kommen. Immer dann, wenn Ihr Programm im Zusammenhang mit Bildschirmausgaben ein merkwürdiges Verhalten an den Tag legt, sollten Sie sich daher die Zeit nehmen, in Ruhe die typmäßige Übereinstimmung zwischen aktuellen Parametern und Formatanweisungen zu überprüfen.

Erweiterte Formatanweisungen

Während die bisher erklärten Formatanweisungen zwar die formatierte Ausgabe (fast) aller Grundtypen der Sprache erlauben, bieten Sie noch keine Möglichkeiten, das Format der Ausgabe darüber hinausgehend zu beeinflussen – z.B. um numerische Werte spaltenweise auszugeben oder die Anzahl der Dezimalstellen bei Fließkommazahlen zu begrenzen. Zudem wird Ihnen vielleicht aufgefallen sein, daß es mit den bisherigen Mitteln auch noch nicht möglich ist, *long*- oder *double*-Werte auszugeben. Diese Aufgaben werden nun durch einige Erweiterungen des Formatanweisungs-Konzepts abgedeckt.

Eine Formatanweisung kann nicht nur aus einem Prozentzeichen mit einem nachfolgenden Buchstaben bestehen, sondern zwischen diesen beiden Teilen können weitere Komponenten zur Steuerung der Ausgabe untergebracht werden. Ihr Aufbau ist damit insgesamt noch etwas komplexer als bisher angesprochen. Die vollständige Syntax einer Formatanweisung lautet

```
%[flags][width][.preci][l]type
```

Wir haben bisher nur das Prozentzeichen und den Bestandteil *type* kennengelernt, alle anderen Teile sind optional und sollen nun erklärt werden. Im Anschluß an die Erklärungen finden Sie einen Block von kleinen Programmen, der die Anwendung der Optionen beispielhaft vorführt.

flags

Hier kann eine beliebige Teilmenge der Zeichen -, +, #, 0 und Leerzeichen angegeben werden. Diese Schalter dürfen zwar (ohne daß eine sichtbare Fehlermeldung gegeben wird) auch anderen Typen vorangestellt werden, sind aber lediglich für Zahlen von Bedeutung. Es bedeutet

Zeichen	*Bedeutung*
–	Die Ausgabe soll linksbündig formatiert werden.
+	Auszugebende Zahlen bekommen ein Pluszeichen vorangestellt, wenn sie positiv sind. (Normalerweise haben positive Zahlen bei der Ausgabe kein sichtbares Vorzeichen)
#	Zahlen in Oktaldarstellung bekommen eine 0 und Zahlen in Hexadezimalform ein 0x (bzw. 0X) vorangestellt. Damit entsprechen die Ausgaben den C-üblichen Konventionen für Konstanten dieser Zahlensysteme.

Zeichen	*Bedeutung*
0	Die auszugebende Zahl bekommt linksbündig Nullen bis zur maximalen Feldbreite (s. width) vorangestellt.
Leer-zeichen	Vorzeichenbehaftete Zahlen, die weder ein Plus noch ein Minus als Vorzeichen haben, bekommen ein Leerzeichen vorangestellt.

width

Dieser Teil einer Formatanweisung gibt die minimale Breite des Ausgabefeldes an. Falls der auszugebende Wert weniger Platz beansprucht, so werden linksbündig (bei Strings sowie bei Zahlen, die mit dem – in der Formatanweisung ausgegeben werden: rechtsbündig) soviele Leerzeichen zusätzlich ausgegeben, bis die angegebene Breite erreicht ist. Falls der auszugebende Wert von vorneherein breiter als angegeben ist, wird die Breitenangabe ignoriert.

Anstelle der Angabe im Formatstring kann die Breite auch als zusätzlicher Parameter an *printf* übergeben werden. Dazu ist innerhalb dieses Teils der Formatanweisung statt eines numerischen Wertes ein Stern * anzugeben. Dies führt dann dazu, daß der nächste noch nicht verarbeitete Parameter als Breitenangabe interpretiert wird und erst der übernächste als Wert auf dem Bildschirm ausgegeben wird. Der Parameter für die Breitenangabe muß vom Typ *int* sein.

preci

Dieser Bestandteil einer Formatanweisung ist nur für Fließkommazahlen von Bedeutung und gibt die Anzahl der auszugebenden Dezimalstellen an. Falls dieser Schalter ausgelassen wird, verwendet *printf* bei den meisten C-Compilern eine Ausgabegenauigkeit von 6 Stellen. Auch hier ist es erlaubt, anstelle der Zahl einen * anzugeben, wenn die Angabe als Parameter an *printf* übergeben werden soll. Die Vorgehensweise ist genauso wie bei *width* beschrieben.

l

Wenn unmittelbar vor dem Typbezeichner *type* in einer Formatanweisung ein *l* (kleines L) steht, so erwartet *printf* bei der Parameterübergabe die *long*-Version des entsprechenden Grundtyps. Soll also beispielsweise ein *long int* ausgegeben werden, so reicht es auf vielen Maschinen nicht, *%d* anzugeben, sondern es ist nötig, *%ld* vorzusehen. Wichtig ist diese Angabe auf allen Rechnern, bei denen sich die Länge der Darstellung von *int* und *long* unterscheidet (insbesondere also unter MSDOS). Wird das *l* in diesem Fall vergessen, ist die Ausgabe undefiniert. Auf Rechnern, bei denen *int* und *long* die gleiche interne Darstellung haben, kann zwar prinzipiell auf das *l* verzichtet werden, aus Gründen der besseren Portierbarkeit sollte man es aber dennoch (redundant) angeben.

Eine weitere Rolle spielt das *l* bei der Ausgabe von *double*-Zahlen. Manche Compiler sehen ein *double* sozusagen als »long float« an und erwarten daher eine der Formatanweisungen *%le, %lE, %lf, %lg* oder *%lG* zur Ausgabe von *double*-Zahlen. Dies ist jedoch von Compiler zu Compiler unterschiedlich und muß daher in der entsprechenden Dokumentation nachgelesen werden. Nach ANSI-C dient nämlich ein vorangestelltes *l* bei Fließkommazahlen zur Ausgabe des Datentypes »long double« (s. Kapitel 1).

Beispiele

Wir wollen zunächst ein Programm schreiben, welches die Zahlen 1, 10, 100, ... , 100000 untereinander spaltenweise auf dem Bildschirm ausgibt. Zum Erzeugen der Zahlen verwenden wir zweckmäßigerweise eine *for*-Schleife, in der ein mit 1 initialisierter *long* ausgegeben und zyklisch mit 10 multipliziert wird.

```
#include <stdio.h>
main()
{
  long i;

  for (i=1; i<=100000; i*=10) {
    printf("-->%6ld<--\n",i);
  }
}
```

erzeugt folgende Ausgabe:

```
-->     1<--
-->    10<--
-->   100<--
-->  1000<--
--> 10000<--
-->100000<--
```

Nun wollen wir die gleiche Zahlenfolge erneut untereinander ausgeben, die Zahlen jedoch statt der normalen Formatierung lieber linksbündig anordnen und zudem die Breite der Ausgabespalte bei jedem Durchlauf der Schleife um eins erhöhen.

```
#include <stdio.h>
main()
{
  int width;
  long i;

  for (i=1,width=6; i<=100000; i*=10,width++) {
    printf("-->%-*ld<--\n",width,i);
  }
}
```

erzeugt folgende Ausgabe

```
-->1      <--
-->10      <--
-->100      <--
-->1000      <--
-->10000      <--
-->100000      <--
```

Beachten Sie bei der Anwendung des * in der Formatanweisung, daß in der Liste der aktuellen Parameter zuerst die Feldbreite *width* und erst dann der auszugebende Wert *i* aufgeführt werden.

Als letztes Beispiel wollen wir uns ein Programm anschauen, welches die Zahl *pi* mit unterschiedlichen Genauigkeiten ausgibt.

```
#include <stdio.h>

main()
{
  double pi = 3.1415926535;

  printf("%10.0e\n",pi);
  printf("%10.1e\n",pi);
  printf("%10.2e\n",pi);
  printf("%10.3e\n",pi);
  printf("%10.4e\n",pi);
  printf("%10.5e\n",pi);
  printf("%10.6e\n",pi);
  printf("%10.7e\n",pi);
}
```

erzeugt die Ausgabe:

```
    3e+000
  3.1e+000
 3.14e+000
3.142e+000
3.1416e+000
3.14159e+000
3.141593e+000
3.1415927e+000
```

An dem Ablauf dieses Programmes sind drei Dinge erwähnenswert:

1. Die Angabe für die Feldbreite (hier 10) bezieht sich auf die komplette Ausgabe und nicht – wie es in vielen anwendungsorientierten Programmiersprachen der Fall ist – lediglich auf den Vorkommateil der Darstellung.

2. Die spaltenweise Darstellung ist nur solange korrekt, wie die auszugebende Zahl nicht die angegebene Breite überschreitet. Ist dies der Fall, wird nicht etwa ein Teil der Zahl abgeschnitten, sondern ein breiteres Ausgabefeld verwendet.

3. Bei der Begrenzung der auszugebenden Dezimalstellen wird die letzte Stelle nicht abgeschnitten, sondern gerundet. Durch Angabe von 0 Dezimalstellen ist es möglich, eine Fließkommazahl ohne Nachkommateils auszugeben.

Wir wollen nun die Diskussion der Formatierungsmöglichkeiten mit *printf* beenden, es wurden alle wichtigen Möglichkeiten erwähnt. In den folgenden beiden Unterabschnitten sollen noch kurz einige ergänzende Anmerkungen zu *printf* gemacht werden.

Besonderheiten

Die *printf*-Funktion auf manchen Compilern kennt neben der *long*-Anzeige mit *l* auch eine *short*-Anzeige mit *h* (wie *half*), die allerdings nur für die *int*-Formatanweisungen *d*, *x*, *X* und *o* anwendbar sind und die Übergabe eines *short int* signalisieren.

Manche *printf*-Funktionen können *unsigned*-Werte direkt im Binärformat ausgeben und verwenden dazu die Formatanweisung *%b*.

Die *printf*-Funktionen bei den meisten Compilern können auch Zeigerwerte (d.h. Speicheradressen) ausgeben. Obwohl ANSI-C dazu die Formatanweisung *%p* vorsieht, halten sich sich viele C-Compiler (z.B. Turbo-C) nicht daran und verwenden eigene, inkompatible Darstellungen. Sollen Speicheradressen ausgegeben werden, ist auf jeden Fall ein Blick in die lokale Compilerdokumentation zu werfen.

In ANSI-C gibt es eine »Formatanweisung« *%n*, die eigentlich gar keine ist. Wenn *printf* auf ein *%n* trifft, erwartet es als nächsten noch nicht verarbeiteten Parameter einen Zeiger auf ein *int* und gibt in diesem die Anzahl der bisher ausgegebenen Zeichen zurück. Durch *%n* wird also keine Bildschirmausgabe erzeugt.

Restriktionen

Die C-Funktion *printf* zur formatierten Ausgabe wurde zu einer Zeit entworfen, als die Ausgabegeräte noch etwas primitiver waren als heute. Anfang der 70er Jahre gab es sicher noch nicht an jedem Arbeitsplatz ein Terminal, sondern ein normaler Zeilendrucker war ein gleichberechtigtes Ausgabegerät.

Aus diesem Grund – und vor allem auch, um das Umleiten von Ein- und Ausgabe zu unterstützen – arbeiten die Ausgabefunktionen in C nicht seitenorientiert. Wie bei einem Drucker können zwar immer neue Zeilen ausgegeben werden, es gibt jedoch standardmäßig keine Möglichkeit, den Bildschirm (das Blatt Papier) zu löschen oder eine wahlfreie Positionierung des Cursors (des Druckkopfes) vorzunehmen.

Dies ist natürlich aus heutiger Sicht – im Zeitalter von fenstergesteuerten und grafikorientierten Oberflächen – ein gewaltiges Manko. Daher haben sich sich im Laufe der Zeit eine Vielzahl unterschiedlicher Funktionen und Libraries entwickelt, mit deren Hilfe anspruchsvolle Benutzeroberflächen in C programmiert werden können. Während bei den MSDOS-C-Versionen jeder Hersteller seine eigenen Vorstellungen verwirklicht hat, gibt es in UNIX-Systemen die *Curses*-Library, welche die portierbare Programmierung von fensterorientierten Bildschirmoberflächen ermöglicht und gleichzeitig das Problem der unterschiedlichen Terminalstandards behandelt.

scanf

```
#include <stdio.h>

int scanf(s [,arg] ...)
char s[];
```

Beschreibung

Die Funktion *scanf* dient zum formatierten Einlesen von Werten unterschiedlicher Typen. Von der Bedienung und vom Verhalten her hat *scanf* sehr starke Ähnlichkeit mit der Ausgabefunktion *printf*. Ebenso wie diese bekommt *scanf* als ersten Parameter eine Zeichenkette – den Formatstring – übergeben, der das Verhalten der Funktion steuert. Die eigentlichen Eingaben des Programmbenutzers werden dann an die nachfolgenden Parameter weitergegeben. Insgesamt ist die Bedienung von *scanf* jedoch komplizierter als die von *printf* und auch einigermaßen erfahrene C-Programmierer kennen oft nicht alle Möglichkeiten, die diese Funktion bietet.

Um die Arbeitsweise von *scanf* besser zu verstehen, sollte man sich die Bestandteile des Formatstrings in drei Gruppen unterteilt vorstellen:

1. *Formatanweisungen*: Diese werden mit einem Prozentzeichen eingeleitet und weisen die *scanf*-Funktion an, einen Wert des angegebenen Typs einzulesen und in dem nächsten, noch nicht verarbeiteten Parameter zu speichern.

2. *Whitespace*: Darunter versteht man die Zeichen '\t', '\n' und das Leerzeichen. Tauchen diese zwischen zwei Formatanweisungen auf, so werden alle an dieser Stelle befindlichen Whitespace-Zeichen des Eingabestrings überlesen, also nicht gespeichert.

3. *Andere Zeichen*: Tauchen andere Zeichen im Formatstring auf, so wird *scanf* beim Lesen der Eingabe ein passendes Zeichen lesen, aber nicht speichern.

scanf liest beim Aufruf Zeichen für Zeichen von der Standardeingabe und vergleicht diese (ebenfalls Zeichen für Zeichen) mit dem Formatstring. Solange die eingegebenen Zeichen und der Formatstring gemäß den obigen Regeln zueinander passen, liest *scanf* weiter, andernfalls bricht die Funktion ab. Wenn das Ende des Formatstrings erreicht ist, wird *scanf* ebenfalls abgebrochen. Der Rückgabewert von *scanf* ist in jedem Fall die Anzahl der tatsächlich zurückgegebenen Werte.

Wichtig bei der Verwendung von *scanf* ist, daß als Parameter nicht Variablen eines bestimmten Typs, sondern Zeiger auf Variablen dieses Typs übergeben werden. Da Zeiger erst im nächsten Kapitel an der Reihe sind, werden Sie vielleicht noch nicht genau verstehen, was hier passiert. Nach dem Durcharbeiten der Kapitel 10 und 11 erscheinen die Zusammenhänge sicherlich klarer.

Da Funktionsparameter in C immer per Wert (CALL-BY-VALUE, siehe Kapitel 6) übergeben werden, kann normalerweise mit einem Parameter kein Wert aus einer Funktion zurückgegeben werden. Um dennoch eine Rückgabe zu ermöglichen, kann anstelle einer Variable ein Zeiger auf dieselbe übergeben werden. Dazu ist beim Aufruf der Funktion vor den Namen der Variablen einfach der Adressoperator & zu stellen. Dadurch wird es der aufgerufenen Funktion möglich, einen Wert zurückzugeben. Genau diese Vorgehensweise finden wir bei der Funktion *scanf*, welche davon ausgeht, daß für jede Formatanweisung ein Zeiger auf eine Variable des passenden Typs übergeben wird.

Wir wollen ein erstes Beispiel betrachten:

Beispiel

```
#include <stdio.h>
main()
{
  int i;
  float x;

  printf("Eingabe : ");
  scanf("%d %e",&i,&x);
  printf("i=%d\n",i);
  printf("x=%e\n",x);
}
```

Dieses Programm erwartet zwei Zahlen von der Standardeingabe. Als erste Zahl soll ein *int*, dann ein *float* eingelesen werden. Die zugehörige Formatanweisung *%d %e* besagt, daß zunächst ein *int*, dann ein oder mehrere Whitespaces und schließlich ein *float* eingelesen werden sollen. Wir erkennen beim Aufruf der Funktion *scanf*, wie die aktuellen Parameter per Referenz übergeben werden, indem der Adressoperator vorangestellt wird. Nachdem *scanf* terminiert, stehen in den Variablen *i* und *x* die eingegebenen Werte, welche wir zur Kontrolle mit *printf* gleich wieder ausgeben.

Nun kann es aber passieren, daß nicht die gewünschten Werte zurückgegeben werden, etwa bei Eingabe von »13 abc«. Das offensichtliche Problem bei dieser Eingabe ist, daß der zweite Teil nicht dem erlaubten Format einer *float*-Zahl entspricht. In diesem Fall wird zwar in der Variable *i* der erwartete Wert 13 stehen, der Inhalt von *x* ist ist jedoch undefiniert. Um solche Fälle zu erkennen, gibt *scanf* als Rückgabewert die Anzahl der erfolgreich gelesenen Werte zurück. Anders als der meist nutzlose Rückgabewert von *printf*, muß der von *scanf* zurückgegebene Wert immer überprüft werden, wenn nicht ausgeschlossen werden kann, daß unpassende Eingaben kommen. Wir wollen unser kleines Programm also etwas erweitern:

```
#include <stdio.h>
main()
{
  int i,j;
  float x;

  printf("Eingabe : ");
  j=scanf("%d %e",&i,&x);
  switch (j) {
  case 2 :
    printf("x=%e\n",x);
  case 1 :
    printf("i=%d\n",i);
    break;
  default :
    printf("Keine gültigen Werte\n");
  }
}
```

Wie wir uns leicht klarmachen können, gibt dieses Programm nur noch dann den Wert einer Variablen aus, wenn er erfolgreich eingelesen werden konnte und somit einen definierten Inhalt hat.

Einfache Formatanweisungen

Die Formatanweisungen von *scanf* haben einen ähnlichen Aufbau wie die von *printf*. Dies betrifft insbesondere der Typteil der Formatanweisung, so daß nachfolgende Tabelle der Formattypen von *scanf* keiner weiteren Erläuterung bedarf. Im Anschluß an die Tabelle werden wir uns den erweiterten Möglichkeiten der Formatanweisungen von *scanf* zuwenden.

Formatanweisung	*Bedeutung*
%d	Zeiger auf int. Die Eingabe muß im Dezimalformat erfolgen.
%u	Zeiger auf unsigned int. Die Eingabe muß im Dezimalformat erfolgen.

Formatanweisung	*Bedeutung*
%c	Zeiger auf char.
%x	Zeiger auf int. Die Eingabe muß im Hexadezimalformat (keine Unterscheidung zwischen groß- und kleingeschriebenen Buchstaben) erfolgen.
%o	Zeiger auf int. Die Eingabe muß im Oktalformat erfolgen.
%i	Zeiger auf int. Die Eingabe kann hexadezimal (durch Voranstellen von 0x...), oktal (Voranstellen von 0...) oder dezimal (weder 0x noch 0 am Anfang) erfolgen.
%e, %E, %f, %g, %G	Zeiger auf float. Das genaue Eingabeformat entspricht jeweils dem bei *printf* angegebenen Format zu diesem Typbezeichner.
%s	Zeiger auf char. Es wird jedoch nicht nur ein Zeichen (wie bei %d), sondern alle Zeichen bis zum nächsten Whitespace gelesen und nacheinander – beginnend an der durch den Zeiger bezeichneten Position – abgespeichert. Hinter die eingelesene Zeichenkette wird noch ein Null-Character gehängt. Es reicht also in diesem Fall nicht aus, einen Zeiger auf ein einzelnes Zeichen zu übergeben, sondern es muß ein Zeiger auf einen Block von hintereinander gespeicherten Zeichen – also ein Zeichenarray – übergeben werden. Da der Name eines Zeichenarrays sowieso schon einem Zeiger auf sein erstes Element entspricht, darf in diesem Fall bei der Angabe des aktuellen Parameters nicht der Adressoperator vorangestellt werden!
%%	Wie bei *printf* ist hiermit nicht eine Formatanweisung, sondern das Zeichen % gemeint.

Um die Eingabe von Zeichenketten zu verdeutlichen, wollen wir noch ein Beispiel betrachten:

```
#include <stdio.h>

main()
{
  char s[10];

  printf("Eingabe : ");
  scanf("%s",s);
  printf("Gelesen : %s\n",s);
}
```

Dieses Programm liest unter Verwendung der Formatanweisung *%s* eine Zeichenkette ein und schreibt sie in das Zeichenarray *s*. Sie können an diesem Beispiel erkennen, daß bei der Übergabe eines Zeichenarray-Parameters der Adressoperator *&* nicht vor den Variablennamen gestellt werden darf.

Erweiterte Formatanweisungen

Ähnlich wie bei *printf* kann auch eine Formatanweisung bei *scanf* nicht nur aus dem Prozentzeichen und einem Typbezeichner bestehen. Die vollständige Syntax einer Formatanweisung lautet:

```
%[*][width][len]type
```

Das Prozentzeichen und den *type*-Bezeichner haben wir schon kennengelernt, wenden wir uns also jetzt den anderen Teilen zu.

Wenn wir nach dem Prozentzeichen einen '*' angeben, so wird diese Formatanweisung Eingabedaten zwar normal lesen, der erhaltene Wert wird jedoch nicht gespeichert. Aus diesem Grund darf zu dieser Formatanweisung auch kein aktueller Parameter angegeben werden. Nützlich ist dieses Überlesen von Werten beispielsweise, wenn aus jedem Datensatz einer komplex strukturierten Datei jeweils nur bestimmte Teile gelesen, andere aber ignoriert werden sollen.

Der *width*-Teil gibt an, wieviel Zeichen bei dieser Formatanweisung maximal eingelesen werden dürfen. Er ist insbesondere nützlich, um beim Lesen von Zeichenketten (mit der Formatanweisung *%s*) nicht die definierte Länge der Zeichenkette zu überschreiten. Somit können wir das vorige Beispiel verbessern:

```
#include <stdio.h>
main()
{
  char s[10];

  printf("Eingabe : ");
  scanf("%9s",s);
  printf("Gelesen : %s\n",s);
}
```

Konnte das vorige Programm durchaus noch unvorhersehbare Ergebnisse produzieren (wenn der Benutzer mehr als 9 Zeichen ohne Whitespace eingegeben hatte), so haben wir durch die Längenangabe 9 nunmehr dafür gesorgt, daß in das Array *s* nicht mehr als 9 Zeichen zuzüglich einem Nullzeichen geschrieben werden.

Der Teil *len* ist – wenn angegeben – entweder der Buchstabe *l* oder der Buchstabe *h*. Mit einem *l* wird *scanf* mitgeteilt, daß der übergebene Parameter ein Zeiger auf eine *long*-Variable ist; d.h. ein *long int* bei *%d*, *%x*, *%o* und *%i* und ein *double* bei *%e*, *%E*, *%f*, *%g* und *%G*. Durch *h* wird ein Zeiger auf ein *short int* angezeigt.

Suchbegriffe

Mit *%[ ]* gibt es in *scanf* eine weitere Formatanweisung zum Einlesen von Zeichen-Arrays, mit der es möglich ist, die Menge der zulässigen Eingabezeichen zu begrenzen. Dazu sind zwischen den eckigen Klammern die zulässigen Eingabezeichen anzugeben:

```
#include <stdio.h>

main()
{
  char s[100];

  printf("Eingabe : ");
  scanf("%[abc]",s);
  printf("Gelesen : %s\n",s);
}
```

Hier liest die Funktion *scanf* solange von Standardeingabe, wie es sich um eines der Zeichen 'a', 'b' oder 'c' handelt. Taucht ein anderes Zeichen auf, so wird nicht weitergelesen. Bei Eingabe von »achtung« schreibt obiges Programm also

```
Gelesen : ac
```

auf den Bildschirm. Durch Voranstellen eines ^ können wir *scanf* mitteilen, daß nur die Zeichen gelesen werden dürfen, die *nicht* in der angegebenen Zeichenmenge enthalten sind. Bei Eingabe von »Kindergarten« liefert das folgende Programm

```
#include <stdio.h>

main()
{
  char s[10];

  printf("Eingabe : ");
  scanf("%[^abc]",s);
  printf("Gelesen : %s\n",s);
}
```

also die Ausgabe

```
Gelesen : Kinderg
```

denn alle, bis zum 'g' gelesenen Zeichen sind weder ein 'a', noch ein 'b' noch ein 'c'.

Um Tipparbeit zu sparen, ist es bei manchen Compilern erlaubt, Bereiche von Zeichen festzulegen. Dazu ist das erste und das letzte Zeichen des Bereichs durch ein '-' getrennt anzugeben. Wollen wir also beispielsweise in einer Eingabe nur Großbuchstaben und die Zahlen 0 und 1 zulassen, so sollte die Formatanweisung wie folgt aussehen:

```
%[A-Z01]
```

Leider funktioniert dies nicht auf allen C-Compilern und sollte daher, wenn Portierbarkeitsaspekte eine Rolle spielen, nicht verwendet werden. Unglücklicherweise handelt es sich hierbei um die Art von Fehler, die nicht vom Compiler bemerkt, sondern erst zur Laufzeit des Programmes festgestellt werden kann.

Anmerkungen

Ebenso wie bei *printf* ist es auch vor dem ersten Einsatz von *scanf* sinnvoll, die lokale Dokumentation des verwendeten C-Compilers zu lesen. Obwohl die hier gemachten Ausführungen im Großen und Ganzen für die meisten C-Compiler zutreffen, gibt es doch hier und da Unterschiede im Detail. Auch kann es sein, daß ein bestimmter Compiler zusätzliche – über den üblichen Standard hinausgehende – Möglichkeiten der Eingabeformatierung mit *scanf* bietet.

Ein-/Ausgabe-umleitung

Alle bisher angesprochenen Funktionen reagieren auf das Umleiten der Eingabe oder Ausgabe. Wir haben das zugrundeliegende Prinzip in Kapitel 5 ausführlich diskutiert und dabei festgestellt, daß uns damit ein – wenn auch eingeschränktes – Mittel zur Bearbeitung von Dateien zur Verfügung steht.

Allgemeines

Die Einschränkung besteht im wesentlichen aus zwei Teilen:

1. Es konnten nur Textdateien verarbeitet werden und

2. es konnte nur eine Datei pro Programm bearbeitet werden, insbesondere konnte ein Programm, das eine Datei bearbeitete, nicht mehr interaktiv sein.

Dies sind natürlich Restriktionen, die man in vielen Programmen nicht hinnehmen kann. Zwar wird das Konzept der Ein-/Ausgabeumleitung in Zusammenhang mit Filterprogrammen (insbesondere unter UNIX) auch bei Nichtprogrammierern schnell unverzichtbares Hilfsmittel zum Lösen einer Vielzahl kleinerer Probleme; niemand wird es aber ernsthaft als Ersatz für spezielle Datei-I/O-Funktionen betrachten. Der Rest dieses Kapitels beschäftigt sich daher mit dem dateiorientierten I/O-Konzept von C. Wir werden feststellen, daß C hier wesentlich mehr zu bieten hat, als das Umleiten von Standardeingabe oder -ausgabe.

Standardfehler

Neben der Standardausgabe gibt es noch einen weiteren vordefinierten Kanal zur Ausgabe auf den Bildschirm. Hierbei handelt es sich um den Kanal *Standardfehler*. Wie der Name schon sagt, dient er dazu, Fehlermeldungen oder Warnungen eines Programmes auszugeben. Unter

UNIX ist dies auch sinnvoll, denn dort kann Standardfehler unabhängig von Standardausgabe umgeleitet werden, so daß es beispielsweise einem Filterprogramm möglich ist, trotz umgeleiteter Standardausgabe auf dem Bildschirm Meldungen auszugeben. Die Shell-Syntax zum Umleiten von Standardfehler des Programmes *a.out* in eine Datei *a.err* ist

```
a.out 2>a.err
```

und unterscheidet sich von der Syntax zum Umleiten der Standardausgabe durch die 2 unmittelbar vor dem Größer-Zeichen.

Unter MSDOS ist es leider nicht möglich, Standardfehler umzuleiten, so daß dessen Ausgaben immer auf den Bildschirm gehen. Auch gibt es keinen eingabeseitigen Fehlerkanal, der etwa noch Dialogbetrieb für Filterprogramme erlauben würde, deren Eingabe bereits umgeleitet ist.

Wir werden auf die Bedienung von Standardfehler aus einem Programm heraus im nächsten Abschnitt eingehen, da dieser in C zum Thema Datei-I/O – und nicht Bildschirm-I/O – gehört.

High-Level Datei I/O

Wie in fast allen anderen Programmiersprachen besteht auch in C der Zugriff auf Dateien aus drei aufeinanderfolgenden Phasen:

1. Öffnen der Datei.
2. Lesender und/oder schreibender Zugriff auf die geöffnete Datei.
3. Schließen der Datei.

Das Öffnen der Datei dient dazu, eine Verbindung zwischen der externen Datei, von der zunächst nur der Name bekannt ist, und dem laufenden Programm herzustellen. Die Funktionen aus der 2. Gruppe entsprechen vom Prinzip her den im vorigen Abschnitt kennengelernten bildschirmorientierten Ein- und Ausgabefunktionen, sie besitzen jedoch jeweils einen zusätzlichen Parameter, in dem die zu bearbeitende Datei angegeben wird. Das Schließen der Datei dient dazu, das Ende der Bearbeitung der Datei anzuzeigen, um sie wieder in einen definierten Ausgangszustand für die Bearbeitung durch andere Programme zu versetzen. Am Ende dieses Abschnitts werden wir noch auf einige Spezialfunktionen eingehen, welche zusätzliche Möglichkeiten während der Zugriffsphase bieten.

Das C-Dateikonzept

Das Bearbeiten von Dateien in C erfolgt prinzipiell immer zeichenorientiert, d.h. eine Datei ist für C immer eine (beliebig lange) unstrukturierte Folge von Einzelzeichen. Es ist den Dateifunktionen in einem C-Programm daher letztendlich egal, ob sie gerade auf einer Textdatei, einer Datenbanktabelle oder einem ausführbaren Programm arbeiten – letztlich handelt es sich bei jedem dieser Dateitypen um eine Folge von Einzelzeichen, die erst durch die Verarbeitung durch ein ganz bestimmtes Programm eine tiefere Bedeutung oder eine Struktur bekommen.

Dieses Konzept wurde in UNIX – und daher in C – zum Prinzip erhoben und zeigt sich an den überall gegenwärtigen Dateien. So gibt es nicht nur »normale« Dateien, die auf einem externen Speichermedium liegen und zur Ablage von Daten verwendet werden, sondern durch das Gerätetreiberkonzept wird letztendlich jedes Stück Hardware (in einem UNIX-System) zu einer Datei.

Obwohl wir diese Allgmeingültigkeit beim Arbeiten mit Dateien nicht aus den Augen verlieren sollten, gibt es in C aus Gründen der Bequemlichkeit einige Funktionen, die einer Datei bestimmte strukturelle Voraussetzungen unterstellen und daher nur auf ganz bestimmten Typen von Dateien angewendet werden können. Gemeint ist hier beispielsweise der Modus zum Bearbeiten einer Datei als Textdatei oder die formatierte Ein- und Ausgabe von Daten mit *printf*- oder *scanf*-ähnlichen Funktionen. Letztendlich dienen diese Vereinfachungen aber nur unserer Bequemlichkeit, alle Ein-/Ausgabefunktionen greifen auf der niedrigsten Ebene über eine einheitliche zeichenorientierte Schnittstelle auf die Dateien zu.

Öffnen einer Datei – fopen

```
#include <stdio.h>

FILE *fopen(fname,mode)
char *fname;
char *mode;
```

Beschreibung

Die Funktion *fopen* hat die Aufgabe, eine Datei zu öffnen, um sie dann bearbeiten zu können. Wichtigster Parameter von *fopen* ist *fname*, eine Zeichenkette, die den Namen der zu öffnenden Datei angibt, unter dem sie dem Betriebssystem bekannt ist. Der Parameter *mode* – ebenfalls eine Zeichenkette – macht Angaben darüber, welche Operationen auf der geöffneten Datei erlaubt sind. Der Rückgabewert der Funktion *fopen* ist vom Typ *FILE**, also ein Zeiger auf den Datentyp *FILE*. Dieser beim Öffnen einer Datei zurückgegebene Zeiger spielt eine wichtige Rolle bei allen nachfolgenden Zugriffen auf die Datei: er muß bei einem Lese-, Schreib- oder sonstigen Kommando dazu verwendet werden, anzuzeigen, welche Datei gemeint ist. Es hat sich allgemein eingebürgert, Variablen vom Typ *FILE** als *Stream* und die in diesem Abschnitt besprochenen Funktionen als *streamorientierte Dateifunktionen* zu bezeichnen. Wir wollen uns ein erstes Beispiel ansehen:

Beispiel

```
#include <stdio.h>
main()
{
  FILE *f1;
```

```
  f1=fopen("test.txt","r");
  if (f1==NULL) {
    printf("Kann test.txt nicht öffnen\n");
  }
}
```

Zunächst wird in diesem Programm eine Variable *f1* vom Typ *FILE** definiert. Sie bekommt den Rückgabewert von *fopen* zugewiesen und dient dazu, bei späteren Zugriffen die gewünschte Datei zu identifizieren. Da der erste Parameter von *fopen* »test.txt« lautet, soll die Funktion die Datei »test.txt« im aktuellen Verzeichnis öffnen und für die weitere Bearbeitung zugänglich machen. Eine wichtige Rolle spielt an dieser Stelle auch die vordefinierte Konstante *NULL*, die von *fopen* immer dann zurückgegeben wird, wenn es nicht möglich ist, die gewünschte Datei zu öffnen. Es gibt verschiedene Ursachen dafür, daß sich eine Datei nicht öffnen läßt; wir werden darauf bei der Besprechung des *mode*-Parameters genauer eingehen.

Es ist durchaus erlaubt, mehr als eine Datei gleichzeitig zu öffnen. Dazu ist für jede Datei eine *FILE**-Variable anzulegen und eine *fopen*-Anweisung abzusetzen. Bei nachfolgenden Zugriffen können die einzelnen Dateien dann anhand der *FILE**-Variable unterschieden werden. Auf jedem Betriebssystem gibt es ein bestimmtes Limit bezüglich der maximal erlaubten Anzahl gleichzeitig offener Dateien. Unter MSDOS liegt dieses Limit standardmäßig bei 8 Dateien, kann aber durch einen Eintrag *FILES=* in *config.sys* vergrößert werden. Unter UNIX ist der Wert systemabhängig, liegt aber im allgemeinen höher. Falls ein Programm versucht, mehr als die erlaubte Anzahl an Dateien zu öffnen, wird *fopen* bei Überschreiten der Grenze jeweils *NULL* zurückgeben und dadurch signalisieren, daß die gewünschte Datei nicht geöffnet werden konnte.

Dateinamen

Der Parameter *fname* darf jeden zulässigen Pfadnamen enthalten. Es ist also erlaubt, neben reinen Dateinamen auch Unterverzeichnis- oder Laufwerksnamen voranzustellen und so relative oder absolute Pfadnamen zu konstruieren. Hier zeigt sich allerdings ein potentielles Portierbarkeitsproblem, denn die Namenskonventionen für Pfadangaben unterscheiden sich zwischen unterschiedlichen Betriebssystemen teilweise ganz erheblich. Der in der nächsten Tabelle aufgeführte Vergleich zwischen UNIX und MSDOS mag einen Eindruck von den Problemen vermitteln.

Obwohl diese Probleme im Prinzip sehr einfacher Natur sind, können Sie bei der Portierung dateiorientierter Programme sehr viel Arbeitsaufwand verursachen. Es gibt leider kein triviales Mittel, um diese Portierbarkeitsprobleme zu entschärfen.

Eigenschaft	*UNIX*	*MSDOS*
In Dateinamen erlaubte Zeichen	Alle Zeichen	Buchstaben, Zahlen und einige Sonderzeichen
Länge von Dateinamen	>=14	max. 8 (+3 für Extension)
Unterscheidung zwischen Groß- und Kleinschrift	Ja	Nur Großschrift
Pfadbezeichnungen	Trennzeichen ist /	Trennzeichen ist \
Laufwerksbezeichnungen	Gibt es nicht	a:, b:, etc...

Beispiele zulässiger Pfadangaben für MSDOS und UNIX sind etwa:

```
c:\autoexec.bat
.\hallo.c
auto.pcx
myfile
/dev/rfd0135ds18
/usr/lib/Alib.a.Z.crc
```

Bearbeitungsmodi

Der Parameter *mode* der Funktion *fopen* ist ebenfalls eine Zeichenkette. Ihr Inhalt bestimmt die Art, wie *fopen* die Datei öffnet und welche Zugriffsarten später darauf erlaubt sind. Im Prinzip besteht der String *mode* aus einem Buchstaben, der möglicherweise von einem + und eventuell noch einem weiteren Buchstaben gefolgt wird. Leider ist die Zuordnung etwas eigenwillig, so daß man als C-Neuling sicherlich eine ganze Weile das Buch zu Hilfe nehmen muß:

r Öffnen der Datei zum Lesen. *fopen* gibt *NULL* zurück, wenn die Datei nicht existiert oder (unter UNIX) der aktuelle User keine Leseberechtigung für die Datei hat.

w Öffnen der Datei zum Schreiben. *fopen* gibt *NULL* zurück, wenn die Datei nicht existiert oder (unter UNIX) keine Schreibberechtigung für den derzeitigen User besteht. Unter MSDOS kann die Datei nicht geöffnet werden, wenn ihr Readonly-Attribut gesetzt ist.

a Öffnen der Datei zum Schreiben am Ende der Datei bzw. automatisches Anlegen der Datei, wenn sie noch nicht vorhanden ist. *fopen* gibt *NULL* zurück, wenn die vorhandene Datei nicht beschrieben werden darf, bzw. wenn (unter UNIX) die noch nicht vorhandene Datei aufgrund mangelnder Rechte des Benutzers für das Verzeichnis nicht angelegt werden darf.

r+ Öffnen einer existierenden Datei zum Verändern, d.h. zum Lesen und Schreiben. *fopen* gibt *NULL* zurück, wenn die Datei nicht existiert oder wenn der aktuelle Benutzer nicht Lese- und Schreibrechte auf die Datei hat.

w+ Anlegen einer neuen Datei zum Verändern. Existiert eine Datei gleicher Bezeichnung bereits, so wird sie zuvor gelöscht. *fopen* gibt *NULL* zurück, wenn die vorhandene Datei nicht beschrieben werden darf, bzw. wenn (unter UNIX) die noch nicht vorhandene Datei aufgrund mangelnder Rechte des Benutzers für das Verzeichnis nicht angelegt werden darf.

a+ Öffnen der Datei zum Lesen oder Schreiben am Ende der Datei bzw. automatisches Anlegen der Datei, wenn sie noch nicht vorhanden ist. *fopen* gibt *NULL* zurück, wenn die vorhandene Datei nicht gelesen und beschrieben werden darf, bzw. wenn (unter UNIX) die noch nicht vorhandene Datei aufgrund mangelnder Rechte des Benutzers für das Verzeichnis nicht angelegt werden darf.

Zusätzlich zu diesen Zugriffsrechten kann die Zeichenkette *mode* noch einen weiteren Buchstaben enthalten, der angibt, ob beim Bearbeiten der Datei bestimmte automatische Konvertierungen vorgenommen werden sollen. Hierbei unterscheidet C zwischen Text- und Binärmodus.

b Die Datei wird im Binärmodus geöffnet. Im Binärmodus werden keine impliziten Konvertierungen an eingelesenen oder ausgegebenen Zeichen vorgenommen. Jedes gelesene Zeichen wird an das Programm genauso weitergegeben, wie es in der Datei steht und jedes geschriebene Zeichen wird genauso in die Datei geschrieben, wie es das Programm an die Schreibfunktion übergeben hat.

t Die Datei wird im Textmodus geöffnet. In diesem Modus sollten nur lesbare Textzeichen übertragen werden. Bei den MSDOS-C-Compilern werden bei der Bearbeitung von Dateien, die im Textmodus geöffnet sind, einige automatische Konvertierungen vorgenommen.

Um den Unterschied zwischen beiden Dateitypen zu verstehen, muß man sich deren Bedeutung klarmachen. Textdateien dienen dazu, bestimmte Dinge in einer für den Menschen lesbaren Form zu speichern. Es soll also insbesondere möglich sein, eine Textdatei mit einem normalen Editor anzusehen oder zu bearbeiten. Aus diesem Grund bestehen Textdateien nur aus sichtbaren ASCII-Zeichen und einigen Steuercodes, wie z.B. Zeilenschaltungen oder Tabulatoren. Für das Bearbeiten solch reiner Textdateien ist der Modus *t* vorgesehen. Da unter MSDOS ein Zeilenende durch die Zeichensequenz *\r\n* angezeigt wird, unter UNIX jedoch nur ein *\n* verwendet wird, führen die MSDOS-C-Compiler im Textmodus folgende Konvertierung automatisch durch:

1. Beim Speichern von Daten in eine Textdatei wird ein *\n* automatisch in *\r\n* konvertiert.

2. Beim Lesen einer Textdatei wird ein *\r\n* automatisch auf ein *\n* reduziert.

Diese Konvertierung wird bei der Bearbeitung binärer Dateien nicht vorgenommen. Wenn wir also ganz sichergehen wollen oder müssen, daß zwischen den Daten in unserem Programm und denen in der zu verarbeitenden Datei eine 1:1-Beziehung besteht, müssen wir die Datei durch Anhängen des *b*-Schalters als Binärdatei verarbeiten. Falls wir in dem *mode*-Parameter weder den *b*- noch den *t*-Schalter angeben, verwendet das System seine eigene Voreinstellung, was auf den meisten C-Compilern der Textmodus ist.

Zeichenorientierte Ein-/Ausgabe

Nachdem eine Datei erfolgreich geöffnet wurde, kann sie gemäß ihrem *mode*-Parameter bearbeitet werden. Dazu dienen im wesentlichen Funktionen, wie wir Sie mit *putchar* und *getchar* auch schon bei den bildschirmorientierten I/O-Funktionen kennengelernt haben. Der einzige Unterschied zu den bisher kennengelernten Funktionen besteht darin, daß an die dateiorientierten Funktionen jeweils ein zusätzlicher Parameter, der Dateizeiger übergeben wird.

putc

```
#include <stdio.h>

int putc(c,f)
char c;
FILE *f;
```

Beschreibung

Diese Funktion ist das Gegenstück zu *putchar* und hat die Aufgabe, das einzelne Zeichen *c* in die Datei *f* zu schreiben. Da nach jedem Aufruf von *putc* ein unsichtbarer Satzzeiger eine Stelle weiter bewegt wird, bedeuten mehrfache Aufrufe von *putc* ein sukzessives Einfügen von Zeichen in die Datei.

Beachten Sie, daß alle in diesem Abschnitt erwähnten Funktionen ihre Ein- bzw. Ausgabe puffern! Für *putc* bedeutet dies beispielsweise, daß nicht bei jedem Aufruf tatsächlich auch ein Zeichen auf die Festplatte geschrieben wird, sondern erst dann, wenn der interne Puffer vollgeschrieben ist. Der Puffer wird allerdings auch dann geleert, wenn die Funktion *fflush* (s.u.) aufgerufen oder das Programm beendet wird.

Beispiel

Siehe *getc*.

getc

```
#include <stdio.h>

int getc(f)
FILE *f;
```

Beschreibung

Diese Funktion ist das dateiorientierte Gegenstück zu *getchar* und hat die Aufgabe, ein einzelnes Zeichen aus der Datei *f* zu lesen. Da nach jedem Aufruf von *getc* ein unsichtbarer Satzzeiger eine Stelle weiter bewegt wird, bedeuten mehrfache Aufrufe von *getc* ein sukzessives Lesen von Zeichen aus der Datei. Falls das Dateiende erreicht wurde oder ein Fehler aufgetreten ist, liefert die Funktion die Konstante *EOF* zurück. Alle weiteren Versuche, dann noch mit *getc* aus der Datei zu lesen, liefern jeweils *EOF*.

Beispiel

Wir wollen ein Programm schreiben, welches Dateien kopieren kann. Es soll zunächst den Namen einer Quelldatei erfragen, herausfinden, ob sie existiert und diese Datei gegebenenfalls in eine Zieldatei, deren Name ebenfalls erfragt werden soll, kopieren.

```
#include <stdio.h>
main()
{
  FILE *quelle,*ziel;
  char name[100];
  char c;

  printf("Name der Quelldatei : ");
  scanf("%99s",name);
  if ((quelle=fopen(name,"rb"))==NULL) {
    printf("Kann Datei %s nicht öffnen\n",name);
  } else {
    printf("Name der Zieldatei : ");
    scanf("%99s",name);
    if ((ziel=fopen(name,"w+b"))==NULL) {
      printf("Kann Datei %s nicht öffnen\n",name);
    } else {
      while ((c=getc(quelle))!=EOF) putc(c,ziel);
    }
  }
}
```

Das Programm definiert zwei *FILE** Variablen, um die Quell- und Zieldatei gleichzeitig öffnen zu können. Das Öffnen der Quelldatei erfolgt im Modus *rb*, da die Datei nur gelesen werden soll und alle Zeichen transparent übertragen werden sollen. Konnte die Quelldatei geöffnet werden, wird die Zieldatei im Modus *w+b* geöffnet, d.h. sie wird neu angelegt und zum Schreiben im Binärmodus vorbereitet. Das eigentliche Kopieren ist dann ein Kinderspiel und kann in einer einzigen Schleife erfolgen. In dieser Schleife werden solange Zeichen aus der Quelldatei gelesen und in die Zieldatei geschrieben, bis *getc* durch Rückgabe von *EOF* das Ende der Quelldatei anzeigt. In diesem Fall wird das Programm beendet.

Eigentlich ist das Programm noch nicht ganz vollständig, denn es fehlen die Funktionsaufrufe zum Schließen der Dateien, nachdem alle

Zeichen kopiert wurden. Das Programm arbeitet allerdings dennoch korrekt, da beim (ordnungsgemäßen) Beenden des Programmes alle noch offenen Dateien automatisch geschlossen werden. Da aber immer nur eine begrenzte Anzahl an Dateien gleichzeitig offen sein kann, sollten wir es uns angewöhnen, Dateien zu schließen, wenn sie nicht mehr benötigt werden.

Schließen einer Datei – fclose

```
#include <stdio.h>

int fclose(f)
FILE *f;
```

Beschreibung

Die Funktion *fclose* dient dazu, eine geöffnete Datei zu schließen. Das Schließen bewirkt, daß der Inhalt aller Dateipuffer physikalisch in die Datei geschrieben wird und daß der Directory-Eintrag der Datei aktualisiert wird. Nach dem Schließen der Datei kann die Variable *f* erneut zum Öffnen einer anderen Datei verwendet werden.

Nach erfolgreichem Schließen gibt *fclose* den Wert 0, bei Auftreten eines Fehlers die Konstante *EOF* zurück. Als Fehler kann dabei im wesentlichen nur der Fall auftreten, daß die zu schließende Datei *f* gar nicht geöffnet war.

Formatierte Ein-/Ausgabe

Die Funktionen *printf* und *scanf* zur formatierten Ein- und Ausgabe auf dem Bildschirm stehen auch als Versionen zum Bearbeiten von Dateien unter dem Namen *fprintf* und *fscanf* zur Verfügung. Sie unterscheiden sich von den bisher bekannten Funktionen nur durch den zusätzlichen *FILE**-Parameter an erster Stelle der Parameterliste. Da die Arbeitsweise der Funktionen schon genau erklärt wurde, wollen wir uns an dieser Stelle mit der Syntaxbeschreibung und einem Beispiel begnügen.

Syntax

```
#include <stdio.h>

fprintf(f,format [,arg]...)
FILE *f;
char *format;

fscanf(f,format [,arg]...)
FILE *f;
char *format;
```

Beispiel

Wir wollen ein Programm schreiben, welches eine Eingabedatei zeilenweise analysiert und die Anzahl der Zeichen in jeder Eingabezeile in eine neu angelegte Ausgabedatei *counters* schreibt.

```
#include <stdio.h>
main()
{
  FILE *f1,*f2;
```

```
  char name[100];
  char c;
  int i;

  printf("Name der Quelldatei : ");
  scanf("%99s",name);
  if ((f1=fopen(name,"r"))==NULL) {
    printf("Kann Datei %s nicht öffnen\n",name);
  } else {
    if ((f2=fopen("counters","w+"))==NULL) {
      printf("Kann Datei counters nicht öffnen\n");
    } else {
      do {
        i=0;
        while ((c=getc(f1))!=EOF && c!='\n') i++;
        fprintf(f2,"%i\n",i);
      } while (c!=EOF);
      fclose(f2);
    }
    fclose(f1);
  }
}
```

Wesentlich für die Funktion dieses Programmes ist die *do*-Schleife am Ende. In ihr wird jeweils eine komplette Zeile aus der Eingabedatei eingelesen und gleichzeitig die Anzahl der Zeichen in der Zeile gezählt. Nach dem Zeilenende wird die Anzahl der Zeichen und zusätzlich eine Zeilenschaltung mit der Funktion *fprintf* in die Ausgabedatei geschrieben. Falls das Ende der Eingabedatei erkannt wurde, wird das Programm beendet. An diesem Beispiel können wir jetzt auch die korrekte Verwendung der *fclose*-Funktion zum Schließen der Ein- und Ausgabedatei erkennen.

stdin/stdout/stderr

Wir haben schon mehrfach erwähnt, daß Bildschirm-I/O sich *prinzipiell* nicht von Datei-I/O unterscheidet. In der Tat ist es auch mit den dateiorientierten I/O-Funktionen möglich, das Terminal zu bedienen. Dazu gibt es in jedem C-Programm drei vordefinierte Streams mit den Namen *stdin, stdout* und *stderr*. Sie haben folgende Bedeutung:

stdin Der Standardeingabekanal.
stdout Der Standardausgabekanal
stderr Der Standardfehlerkanal

Diese Streams werden beim Starten des Programmes vom Laufzeitsystem automatisch angelegt und brauchen daher explizit weder geöffnet noch geschlossen werden.

Wir könnten also einen Aufruf

```
printf(s,...)
```

durch den äquivalenten Aufruf

```
fprintf(stdout,s,...)
```

ersetzen und der Aufruf

```
scanf(s,...)
```

ist gleichbedeutend mit

```
fscanf(stdin,s,...)
```

In der Tat sind die Funktionen *printf* und *scanf* im allgemeinen auf diese Art implementiert. Während Sie diese alternative Möglichkeit, bildschirmorientierte Ein-/Ausgabe zu betreiben, wegen der umständlicheren Syntax vermutlich nicht verwenden wollen, eröffnet sich im Zusammenhang mit dem Stream *stderr* eine interessante Perspektive.

Fehlerausgaben

Angenommen, wir wollen ein Filterprogramm schreiben, welches alle über die Standardeingabe eingelesenen Zeichen auf eine bestimmte Art überprüft, gegebenenfalls konvertiert und auf der Standardausgabe wieder ausgibt. Da die Standardausgabe des Programmes normalerweise umgeleitet ist, ist es nicht möglich, im Fehlerfall mit *printf* Diagnoseausgaben auf den Bildschirm zu schreiben. Diese würden zusammen mit der normalen Ausgabe umgeleitet werden und für den Bediener des Programmes unsichtbar bleiben.

Aus diesem Grund gibt es den Stream *stderr*. Auch er wird beim Starten des Programmes automatisch geöffnet und ist zunächst mit *stdout* identisch, d.h. alle Ausgaben auf *stderr* gehen auf den Bildschirm. Interessant wird es aber, wenn die Standardausgabe umgeleitet wird: in diesem Fall wird nämlich *stderr* nicht mit umgeleitet, sondern schreibt weiterhin seine Ausgaben auf den Bildschirm. Angewendet auf das beschriebene Filterprogramm bedeutet dies, daß es auch jetzt noch in der Lage ist, Ausgaben auf den Bildschirm zu schreiben.

Wollen Sie auch die Standard-Fehler-Ausgaben nicht sehen, so können sie unter UNIX auch diesen Kanal umleiten, indem Sie das Größer-Zeichen zur Angabe der Ausgabeumleitung mit einer vorangestellten 2 verwenden. Unter MSDOS ist es leider nicht möglich, Ausgaben auf *stderr* umzuleiten.

Es hat sich allgemein eingebürgert, in C-Programmen alle Fehlermeldungen und Warnungen über den Stream *stderr* auszugeben.

Sonderfunktionen

Neben den bisher erklärten Funktionen zum Öffnen, Lesen, Schreiben und Schließen von Dateien gibt es einige zusätzliche Funktionen, die in Zusammenhang mit Dateioperationen nützlich sind. Die Liste der in diesem Abschnitt erklärten Funktionen ist zwar nicht vollständig, sie behandelt aber die wichtigsten Bereiche und kann leicht durch das Studium spezieller Literatur erweitert werden.

fflush

```
#include <stdio.h>

int fflush(f)
FILE *f;
```

Beschreibung

Die der Datei *f* zugeordneten Puffer werden geleert. Falls die Datei zum Schreiben geöffnet ist, bedeutet dies, daß die noch im Puffer befindlichen Zeichen physikalisch in die Datei geschrieben werden. War die Datei hingegen zum Lesen geöffnet, so werden die noch ungelesenen Zeichen im Eingabepuffer gelöscht.

Der Rückgabewert von *fflush* ist 0, wenn die Funktion erfolgreich war, anderfalls *EOF*.

rewind

```
#include <stdio.h>

void rewind(f)
FILE *f;
```

Beschreibung

Der Dateizeiger wird auf den Anfang der Datei gesetzt, d.h. bei der nächsten Schreib- oder Leseoperation wird das allererste Zeichen in der Datei *f* bearbeitet.

fseek

```
#include <stdio.h>

int fseek(f,offset,origin)
FILE *f;
long offset;
int origin;
```

Beschreibung

Die Funktion *fseek* dient dazu, den Satzzeiger der Datei *f* wahlfrei zu positionieren. Die Positionsangabe ergibt sich dabei aus den Parametern *offset* und *origin*. Während *origin* angibt, auf welche Stelle in der Datei der Offset sich bezieht, bezeichnet *offset* die Entfernung von *origin*. Als zulässige Werte für *origin* sind drei symbolische Konstanten definiert:

Symbol	*Numerischer Wert*	*Offset-berechnung ab*
SEEK_SET	(0)	Anfang der Datei.
SEEK_CUR	(1)	aktueller Position des Satzzeigers.
SEEK_END	(2)	Ende der Datei.

Der Parameter *offset* kann auch negative Werte annehmen. In diesem Fall berechnet sich der tatsächliche Offset, indem der Zeiger von der durch *origin* bezeichneten Stelle um *offset* Zeichen zurückgesetzt wird.

Falls die Positionierung erfolgreich war, gibt *fseek* 0 zurück, andernfalls einen Wert ungleich Null.

Beachten Sie, daß mache Compiler es nicht mögen, wenn die Funktion *fseek* auf Dateien, die im Textmodus geöffnet wurden, angewendet wird. Der Grund dafür liegt in den impliziten Konvertierungen, die in diesem Modus ausgeführt werden, und den damit verbundenen Problemen beim Zählen der Zeichen in der Datei. Meist kann man diese Restriktion dadurch umgehen, daß man folgende Regeln einhält:

1. *origin* darf nur *SEEK_SET* sein.
2. *offset* muß ein von *ftell* gelieferter Wert sein.

Beispiel

```
#include <stdio.h>

main()
{
  FILE *f1;

  if ((f1=fopen("test.txt","r+"))!=NULL) {
    /*
     ..Datei-Operationen
    */
    fseek(f1,   0L,SEEK_END);
    fseek(f1,-200L,SEEK_CUR);
    fseek(f1,   0L,SEEK_SET);
    fclose(f1);
  }
}
```

Das Programm springt nach dem Öffnen der Datei zunächst an das Ende derselben, positioniert dann den Satzzeiger 200 Zeichen weiter zurück und setzt ihn schließlich auf den Anfang der Datei.

ftell

```
#include <stdio.h>

long ftell(f)
FILE *f;
```

Beschreibung

Mit dieser Funktion kann die aktuelle Position des Satzzeigers in der Datei *f* ermittelt werden. Der Rückgabewert enthält den Offset des Satzzeigers, gezählt vom Beginn der Datei. Falls bei der Ausführung der Funktion ein Fehler aufgetreten ist, gibt *ftell* -1L zurück.

Unter manchen Compilern (insbesondere unter MSDOS) arbeitet die Funktion *ftell* unter Umständen nicht korrekt, wenn die Datei im

Textmodus geöffnet wurde. Verwenden Sie daher *ftell* – ebenso wie *fseek* – möglichst nur bei Dateien, die im Binärmodus bearbeitet werden.

Beispiel

```
#include <stdio.h>

main()
{
  FILE *f1;

  if ((f1=fopen("test.txt","rb"))!=NULL) {
    fseek(f1,   0L,SEEK_END);
    printf("Dateilänge : %ld\n",ftell(f1));    fclose(f1);
  }
}
```

Low-Level Datei I/O

Während die High-Level-Datei-Funktionen auf einem recht hohen Abstraktionsgrad dazu dienten, Daten des Programmes formatiert auszugeben oder einzulesen, gibt es in C noch eine weitere Gruppe von Datei-Funktionen, welche auf einem wesentlich tieferen Level arbeiten. Diese Low-Level-Datei-Funktionen betrachten jede Art von Daten lediglich als unformatierte Folge von Bytes. Die zugehörigen Funktionen bieten daher im wesentlichen Möglichkeiten, Byte-Sequenzen vorgegebener Länge einzulesen oder auszugeben.

Obwohl die verfügbaren Funktionen von der Namensgebung her große Ähnlichkeit mit den High-Level-Funktionen haben, gibt es doch einen wichtigen prinzipiellen Unterschied, der leicht zur Verwirrung führen kann. Während die geöffneten Dateien bei den High-Level-Funktionen über einen Zeiger vom Type *FILE** (einem Stream) angesprochen wurden, werden die mit Low-Level-Funtkionen zu bearbeitenden geöffneten Dateien über einen *Handle* identifiziert. Ein Handle ist dabei nicht ein Zeiger, sondern ein einfacher *int*-Wert, d.h. beim Öffnen der Datei wird eine *int*-Zahl zurückgegeben (der Handle), über den die Datei in allen nachfolgenden Funktionen angesprochen werden kann. Leider ist es nicht ohne weiteres möglich, die über einen Handle geöffneten Dateien auch in den High-Level-Funktionen anzusprechen und umgekehrt, so daß in C zwei grundsätzlich verschiedene Arten der Dateibearbeitung (möglicherweise im selben Programm) nebeneinander existieren.

Die Low-Level-Funktionen bilden – zumindest unter UNIX – die Grundlage für alle anderen Dateifunktionen, und helfen insbesondere bei der Implementierung der höheren Dateifunktionen und vieler anderer Teile der Standard-Library. Diese Funktionen arbeiten unter UNIX völlig ungepuffert, d.h. die jeweils angegebene Anzahl an Bytes wird unmittelbar physikalisch geschrieben bzw. gelesen.

Unter MSDOS muß dies zwar nicht unbedingt so sein, aber auch dort wird das Programm nicht unbedingt schneller, wenn man mit den Low-Level-Datei-Funktionen viele kleine Bytesequenzen überträgt. In der Regel kann es daher durchaus sinnvoll sein, bei Verwendung der Low-Level-Routinen einen selbstverwalteten Puffer zu betreiben.

Wir wollen uns nun der Beschreibung der wichtigsten Funktionen dieser Klasse von Ein-/Ausgaberoutinen zuwenden.

open

```
#include <io.h>
#include <fcntl.h>

int open(name,mode)
char *name;
int mode;
```

Beschreibung

Die Funktion *open* dient zum Öffnen der Datei mit dem Namen *name*. Dabei darf der Dateiname sowohl Pfadbezeichnungen als auch (unter MSDOS) Laufwerksbuchstaben enthalten. Der Parameter *mode* gibt an, welche Operationen mit der geöffneten Datei durchgeführt werden sollen.

Dabei stehen die folgenden beiden symbolischen Konstanten zur Verfügung:

O_RDONLY Die Datei soll zum Lesen geöffnet werden.

O_WRONLY Die Datei soll zum Schreiben geöffnet werden.

Diese Werte können auch mit dem Bitweises-Oder-Operator zu *O_RDONLY | O_WRONLY* verknüpft werden, wenn die Datei sowohl zum Lesen als auch zum Schreiben geöffnet werden soll. Falls die Datei existiert und im gewünschten Modus geöffnet werden kann, gibt *open* den Handle der geöffneten Datei zurück, andernfalls wird -1 zurückgegeben.

Zusätzlich zu den oben angegebenen symbolischen Konstanten kann *mode* auch noch einige andere Werte annehmen. Wir wollen die wichtigsten davon kurz auflisten:

O_CREAT Automatisches Anlegen der Datei, falls sie noch nicht existiert. Dieser Wert hat keinen Einfluß auf Dateien, die bereits existieren.

O_TRUNC Automatisches Leeren der Datei, falls sie bereits existiert.

Auf vielen Systemen gibt es noch eine ganze Reihe weiterer Konstanten zur Beeinflussung des *mode*-Parameters, auf die wir an dieser Stelle nicht näher eingehen wollen. Zusätzlich hat *open* bei manchen Systemen noch einen optionalen dritten Parameter, der die Zugriffsrechte einer neu anzulegenden Datei bestimmt.

Beispiel

```
#include <stdio.h>
#include <io.h>
#include <fcntl.h>

main()
{
  int handle;

  if ((handle=open("c:\himem.sys",O_RDONLY))== -1) {
    printf("HIMEM.SYS nicht vorhanden\n");
    exit(1);
  }
  close(handle);
  printf("HIMEM.SYS vorhanden\n");
}
```

creat

```
#include <io.h>
#include <sys\stat.h>

int creat(name,access)
char *name;
int access;
```

Beschreibung

creat dient zum Anlegen einer neuen Datei mit dem Namen *name*. Falls eine Datei mit diesem Namen bereits existiert, wird sie geleert und dann geöffnet. Der Parameter *access* spezifiziert die Zugriffsrechte auf die anzulegende Datei. Dabei sind folgende symbolische Konstanten möglich:

S_IREAD	Die Datei darf nur gelesen werden.
S_IWRITE	Die Datei darf nur geschrieben werden.

Sollen beide Rechte an die Datei vergeben werden, können die Werte mit dem Bitweises-Oder-Operator zu *S_IREAD | S_IWRITE* verknüpft werden. Beachten Sie, daß es unter MSDOS im allgemeinen nicht möglich ist, einer Datei nur Schreibrecht zu geben.

Konnte die Datei erfolgreich angelegt bzw. geöffnet werden, gibt *creat* den Handle der Datei, einen positiven *int*-Wert zurück, andernfalls wird -1 zurückgegeben.

Beispiel

```
#include <stdio.h>
#include <io.h>
#include <sys\stat.h>

main()
{
  int handle;
```

```
  if ((handle=creat("invisibl.e",S_IREAD))== -1) {
    printf("invisibl.e kann nicht angelegt werden\n");
    exit(1);
  }
  close(handle);
  printf("invisbl.e READ-ONLY angelegt\n");
}
```

Das Programm soll eine READ-ONLY-Datei *invisibl.e* anlegen und eine Meldung über Erfolg oder Nichterfolg ausgeben. Während dieses Programm bei Turbo-C und Microsoft-C ordnungsgemäß arbeitete, konnte Zortech-C die Datei zwar anlegen, deklarierte sie jedoch nicht als READ-ONLY.

write

```
#include <io.h>

int write(handle,buf,len)
int handle;
void *buf;
unsigned len;
```

Beschreibung

Die Funktion *write* dient zum Schreiben unformatierter Daten in die Datei mit dem Handle *handle*. Um einen geigneten Handle zu erhalten, muß die Datei mit einer der Funktionen *open* oder *creat* geöffnet worden sein. Die Funktion schreibt *len* Bytes, beginnend an der durch den Zeiger *buf* bezeichneten Position, in die Datei. Konnten die Daten nicht in die Datei geschrieben werden, so gibt die Funktion -1 zurück, andernfalls liefert sie die Anzahl der tatsächlich geschriebenen Bytes.

Diese Funktion eignet sich besonders gut zum Aufbau komplizierter Datenstrukturen in Dateien, etwa einer Folge von Sätzen konstanter Länge, die programmintern durch ein Array oder eine Structure repräsentiert werden.

Beispiel

```
#include <stdio.h>
#include <io.h>
#include <sys\stat.h>

struct kunde {
  char   name[30];
  char   ort[30];
  int    alter;
  double umsatz;
} ;

main()
```

```
{
  int handle;
  struct kunde k1;
  int i;

  if ((handle=creat("kunden.dat",S_IREAD|S_IREAD))== -1) {
    printf("Kundendatei kann nicht angelegt werden\n");
    exit(1);
  }
  strcpy(k1.name,"Meier, Fritz");
  strcpy(k1.ort ,"2000 Hamburg");
  k1.alter=37;
  k1.umsatz=5468.30;
  for (i=0; i<10; i++) {
    write(handle,&k1,sizeof(k1));
  }
  close(handle);
}
```

Das Programm erzeugt eine Kundendatei mit 10 identischen Sätzen, die jeweils eine konstante Länge haben. Der Beginn des zu übertragenden Speicherbereichs wird dabei durch den Adressoperator & festgelegt und entspricht dem ersten Byte der Structure *k1*. Die Länge eines Datensatzes wird mit dem *sizeof*-Operator ermittelt.

Nach Ausführung dieses Programmes existiert eine Datei "kunden.dat", in der die Daten exakt so gespeichert sind, wie sie auch im Hauptspeicher abgelegt waren. Es handelt sich also nicht mehr um eine ASCII-Datei, die mit einem Editor angesehen werden kann, sondern alle Datentypen werden gemäß ihrer internen Repräsentation in der Datei abgelegt. Diese entspricht aber – zumindest für die numerischen Typen – nicht mehr einer für den Menschen auf den ersten Blick lesbaren Darstellung. Die sinnvollste Möglichkeit, die so gespeicherten Daten wieder zu lesen, besteht darin, sie mit der *read*-Funktion (siehe unten) einzulesen und in einer gleichartigen Structure abzuspeichern.

read

```
#include <io.h>

int read(handle,buf,len)
int handle;
void *buf;
unsigned len;
```

Beschreibung

Die Funktion *read* dient zum Lesen des nächsten Blocks von *len* Bytes aus der Datei mit dem Handle *handle*. Um einen geeigneten Handle zu erhalten, muß die Datei mit einer der Funktionen *open* oder *creat* geöffnet worden sein. Die Funktion schreibt die gelesenen Daten beginnend an der durch den Zeiger *buf* bezeichneten Position in den Hauptspeicher. Der Aufrufer von *write* muß selbst dafür sorgen, daß an dieser Adresse genügend Speicher zur Verfügung steht.

Trat beim Lesen ein Fehler auf, gibt die Funktion den Wert -1 zurück, andernfalls liefert sie die Anzahl tatsächlich gelesener Bytes. Der Rückgabewert ist genau dann kleiner als *len*, wenn das Dateiende erreicht wurde, bevor die gewünschte Anzahl an Bytes gelesen werden konnte.

Beispiel

```
#include <stdio.h>
#include <io.h>
#include <fcntl.h>

struct kunde {
  char   name[30];
  char   ort[30];
  int    alter;
  double umsatz;
} ;

main()
{
  int handle;
  struct kunde k1;

  if ((handle=open("kunden.dat",O_RDONLY))== -1) {
    printf("Kundendatei kann nicht geöffnet werden\n");
    exit(1);
  }
  read(handle,&k1,sizeof(k1));
  printf("%s\n",k1.name);
  printf("%s\n",k1.ort);
  printf("%d\n",k1.alter);
  printf("%le\n",k1.umsatz);
  close(handle);
}
```

Das Programm liest den ersten Datensatz aus der Kundendatei und gibt ihn auf dem Bildschirm aus. Wichtig ist dabei, daß die Datenstruktur zum Einlesen der Daten exakt mit der Datenstruktur übereinstimmt, die zum Schreiben der Daten verwendet wurde.

lseek

```
#include <io.h>

long lseek(handle,offset,pos)
int handle;
long offset;
int pos;
```

Beschreibung

lseek dient zum Bewegen des Dateizeigers in der geöffneten Datei mit dem Handle *handle*. Er wird dabei um *offset* Bytes, beginnend bei der durch *pos* angegebenen Position bewegt. *pos* kann dabei eine der folgenden drei Konstanten sein:

SEEK_SET	Der Offset ist als absolute Positionsangabe (ab Dateianfang) anzusehen.
SEEK_CUR	Der Offset wird zur aktuellen Position des Dateizeigers addiert.
SEEK_END	Der Offset wird zum Dateiende addiert.

Dabei darf *offset* sowohl positive als auch negative Werte annehmen.

Der Rückgabewert von *lseek* ist der Offset der neuen Position des Dateizeigers, gerechnet vom Anfang der Datei. Falls beim Ausführen der Funktion ein Fehler aufgetreten ist, wird -1 zurückgegeben.

Beispiel

```
#include <stdio.h>
#include <io.h>
#include <fcntl.h>

struct kunde {
  char   name[30];
  char   ort[30];
  int    alter;
  double umsatz;
} ;

main()
{
  int handle;
  struct kunde k1;

  if ((handle=open("kunden.dat",O_RDONLY))== -1) {
    printf("Kundendatei kann nicht geöffnet werden\n");
    exit(1);
  }
  lseek(handle,(long)(3*sizeof(k1)),SEEK_SET);
  read(handle,&k1,sizeof(k1));
  printf("%s\n",k1.name);
  printf("%s\n",k1.ort);
  printf("%d\n",k1.alter);
  printf("%le\n",k1.umsatz);
  close(handle);
}
```

Dieses Programm liest den vierten Datensatz aus der Kundendatei und gibt ihn auf dem Bildschirm aus.

close

```
#include <io.h>

int close(handle)
int handle;
```

Beschreibung

close dient dazu, die Datei mit dem Handle *handle* zu schließen. Die Datei muß dabei zuvor mit einer der Funktionen *open* oder *creat* geöffnet worden sein.

Wenn die Datei ordnungsgemäß geschlossen werden konnte, gibt die Funktion den Wert 0 zurück, andernfalls -1.

Beispiel

Siehe vorige Beispiele.

unlink

```
#include <io.h>

int unlink(name)
char *name;
```

Beschreibung

Mit der Funktion *unlink* wird die Datei *name* gelöscht. Dabei kann jeder beliebige erlaubte Pfadname angegeben werden. Bei erfolgreicher Ausführung gibt *unlink* den Wert 0 zurück, andernfalls -1.

Beachten Sie, daß *unlink* ungeöffnete Dateien schließt und zur Identifizierung nicht einen Handle, sondern den Dateinamen des Betriebssystems benötigt.

Beispiel

```
#include <stdio.h>
#include <io.h>

main()
{
  if (unlink("kunden.dat") == -1) {
    printf("Kundendatei kann nicht gelöscht werden\n");
    exit(1);
  }
  printf("O.K.\n");
}
```

Zusammenfassung

Die hier vorgestellten I/O-Routinen stellen nur einen kleinen Teil der in den meisten C-Systemen verfügbaren Funktionen dieser Klasse dar. Wenn Sie die letzten Abschnitte durchgearbeitet haben, besitzen Sie jedoch eine solide Grundlage, um sich weitergehendes Wissen unter Zuhilfenahme spezieller Literatur anzueignen. Wir wollen uns daher nur noch den Aufgaben zur Vertiefung des Stoffes zuwenden, und dann dieses sehr umfangreiche Gebiet verlassen.

Kapitel 8

Aufgaben

1.(A) Schreiben Sie ein Programm, welches eine Textdatei kopieren kann. Beim Kopieren sollen alle Kleinbuchstaben der Quelldatei automatisch in Großbuchstaben umgewandelt werden. Bei diesem und den folgenden Aufgaben sollen die für das Programm nötigen Eingaben, wie Dateinamen etc..., interaktiv vom Benutzer erfragt werden.

2.(A) Schreiben Sie ein Testprogramm, um herauszufinden, wie lange es jeweils dauert, eine 5, 50, 500, 5000 oder 50000 Bytes große Datei neu anzulegen. Versuchen Sie, das Ergebnis zu bewerten.

3.(B) Schreiben Sie ein Programm, welches zwei beliebige Dateien zeichenweise miteinander vergleicht und gegebenenfalls die Position des ersten unterschiedlichen Zeichens und die Zeile, in der sich dieses Zeichen befindet, ausgibt.

4.(B) Schreiben Sie ein Programm, welches als Eingabe den Namen einer Textdatei und eine *int*-Zahl *i* erwartet. Ihr Programm soll dann die Zeile unmittelbar vor, auf und hinter dem Zeichen ausgeben, das an *i*-ter Stelle in der Datei steht.

5.(B) Schreiben Sie ein Programm, das herausfindet, ob eine vorgegebene Datei eine Text- oder Binärdatei ist.

6.(C) Schreiben Sie ein Programm, das – ähnlich wie das Programm *grep* – in einer Textdatei einen vorgegebenen Suchbegriff findet und alle Zeilen, die diesen Suchbegriff enthalten, auf dem Bildschirm ausgibt. Es reicht, wenn Sie als Suchbegriff normale Zeichenketten (ohne Sonderzeichen) korrekt behandeln, reguläre Ausdrücke soll Ihr Programm nicht suchen können.

7.(B) Versuchen Sie herauszufinden, welchen praktischen Nutzen das folgende Programm haben könnte. Stellen Sie sich dazu vor, wie das Programm in Zusammenhang mit dem Umleiten von *stdin*, *stdout*, *stderr* oder als Filter arbeitet.

Hinweis Unter UNIX gibt es ein Kommando, das ganz ähnlich funktioniert.

```
#include <stdio.h>

main()
{
  int c;

  while ((c=getchar())!=EOF) {
    putchar(c);
    putc(c,stderr);
  }
}
```

8.(B) Schreiben Sie einen Filter *reverse,* der die komplette Standardeingabe zeichenweise umkehrt und somit spiegelverkehrt ausgibt.

Kapitel 9

Zeiger – erster Teil

Motivation

Wir haben uns in den vergangenen Kapiteln mit relativ kleinen Problemen auseinandergesetzt und konnten mit den bisher eingeführten Datenstrukturen

- Einfache Typen,
- Arrays,
- Structures/Unions und
- Aufzählungstypen

meist angemessene Lösungen für die gegebenen Probleme finden. All diesen Datenstrukturen ist gemein, daß Ihre Größe zur Übersetzungszeit des Programmes feststeht, sie werden daher als *statisch* bezeichnet. Die Verwendung des Wortes *statisch* in diesem Zusammenhang hat nichts mit dem *static*-Schlüsselwort zu tun, das wir im Kapitel 6 bei den verschiedenen Speicherklassen kennengelernt haben.

In der Praxis gibt es jedoch eine sehr große Klasse von Problemen, deren zugrundeliegende Struktur *dynamischer* Natur ist. Will man Probleme dieser Art angemessen mit einem Computerprogramm bearbeiten, so benötigt man eine Datenstruktur, deren Größe und Aufbau sich während der Laufzeit des Programmes verändern kann, d.h. eine *dynamische Datenstruktur*.

Um einen ersten Eindruck von den potentiellen Schwierigkeiten bei der Verwendung statischer Datenstrukturen zur Lösung eines dynamischen Problems zu gewinnen, wollen wir ein Beispiel betrachten.

Der statische Lösungsansatz

Angenommen, wir wollen ein einfaches Programm für die Verwaltung unserer Adressen schreiben. Die Adressen sollen nach Namen sortiert verarbeitet werden können und es soll möglich sein, neue Adressen einzufügen oder bestehende zu löschen. Weiter angenommen, wir stellen einen Adress-Satz durch eine Structure *asatz* und die Menge aller möglichen Adressen durch ein Array *A* mit Elementen vom Typ *struct asatz* dar. Die verfügbaren Adressen seien in *A* aufsteigend ab Arrayposition 0 gespeichert.

Diese Vorgehensweise scheint zwar auf den ersten Blick naheliegend, bei näherer Betrachtung offenbaren sich jedoch einige Schwächen:

1. Soll ein neues Element eingefügt werden, so ist in *A* zunächst die Stelle zu finden, an der das Element alphabetisch gemäß seinem Namen einzuordnen ist. Um Platz für das einzufügende Element zu schaffen, müssen dann alle darauffolgenden Elemente um eine Position nach oben verschoben werden. Da jedes der zu verschiebenden Elemente dabei mindestens einmal gelesen und geschrieben werden muß, ist diese Vorgehensweise sehr zeitaufwendig.

2. Soll ein Element gelöscht werden, so kann es nur aus dem Array entfernt werden, indem alle darauffolgenden Elemente um eine Position nach unten verschoben werden. Aus denselben Gründen wie eben ist auch dieser Vorgang sehr zeitaufwendig.

3. Da zur Entwicklungszeit des Programmes nicht bekannt ist, wie viele Adressen einmal eingefügt werden sollen, ist das Array im allgemeinen entweder viel zu groß dimensioniert und verschwendet damit wertvollen Arbeitsspeicher oder es bietet nicht genug Platz, um neue Elemente einzufügen.

All diese Schwierigkeiten kommen dadurch zustande, daß wir eine Datenstruktur gewählt haben, die der Aufgabe nicht angemessen war. Die von uns gewählte Darstellung der Daten war statisch, während die Aufgabe einen dynamischen Ansatz impliziert. Es entstehen bei dieser Vorgehensweise neuartige Probleme, die in der eigentlichen Aufgabenstellung nicht enthalten waren und die Lösung unübersichtlich und schwer verständlich machen.

Wir wollen uns nun einen Lösungsansatz ansehen, der eine dynamische Darstellung der Daten verwendet und bei dem keines der drei Probleme auftaucht.

Die dynamische Lösung

Angenommen, wir verfügten über eine Möglichkeit, Adresssätze miteinander zu verketten, dann könnten wir unsere Adressen als alphabetisch sortierte Liste verketteter Elemente vom Typ *struct asatz* darstellen. Wenn es weiterhin möglich wäre, zur Laufzeit des Programmes neue Elemente in die Kette einzufügen, bestehende Elemente zu löschen oder die Verkettung der Elemente zu ändern, dann können die oben angesprochenen Probleme nicht mehr auftauchen:

1. Soll ein Adressatz eingefügt werden, so wird zunächst Speicher für eine Adress-Structure angefordert, die Stelle in der Liste gesucht, an der das Element eingefügt werden muß und schließlich die Einfügung durch Auftrennen der Liste an dieser Stelle und Verketten dieses Elements mit den beiden entstandenen Teilen der Liste vorgenommen. Der Aufwand hält sich in Grenzen: es ist lediglich Hauptspeicher zu beschaffen und einige (wenige) Verkettungsoperationen durchzuführen. Der Rest der Liste braucht nicht kopiert werden, da die Einfügung (auf logischer Ebene) durch das Ändern der Verkettung realisiert wird.

2. Soll ein Satz gelöscht werden, ist nach dem Auffinden der entsprechenden Stelle lediglich das betreffende Element aus der Liste auszuhängen, die Bruchstelle wieder zu schließen und der für dieses Element angeforderte Speicher wieder an das Betriebssystem zurückzugeben. Auch hier entsteht sehr viel weniger Aufwand als bei der Darstellung im Array, denn wieder entfällt der zeitaufwendige Kopierlauf.

3. Der Speicherbedarf der Liste entspricht immer der tatsächlichen Anzahl gespeicherter Elemente, es wird kein Speicher verschwendet. Durch das dynamische Anfordern von Speicher kann die Liste (nahezu) beliebig groß werden.

Ausblick

Wie Sie sich denken können, sind die bei dieser Lösung gemachten Annahmen keineswegs hypothetisch, sondern reflektieren haargenau die Möglichkeiten der Sprache C zur Konstruktion dynamischer Datenstrukturen. Die erwähnten Verkettungen werden durch Zeiger realisiert und die dynamische Speicherbeschaffung erledigt eine geeignete Libraryfunktion. Aufgabe dieses Kapitels ist es, Ihnen die Verwendung von Zeigern zur Modellierung dynamischer Datenstrukturen in C nahezubringen.

Es gibt im täglichen Leben eine Unzahl von Dingen, die mit Zeigern in Zusammenhang stehen. Man kann sich einen Zeiger dabei auch als Referenz auf »Etwas« vorstellen. Beispiele für Referenzen sind Literaturangaben oder Inhaltsverzeichnisse in Büchern, Verkehrsschilder, Kettenbriefe, das auf dem Bildschirm eingeblendete Fernsehprogramm des Abends oder der Familienstammbaum. Überall gibt es (Zeiger-) Daten, die auf gleich- oder andersartige Daten verweisen.

Zeiger zur Konstruktion dynamischer Datenstrukturen tauchten zuerst in Sprachen wie ALGOL-68, PL/I und PASCAL auf und sind mittlerweile fester Bestandteil aller modernen Universal-Sprachen wie C, Modula-2, ADA, etc... Auf der anderen Seite gibt es allerdings immer noch eine Vielzahl von Programmiersprachen wie z.B. FORTRAN, COBOL, BASIC oder 4GL-Sprachen, in denen es weder Zeiger noch dynamische Datenstrukturen gibt.

Falls Sie von einer der letztgenannten Sprachen zu C kommen, begehen Sie bitte nicht den Fehler, dynamische Datenstrukturen und Zeiger als unnötigen Ballast anzusehen und daher diesem und dem nächsten Kapitel nicht Ihre volle Aufmerksamkeit zu widmen. Zeiger gehören mit zu den wichtigsten Hilfsmitteln in Programmiersprachen im allgemeinen und in der Sprache C ganz besonders. Sie werden kaum ein C-Programm finden, in dem nicht an irgendeiner Stelle Zeiger verwendet werden.

Falls Sie bei der Beschäftigung mit Zeigern zunächst Verständnisschwierigkeiten haben, können Sie sich trösten: fast jeder Programmierer hat mehr oder weniger große Schwierigkeiten, wenn er sich das erste Mal mit Zeigern und dynamischen Datenstrukturen beschäftigt.

Falls Sie die folgenden beiden Kapitel also nicht gleich verstehen, lassen Sie sich nicht entmutigen, sondern lesen Sie sie nach einiger Zeit noch einmal durch, und dann noch einmal und noch einmal, usw..., bis Sie sie verstanden haben. Testen Sie auch die Beispiele mit Ihrem eigenen Compiler und experimentieren Sie mit den Programmen. Sie werden feststellen, daß Ihnen jede Wiederholung etwas mehr Wissen und Verständnis bringt.

Da dieses Buch in erster Linie die Sprache C lehren will, wird das Thema »Dynamische Datenstrukturen« nur insoweit behandelt, als es für das Verständnis der wichtigsten Zusammenhänge nötig ist. Sollten Sie weitergehendes Interesse an Datenstrukturen haben, so empfiehlt sich die Lektüre eines der Bücher zu diesem Thema.

Wir wollen uns jetzt der konkreten Verwendung von Zeigern in der Sprache C zuwenden. Bevor wir uns dem eigentlichen Anliegen dieses Kapitels – der Konstruktion dynamischer Datenstrukturen – zuwenden können, müssen wir allerdings erst die Grundoperationen mit Zeigern erlernen.

Einführung des Zeigerbegriffs

In C werden Zeiger bei ihrer Definition typisiert, d.h. ein für einen bestimmten Typ definierter Zeiger darf nur auf Variablen dieses Typs zeigen. Es ist also z.B. nicht erlaubt, einen *int*-Zeiger auf eine *double*-Variable zeigen zu lassen. Daher ist es nötig, bei der Definition eines Zeigers den Datentyp, den der Zeiger referenzieren soll, anzugeben.

Definition einer Zeigervariable

Die allgemeine Syntax einer Zeigerdefinition hat folgendes Aussehen:

```
Datentyp * Name;
```

Durch diese Definition wird eine Variable *Name* vom Typ »Zeiger auf *Datentyp*« vereinbart. Der Wertebereich einer solchen Variable ist die Menge aller Zeiger, die auf Speicherobjekte vom Typ *Datentyp* zeigen können. Durch die Definition sind Zeiger und zugeordneter Typ untrennbar miteinander verbunden, d.h. es ist nicht möglich, den Typ des Zeigers im weiteren Programmverlauf zu verändern.

Durch die Definition der Zeigervariablen wird noch kein Speicherplatz für ein Objekt vom Typ *Datentyp* reserviert. Der Compiler reserviert für eine Zeigervariable lediglich soviel Speicher, wie zur Darstellung des Zeigers nötig ist. Da Objekte vom Typ *Datentyp* prinzipiell an jeder beliebigen Stelle im Hauptspeicher eines Programmes liegen können, müssen mit einem Zeiger letztendlich alle Hauptspeicheradressen dargestellt werden können.

Daher werden zur Speicherung eines Zeigers genau soviele Bytes verwendet, wie die interne Darstellung einer Maschinenadresse erfordert. Auf den meisten Maschinen belegt ein Zeiger damit 2 oder 4 Byte.

Ebenso wie jede andere Variable ist der Wert eines Zeigers nach der Definition zunächst unbestimmt. Der Zeiger referenziert also irgendeine Speicherstelle im Adressraum des Programmes. Natürlich ist die einzige, mit nicht-initialisierten Zeigern sinnvolle Operation die Zuweisung. Diese funktioniert ähnlich wie bei einer normalen Variablen, mit dem Unterschied, daß ein Zeiger zugewiesen werden muß.

Wertzuweisung

Durch den Ausdruck *A=B* wird einem Zeiger *A* der Wert des Zeigers *B* zugewiesen. Nach der Zuweisung haben beide Zeiger denselben Inhalt und zeigen damit gemeinsam auf das Objekt, das zunächst durch *B* referenziert wurde. Die einfachste Möglichkeit, einen Zeiger auf ein Objekt zeigen zu lassen, besteht darin, auf der rechten Seite des Zuweisungsoperators den Adressoperator & zu verwenden, denn es gilt: Ist eine Variable *x* vom Typ *t*, so liefert der Ausdruck *&x* einen Zeiger vom Typ *t* auf das Objekt *x*.

Wir wollen ein Beispiel betrachten (siehe Abbildung 9.1):

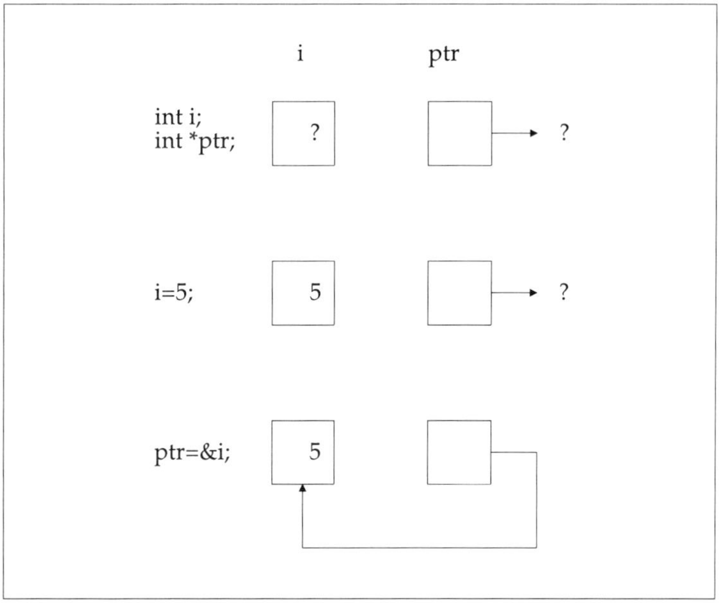

Abbildung 9.1 Wertzuweisung

Beispiel

```
main()
{
  int i;
  int *ptr;

  i=5;
  ptr=&i;
}
```

In diesem Programm wird zunächst eine *int*-Variable *i* definiert und anschließend ein Zeiger *ptr* auf ein *int*. Durch die Zuweisung *i=5* wird der *int*-Variablen der Wert 5 zugewiesen, d.h. an der Stelle im Hauptspeicher des Computers, an der *i* gespeichert wird, befindet sich nun der Wert 5.

Zu diesem Zeitpunkt ist der Wert des Zeigers noch undefiniert, denn ihm wurde noch nichts zugewiesen. Erst durch den Ausdruck *ptr=&i* erhält der Zeiger *ptr* einen definierten Wert, nämlich die Adresse der Variable. *i. ptr* ist jetzt also ein Zeiger auf eine *int*-Variable, die den Wert 5 beinhaltet.

Mit Hilfe des Adressoperators können wir also Zeiger auf bereits vorhandene Speichervariablen konstruieren. Da die Größe normaler Speichervariablen schon zur Übersetzungszeit errechnet wird und der Compiler den erforderlichen Speicherplatz beim Programmstart automatisch reserviert, hat diese Vorgehensweise natürlich noch nichts mit dynamischen Datenstrukturen – die ja zur Laufzeit des Programmes ihre Größe verändern können – zu tun. Uns dienen diese Beispiele zunächst hauptsächlich dazu, die elementaren Operationen im Umgang mit Zeigern zu erlernen.

Da Zeiger typgebunden sind, ist es nicht erlaubt, ihnen die Adresse einer Variable eines anderen Typs zuzuweisen. Das Programm

```
main()
{
  double x;
  int *ptr;

  x=5.0;
  ptr=&x;
}
```

würde vom Compiler als fehlerhaft erkannt, weil die in der letzten Anweisung vorgenommene Zuweisung eines *double*-Zeigers an einen *int*-Zeiger nicht erlaubt ist. Obwohl die interne Darstellung aller Zeiger gleich ist, verhindert hier der Compiler eine derartige Zuweisung, um diese Art von Programmierfehler schon beim Übersetzen des Programmes aufzudecken.

Dereferenzierung

Wurde einem Zeiger ein Wert zugewiesen, so wollen wir natürlich auch auf das referenzierte Objekt zugreifen können. Dazu gibt es in C den unären Umleitungsoperator *, den wir auch als Verweisoperator bezeichnen wollen. Stellt man in einem Ausdruck einem Zeiger ein * voran, so erhält man als Resultat das durch den Zeiger referenzierte Objekt. Der Typ des Resultats entspricht dem Grundtyp des Zeigers.

Der unäre *-Operator darf nicht mit dem zweistelligen Multiplikationsoperator verwechselt werden, außer dem Aussehen haben beide

Operatoren nichts gemeinsam. Der Compiler kann die Unterscheidung zwischen beiden anhand des Kontextes vornehmen, in dem der Stern in Ausdrücken auftaucht.

Um die Verwendung des Verweisoperators zu verdeutlichen, wollen wir das obige Programm um eine Ausgabeanweisung erweitern:

```
#include <stdio.h>

main()
{
  int i;
  int *ptr;

  i=5;
  ptr=&i;
  printf("%d\n",*ptr);
}
```

Als letzte Anweisung taucht der Aufruf von *printf* auf, mit dem ein *int*-Wert ausgegeben werden soll. Als aktuellen Parameter übergeben wir jedoch in diesem Fall keine *int*-Variable, sondern mit **ptr* das Objekt, auf das der Zeiger *ptr* zeigt. Da *ptr* als Zeiger auf *int* definiert wurde, liefert der Verweis-Operator einen *int*-Wert zurück und das Programm erzeugt die Ausgabe

```
5
```

Da der Rückgabewert des Verweis-Operators (siehe Kapitel 2) ein lvalue ist, dürfen wir einen derartigen Ausdruck auch auf der linken Seite einer Zuweisung verwenden. Damit ist es möglich, Variablen indirekt zu verändern:

```
#include <stdio.h>

main()
{
  int i;
  int *ptr;

  ptr=&i;
  i=1;
  printf("i ist jetzt %d\n",i);
  *ptr=2;
  printf("i ist jetzt %d\n",i);
}
```

Die Ausgabe des Programmes lautet:

```
i ist jetzt 1
i ist jetzt 2
```

Die erste Anweisung *ptr=&i* weist an *ptr* die Adresse der Variablen *i* zu, d.h. *ptr* ist jetzt ein Zeiger auf die *int*-Variable *i*. Beachten Sie, daß an dieser Stelle keine undefinierte Zuweisung erfolgte, weil *i* noch nicht initialisiert wurde! Vielmehr ist es so, daß *ptr* nicht den Wert (der tatsächlich noch undefiniert ist), sondern die Adresse von *i* zugewiesen bekommt. Die Adresse einer Variablen wird aber vom Compiler direkt bei deren Definition festgelegt und ist daher immer definiert.

Die nächste Anweisung weist *i* den Wert 1 zu, so daß die erste *printf*-Anweisung folgerichtig diesen Wert auf dem Bildschirm ausgibt. In der nun folgenden Anweisung **ptr=2* wird dem Objekt, auf das der Zeiger *ptr* zeigt, der Wert 2 zugewiesen. Da wir mit der ersten Anweisung *ptr* gleich auf *i* zeigen ließen, hat nun auch *i* den Wert 2, was durch das nachfolgende *printf* dokumentiert wird.

Indem wir Zeiger mit Hilfe des Adressoperators auf namentlich bekannte Variablen zeigen lassen, haben wir also eine Möglichkeit gefunden, unter verschiedenen Namen auf ein und denselben Speicherbereich zuzugreifen:

a. Wir können direkt über den Namen der Variable auf das Objekt zugreifen.

b. Wir können mit Hilfe des Verweis-Operators und eines Zeigers indirekt auf das Objekt zugreifen.

Nachdem im Verlaufe des Buches schon angeklungen war, daß Zeigeroperationen nicht ganz ungefährlich sind, wollen wir uns ein erstes Beispiel für ein fehlerhaftes Zeiger-Programm ansehen.

Beispiel

```
#include <stdio.h>

float *p1;

void print(num)
float num;
{
  printf("Wert ist %f\n",num);
}

void bla()
{
  float x=3.14;

  p1=&x;
  print(*p1);
}

main()
{
  float y=2.71;
```

```
  p1=&y;
  print(*p1);
  bla();
  printf("Jetzt wird's falsch...\n");
  print(*p1);
}
```

Wenn wir das Programm laufen lassen, könnte es z.B. folgende Werte ausgeben:

```
Wert ist 2.710000
Wert ist 3.140000
Jetzt wird's falsch...
Wert ist 0.000000
```

Dreh- und Angelpunkt des Programmes ist die globale Variable *p1*, die einen Zeiger auf ein *float* darstellt. Zunächst bekommt *p1* in *main* die Adresse der mit 2.71 initialisierten lokalen Variable *y* zugewiesen, so daß der nachfolgende Aufruf *print(p1)* die Zahl 2.71 auf dem Bildschirm ausgibt. In der anschließend aufgerufenen Funktion *bla* zeigt *p1* nach dem Ausführen der Anweisung *p1=&x;* auf die mit 3.14 initialisierte lokale Variable *x*, was durch die korrekte Ausgabe des Wertes 3.14 bestätigt wird. Da aber nach dem Beenden einer Funktion deren lokale Variablen sterben, zeigt *p1* nach dem Ende von *bla* nunmehr auf einen undefinierten Speicherbereich. Die nachfolgende Bildschirmausgabe liefert dann tatsächlich einen falschen Wert, da der für die lokale Variable *x* reservierte Speicherbereich bereits anderweitig verwendet wurde (wahrscheinlich für die Parameter des dazwischenliegenden Aufrufs von *printf*).

Das hier geschilderte Problem kommt also dadurch zustande, daß ein Zeiger auf einen ungültigen Speicherbereich zeigt. In diesem Fall ist auch das Ergebnis einer Verweis-Operation undefiniert. In unserem Fall ist der Speicherbereich dadurch ungültig geworden, daß eine Funktion ihre automatischen Variablen zurückgegeben hat. Wie wir im folgenden noch sehen werden, gibt es eine ganze Reihe von möglichen Ursachen dafür, daß ein Zeiger auf einen ungültigen Wert zeigt.

Es gibt leider keine generelle Strategie zur Vermeidung dieser Art von Fehlern. Im Laufe dieses und des nächsten Kapitels werden immer wieder Programmsituationen auftauchen, in denen Zeiger durch leichte Programmierfehler versehentlich auf falsche Speicherbereiche zeigen können. Wird danach (insbesondere schreibend) auf diesen Zeiger zugegriffen, kann es passieren, daß das Programm abstürzt oder der Rechner stehenbleibt, weil Speicherbereiche überschrieben werden, die z.B. vom Betriebssystem belegt sind oder an denen nicht Daten, sondern Programmcode steht.

Auf UNIX und anderen Mehrplatzsystemen gibt es im allgemeinen hardwaregesteuerte Speicherschutzmechansimen, so daß ein verbogener Zeiger nicht direkt einen Maschinenstillstand verursachen kann. Das Betriebssystem bekommt in diesem Fall von der Hardware eine entsprechende Mitteilung und bricht das Programm mit einer Meldung der Art »memory fault...« ab. Dadurch braucht man als experimentierfreudiger C-Anfänger auch auf Mehrplatzsystemen (mit vielen Benutzern) keine Angst haben, sich bei seinen Kollegen unbeliebt zu machen.

Dynamische Speicherzuweisung

Nachdem wir in den vorangegangenen Abschnitten die grundlegenden Operationen mit Zeigern kennengelernt, uns allerdings auf statische Speicherbereiche beschränkt haben, wollen wir uns nun dem Umgang mit dynamisch zugewiesenem Datenspeicher zuwenden.

Für das Verständnis dieses Abschnitts ist es wichtig, den Begriff des *Heap* zu verstehen. Unter dem Heap versteht man einen großen, zusammenhängenden Hauptspeicherbereich, aus dem sich das Programm zur Laufzeit Speicher beschaffen kann. Am besten, wir stellen uns den Heap wie einen großen »Berg voll Hauptspeicher« vor. Aus diesem Haufen können sich die C-Programme mit Hilfe einer Library-Funktion mehr oder weniger große Stücke herausgeben lassen und für die Speicherung von Daten verwenden.

Obwohl der Heap in der Regel sehr viel größer als der für normale Variablen verfügbare Speicher ist, hat er doch nur eine endliche Ausdehnung. Aus diesem Grund existiert auch eine Library-Funktion, mit deren Hilfe nicht mehr benötigter Speicher wieder zurückgegeben werden kann. Wir wollen uns jedoch zunächst die Anforderung von Speicher ansehen.

Syntax

```
#include <stdlib.h>

void *malloc(size);
unsigned size;
```

Beschreibung

Ein Aufruf von *malloc(size)* liefert einen Zeiger auf einen Hauptspeicherbereich der Größe *size* Bytes, der dem Heap entnommen wird. Ist auf dem Heap nicht mehr genügend zusammenhängender Speicher der Größe *size* verfügbar, gibt *malloc* den vordefinierten Zeiger *NULL* zurück. Auf diese Weise sind wir nun in der Lage, den Speicherplatz für eine Variable zur Laufzeit des Programmes zu beschaffen:

```
#include <stdio.h>
#include <stdlib.h>

main()
{
  int *ptr;

  ptr=malloc(sizeof(int));
  if (ptr!=NULL) {
```

```
    *ptr=15;
    printf("%d\n",*ptr);
  } else {
    fprintf(stderr,"Nicht genug Speicher vorhanden\n");
  }
}
```

Zunächst wird ein *int*-Zeiger *ptr* definiert. Diesem wird durch Aufruf von *malloc* ein freier Speicherbereich der Größe, die zur Speicherung eines *int* erforderlich ist, zugewiesen. Falls der Aufruf erfolgreich war, zeigt *ptr* jetzt auf das erste Byte eines Speicherbereiches der angegebenen Größe. Wir können so mit Hilfe des Verweis-Operators (also via **ptr*) lesend oder schreibend auf diesen Speicherbereich zugegreifen – genauso als wenn sich dort eine vom Compiler erzeugte Variable befinden würde.

NULL-Zeiger

Da es möglich ist, daß *malloc* nicht mehr genügend zusammenhängenden Speicher findet, müssen wir nach einem Aufruf dieser Funktion den Rückgabewert auf Gleichheit mit *NULL* testen. *NULL* ist ein vordefinierter Zeiger, dessen Wert sich von allen regulären Zeigern unterscheidet. Er wird deshalb in der Regel von Funktionen, die Zeiger als Rückgabewerte liefern, zur Anzeige eines Fehlers verwendet. Wir haben *NULL* schon einmal kennengelernt: er wurde im vorigen Kapitel von der Funktion *fopen* zurückgegeben, wenn die angegebene Datei nicht wie gewünscht geöffnet werden konnte. Falls wir in einem Programm versehentlich einen *NULL*-Zeiger weiterverwenden, so ist das Verhalten des Programmes undefiniert.

Die übliche Reaktion eines Programmes auf einen von *malloc* zurückgegebenen *NULL*-Zeiger sollte daher ein Abbruch mit einer Fehlermeldung »Nicht genügend Hauptspeicher« sein. Natürlich kann das Programm auch versuchen, durch Rückgabe von nicht mehr genutztem Speicher und wiederholtem Aufruf von *malloc* oder durch andere geeignete Aktionen doch noch an die gewünschte Menge Speicher zu kommen. In keinem Fall darf jedoch ein *NULL*-Zeiger einfach ignoriert werden.

Auf manchen C-Systemen gibt es die *#include*-Datei *stdlib.h* nicht. In diesem Fall müssen wir *malloc* vor seiner Verwendung unbedingt deklarieren, da sein Rückgabewert nicht vom Typ *int* ist (siehe Kapitel 6). Dies kann z.B. durch die Angabe

```
void *malloc();
```

am Anfang der Quelldatei geschehen. Da bei Fehlen von *stdlib.h* auch der *NULL*-Zeiger nicht dort gefunden wird, können wir als Ausweichlösung *stdio.h* einbinden, in der eine *NULL*-Definition enthalten ist. Manche Systeme stellen die Definition von *malloc* in einer *#include*-Datei *malloc.h* zur Verfügung.

Die Größenangabe bei malloc

Bei einem Aufruf von *malloc* muß an diese Funktion die Anzahl der zu reservierenden Bytes übergeben werden, d.h. die Größe des Objektes, das durch den Zeiger referenziert werden soll. Natürlich könnte man diesen Wert als numerische Konstante angeben, also etwa 2 bei einem *int*-Zeiger oder 8 bei einem *double*-Zeiger, wenn man die richtigen Werte kennt. Eine solche Vorgehensweise hat allerdings den Nachteil, daß der Aufruf von *malloc* maschinenabhängig und dadurch das Programm schlechter portierbar wird, denn auf einem anderen Rechner oder Compiler kann ein *int* natürlich eine von 2 und ein *double* eine 8 verschiedene Größe haben.

Besser ist es also in jedem Fall, die Größe des Zielobjektes durch Verwendung des *sizeof*-Operators vom Compiler errechnen zu lassen. Wir dürfen dabei nur nicht den Fehler begehen, den Zeiger selbst als Parameter von *sizeof* anzugeben, sondern müssen immer den Namen einer Variable des Zeigertyps oder den Typ selber übergeben. Wir wollen uns wieder eine typische Fehlerquelle ansehen:

```
#include <stdio.h>
#include <stdlib.h>

main()
{
  double *p1, *p2;

  p1=malloc(sizeof(p1));
  p2=malloc(sizeof(p2));
  if (p1!=NULL && p2!=NULL) {
    *p1=3.14;
    printf("*p1 ist %lf\n",*p1);
    *p2=2.71;
    printf("*p2 ist %lf\n",*p2);
    printf("*p1 ist %lf\n",*p1);
  }
}
```

Wir reservieren für die beiden *double*-Zeiger zunächst durch zweimaligen Aufruf von *malloc* den (vermeintlich) erforderlichen Speicher auf dem Heap. Wenn dies gutgegangen ist, so schreiben wir an die Stelle, auf die *p1* zeigt, den Wert 3.14 und an die Stelle von *p2* den Wert 2.71. Die beiden nachgeschalteten *printf*-Aufrufe lassen uns zunächst glauben, alles sei gut gegangen, denn die Ausgabe des Programmes lautet:

```
*p1 ist 3.140000
*p2 ist 2.710000
*p1 ist 8029893007535827400000000000.
```

Die letzte Ausgabe zeigt uns dann allerdings unmißverständlich, daß irgendetwas Schlimmes passiert sein muß. Das Problem liegt darin, daß beim Aufruf von *malloc* zuwenig Speicher reserviert wurde, denn der *sizeof*-Operator übergibt an *malloc* nicht die an Anzahl Bytes, die durch ein *double*, sondern die durch einen Zeiger (auf ein *double*) belegt werden. Auf fast allen Maschinen ist dies aber viel zu wenig, typischerweise 4 statt 8 Byte.

Aus diesem Grund überschreiben die Zuweisungen jeweils unzulässige Speicherbereiche oberhalb oder unterhalb des reservierten Bereichs. In diesem Beispiel liegen die Speicherbereiche durch die direkt aufeinanderfolgenden *malloc*-Aufrufe zufällig nebeneinander, so daß die Zuweisung des zweiten Wertes einen Teil des Speicherbereichs, der eigentlich für das erste Objekt gedacht war, überschreibt.

Es gibt im wesentlichen drei Möglichkeiten, den Fehler aus dem Programm zu entfernen:

1. Die Angabe der Größe eines *double* als numerische Konstante:

```
p1=malloc(8);
p2=malloc(8);
```

Nachteilig ist hier – wie bereits erwähnt – die schlechte Portier- und Lesbarkeit, außerdem muß man natürlich auch ganz sicher sein, den richtigen Wert zu kennen. Diese Lösung sollten Sie daher nicht verwenden.

2. Die Angabe des Typs als Argument von *sizeof*:

```
p1=malloc(sizeof(double));
p2=malloc(sizeof(double));
```

Diese Lösung arbeitet ebenfalls korrekt und vermeidet die Nachteile der vorhergehenden, hat aber noch den Nachteil, daß je Zeiger zwei Stellen im Programm geändert werden müssen, wenn sich der Typ des Zeigers ändert (etwa auf *float*). Diese Nachteile werden durch die dritte Lösung vermieden.

3. Die Angabe des dereferenzierten Zeigers als Argument für *sizeof*:

```
p1=malloc(sizeof(*p1));
p2=malloc(sizeof(*p2));
```

Diese Lösung geht von der (natürlich korrekten) Annahme aus, daß der Speicherbedarf einer dereferenzierten Zeigervariable mit dem Speicherbedarf seines Grundtyps übereinstimmt. Wird nun im Programm die Definition des Zeigers geändert (z.B. auf *float *p1*), so wird automatisch die Speicherplatzberechnung für den Aufruf von *malloc* korrigiert.

Wählen wir eine der korrekten Lösungen, so gibt das Programm die erwarteten Werte

```
*p1 ist 3.140000
*p2 ist 2.710000
*p1 ist 3.140000
```

aus.

Anmerkung

Falls Sie versuchen, das vorige Beispiel auf Ihrem Compiler nachzuvollziehen, kann es sein, daß nicht das hier angegebene fehlerhafte Ergenis zu sehen ist. Der Fehler wird ja nur dann offensichtlich, wenn die beiden Speicherbereiche sich tatsächlich überlappen. Verwendet ein Compiler eine etwas andere Freispeicherverwaltung als der von mir verwendete, so kann es sogar sein, daß die Ausgabe des Programmes korrekt ist. Dies ist aber reiner Zufall, der Fehler zeigt sich zwar nicht, ist aber dennoch im Programm enthalten.

void*

Vielleicht ist Ihnen bei der Lektüre dieses Abschnitts aufgefallen, daß mehrfach die Konstruktion *void** aufgetaucht ist. Dabei handelt es sich um einen *untypisierten* Zeiger. Dieser ist zu allen anderen Zeigertypen kompatibel und kann insbesondere in Zuweisungen frei mit typisierten Zeigern gemischt werden. Ein *void*-Zeiger umgeht also bei einer Zuweisung die Typüberprüfungen des Compilers. Ansonsten wäre es ja auch gar nicht möglich, die Funktion *malloc* zu konstruieren, da deren Rückgabewert nur für Zeiger auf einen vordefinierten Datentyp geeignet wäre. Es wäre dann also erforderlich, für alle Grundtypen eigene *malloc*-Funktionen zur Verfügung zu stellen, z.B.

```
int *int_malloc();
char *char_malloc();
float *float_malloc();
```

usw..., was natürlich sehr umständlich zu programmieren wäre. *void*-Zeiger sind also vor allem als Rückgabewerte von allgemein verwendbaren Zeigerfunktionen interessant.

Vielleicht gehört ihr Compiler noch zu der Sorte, bei der die Funktion *malloc* als

```
char *malloc();
```

definiert ist und der trotzdem nicht bei der Zuweisung an einen anders typisierten Zeiger scheitert. Der Compiler führt dann wahrscheinlich – entgegen den bisherigen Erklärungen – keine Typüberprüfung an Zeigern durch, sondern betrachtet grundsätzlich alle Zeigertypen als kompatibel zueinander. In diesem Fall gibt es natürlich auch keinen Schutz gegen die unbeabsichtigte Verwendung falsch typisierter Zeiger.

Rückgabe von Speicher

Da der Heap nicht unendlich groß ist, gibt es auch eine Funktion zur Rückgabe von Heap-Speicher.

Syntax

```
#include <stdlib.h>

void free(p);
void *p;
```

Beschreibung

Der zuvor mit *malloc* an den Zeiger *p* zugewiesene Heap-Speicher wird wieder zurückgegeben. Da *p* als *void** definiert ist, können Zeiger beliebigen Typs zurückgegeben werden. Das Verhalten der Funktion *free* ist undefiniert, wenn *p* nicht das Resultat eines vorherigen Aufrufs von *malloc* war oder wenn *p* mehrfach zurückgegeben wird. In beiden Fällen ist mit schweren Programmfehlern zu rechnen.

Auf den meisten Systemen braucht *free* nicht explizit aufgerufen werden, nur um vor dem *Beenden* des Programmes den belegten Heap-Speicher zurückzugeben. Dies wird vom Betriebssystem beim Beenden des Programmes in aller Regel automatisch erledigt. *free* dient also hauptsächlich dazu, während des Programmablaufes freigewordenen Speicher wieder verfügbar zu machen. Dennoch ist sinnvoll, auch unmittelbar vor dem Programmende alle belegten Speicherbereiche freizugeben, wenn das Programm auf alternative Speicherbeschaffungsstrategien portierbar bleiben soll.

Da nach dem Aufruf von *free(p)* zwar der an *p* zugewiesene Speicher als frei markiert wird, *p* selbst jedoch immer noch auf die ursprüngliche Stelle zeigt, kann es auch hier leicht zu Programierfehlern kommen.

```
#include <stdio.h>
#include <stdlib.h>

main()
{
  double *p1, *p2;

  if ((p1=malloc(sizeof(*p1)))!=NULL) {
    *p1=77.0;
    printf("*p1 ist %lf\n",*p1);
    free(p1);
    printf("*p1 ist %lf\n",*p1);
    if ((p2=malloc(sizeof(*p2)))!=NULL) {
      *p2=99.0;
      printf("*p1 ist %lf\n",*p1);
    }
  }
}
```

Die Ausgabe des Programmes könnte beispielsweise sein:

```
*p1 ist 77.000000
*p1 ist 77.000000
*p1 ist 99.000000
```

Zunächst wird an *p1* der für ein *double* erforderliche Speicherplatz zugewiesen und mit dem Wert 77.0 belegt. Das nachfolgende *printf* bestätigt dies. Obwohl dann mit *free(p1)* der Speicher an den Heap zurückgegeben wird, zeigt natürlich *p1* weiterhin auf die ehemals reservierte Stelle (denn wegen CALL-BY-VALUE kann *free* den Parameter ja nicht dauerhaft verändern). Da *free* sich zudem nicht die Mühe macht, den zurückgegebenen Speicher mit 0 zu initialisieren, steht dort immer noch der Wert 77.0 als *double*-Variable. Aus diesem Grund liefert das zweite *printf* noch den alten Wert, obwohl der Zeiger *p1* eigentlich schon undefiniert ist. Noch schlimmer wird es, wenn *malloc* erneut aufgerufen wird. In diesem Fall versucht es natürlich, den bereits zurückgegebenen Speicher erneut zuzuweisen, so daß nun *p1* und *p2* (zufällig) auf denselben Bereich zeigen. Die nachfolgende Zuweisung an *p2* wird also auch durch *p1* reflektiert und führt zur Ausgabe von 99.0 auf dem Bildschirm.

Fazit: Achten Sie darauf, daß Ihr Programm keine an *free* übergebenen Zeiger weiterverwendet, ohne ihnen zuvor einen neuen, gültigen, Zeigerwert zugewiesen zu haben.

Ebenfalls sehr leicht passieren kann der folgende Fehler:

```
#include <stdio.h>
#include <stdlib.h>

main()
{
  int *p1;
  int j=5;

  p1=malloc(sizeof(*p1));
  /*...*/
  p1=&j;
  /*...*/
}
```

Nach der Zuweisung von Heap-Speicher an *p1* wird dieser Zeiger durch eine erneute Zuweisung verändert, ohne daß der reservierte Speicher zuvor mit *free* zurückgegeben wurde. Dies hat zur Folge, daß nun kein Zeiger mehr auf den reservierten Bereich zeigt und dieser während der weiteren Programmausführung folglich nie (!) mehr zurückgegeben werden kann. Passiert ein solcher Fehler in einer mehrfach ausgeführten Routine, so kann der verfügbare Heap-Speicher sehr schnell aufgebraucht sein.

Anmerkung

Neben *malloc* und *free* gibt es in den meisten C-Systemen noch eine Reihe weiterer Funktionen zur dynamischen Verwaltung von Hauptspeicher. Sie unterscheiden sich im wesentlichen in Details, z.B. bei der Parameterübergabe oder der Initialisierung des angeforderten Speichers. Wichtig ist, daß die Funktionen nur paarweise verwendet werden, d.h. das nur die Funktion zur Rückgabe eines Speicherbereichs verwendet wird, die zu der Funktion paßt, welche zur Anforderung des Speichers verwendet wurde.

Lineare Listen

Wir kennen jetzt alle grundlegenden Eigenschaften von Zeigern und die Vorgehensweise beim Umgang mit dynamisch zugeordnetem Speicher. Dennoch waren auch die letzten Beispiele noch nicht »richtig dynamisch«, denn obwohl wir Speicher zur Laufzeit zugeordnet haben, wurden immer noch die Zeiger zur Übersetzungszeit des Programmes angelegt. Der entscheidende Schritt zum Entwurf dynamischer Strukturen besteht darin, Zeiger auf Strukturen zu konstruieren, die ihrerseits wieder Zeiger beinhalten. Dies ist das Grundprinzip aller dynamischen Datenstrukturen.

Grundkonstruktion

Wir wollen das Beispiel vom Anfang dieses Kapitels wieder aufgreifen und das Problem der Adressenverwaltung nun dynamisch programmieren. Dazu definieren wir zunächst die zugrundeliegende Datenstruktur:

```
#include <stdio.h>
#include <stdlib.h>

struct asatz {
  char name[20];
  char strasse[20];
  unsigned plz;
  char ort[15];
  struct asatz *next;
};
```

Die Besonderheit dieser Sruktur ist der Member *next* ganz am Ende. Dabei handelt es sich um einen Zeiger auf eine Variable, die denselben Typ hat wie die Structure selbst, nämlich *struct asatz*. Mit diesem Zeiger ist es nun möglich, einzelne Structures miteinander zu verketten, indem wir den *next*-Zeiger eines Elementes auf das nächste Element zeigen lassen. So entsteht eine Kette von Variablen vom Typ *struct asatz*. Um das Ende der Kette erkennen zu können, wollen wir an den *next*-Zeiger des letzten Elements als Endekennung stets den Wert *NULL* zuweisen.

Zugriff auf Member

In Kapitel 7 haben Sie gelernt, daß die Member einer Structure mit Hilfe des Punkt-Operators angesprochen werden können. Haben wir also z.B. eine Variable

```
struct asatz x;
```

definiert, so konnten wir mit den Ausdrücken *x.name, x.strasse, x.plz* und *x.ort* auf die einzelnen Member der Variable *x* zugreifen.

Ganz analog funktioniert der Zugriff, wenn wir statt einer Structure-Variable einen Zeiger auf eine Structure zur Verfügung haben. Wir müssen dann zunächst den Verweis-Operator auf den Zeiger anwenden und erhalten als Ergebnis die Structure, auf die wir dann ihrerseits wieder den Punkt-Operator anwenden. Auf die Member der durch den Zeiger

```
struct asatz *ptr;
```

referenzierten Variable können wir also mit

```
(*ptr).name;
(*ptr).strasse;
(*ptr).plz;
(*ptr).ort;
```

zugreifen. Die Klammern sind deshalb nötig, weil der Punkt-Operator als Suffix-Operator eine höhere Bindungskraft als Verweis-Operator hat. Da dies etwas umständlich einzugeben ist, haben sich die Entwickler von C als Vereinfachung den ->-Operator ausgedacht, so daß wir auch mit den Ausdrücken

```
ptr->name;
ptr->strasse;
ptr->plz;
ptr->ort;
```

auf die Variable zugreifen können. Der ->-Operator erledigt also Dereferenzierung und Memberauswahl in einem Schritt. Wir werden im folgenden nur noch diese Notation verwenden.

Wir wollen uns nun der Implementierung unserer Liste zuwenden, zunächst aber die Anforderungen an unsere Adressdatenbank etwas umformulieren, damit die Funktionen nicht zu unübersichtlich werden:

1. Neue Adress-Sätze werden immer an das Ende der bisherigen Liste angehängt (die Sätze sind also nicht nach Namen sortiert).

2. Die Sätze können in der Reihenfolge der Speicherung auf dem Bildschirm ausgegeben werden.

3. Ein Satz kann durch Angabe des Namens gelöscht werden.

Durch diese Einschränkungen verliert unsere dynamische Lösung zwar etwas an Glaubwürdigkeit, es soll uns aber auch hauptsächlich darum gehen, die grundlegenden Funktionsweisen zu erlernen. Einige der Übungsaufgaben werden sich noch einmal mit den ursprünglichen Anforderungen auseinandersetzen. Wir müssen uns nun Gedanken darüber machen, welche Funktionen auf der Liste operieren dürfen und wie sie zu implementieren sind.

Anhängen eines Satzes

Um das erste Element in der Liste ansprechen zu können, definieren wir eine globale Variable

```
struct asatz *first;
```

die immer auf das erste Element zeigt. Nur wenn die Liste noch leer ist, enthält *first* den NULL-Zeiger. Man kann sich diesen Zeiger als *Anker der Liste* vorstellen, die ja ansonsten nur die Elemente *untereinander* verkettet. Jeder Zugriff auf die Liste erfolgt daher über diesen Anker und durchläuft dann gegebenenfalls die Adress-Sätze nacheinander. Ein wahlfreier Zugriff auf ein beliebiges Listenelement ist also nicht möglich. Eine lineare Liste entspricht von ihrer Zugriffsstruktur daher eher einer sequentiellen Datei als einem Array.

Das Anhängen eines Elements an die Liste erledigen wir mit der Funktion *append*, die folgendermaßen aufgebaut ist:

```
void append(n,s,p,o)
char n[];
char s[];
unsigned p;
char o[];
{
  struct asatz *ptr;

  if (first==NULL) {
    first=malloc(sizeof(*first));
    strcpy(first->name    ,n);
    strcpy(first->strasse ,s);
    first->plz = p;
    strcpy(first->ort     ,o);
    first->next=NULL;
  } else {
    ptr=first;
    while (ptr->next!=NULL) ptr=ptr->next;
    ptr->next=malloc(sizeof(*ptr));
    ptr=ptr->next;
    strcpy(ptr->name    ,n);
    strcpy(ptr->strasse ,s);
```

```
    ptr->plz = p;
    strcpy(ptr->ort     ,o);
    ptr->next=NULL;
  }
}
```

Zunächst überprüft *append*, ob die Liste leer ist. In diesem Fall wird dem Anker *first* durch Aufruf von *malloc* der Speicher für das erste Element zugewiesen. Jetzt zeigt *first* also schon auf den zukünftigen ersten Adress-Satz. Anschließend brauchen nur noch die Member dieses Satzes mit den Werten der übergebenen Parameter gefüllt zu werden. Um das Ende der Liste anzuzeigen, wird der *next*-Zeiger auf *NULL* gesetzt (siehe Abbildung »Append in die leere Liste«).

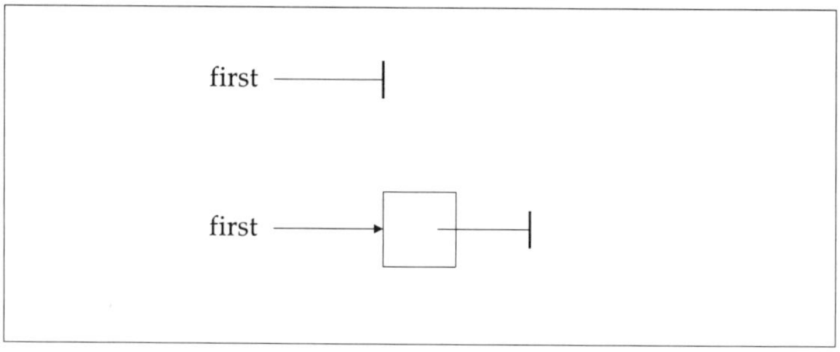

Abbildung 9.2 Append in die leere Liste

Etwas schwieriger ist das Anhängen, wenn die Liste nicht leer ist. In diesem Fall muß zuerst das letzte Element gesucht werden. Dazu wird der Hilfszeiger *ptr* zunächst auf das erste Element gesetzt und durchläuft dann in einer *while*-Schleife nacheinander alle Elemente. Auf dem letzten Element bleibt er stehen, da die Bedingung *ptr->next== NULL* erfüllt ist. Um nun ein neues Element anzuhängen, weisen wir einfach dem Zeiger *ptr->next* den Rückgabewert von *malloc* zu, d.h. wir lassen ihn auf ein neu geschaffenes Element zeigen. Dieses braucht dann nur noch mit den Werten der formalen Parameter gefüllt zu werden und der *next*-Zeiger des nunmehr neuen letzten Elementes auf *NULL* gesetzt werden (siehe Abbildung 9.3 »Append in die nicht-leere Liste«).

Falls wir vergessen, bei der Anhängeaktion den letzten *next*-Zeiger auf *NULL* zu setzen, wird der nächste Listendurchlauf nicht terminieren und unser Programm vermutlich abstürzen. Da zudem in dem Programm zugunsten besserer Übersichtlichkeit keine *NULL*-Abfragen nach den *malloc*-Aufrufen enthalten sind, stürzt unser Programm auch ab, wenn nicht mehr genügend Speicher auf dem Heap vorhanden ist, um ein Element einzufügen. In einem wirklich eingesetzten Programm sollten Sie natürlich nie darauf verzichten, eine *NULL*-Rückgabe von *malloc* abzuprüfen.

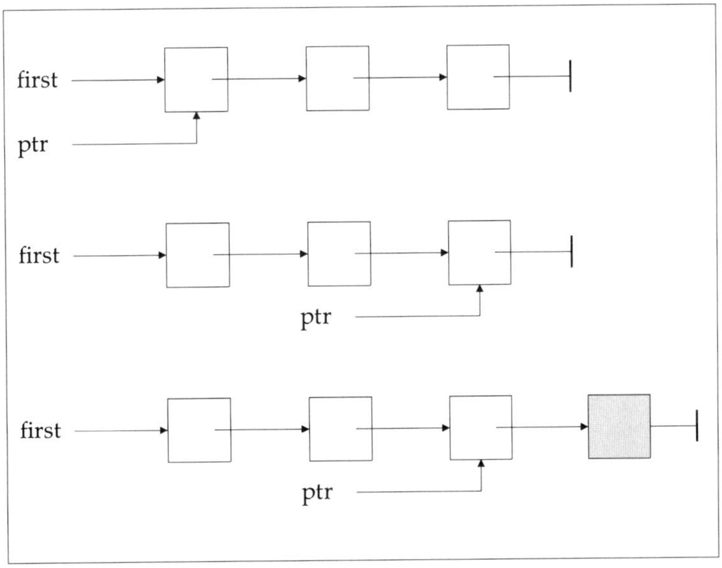

Abbildung 9.2 Append in die nicht-leere Liste

Ausgeben der Liste

Das Ausgeben der Liste ist wesentlich einfacher als das Anhängen eines neuen Satzes:

```
void print()
{
  struct asatz *ptr;

  ptr=first;
  while (ptr!=NULL) {
    printf("%20s %20s %4d %15s\n",
           ptr->name,
           ptr->strasse,
           ptr->plz,
           ptr->ort);
    ptr=ptr->next;
  }
}
```

Wir brauchen wieder einen Hilfszeiger *ptr*, mit dem wir die Liste durchlaufen können. Er wird durch Zuweisung von *first* initialisiert, zeigt zunächst also auf das erste Element. In einer *while*-Schleife werden dann solange Elemente ausgegeben, wie *ptr* nicht *NULL* ist. Nach dem Anzeigen eines Adressensatzes wird *ptr* auf das nächste Element gesetzt. Da diese Zuweisung im letzten Element *NULL* ergibt, wird die *while*-Schleife nach dem Verarbeiten des letzten Adressen-Satzes beendet. Beachten Sie, daß die Funktion auch dann korrekt arbeitet, wenn noch keine Elemente in der Liste sind.

Löschen eines Satzes

Das Löschen eines Listenelementes wird folgendermaßen programmiert:

```
void delete(n)
char n[];
{
  struct asatz *ptr, *ptr1;

  if (first!=NULL) {
    if (strcmp(first->name,n)==0) {
      ptr=first->next;
      free(first);
      first=ptr;
    } else {
      ptr=first;
      while (ptr->next!=NULL) {
        ptr1=ptr->next;
        if (strcmp(ptr1->name,n)==0) {
          ptr->next=ptr1->next;
          free(ptr1);
          break;
        }
        ptr=ptr1;
      }
    }
  }
}
```

Wenn die Liste leer ist, terminiert *delete* sofort, andernfalls wird zunächst überprüft, ob das erste Element zu löschen ist. Um die Gleichheit zweier Strings festzustellen, verwenden wir die Library-Funktion *strcmp*, die in diesem Fall 0 zurückgibt. Ist tatsächlich das erste Element zu löschen, so ist die Vorgehensweise ganz einfach. Wir merken uns in *ptr* den Zeiger auf das zweite Element, löschen mit *free(first)* das erste Element und setzen den *first*-Zeiger auf *ptr*, damit das ehemals zweite Element jetzt an erster Stelle steht.

Soll hingegen nicht das erste Element gelöscht werden, so ist der Aufwand etwas größer. Wir durchlaufen dann in einer Schleife alle Elemente und überprüfen bei jedem, ob der Name in dessen Nachfolge-Element mit dem zu löschenden übereinstimmt. Der Zeiger *ptr1* dient dabei als Hilfszeiger auf das jeweilige Nachfolgeelement. Falls wir das richtige Element gefunden haben, so weisen wir zunächst dem *next*-Zeiger des aktuellen Elements den *next*-Zeiger des Nachfolgers zu und hängen so das zu löschende Element aus der Liste aus. Dann wird der belegte Speicher mit *free(ptr1)* an den Heap zurückgegeben und mit *break* die *while*-Schleife beendet (siehe Abbildung 9.4 »Löschen eines Elements«).

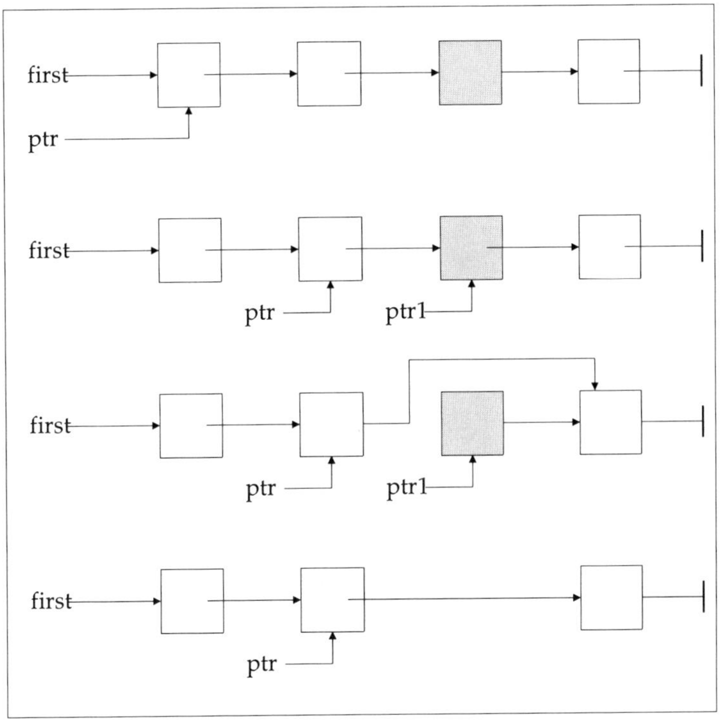

Abbildung 9.4 Löschen eines Elements

Beachten Sie, daß die Funktion auch dann richtig arbeitet, wenn das erste oder letzte Element der Liste zu löschen ist bzw. wenn der angegebene Name nicht in der Liste vorhanden ist.

Alphabetisches Einfügen

Wir wollen zum Abschluß noch die Funktion zum alphabetischen Einfügen von Elementen in die Liste betrachten. Damit haben wir dann unsere Adressverwaltung soweit komplettiert, daß sie alle Anforderungen, die wir am Anfang dieses Kapitels gestellt haben, erfüllt.

```
void insert(n,s,p,o)
char n[];
char s[];
unsigned p;
char o[];
{
  struct asatz *ptr, *ptr1;
```

```
  if (first==NULL) {
    append(n,s,p,o);
  } else {
    ptr=first;
    while (ptr!=NULL && strcmp(ptr->name,n))
      ptr=ptr->next;
    if (ptr==NULL) {
      append(n,s,p,o);
    } else if (ptr==first) {
      first=malloc(sizeof(*first));
      strcpy(first->name    ,n);
      strcpy(first->strasse ,s);
      first->plz = p;
      strcpy(first->ort     ,o);
      first->next=ptr;
    } else {
      ptr1=first;
      while (ptr1->next!=ptr) ptr1=ptr1->next;
      ptr=malloc(sizeof(*ptr));
      strcpy(ptr->name    ,n);
      strcpy(ptr->strasse ,s);
      ptr->plz = p;
      strcpy(ptr->ort     ,o);
      ptr->next=ptr1->next;
      ptr1->next=ptr;
    }
  }
}
```

Der Aufwand bei dieser Funktion kommt durch die vielen unterschiedlichen Listenpositionen zustande, an denen die Einfügung erfolgen kann. Wir wollen an dieser Stelle nicht näher auf Details eingehen, sondern uns mit einer Grafik für den Fall des Einfügens in der Mitte der Liste begnügen. Dies ist in der Funktion der Teil hinter dem letzten *else* (siehe Abbildung 9.5 »Alphabetisches Einfügen«). Sie sollten sich dennoch die Mühe machen, die Arbeitsweise dieser Funktion zu verstehen, da sie recht typisch für Algorithmen ist, die auf dynamischen Datenstrukturen arbeiten.

Obwohl die Behandlung dynamischer Datenstrukturen in dieser Ausführlichkeit eigentlich über die Anforderungen an ein Lehrbuch der Sprache C hinausgeht, ist es sinnvoll, daran die ursprüngliche Bedeutung von Zeigern zu veranschaulichen. Wir werden im nächsten Kapitel noch eine Menge mehr über den Umgang mit Zeigern lernen, wie er in dieser Weise nur in C möglich ist. Dabei wird sich ein wildes Durcheinander von Möglichkeiten offenbaren, welches ganz sicher nicht als systematischer Einstieg in das Arbeiten mit Zeigern geeignet

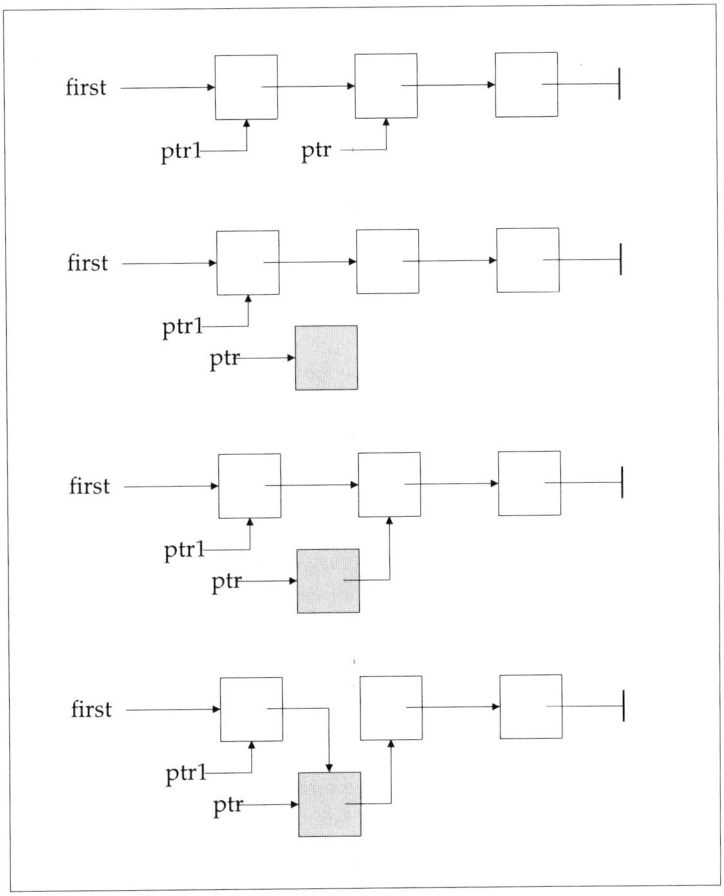

Abbildung 9.5 Alphabetisches Einfügen

ist. Um einen Überblick über typische Anwendungen dynamischer Datenstrukturen und die Anregung für weitere Betätigung in diesem Bereich zu geben, wollen wir uns in dem folgenden Abschnitt noch einige weitere Strukturen ansehen.

Weitere dynamische Datenstrukturen

Im folgenden will ich Ihnen kurz noch vier weitere dynamische Datenstrukturen vorstellen, die Ihnen auch in der Praxis häufig begegnen werden.

Mehrfach verkettete Listen

Diese entstehen dadurch, daß man in einer linearen Liste die Elemente nicht nur vorwärts, sondern auch rückwärts miteinander verkettet. Vorteilhaft ist dies, weil man die Liste in beiden Richtungen durchlaufen kann. Dafür werden allerdings die Einfüge- und Löschfunktionen etwas aufwendiger.

Bei den bisher betrachteten Strukturen handelte es sich um einfach verkettete Listen.

Beispielstruktur

```
struct dliste {
  char name[20];
  char strasse[20];
  unsigned plz;
  char ort[15];
  struct dliste *next;
  struct dliste *previous;
};
```

Es gibt sehr viele Anwendungen für Listenstrukturen. Als Beispiele seien die Liste der Dateien im aktuellen Verzeichnis, die Symbolverwaltung eines Compilers oder der Textspeicher eines Editors genannt.

Bäume

Bäume entstehen, wenn jedes Element zwei oder mehr Zeiger hat, die auf die Unterbäume zeigen. Die Wurzel des Baumes wird dabei als Listenanker verwendet. Bäume, deren Elemente genau zwei Nachfolger haben, heißen binäre Bäume.

Beispiel

```
struct baum {
  int info;
  struct baum *lb, *rb;
};
```

Bäume spielen in der Informatik eine mindestens ebenso große Rolle wie lineare Listen. Ihre Anwendung steht meist in engem Zusammenhang mit irgendeiner Art des Sortierens, Ordnens oder Wiederfindens von Daten. Beispiele für Bäume sind etwa die Indexdateien, die in einer Datenbank Verwendung finden.

Stapel

Bei einem Stapel (Stack) handelt es sich um eine besondere Art von Liste mit eingeschränkten Zugriffsmöglichkeiten. Der Zugriff auf die Liste geschieht immer über das oberste Element. Es gibt eine Funktion *push* zum Schreiben in den Stapel, die ein neues oberstes Element auf den Stapel schiebt und eine Funktion *pop* zum Lesen, die das oberste Element des Stapels liest und dann entfernt. Außerdem gibt es eine dritte Funktion *top*, die überprüft, ob der Stapel leer ist.

Der Stapel ist ein Datenspeicher mit der Eigenschaft, die zuletzt hineingeschriebenen Daten zuerst wieder zurückzugeben. Dies bezeichnet man auch als LIFO-Prinzip (Last-In-First-Out).

Ein Hardware-Stack wird unsichtbar in jedem C-Programm zum Verwalten von lokalen Variablen und Rücksprungadressen verwendet. Auch bei der Syntaxanalyse von Programmiersprachen werden Stapel verwendet.

Schlangen

Eine Schlange (Queue) ist ebenfalls eine lineare Liste mit eingeschränkten Zugriffsmöglichkeiten. Hier erfolgt das Einfügen immer am Listenende (die Funktion *append* des vorigen Abschnitts) und das Lesen immer am Anfang der Liste.

Die Schlange ist ein Datenspeicher mit der Eigenschaft, die zuerst hineingeschriebenen Daten auch zuerst wieder zurückzugeben. Dies bezeichnet man auch als FIFO-Prinzip (First-In-First-Out).

Ein Beispiel einer Schlange ist die Drucker-Queue auf Mehrplatz-Betriebssystemen oder Netzwerken.

Kapitel 9

Aufgaben

1.(A) Schreiben Sie ein Programm, welches die Größe des verfügbaren Heap-Speichers bestimmt.

2.(A) Schreiben Sie eine Funktion *count*, welche die Anzahl der Elemente einer linearen Liste zurückgibt. Verwenden Sie dazu die lineare Liste, wie Sie in diesem Kapitel vorgestellt wurde.

3.(B) Schreiben Sie eine Funktion *swap*, welche zwei beliebige Elemente der linearen Liste vertauscht. Gehen Sie davon aus, daß die Funktion einen Zeiger auf das erste der zu vertauschenden Elemente übergeben bekommt.

4.(B) Implementieren Sie einen Stack mit den Funktionen *push*, *pop* und *top*, so wie er im letzten Abschnitt dieses Kapitels beschrieben wurde.

5.(C) Entwerfen Sie eine Funktion, die herausfindet, ob in einer verketteten Liste ein Zyklus enthalten ist. Ein Zyklus entsteht dann, wenn der Nachfolgerzeiger eines Elementes auf eines der Vorgängerelemente zeigt. Schreiben Sie die Funktion nach Möglichkeit so, daß ihr Speicherbedarf nicht mit der Größe der Liste zusammenhängt.

6.(B) Versuchen Sie, den Sinn des folgenden Programms herauszufinden:

```
#include <stdio.h>
#include <stdlib.h>

struct el {
  int cnt;
  struct el *next;
};

struct el *A[256];

main()
{
  int i,j=0;
  struct el *p;
```

```
  for (i=0; i<256; i++) A[i]=NULL;
  while ((i=getchar())!=EOF) {
    j++;
    if ((p=A[i])==NULL) {
      A[i]=malloc(sizeof(struct el));
      if (A[i]==NULL) break;
      A[i]->cnt=j;
      A[i]->next=NULL;
    } else {
      while (p->next!=NULL) p=p->next;
      p->next=malloc(sizeof(struct el));
      if (p->next==NULL) break;
      p->next->cnt=j;
      p->next->next=NULL;
    }
  }
  for (i=0; i<256; i++) {
    p=A[i];
    if (p!=NULL) printf("\n%d : ",i);
    while (p!=NULL) {
      printf("%5d",p->cnt);
      p=p->next;
    }
  }
  printf("\n");
}
```

7.(B) Schreiben Sie ein Programm, das eine lineare Liste mit *int*-Nutzdaten implementiert und über eine Einfügefunktion *vinsert* verfügt, die bei jedem Aufruf das übergebene Element genau dann nicht in die Liste einfügt, wenn keines der bereits in der Liste vorhandenen Elemente Teiler des einzufügenden Elements ist.

8.(A) Finden Sie heraus, ob Ihr C-System die *#include*-Datei *stdlib.h* beinhaltet und – falls nicht – ob es eine andere Datei mit der Deklaration der Funktion *malloc* gibt. Untersuchen Sie ferner, ob Ihr Compiler bei der Zuweisung von Zeigern deren Typen überprüft.

9.(B) Schreiben Sie eine rekursive Funktion *lmax*, die das größte Element einer linearen Liste mit *unsigned*-Elementen herausfindet. Sehen Sie den rekursiven Ansatz darin, daß das größte Element der Liste durch Vergleich des ersten Elements mit dem größten der restlichen Liste bestimmt werden kann.

Kapitel 10

Zeiger – zweiter Teil

Allgemeines

Das vorige Kapitel war eine Einführung in das Arbeiten mit Zeigern aus einer Sicht, wie sie für die meisten Programmiersprachen, in denen das Zeigerkonzept implementiert ist, gilt: Zeiger werden zur Realisierung von dynamischen Datenstrukturen verwendet. Während in diesen Programmiersprachen (explizite) Zeiger nahezu ausschließlich zu diesem Zweck verwendet werden, gibt es darüberhinausgehend in C noch andere wichtige Anwendungen von Zeigern.

Diese Anwendungen erlauben viele auf den ersten Blick ungewöhnliche und schwer verständliche Konstruktionen. Da sie aber nützlich sind (und daher von den meisten C-Programmierern extensiv genutzt werden), ist es überaus sinnvoll, sie genau zu studieren. Auch in diesem Kapitel gilt: wenn Sie beim ersten Durcharbeiten nicht gleich alles verstanden haben, warten Sie eine Weile und lesen Sie das Kapitel noch einmal durch. Auch wenn diese Methode mühsam und auf den ersten Blick wenig erfolgversprechend scheint, kann man bei genügender Ausdauer fast alle schwierigen Themen auf diese Weise lernen.

Zeiger und Arrays

In den vergangenen Kapiteln wurde schon des öfteren davon gesprochen, daß ein enger Zusammenhang zwischen Zeigern und Arrays besteht. Wir haben insbesondere das merkwürdige Verhalten der Funktion *scanf* kennengelernt, als es darum ging, eine Zeichenkette einzulesen. Während man bei allen anderen Typen den Adress-Operator vor den aktuellen Parameter stellen mußte, durfte dieser bei einer Zeichenkette nicht angegeben werden. Der Grund für dieses Verhalten liegt in der weitgehenden Äquivalenz von Array und Zeiger, die wir jetzt genauer untersuchen wollen.

Arrayname == Zeiger ?

Bisher haben wir gelernt, daß ein Zeiger in C immer typisiert ist, d.h. hat ein Zeiger einen (bei seiner Definition festgelegten) Grundtyp, so zeigt er auch immer auf einen Speicherbereich, an dem eine Variable dieses Typs gespeichert ist. Diese Tatsache bleibt zwar nach wie vor richtig, es gilt aber zusätzlich: ein Zeiger eines bestimmten Typs kann nicht nur auf eine Einzelvariable, sondern auch auf das erste Element einer zusammengehörigen Folge von Variablen dieses Typs zeigen.

Nun ist ein Array natürlich nichts anderes als solch eine Folge von zusammengehörigen Variablen eines festen Grundtyps. Es ist also naheliegend, den Namen einer Array-Variablen als Zeiger auf deren erstes Element aufzufassen. Gegeben sei folgende Definition:

```
int folge[100];
```

die ein Array mit 100 Elementen vom Typ *int* definiert. Dann ist der Bezeichner *folge* gleichbedeutend mit einem Zeiger auf das erste Element des Arrays *folge*.

Die erste Konsequenz daraus ist, daß der Ausdruck **folge* definiert und gleichbedeutend mit dem Ausdruck *folge[0]* ist. Es gibt also neben der schon bekannten noch eine weitere Methode, auf das erste Element eines Arrays zuzugreifen. Dabei spielt es überhaupt keine Rolle, welche der beiden Methoden wir verwenden, für den Compiler sind beide vollkomen identisch. Natürlich ist nicht einzusehen, weshalb man mit dem Verweis-Operator nur auf das erste Element des Arrays zugreifen können sollte. Wir werden tatsächlich in Kürze feststellen, daß mit dieser Methode der Zugriff auf alle Elemente des Arrays möglich ist.

Bevor wir uns aber konkret dem Nutzen dieser Festlegung zuwenden, wollen wir die – trotz der erwähnten Übereinstimmung vorhandenen – Unterschiede zwischen beiden Datenstrukturen verdeutlichen.

Die Unterschiede zwischen Zeiger und Array

Trotz dieser Gemeinsamkeiten zwischen Arrays und Zeigern gibt es zwei wesentliche Unterschiede zwischen beiden, die bei der Definition entsprechender Variablen deutlich werden. Wir wollen uns dies an einem Beispiel klarmachen. Betrachten Sie die Definitionen

```
double x1[100];
```

und

```
double *x2;
```

Im Prinzip werden durch beide Definitionen Zeiger auf *double*-Variablen festgelegt. Die Variable *x1* bezeichnet ein Array mit 100 Elementen vom Typ *double*, während durch *x2* ein Zeiger auf eine (oder mehrere) *double*-Variablen definiert wird. Die Unterschiede im Detail sind nun:

1. Durch die Definition *x1* wird zur Übersetzungszeit des Programmes Speicher für *100 double*-Variablen reserviert, während *x2* als Zeiger nur den zur Speicherung eines Zeigers erforderlichen Platz belegt. Wie wir im vorigen Kapitel gesehen haben, wird bei der Definition eines Zeigers noch kein Platz für eine Variable des zugeordneteten Typs reserviert, und damit natürlich erst recht nicht für eine Folge von 100 Elementen.

2. Während *x2* eine Zeigervariable ist, der Werte zugewiesen werden können, handelt es sich bei *x1* um eine *Zeigerkonstante*, die immer auf denselben Bereich (nämlich auf das erste Element einer Folge von 100 *double*-Variablen) zeigt. Eine Zuweisung an ein Array ist also nicht

erlaubt, vielmehr wird durch die Definition eine implizite Initialisierung durch den Compiler vorgenommen, indem der Zeiger dem reservierten Speicherbereich zugewiesen wird.

Nachdem die Unterschiede zwischen Zeiger und Array deutlich geworden sind, können wir uns nun der Verwendung des Verweisoperators zum Zugriff auf einzelne Elemente des Arrays zuwenden.

Zeigerarithmetik

Um auf alle Elemente eines Arrays mit dem Verweis-Operator zugreifen zu können, gibt es in C sehr weitreichende Möglichkeiten der Zeigerarithmetik, d.h. der Möglichkeit, mit Zeigern zu rechnen. In Zusammenhang mit Zeigern sind verschiedene Operationen definiert, die wir uns jetzt ansehen wollen.

Addition von Zeiger und int

Bedeutung: Der Rückgabewert einer Addition eines Zeigers und eines *int*-Wertes ist ein Zeiger. Diese Operation macht im allgemeinen nur Sinn, wenn der Zeiger auf ein Element eines Arrays zeigt. Als Ergebnis dieser Operation wird ein Zeiger auf das Element zurückgegeben, das sich genau so viele Positionen weiter hinten im Array befindet wie das durch den Ausgangszeiger spezifizierte.

Beispiel

```
#include <stdio.h>

int A[5] = { 4 , 56 , 12 , 0 , 18 };

main()
{
  printf("%d\n",*A);
  printf("%d\n",*(A+3));
  printf("%d\n",*(A+4));
  printf("%d\n",*A+3);
}
```

Die Ausgabe des Programmes lautet:

```
4
0
18
7
```

In der ersten Ausgabeanweisung wird der Inhalt des durch den Zeiger *A* bezeichneten Elements ausgegeben. Da *A* ein Zeiger auf das erste Element des Arrays ist, wird 4 ausgegeben. In der zweiten Anweisung wird zunächst der Zeiger *A+3* errechnet. Nach den vorigen Ausführungen zeigt dieser auf das (hinter *A*) drittnächste Element im Array, wobei es sich – da *A* ein Zeiger auf das erste Element ist – um die 0 handelt. Die nächste Anweisung funktioniert ganz analog und gibt das viertnächste Element nach *A*, also die 18 aus.

Die letzte Anweisung soll einen Fehler demonstrieren, denn hier wurde vergessen, die Summe aus Zeiger und *int* zu klammern. Da der Verweis-Operator * eine wesentlich höhere Priorität hat als der Additions-Operator, wird zunächst **A* ermittelt (das Ergebnis ist 4) und dann zu diesem *int* die Konstante 3 addiert, so daß die Ausgabe des Programmes 7 ist.

Wir können nun verallgemeinern: der Ausdruck **(A+i)* liefert das *i*-te Element des Arrays *A*. Da der Verweis-Operator einen lvalue zurückgibt, gilt also: der Ausdruck **(A+i)* ist vollkommen gleichbedeutend zu dem Ausdruck *A[i]*. Beide Schreibweisen können nach Belieben angewendet werden, bezüglich des vom Compiler erzeugten Codes gibt es keinen Unterschied.

An dieser Stelle zeigt sich aber auch schon wieder eine mögliche Fehlerquelle. Da eine Addition aus Zeiger und *int* erst zur Laufzeit des Programmes ausgeführt werden kann, hat der Compiler keine Möglichkeit, zu überprüfen, ob der Ergebniszeiger eventuell schon außerhalb des Arrays liegt. Im Gegensatz zu anderen Sprachen mit ähnlichen Problemen ist es in C im allgemeinen auch nicht möglich, eine derartige Überprüfung zur Laufzeit zu aktivieren, so daß durch Anwendung dieser Art von Zeigerarithmetik sehr schnell Zeiger auf ungültige Speicherbereiche erzeugt werden können.

Das relativ harmlos aussehende Programm

```
#include <stdio.h>

int A[5] = { 4 , 56 , 12 , 0 , 18 };

main()
{
  int i;

  for (i=0; i<=5; i++)
    printf("%d\n",*(A+i));
}
```

liefert folgende Ausgabe

```
4
56
12
0
18
25637
```

Verwunderlich ist natürlich der letzte Wert. Er kommt dadurch zustande, daß die Schleifen-Testbedingung *i<=5* statt *i<5* lautet und somit beim letzten Zugriff ein Zeiger *A+5* ausgewertet wird, der hinter das

Array zeigt. Es handelt sich hierbei exakt um die Problematik, die auch beim normalen Zugriff auf ein Array mit dem Index-Operator besteht. Da C keinerlei Unterstützung zur Vermeidung dieser Fehler bietet, sollten wir derartige Programmkonstrukte immer noch einmal scharf ansehen bzw. in kritischen Fällen eine eigene Fehlerüberprüfung einbauen.

Anmerkung

Der allerwichtigste Punkt bei der Addition eines Zeigers *ptr* und eines int *n* ist die Tatsache, daß der Ergebniszeiger auf das *n*-te *Element* hinter *ptr* zeigt und nicht etwa auf das *n*-te *Byte* dahinter. Wurde also beispielsweise

```
double *p1;
```

definiert, so zeigt der Zeiger *p1+1* nicht 1, sondern 8 Bytes hinter *p1* (wenn ein double 8 Byte belegt). Dies gilt analog für jeden anderen Datentyp *T*, auf den ein Zeiger *p* verweist: das Ergebnis von *p+n* ist immer ein Zeiger auf die Speicherposition *p+n*sizeof(T)*. Machen Sie sich klar, daß nur durch diese Vorgehensweise der Zugriff auf Array-Elemente mit Hilfe des Verweis-Operators und der Zeigerarithmetik überhaupt möglich ist!

Da ein *void*-Zeiger untypisiert ist, ist Adressarithmetik in dieser Form mit einem solchen Zeiger nicht erlaubt.

Subtraktion von Zeiger und int

Bedeutung: Der Rückgabewert der Subtraktion eines *int*-Wertes von einem Zeiger ist ein Zeiger. Diese Operation ist ebenfalls nur sinnvoll, wenn der Zeiger auf ein Element eines Arrays zeigt. Als Ergebnis dieser Operation wird ein Zeiger auf das Element zurückgegeben, das sich so viele Positionen vor dem Ausgangszeiger im Array befindet wie durch den *int* angegeben.

Beispiel

```
#include <stdio.h>
double F[] = { 1.2, 3.14, 2.78 };
main()
{
  double *p;

  p=F+2;
  printf("%lf\n",*p);
  printf("%lf\n",*(p-1));
  printf("%lf\n",*(p-2));
}
```

Die Ausgabe dieses Programms lautet:

```
2.780000
3.140000
1.200000
```

Alle bei der Addition eines Zeigers und eines *int* gemachten Ausführungen gelten analog auch für die Subtraktion, so daß dieses Programm ohne weitere Erklärung verstanden werden kann. Die Subtraktion von Zeiger und *int* ist allerdings im allgemeinen nicht so nützlich wie die Addition. Beachten Sie, daß es auch hier passieren kann, daß illegale Zeiger errechnet werden, die über den Anfang des Arrays hinauszeigen.

Während die Addition eines Zeigers und eines *int*-Wertes kommutativ ist, ist es bei der Subtraktion nicht erlaubt, die Operanden zu vertauschen, d.h. einen Zeiger von einem *int* zu subtrahieren. Ein solcher Fall wird vom Compiler als Fehler angesehen und erzeugt eine Fehlermeldung der Art »illegal pointer arithmetic«.

Subtraktion von Zeiger und Zeiger

Bedeutung: Der Rückgabewert der Subtraktion zweier Zeiger ist ein *int*. Diese Operation ist nur sinnvoll, wenn beide Zeiger auf Elemente ein und desselben Arrays zeigen. Als Ergebnis dieser Operation wird die Anzahl der Elemente zwischen dem ersten und dem zweiten Zeiger geliefert.

Beispiel

```
#include <stdio.h>

char hello[] = "hello, world";

main()
{
  char *p;

  p=hello;
  while (*p!='\0') {
    if (*p==' ') {
      printf("Leerzeichen an Pos %d\n",p-hello);
      exit(0);
    }
    p=p+1;
  }
  printf("Kein Leerzeichen im String\n");
}
```

Der für uns interessanteste Teil dieses Programmes ist der Ausdruck *p-hello* in der *printf*-Anweisung. Das Programm definiert zunächst ein *char*-Array, welches mit der »hello, world«-Meldung initialisiert wird. Bei der Initialisierung mit einer Stringkonstanten bekommt das letzte Element des Arrays ein Null-Zeichen zugewiesen. Dies macht sich die Schleife in ihrer Abbruchbedingung zunutze. Der Hilfszeiger *p*, der durch Zuweisung zunächst auf das erste Element des Arrays zeigt, durchläuft nacheinander die einzelnen Elemente, bis **p* Null ist. Zeigt er dagegen während des Durchlaufs auf ein Leerzeichen, so wird mit *p-hello* die Entfernung zum Anfang des Arrays ausgegeben, und das Programm vorzeitig beendet. Die Ausgabe des Programmes ist also die Position des ersten Leerzeichens in dem Zeichen-Array *hello*.

Inkrement und Dekrement auf Zeigern

Bedeutung: Auf Zeiger lassen sich die bereits bekannten Inkrement- und Dekrementoperatoren anwenden, auch diese Operatoren sind im allgemeinen nur für Elemente eines Arrays sinnvoll. Als Ergebnis wird jeweils ein Zeiger auf das nachfolgende bzw. vorhergehende Element zurückgegeben. Die Bedeutung dieser Operatoren bei der Anwendung auf Zeiger entspricht also völlig der Bedeutung bei der Anwendung auf Zahlen.

Es gibt auch hier die Unterscheidung zwischen Pre- und Postinkrement (bzw. -dekrement). Im ersten Fall wird der Zeiger vor der weiteren Verwendung verändert, während der Zeiger im anderen Fall erst nach seiner Verwendung verändert wird.

Beispiel

```
#include <stdio.h>

char hello[] = "hello, world";

main()
{
  char *p;

  p=hello;
  while (*p++) ;
  printf("Länge : %d\n",p-hello-1);
}
```

Dieses Programm ist ein erstes Beispiel für die Optimierungsmöglichkeiten, die man durch die Verwendung von Zeigern bei Zugriffen auf Arrays erreicht. Das Programm soll die Länge der Zeichenkette *hello* ermitteln. Dazu dient ausschließlich die *while*-Schleife mit dem merkwürdigen Test-Ausdruck **p++* und dem leeren Schleifenrumpf. Wir wollen uns diesen Testausdruck etwas genauer ansehen.

Wegen der Operator-Reihenfolge wird zunächst *p++* ausgewertet. Zwar haben die einstelligen Operatoren Verweis und Postinkrement prinzipiell die gleiche Prioritätsstufe, in einem solchen Fall wird jedoch immer zuerst der Postfix-Operator ausgewertet. Der Rückgabewert dieses Teilausdrucks ist (s. Kapitel 2) also *p*, wobei im Hintergrund aber schon der Zeiger *p* inkrementiert wurde. Auf den Rückgabewert wird dann der Verweis-Operator angewendet, so daß der Rückgabewert des kompletten Ausdrucks zunächst der Inhalt des ersten Array-Elements ist. Die *while*-Schleife bricht ab, wenn hier ein Nullzeichen steht, also das Ende des Strings erreicht ist. War das erste Zeichen hingegen kein

Nullzeichen, so läuft die Schleife weiter (denn *p* wurde ja inkrementiert) und das nächste Element wird untersucht. Der Zeiger wird also solange erhöht, bis er auf den Null-Terminator der Zeichenkette zeigt. In diesem Fall braucht nur noch die Differenz zwischen *hello* und *p* ermittelt und 1 davon subtrahiert werden. Das Ergebnis ist die Länge der Zeichenkette *hello*.

Wir könnten das Hauptprogramm also auf einfache Weise in eine allgemein verwendbare Funktion *strlen* umwandeln, welche die Länge einer übergebenen Zeichenkette zurückliefert:

```
strlen(s)
char *s;
{
  char *p=s;

  while (*p++) ;
  return p-s-1;
}
```

Sie können davon ausgehen, daß die Implementierung der *strlen*-Funktion aus der Standard-Library Ihres C-Compilers sehr große Ähnlichkeit mit diesem Beispiel hat (wenn sie nicht in Assembler geschrieben ist).

Programmkonstruktionen dieser Art sind sehr häufig in C-Programmen anzutreffen. Ihr Vorteil ist neben der kürzeren Schreibweise vor allem das bessere Laufzeitverhalten gegenüber der konventionellen Methode des Array-Zugriffs mit dem Index-Operator. Wir werden im nächsten Unterabschnitt die Implementierung einer weiteren String-Funktion untersuchen und dabei auch auf Laufzeitaspekte detailliert eingehen.

Kombinierte Zuweisungsoperatoren

Bedeutung: Genau wie bei Zahlenoperatoren lassen sich auch bei Zeigern die verfügbaren arithmetischen Operatoren mit den Zuweisungsoperatoren kombinieren, um das Ergebnis einer Addition oder Subtraktion eines Zeigers und eines *int* gleich wieder dem Zeiger zuzuweisen.

Beispiel

```
double *p;

...
p+=4;
...
```

Dynamische Arrays

Interessanterweise ist es nicht nur möglich, mit dem Verweisoperator auf Elemente eines Arrays zuzugreifen, sondern auch der umgekehrte Weg, d.h. der Zugriff auf einen Zeiger mit Hilfe des Index-Operators ist erlaubt. Damit gibt es in C die Möglichkeit, *dynamische Arrays* zu definieren, d.h. solche, deren Größe erst zur Laufzeit des Programmes festgelegt wird.

Beispiel

```
#include <stdio.h>
#include <stdlib.h>

main()
{
  int i,len;
  double *p;

  printf("Wie lang soll das Array werden : ");
  scanf("%d",&len);
  if ((p=malloc(len*sizeof(double)))==NULL) {
    fprintf(stderr,"Nicht genügend Speicher\n");
  } else {
    for (i=0; i<len; i++) p[i]=i+0.1;
    printf("%lf\n",p[32]);
    printf("%lf\n",p[57]);
    free(p);
  }
}
```

Aufgabe des Programmes ist es, ein Array mit Elementen vom Typ *double* zu definieren, dessen Größe erst zur Laufzeit des Programmes festgelegt wird. Dazu wird der *double*-Zeiger *p* definiert, dem mit Hilfe von *malloc* der benötigte Speicherbereich zugewiesen wird. Nun liegen also an der Stelle, auf die *p* zeigt, *len* uninitialisierte *double*-Variablen im Speicher. Normalerweise würden wir jetzt mit Zeigerarithmetik der Art **(p+...)* auf diese Variablen zugreifen, da es aber erlaubt ist, stattdessen den Index-Operator zu verwenden, können wir die einzelnen Elemente sehr viel einfacher wie bei einem »richtigen« Array ansprechen. So bezeichnet etwa *p[32]* das 33. Element unseres dynamischen Arrays, das eigentlich nur ein Zeiger ist.

Allgemein können wir festhalten, daß es – abgesehen von den am Anfang dieses Kapitels erwähnten Restriktionen – prinzipiell egal ist, ob wir per Zeiger- oder Indexnotation auf Arrays zugreifen. In der Praxis zeigt sich jedoch, daß die Indexnotation bequemer ist, wenn wahlfrei auf die einzelnen Elemente zugegriffen werden muß, während die Zeigernotation beim sequentiellen Abarbeiten aller Arrayelemente eine bessere Performance bringt.

Die strcpy-Funktion

Zum Ende dieses Abschnittes wollen wir einen kleinen Ausflug in typische Optimierungstechniken der Sprache C machen. Dazu soll der Versuch unternommen werden, eine günstige Implementierung der *strcpy*-Funktion zu finden.

Versuchs-beschreibung

Die in der Standard-Library eines jeden C-Compilers verfügbare Funktion *strcpy* hat die Aufgabe, den Inhalt einer Zeichenkette in eine andere Zeichenkette zu kopieren. Dabei wird der ursprüngliche Inhalt der Ziel-Zeichenkette überschrieben. Die Funktion geht davon aus, daß in der Ziel-Zeichenkette genügend Platz vorhanden ist, um alle alle Zeichen der Quell-Zeichenkette zu speichern.

Wir wollen uns nun verschiedene Implementierungen dieser Funktion ansehen und dabei deren Vor- und Nachteile genau analysieren. Wir beginnen dabei mit der naheliegendsten Implementierung und optimeren die Funktion dann schrittweise im Hinblick auf ihr Laufzeitverhalten. Die finale Version verwendet Zeiger-Arithmetik und ist ein typisches Beispiel für die Grenzen des Möglichen in C. Man sollte allerdings nicht glauben, daß die dort vorgestellte Implementierung aus der Luft gegriffen wäre! Ganz im Gegenteil: Konstruktionen dieser Art sind in C-Programmen sehr häufig anzutreffen. Sie tragen sicherlich einen großen Teil zu dem Vorwurf bei, C wäre eine schwer zu lesende Sprache.

Version 1

```
char *strcpy(ziel,quelle)
char *ziel,*quelle;
{
  int i=0;

  while (quelle[i]!='\0') {
    ziel[i]=quelle[i];
    i=i+1;
  }
  ziel[i]='\0';
  return ziel;
}
```

Das Kopieren der Array-Elemente erfolgt in der *while*-Schleife, die mit dem Hilfszähler *i* solange durch das Quellarray läuft und es Zeichen für Zeichen in das Zielarray kopiert, bis der Null-Terminator gefunden wurde. Man kann leicht verifizieren, daß diese Version unter den gegebenen Bedingungen korrekt arbeitet, allerdings ist ihr Laufzeitverhalten nicht besonders gut. Wir wollen daher zunächst die arithmetischen und logischen Ausdrücke mit den üblichen Methoden optimieren und erhalten eine leicht verbesserte Funktion.

Version 2

```
char *strcpy(ziel,quelle)
char *ziel,*quelle;
{
  int i=0;

  while (quelle[i]) {
```

```
    ziel[i]=quelle[i];
    i++;
  }
  ziel[i]='\0';
  return ziel;
}
```

Der Testausdruck wurde (bei gleicher Bedeutung) vereinfacht und wird daher schneller abgearbeitet, ebenso der Ausdruck zum Erhöhen des Schleifenzählers. Wir können die Schleife jedoch noch weiter vereinfachen.

Version 3

```
char *strcpy(ziel,quelle)
char *ziel,*quelle;
{
  int i=0;

  while (ziel[i]=quelle[i]) i++;
  return ziel;
}
```

Da in dieser Version die Zuweisung gleich im Schleifen-Testausdruck miterledigt wird, brauchen wir innerhalb der Schleife nur noch den Schleifenzähler zu inkrementieren. Da der Testausruck (und damit die Zuweisung) im Gegensatz zum Schleifenrumpf auch dann noch einmal ausgeführt wird, wenn der Testausdruck schon 0 wird, brauchen wir den Null-Terminator nicht mehr explizit anzuhängen.

Wir wollen nun den letzten Schritt tun, indem wir die Zugriffe auf beide Zeichenketten mit Hilfe von Verweis-Operatoren erledigen.

Version 4

```
char *strcpy(ziel,quelle)
char *ziel,*quelle;
{
  char *tmp=ziel;

  while (*ziel++ = *quelle++);
  return tmp;
}
```

Diese Funktion ist die kürzeste und eleganteste, aber auch die am schwierigsten zu verstehende. Alle (!) Aktionen werden innerhalb des Schleifenkopfes ausgeführt. Dabei wird zunächst der rechts vom Zuweisungoperator stehende Ausdruck ausgewertet und dann der links davon befindliche. Diese Art von Ausdrücken kennen Sie bereits aus der oben vorgestellten *strlen*-Funktion, sie liefern das durch den Zeiger referenzierte Element bei gleichzeitiger Erhöhung des Zeigers.

Auf der linken Seite des Zuweisungsoperators steht also jeweils das aktuelle Element des Zielarrays und auf der rechten Seite das des Quellarrays. Durch die Zuweisung wird der Inhalt des Quellarrays nach und nach in das Zielarray kopiert. Da der Rückgabewert einer Zuweisung jeweils dem Rückgabewert auf der rechten Seite des Gleichzeichens entspricht, stoppt die Schleife, nachdem der Nullterminator aus dem Quellstring in den Zielstring kopiert wurde.

Hätten wir die Funktion ohne Rückgabewert definiert, könnten wir sie sogar noch kürzer schreiben.

```
void strcpy(ziel,quelle)
char *ziel,*quelle;
{
  while (*ziel++ = *quelle++);
}
```

Es gibt wohl kaum eine andere Programmiersprache, in der man eine vergleichbar kurze String-Copy-Funktion programmieren kann.

Versuchsauswertung

Wir haben diese Optimierungs-Schritte bisher ohne nähere Überprüfung durchgeführt, interessant ist aber vor allen Dingen das tatsächliche Laufzeitverhalten der Funktionen. Ich habe dazu die unterschiedlichen Routinen auf zwei MSDOS-C-Compilern jeweils 150000 mal auf einem 30 Zeichen langen String laufen lassen und dabei folgende Ergebnisse (in [sec]) erhalten:

Zortech C

Version	*ohne Optimierung*	*mit Optimierung*
1	11.5	8.8
2	10.1	8.8
3	8.5	9.2
4	9.3	7.4

Turbo-C

Version	*ohne Optimierung*	*mit Optimierung*
1	14.5	12.1
2	13.4	10.7
3	11.3	9.5
4	14.6	7.6

Dabei fällt vor allem auf, daß die vierte Version nur dann tatsächlich die besten Ergebnisse bringt, wenn der Compiler voll auf Ausführungsgeschwindigkeit optimiert, andernfalls schneidet bei beiden Compilern die Version 3 am besten ab.

Auffallend ist auch, daß die mit Zortech C 2.00 kompilierten Funktionen im Mittel deutlich schneller ablaufen als die mit Turbo-C 2.0

übersetzten. Dies liegt vor allem an dem aufwendigeren Optimizer von Zortech. Daß dieser jedoch auch seine Tücken hat, kann man an der Version 3 erkennen, die bei eingeschaltetem Optimizer langsamer abläuft als bei abgeschaltetem.

Eine Analyse des erzeugten Codes ergab, daß der Optimizer zwar die eigentliche Kopierschleife leicht verbessern konnte, dadurch entstand jedoch am Anfang und am Ende des Funktionsaufrufs erhöhter Verwaltungsaufwand. Aus diesem Grund lief das Testprogramm, welches pro Funktionsaufruf nur 30 Zeichen kopierte, in der »optimierten« Fassung langsamer. Ein erneuter Test mit längeren Zeichenketten lies den Effekt tatsächlich schwächer werden und bei Strings ab einer Länge von etwa 1000 Zeichen wurde der optimierte Code dann tatsächlich schneller als der nichtoptimierte.

Übrigens: die eingebauten *strcpy*-Funktionen beider Compiler laufen noch wesentlich schneller als unsere letzte Version. Sie brauchten auf beiden Systemen für den obigen Test lediglich 4.7 Sekunden. Der Grund liegt darin, daß derartige zeitkritische Routinen im allgemeinen vom Compilerhersteller in Assembler geschrieben und handoptimiert werden.

Simulation von Call-By-Reference

Die dritte wichtige Gruppe von Anwendungen für Zeiger in C besteht in der Simulation des Parameterübergabemechanismus »call by reference«. Unter »call by reference« versteht man dabei eine ganz bestimmte Art, Parameter an eine Funktion zu übergeben, bei der die aufgerufene Funktion in der Lage ist, Werte an den Aufrufer zurückzugeben.

Wir haben in Kapitel 6 gelernt, daß die Parameterübergabe in C grundsätzlich nach dem Verfahren »call by value« erfolgt. Dies bedeutet aber, daß beim Aufruf einer Funktion alle aktuellen Parameter kopiert werden und dann innerhalb der Funktion sozusagen als zusätzliche, initialisierte lokale Variablen zur Verfügung stehen. Da nach dem Ende der Funktion die möglicherweise geänderten Kopien nicht wieder zurückgeschrieben werden, kann eine Funktion auf diese Weise keine Werte an den Aufrufer zurückgeben.

Der Ausweg aus dieser Klemme war bisher der Rückgabewert der Funktion bzw. die Kommunikation über globale Variablen. Wir werden nun sehen, daß es mit Hilfe von Zeigern möglich ist, die Übergabeart »call by reference« zu simulieren und Funktionen mit Rückgabeparametern auszustatten.

Definition von Rückgabeparametern

Um einen Wert aus einer Funktion an den Aufrufer zurückgeben zu können, definieren wir den formalen Parameter nicht als eine einfache Variable des gewünschten Typs, sondern als Zeiger auf eine Variable dieses Typs. Zwar wird auch der Zeiger in Form einer Kopie übergeben, so daß der Aufrufer es nicht feststellen könnte, wenn die Funktion lediglich diesen Zeiger verändern würde. Da der Zeiger aber auf die eigentliche Variable zeigt, kann mit Hilfe des Verweisoperators schreibend auf diese Variable zugegriffen werden.

Wir wollen eine Beispielfunktion schreiben, welche die Werte von zwei übergebenen *int*-Variablen vertauscht. Folgende naheliegende Variante

```
void swap(x,y)
int x,y;
{
  int tmp;

  tmp=x; x=y; y=tmp;
}
```

funktioniert aus den eben genannten Gründen natürlich nicht, da die Änderung der formalen Parameter nur innerhalb der Funktion wirksam werden. Also ändern wir die Definition der Funktion etwas ab und erhalten

```
void swap(x,y)
int *x,*y;
{
  int tmp;

  tmp=*x; *x=*y; *y=tmp;
}
```

Die Funktion *swap* geht nun davon aus, zwei Zeiger auf *int*-Variablen zu erhalten und vertauscht die Inhalte der Speicherstellen, auf die diese Zeiger verweisen.

Dies mag zwar auf den ersten Blick etwas kompliziert aussehen, es handelt sich jedoch lediglich um die geschickte Anwendung des Verweis-Operators. Zunächst bekommt die lokale Hilfsvariable *tmp* den Wert zugewiesen, auf den *x* zeigt. Da *x* ein Zeiger auf ein *int* ist, ist diese Zuweisung typmäßig völlig korrekt. Dann wird der Variablen, auf die *x* immer noch zeigt, der Wert zugewiesen, auf den *y* zeigt. Damit ist der erste Teil des Vertauschens erledigt, denn an der Stelle, die durch den *x*-Zeiger referenziert wird, steht nun der Inhalt der Variablen, auf die auch der *y*-Zeiger verweist. Nun braucht nur noch der Variablen, auf die *y* zeigt, der ehemalige Wert des *x*-Zeigers zugewiesen werden, der ja mittlerweile in *tmp* steht.

Aufrufen einer Funktion mit Rückgabeparametern

Um die zweite Version der Funktion *swap* aufzurufen, reicht es jetzt natürlich nicht mehr aus, lediglich die zu vertauschenden Variablen zu übergeben. Um korrekt zu arbeiten, benötigt die Funktion Zeiger auf die Variablen. Diese können allerdings leicht mit Hilfe des Adressoperators gebildet werden, so daß man *swap* beispielswiese wie in dem folgenden Programm verwenden kann.

```
main()
{
  int x=10,y=20;

  printf("x=%d y=%d\n",x,y);
  swap(&x,&y);
  printf("x=%d y=%d\n",x,y);
}
```

Die Ausgabe des Programmes lautet nun korrekt:

```
x=10 y=20
x=20 y=10
```

Probleme

Wir haben nun zwar eine Möglichkeit gefunden, Parameter aus einer Funktion zurückzugeben, die geschilderte Vorgehensweise hat jedoch einige Nachteile:

1. Beim Aufruf der Funktion müssen explizite Zeiger angegeben werden. Da die meisten C-Compiler keine Parameterüberprüfungen durchführen, liegt eine wesentliche Fehlerquelle darin, daß dies vergessen wird.

2. Bei der Definition der Funktion, insbesondere also im Funktionsrumpf, muß jeder Zugriff auf einen Rückgabeparameter mit Hilfe des Verweisoperators ausgeführt werden. Dies kann ebenfalls leicht vergessen werden und führt zudem dazu, daß die Programme schwerer zu lesen sind.

3. Zusätzliche Verwirrung kann bei C-Neulingen dadurch entstehen, daß es Datentypen (Arrays) gibt, die auch ohne explizite Angabe immer per Zeiger übergeben werden. Auch wenn die Definition von Array-Parametern nach «call by value« aussieht, handelt es sich tatsächlich um eine Übergabe per »call by reference«.

Leider gibt es in C keinen eingebauten »call by reference«-Mechanismus, wie etwa in PASCAL oder C++, so daß man leider gezwungen ist, sich mit expliziten Zeigern zu behelfen, wenn man mehr als einen Wert aus einer Funktion zurückgeben muß.

Zeiger auf Funktionen

Eines der wichtigsten Kennzeichen der Computer der letzten 30 Jahre ist es, daß ein gemeinsamer Hauptspeicher sowohl für Programmcode als auch für Daten verwendet wird. Zwar ist von diesem Zusammenhang in C (wie auch den meisten höheren Programmiersprachen) nicht mehr viel zu sehen, es gibt jedoch einen Punkt, an dem er dennoch zutage tritt. Die Rede ist von Zeigern auf Funktionen, d.h. Variablen, die in der Lage sind, die Startadresse einer Funktion aufzunehmen und wie eine solche aufgerufen werden können.

Definition

Normalerweise sind Funktionen in C keine Variablen, es ist also nicht erlaubt, einer Funktion einen Wert zuzuweisen. Es ist aber möglich, einen Zeiger auf eine Funktion zu definieren. Dieser kann dann wie eine ganz normale Zeigervariable irgendeines anderen Datentyps verwendet werden. Es ist also möglich, diesen Zeiger auf der rechten oder linken Seite in einer Zuweisung oder in komplizierteren Datenenstrukturen – z.B. Arrays oder Structures – zu verwenden. Der Clou an der Sache ist allerdings, daß man den Zeiger auch aufrufen kann, d.h. es wird die Funktion aufgerufen, auf die er zeigt.

Das Schwierigste bei Zeigern auf Funktionen ist die Syntax der Definition, denn wie alle Zeiger sind auch sie typisiert. In diesem Fall bedeutet das, daß der Typ des Rückgabewertes der Funktion, auf die der Zeiger verweisen soll, festgelegt werden muß. Betrachten wir beispielsweise die Definition

```
double (*f)();
```

Hier wird ein Zeiger *f* auf eine Funktion, deren Rückgabewert vom Typ *double* ist, definiert. Die Klammern um **f* sind unbedingt nötig, denn sonst würde die Definition

```
double *f();
```

lauten, was natürlich der Deklaration einer Funktion, die einen Zeiger auf einen *double* zurückgibt, entspricht. Man kann die Syntax einer solchen Definition entweder auswendig lernen oder versuchen, ihren Aufbau zu verstehen. Falls Sie die zweite Methode vorziehen (was zunächst nicht unbedingt nötig ist), versuchen Sie Ihr Glück mit der im folgenden geschilderten Methode, die im übrigen für alle komplizierten Definitionen anwendbar ist.

Das Lesen komplizierter Definitionen

1. Beginnen Sie mit dem Lesen beim angegebenen Bezeichener.

2. Lesen Sie dann die Definition wie einen Ausdruck weiter, d.h. in der Reihenfolge, in der die auftretenden Sonderzeichen als »Operatoren« in einem Ausdruck ausgewertet würden.

3. Beachten Sie bei der Reihenfolge insbesondere die Vorrangregeln der »Operatoren«, lesen Sie bei gleichberechtigten einstelligen »Operatoren« zunächst die Postfix- und dann die Prefix-»Operatoren«.

4. Interpretieren Sie die auftretenden »Operatoren« nicht wie in einem Ausdruck, sondern entsprechend ihrer Bedeutung in einer Definition, das heißt:

[ ] ist kein Zugriff auf ein Array-Element, sondern die Definition eines Arrays

() ist kein Funktionsaufruf, sondern die Definition einer Funktion

* ist kein Verweis, sondern die Definition eines Zeigers

5. Beachten Sie, daß Klammern, wenn Sie nicht eine Funktion bezeichnen, zur Änderung der Vorrangregeln verwendet werden.

Wir wollen uns unsere Beispiele noch einmal ansehen:

```
double (*f)();
```

ist ein Zeiger (denn zuerst wird *(*f)* gelesen) auf eine Funktion (wegen *()*), die einen *double* zurückgibt.

```
double *f();
```

ist eine Funktion (denn zuerst wird *f()* gelesen), die einen Zeiger auf ein *double* zurückgibt. Ein etwas komplizierteres Beispiel wäre

```
void (*plot)(double (*f)());
```

Es handelt sich um einen Zeiger *plot* auf eine Funktion, die keinen Rückgabewert, aber einen formalen Parameter hat. Dieser Parameter ist selbst ein Zeiger auf eine Funktion, die einen *double* zurückgibt. Versuchen Sie, die angegebenen Regeln auf dieses Beispiel anzuwenden.

Zuweisung eines Funktionszeigers

Nach der Definition ist auch ein Zeiger auf eine Funktion zunächst undefiniert. Man kann ihm aber unmittelbar den Wert einer bereits bekannten Funktion zuweisen, d.h. den Namen einer bereits definierten Funktion desselben Typs.

```
#include <stdio.h>
#include <math.h>
double (*f)();

main()
{
  f=sin;
}
```

In diesem Programm wird zunächst die Zeigervariable *f* definiert. Durch die Zuweisung in *main* wird der Variablen *f* der Wert von *sin* zugewiesen. Sie dürfen jetzt nicht den Wert der Funktion *sin* mit ihrem Rückgabewert verwechseln. Der Wert einer Funktion – angegeben durch den Funktionsnamen – kann als Zeiger auf den ersten Maschinenbefehl der Funktion aufgefasst werden. Der Rückgabewert ensteht hingegen erst, wenn durch Anwendung des Funktionsaufruf-Operators () die Funktion tatsächlich aufgerufen wird, was in obigem Beispiel nicht der Fall ist. Wir können einem Zeiger auf eine Funktion also direkt den Namen einer Funktion zuweisen – genau wie bei Arrays entspricht schon der Name einem Zeiger. Die explizite Verwendung des Adreß-operators ist also nicht nötig.

Aufruf eines Funktionszeigers

Ein Zeiger auf eine Funktion kann ebenso wie eine normale Funktion aufgerufen werden. Dies sieht syntaktisch so ähnlich aus wie die Definition der Zeigervariablen. Das Programm

```
#include <stdio.h>
#include <math.h>

double (*f)();

main()
{
  f=sin;
  printf("%lf\n",sin(3.1415));
  printf("%lf\n",(*f)(3.1415));
}
```

gibt

```
0.000093
0.000093
```

auf dem Bildschirm aus. In dem Ausdruck *(*f)(3.1415)* wird zunächst der Verweis-Operator ausgewertet, dessen Ergebnis wegen der Zuweisung *f=sin* die Funktion *sin* ist. Dann wird die Funktion tatsächlich aufgerufen, indem der ()-Operator auf sie angewendet wird. In beiden Anweisungen wird also die Sinusfunktion aufgerufen.

Anmerkung

Die meisten Compiler erlauben den Aufruf eines Funktionszeigers auch ohne vorherige Anwendung des Verweis-Operators, so daß obiges Programm auch wie folgt funktioniert:

```
main()
{
  f=sin;
  printf("%lf\n",sin(3.1415));
  printf("%lf\n",f(3.1415));
}
```

Dies ist jedoch meist nirgends dokumentiert und sollte daher im Hinblick auf die Portierbarkeit eines Programmes mit Vorsicht angewendet werden.

Übergabe als Parameter

Funktionszeiger sind recht nützlich, wenn man sie als Parameter an Funktionen übergibt. Da es sich um normale Zeigervariablen handelt, können sie mit den üblichen Methoden an eine Funktion übergeben werden.

Wir wollen diese Eigenschaften an einem Beispielprogramm studieren, welches eine Funktion *plot* definiert, die als Parameter eine beliebige Funktion mit einem *double*-Rückgabewert übergeben bekommt, und deren Aufgabe es ist, eine Wertetabelle der übergebenen Funktion zu erstellen.

```
#include <stdio.h>
#include <math.h>

void plot(fp)
double (*fp)();
{
  double x;

  printf(" x f(x)    \n");
  printf("------------\n");
  for (x=0.0; x<=10.0; x=x+1.0) {
    printf("%2.0lf ",x);
    printf("%+lf\n",(*fp)(x));
  }
  printf("\n");
}

main()
{
  plot(sin);
  plot(cos);
  plot(sqrt);
}
```

Die Funktion *plot* durchläuft in der *for*-Schleife die Werte von 0 bis 10 und gibt jeweils den Funktionswert auf dem Bildschirm aus. Da die zur Berechnung zu verwendende Funktion als Parameter übergeben wird, kann *plot* sehr universell verwendet werden. Im Hauptprogramm wird dies beispielhaft für die Funktionen Sinus, Cosinus und Quadratwurzel aus der Standard-Library demonstriert. Es kann aber ohne weiteres auch eine selbstdefinierte Funktion an *plot* übergeben werden, solange sie ein double als Parameter und Rückgabewert hat.

Kommandozeilen-Parameter

Eine der wichtigsten Möglichkeiten bei der Entwicklung von Tools und Hilfsprogrammen mit der Sprache C haben wir noch nicht erwähnt. Gemeint sind die Kommandozeilenparameter, d.h. die Argumente, die einem Programm beim Aufruf zusätzlich mit auf den Weg gegeben werden können.

Ein typischer Aufruf des Kopierbefehls *cp* (unter MSDOS: *copy*) könnte beispielsweise so aussehen:

```
cp users.log users1.log
```

Dieser Aufruf besteht aus dem Programmnamen *cp* und zwei zusätzlichen Argumenten *user.log* und *users1.log*. Diese Argumente dienen dazu, dem Programm weitere Informationen für seine Tätigkeit mit auf den Weg zu geben. Dieser Abschnitt erklärt, wie man aus einem C-Programm heraus die beim Aufruf des Programmes übergebenen Parameter ermittelt und verwendet.

Definition

Bisher war *main* für uns immer eine parameterlose Funktion. Es ist jedoch auch möglich, *main* mit zwei Parametern zu definieren. In diesem Fall übergibt das Laufzeitsystem, welches ja *main* aufruft, die entsprechenden Werte an die Funktion.

Diese Parameter müssen nun ganz bestimmte Typen haben. Der erste der beiden Parameter muß ein *int* sein, während der zweite als Array von Zeigern auf *char* definiert sein muß. Üblicherweise werden die formalen Parameter mit *argc* und *argv* bezeichnet, so daß *main* folgendermaßen definiert wird:

```
main(argc,argv)
int argc;
char *argv[];
{
}
```

Natürlich können wir auch andere Namen für die formalen Parameter verwenden, wichtig ist bei der Definition nur, daß die Typen wie angegeben festgelegt werden. Die Definition von *argv* ist zunächst etwas schwierig zu verstehen, es handelt sich um ein Array mit Elementen, die selbst wieder Arrays sind. Anschaulicher ist es, sich *argv* als Array von Strings vorzustellen, d.h. *argv[0]* ist der erste String, *argv[1]* der zweite, usw...

Da es sich um ein Array von Zeigern handelt, das ja nichts anderes ist, als ein Zeiger auf eine Reihe von Zeigern, die ihrerseits auf Zeichenvariablen zeigen, kann man die Definition von *argv* auch in der Form

```
char **argv;
```

schreiben. Beide Varianten sind für den Compiler identisch.

Auswertung

Beim Starten des Programmes ruft das Laufzeitsystem zunächst *main* auf. Dabei übergibt es als ersten Parameter *argc* die Anzahl der Argumente in der Kommandozeile. Als zweiter Parameter wird ein Array von Strings (Zeiger auf *char) argv* übergeben, in welchen die tatsächlich eingegebenen Kommandozeilenargumente elementweise angegeben sind.

Betrachten Sie folgendes Programm:

```
#include <stdio.h>

main(argc,argv)
int argc;
char *argv[];
{
  int i;

  for (i=0; i<argc; i++)
    printf("%s ",argv[i]);
  printf("\n");
}
```

Dieses Programm macht nichts weiter, als die beim Aufruf angegebenen Argumente auf dem Bildschirm auszugeben. Da durch *argc* die Anzahl der Argumente bekannt ist, kann sehr leicht eine *for*-Schleife zum Verarbeiten der Argumente verwendet werden. Der Zugriff auf die einzelnen Argumente erfolgt dabei jeweils mit *argv[i]*. Beachten Sie hierbei, daß dieser Ausdruck eine komplette Zeichenkette zurückgibt und nicht etwa ein Einzelzeichen, denn *argv* ist ja ein Array von Zeichenketten.

Wenn wir das Programm laufen lassen, können wir feststellen, daß es als erstes immer seinen eigenen Namen ausgibt. Dies ist kein Fehler, sondern beabsichtigt: auch wenn überhaupt kein Parameter beim Aufruf angegeben wird, ist *argv[0]* immer definiert und liefert den Namen des Programmes. Also ist auch *argc* immer größer als 0.

Alle Parameter werden an das Programm in Form von Zeichenketten übergeben. Selbst wenn ein Argument in der Kommandozeile nur aus Ziffern besteht, kommt es in *argv* als Zeichenkette an und muß erst mit einer geeigneten Konvertierung umgewandelt werden.

Wir wollen uns als letztes Beispiel noch ein Programm zur Berechnung einfacher arithmetischer Ausdrücke ansehen. Das Programm soll Ausdrücke der Art

```
<Zahl> <op> <Zahl>
```

akzeptieren und für <op> gleich +, -, * oder / das Ergebnis berechnen und auf Standardausgabe ausgeben.

```
#include <stdio.h>
#include <stdlib.h>

main(argc,argv)
int argc;
char *argv[];
{
  int x,y,z;

  if (argc!=4) {
    fprintf(stderr,"Falsche Parameterzahl !\n");
    fprintf(stderr,"Aufruf: a.out <Zahl><op><Zahl>\n");
    exit(1);
  }
  x=atoi(argv[1]);
  y=atoi(argv[3]);
  if (strcmp(argv[2],"+")==0)
    z=x+y;
  else if (strcmp(argv[2],"-")==0)
    z=x-y;
  else if (strcmp(argv[2],"*")==0)
    z=x*y;
  else if (strcmp(argv[2],"/")==0)
    z=x/y;
  else {
    fprintf(stderr,"Ungültiger Operand !\n");
    exit(1);
  }
  printf("%d",z);
}
```

Zunächst überprüft das Programm, ob 4 Kommandozeilenargumente vorhanden sind und bricht mit einer Fehlermeldung ab, wenn dies nicht der Fall ist. Es ist übrigens gebräuchlicher Stil, bei nicht-interaktiven Programmen im Falle eines fehlerhaften Aufrufs die genaue Aufrufsyntax zusammen mit der Fehlermeldung auf dem Bildschirm auszugeben.

Nun wandelt das Programm zunächst die beiden als Zeichenkette übergebenen numerischen Argumente in die *int*-Zahlen *x* und *y* um. Danach überprüft es, welcher Operator angegeben wurde und berechnet das Ergebnis, das ganz zum Schluß mit *printf* ausgegeben wird.

Kapitel 10

Aufgaben

1.(A) Schreiben Sie ein Programm, das alle seine Argumente auf dem Bildschirm ausgibt. Orientieren Sie sich dabei an dem Verhalten des Befehls *echo*.

2.(A) Schreiben Sie ein Programm, welches die Größe einer als Argument angegebenen Datei auf Standardausgabe ausgibt.

3.(B) Schreiben Sie eine Funktion *strucmp*, welche zwei Zeichenketten miteinander vergleicht. *strucmp* soll im Prinzip so arbeiten wie *strcmp*, dabei aber Groß- und Kleinschreibung bei Buchstaben nicht beachten.

4.(B) Viele Programme akzeptieren neben den normalen Argumenten auch zusätzliche Schalter zum Aktivieren bestimmter Sonderfunktionen. Bei C-Programmen hat es sich eingebürgert, diese Schalter in der Kommandozeile durch ein vorangestelltes »-« zu kennzeichnen. Schreiben Sie ein Programm, welches die übergebenen Parameter nach normalen Argumenten und Schaltern geordnet auf dem Bildschirm ausgibt.

5.(B) Schreiben Sie ein Programm *split*, welches eine Datei an einer angegebenen Position aufteilt und den Inhalt der zwei Teile in separaten Dateien abspeichert. Alle erforderlichen Argumente sollen in der Kommandozeile angegeben werden können.

6.(C) Schreiben Sie ein Programm *untab*, welches Tabulatoren in einer Textdatei in Leerzeichen umwandelt. Dabei soll ein Tabulatorzeichen aber nicht durch eine konstante Anzahl, sondern jeweils durch soviele Leerzeichen ersetzt werden, bis der nächste Tabstop (also die nächste Spalte, in der ein Tabulator gesetzt ist) erreicht ist. Schreiben Sie das Programm so, daß in der Kommandozeile wahlweise entweder die gewünschten Tabstops einzeln per Spaltenangabe oder mit einem Schalter *-a*<Zahl> in konstanten Abständen vorgegeben werden können.

7.(B) Versuchen Sie, die Bedeutung der folgenden Definitionen herauszufinden:

```
typedef int *v1[];
typedef int (*v2)[];
typedef int **v3;
typedef int *(*v4)();
typedef int ***v5;
typedef v4  (*v6)();
```

8.(B) Verbessern Sie das in Aufgabe 8-7 vorgestellte *tee*-Programm in der Weise, daß die Eingabe nicht mehr auf *stderr*, sondern in eine als Argument anzugebende Datei umgeleitet wird. Zusätzlich soll sie natürlich weiterhin auf Standardausgabe geschrieben werden.

Kapitel 11

Die Standard-Library

Einführung

Dieses Kapitel ist eine Übersicht der wichtigsten Library-Funktionen eines C-Compilers. Da eine vollständige Beschreibung aller Funktionen ein eigenes Buch füllen würde, müssen wir uns hier auf eine kleine Auswahl beschränken. Alle hier aufgeführten Funktionen sind jedoch sowohl unter MSDOS als auch unter UNIX auf den meisten Compilern zu finden und entsprechen dem Original-Kernighan/Ritchie-Standard der Sprache C. Auch wenn die Beschreibung der Libraries in diesem Kapitel nicht vollständig ist, kann sie bestens als Einführung in die umfassendere Gesamtlibrary eines C-Compilers angesehen werden.

Das vorliegende Kapitel unterscheidet sich vom Aufbau her völlig von den vorangegangenen. Im Gegensatz zu diesen wird der Stoff nicht Stück für Stück erklärt, sondern in der Form eines Nachschlagewerkes präsentiert. Die einzelnen Funktionen werden weitgehend eigenständig abgehandelt und die Reihenfolge der Darstellung ist nicht an didaktischen Erfordernissen ausgerichtet, sondern erfolgt alphabetisch. Um mit diesem Kapitel zurecht zu kommen, müssen Sie selbstständig an die Beschreibungen herangehen und aufbauend auf den gegebenen Beispielen eigene Experimente machen.

Der eigentliche Anspruch dieses Kapitels ist es, als Referenz und Nachschlagewerk beim Programmieren zu dienen.

Die Aufgaben

Trotz des Referenz-Charakters dieses Kapitels befinden sich wie gewohnt am Ende einige Aufgaben. Es handelt sich dabei durchweg um etwas anspruchsvollere Problemstellungen, bei denen nicht nur das Wissen dieses, sondern auch aller vorangegangenen Kapitel von Bedeutung ist. Die Aufgaben sind daher nicht nur als praktische Übungen für dieses Kapitel vorgesehen, sondern dienen gleichsam als Abschlußarbeiten für das gesamte Buch. Wenn Sie in der Lage sind, die Aufgaben zu lösen, verfügen Sie über ein fundiertes Grundwissen in C, um die Sprache zur Bewältigung weiterführender oder komplexerer Probleme einzusetzen.

Die einzelnen Module

Sie finden im folgenden eine Auflistung der einzelnen Module der Standard-Library. Diese Gliederung entspricht der Unterteilung in Header-Dateien, das heißt, zu jedem Modul gibt es eine entsprechende Header-Datei mit der Erweiterung *.h*.

ctype.h Enthält Makros zur Klassifizierung von Zeichen und Funktionsprototypen für Zeichenumwandlung.

fcntl.h Enthält symbolische Konstanten, die in Zusammenhang mit der Funktion *open* verwendet werden können.

io.h Enthält Makros, symbolische Konstanten und Funktionsprototypen für Low-Level-Datei-I/O.

math.h Enthält die Prototypen der mathematischen Funktionen.

stdio.h Enthält Makros, symbolische Konstanten und Funktionsprototypen für High-Level-Datei-I/O.

stdlib.h Enthält Definitionen für eine Reihe von Standardfunktionen, die in keine der anderen Libraries passen. Diese Datei ist nicht auf allen C-Compilern zu finden. Vor allem auf älteren Systemen, die nicht dem ANSI-Standard entsprechen, gibt es diese Header-Datei nicht. Auf diesen Systemen sind die normalerweise in *stdlib.h* enthaltenen Informationen auf andere Header-Dateien verteilt.

string.h Enthält Definitionen für die Zeichenketten-Funktionen. Auch diese Header-Datei existiert möglicherweise auf älteren Systemen nicht, so daß wir die erforderlichen Deklarationen selbst vornehmen müssen.

sys\stat.h Enthält einige symbolische Konstanten, die für die Funktion *creat* benötigt werden.

time.h Enthält symbolische Konstanten, Typvereinbarungen und Deklarationen für die Datums- und Zeitfunktionen.

Syntaxdiagramme

Die zur Beschreibung der Library-Funktionen verwendeten Syntax-Beschreibungen unterscheiden sich in formaler Hinsicht von den bisher verwendeten Diagrammen. Da nur Funktionen zusammen mit den benötigten Include-Dateien und deren Parametern angegeben werden müssen, können wir auf alle Metasymbole (außer [ ] zur Kennzeichnung optionaler Parameter) verzichten. Aus diesem Grund werden die Sonderzeichen () nicht in Anführungszeichen gesetzt. Bei den angegebenen Typen und Funktionsnamen handelt es sich immer um Terminalsymbole, während die formalen Parameter beim Aufruf der Funktion durch die passenden aktuellen Parameter ersetzt werden müssen.

abort

Aufgabe
Abbrechen des laufenden Programmes.

Syntax

```
#include <stdlib.h>

void abort();
```

Beschreibung
Dient zum Abbrechen eines Programmes. Ein Aufruf von *abort* schreibt normalerweise eine Fehlermeldung auf den Bildschirm und gibt einen Exitcode ungleich 0 zurück. Beachten Sie, daß diese Funktion auf manchen Compilern die geöffneten Dateien nicht ordnungsgemäß schließt, so daß Daten verloren gehen können. *abort* sollte daher nur dann *exit* vorgezogen werden, wenn (wegen schwerwiegender Fehler) dessen Aufruf wahrscheinlich nicht mehr erfolgreich beendet werden könnte.

access

Aufgabe
Ermittelt Zugriffsmöglichkeit auf eine Datei.

Syntax

```
#include <io.h>

int access(fname,mode)
char *fname;
int mode;
```

Rückgabewert
Wenn der gewünschte Zugriff erlaubt ist, gibt die Funktion 0, andernfalls -1 zurück.

Beschreibung
Diese Funktion überprüft, ob die Datei mit dem Namen *fname* existiert und ob unter der Bearbeitungsart *mode* auf sie zugegriffen werden kann. *mode* kann als Summe über folgende Konstanten gebildet werden:

0 Datei existiert

1 Datei ist ausführbar (wird unter MSDOS meistens ignoriert)

2 Datei kann beschrieben werden

4 Datei kann gelesen werden (gilt unter MSDOS für alle Dateien)

```
#include <stdio.h>
#include <io.h>

main()
{
  if (access("..",0)==0) {
    printf("Arbeitsverz. ist nicht Hauptverzeichnis\n");
```

```
  } else {
    printf("Arbeitsverz. ist Hauptverzeichnis\n");
  }
}
```

atan

Aufgabe

Berechnet den Arkustangens.

Syntax

```
#include <math.h>

double atan(x)
double x;
```

Rückgabewert

Der Arcustangens des in *x* übergebenen Wertes.

Beschreibung

Die Funktion *atan* berechnet den Winkel (in Bogenmaß), dessen Tangens dem Wert *x* entspricht.

atof

Aufgabe

Umwandeln einer Zeichenkette in ein *double*.

Syntax

```
#include <stdlib.h>
#include <math.h>

double atof(s)
char *s;
```

Rückgabewert

Die in ein *double* konvertierte Zeichenkette *s*. Falls die Zeichenkette nicht erfolgreich konvertiert werden konnte, wird 0.0 zurückgegeben.

Beschreibung

Die übergebene Zeichenkette wird als Zahl in dezimaler Fließkommanotation betrachtet und in ein *double* konvertiert. Die Zeichenkette muß dabei den folgenden Aufbau haben:

1. Ein zusammenhängender Bereich von 0 oder mehr Whitespaces

2. Ein optionales Vorzeichen

3. Eine Sequenz aus Ziffern mit einem optionalen Dezimalpunkt, gefolgt von einer Sequenz aus Ziffern

4. Ein »E« oder »e«, gefolgt von einer (optional vorzeichenbehafteten) Ganzzahl

atoi

Aufgabe

Umwandeln einer Zeichenkette in ein *int*.

Syntax

```
#include <stdlib.h>

int atoi(s)
char *s;
```

Rückgabewert

Die in ein *int* konvertierte Zeichenkette *s*. Falls die Zeichenkette nicht erfolgreich konvertiert werden konnte, wird 0 zurückgegeben.

Beschreibung

Die übergebene Zeichenkette wird als Zahl in dezimaler Notation betrachtet und in ein *int* konvertiert. Die Zeichenkette muß dabei folgenden Aufbau haben:

1. Ein zusammenhängender Bereich von 0 oder mehr Whitespaces
2. Ein optionales Vorzeichen
3. Eine Sequenz aus Ziffern

Die erste Nicht-Ziffer beendet die Konvertierung von *atoi*. Beachten Sie, daß im allgemeinen keine Vorkehrungen zum Schutz gegen einen Überlauf getroffen werden.

Beispiel

```
#include <stdio.h>
#include <stdlib.h>

main()
{
  printf("%d\n",atoi("   -15rb"));
  printf("%d\n",atoi("0"));
  printf("%d\n",atoi("xyz"));
}
```

Die Ausgabe des Programmes lautet

```
-15
0
0
```

Der erste Aufruf von *atoi* liefert deshalb das korrekte Ergebnis, weil die übergebene Zeichenkette nur bis zur ersten Nicht-Ziffer gelesen wird. Ein potentielles Problem ergibt sich dadurch, daß sowohl bei einem Fehler als auch beim Übergeben einer »0« der Wert 0 zurückgegeben wird. Dies wird durch den zweiten und dritten Aufruf von *atoi* gezeigt.

Anmerkung

Auf manchen Compilern gibt es eine Funktion *itoa*, die genau den umgekehrten Weg der Konvertierung, d.h. die Konvertierung eines *int* in eine Zeichenkette, ermöglicht. Diese Funktion ist allerdings weder Standard- noch ANSI-C und wird daher hier nicht näher behandelt.

atol

Aufgabe

Umwandeln einer Zeichenkette in ein long.

Syntax

```
#include <stdlib.h>

long atol(s)
char *s;
```

Rückgabewert

Die in ein *long* konvertierte Zeichenkette *s*. Falls die Zeichenkette nicht erfolgreich konvertiert werden konnte, wird 0 zurückgegeben.

Beschreibung

Die übergebene Zeichenkette wird als Zahl in dezimaler Notation betrachtet und in ein *long* konvertiert. Die Zeichenkette muß dabei den bei *atoi* beschriebenen Aufbau haben.

ceil

Aufgabe

Aufrunden von Fließkommazahlen.

Syntax

```
#include <math.h>

double ceil(x)
double x;
```

Rückgabewert

Der kleinste ganzahlige Wert, der größer oder gleich x ist.

Beschreibung

Die Funktion liefert die kleinste Ganzzahl (als *double*), die gleich oder größer ist als x.

Beispiel

```
#include <stdio.h>
#include <math.h>

main()
{
  printf("%lf\n",ceil(3.00));
  printf("%lf\n",ceil(3.33));
  printf("%lf\n",ceil(3.99));
}
```

liefert

```
3.000000
4.000000
4.000000
```

close

Aufgabe
Datei schließen.

Syntax

```
#include <io.h>

int close(handle)
int handle;
```

Rückgabewert
0, wenn die angegebene Datei erfolgreich geschlossen werden konnte, -1 andernfalls.

Beschreibung
Die Funktion schließt eine Datei, die mit einer der Funktionen *open* oder *creat* geöffnet wurde und über den Dateihandle *handle* angesprochen werden kann. Diese Funktion gehört zum Komplex »Low-Level-Dateihandling« und wurde im Kapitel 8 sehr ausführlich erklärt.

cos

Aufgabe
Berechnet den Cosinus.

Syntax

```
#include <math.h>

double cos(x)
double x;
```

Rückgabewert
Der Cosinus des Winkels *x* im Bereich -1 bis 1.

Beschreibung
cos berechnet den Cosinus des Winkels *x*. Dabei ist *x* in Bogenmaß anzugeben.

creat

Aufgabe
Anlegen einer Datei.

Syntax

```
#include <io.h>
#include <sys\stat.h>

int creat(fname,mode)
char *fname;
int mode;
```

Rückgabewert
Bei erfolgreicher Ausführung gibt die Funktion den Handle der erzeugten Datei zurück, einen nichtnegativen *int*-Wert. Falls ein Fehler aufgetreten ist, wird -1 zurückgegeben.

Beschreibung
Anlegen einer neuen Datei mit dem Namen *fname*. Falls eine Datei gleichen Namens bereits existiert, wird sie überschrieben. Der Parameter *mode* gibt die Attribute der Datei nach dem ersten Schließen an. Es bedeutet:

S_IWRITE	Schreibberechtigung
S_IREAD	Leseberechtigung

Sollen beide Attribute gleichzeitig vergeben werden, so können die Konstanten mit dem Bitweises-Oder-Operator verknüpft übergeben werden.

exit

Aufgabe

Programm beenden.

Syntax

```
#include <stdlib.h>

void exit(status)
int status;
```

Beschreibung

Beenden des laufenden Programmes mit Rückgabe des Exitcodes *status* an den Aufrufer. Vor dem Beenden des Programmes werden alle Programmpuffer geleert und alle geöffneten Dateien geschlossen.

Es hat sich eingebürgert, daß Programme bei erfolgreicher Beendigung den Status 0, im Falle eines Fehlers jedoch einen Wert größer 0 zurückgeben. Auf diese Weise können Batchdateien (bzw. Shell-Scripts) mit einer ERRORLEVEL-Abfrage auf abnormale Programmabbrüche reagieren.

Beispiel

```
#include <stdio.h>
#include <stdlib.h>

main()
{
  FILE *f1;
  char c;

  if ((f1=fopen("c:\config.sys","r"))==NULL) {
    fprintf(stderr,"Kann CONFIG.SYS nicht öffnen\n");
    exit(1);
  }
  while ((c=getc(f1))!=EOF) putchar(c);
  fclose(f1);
  exit(0);
}
```

Das Programm hat die Aufgabe, die MSDOS-Konfigurationsdatei CONFIG.SYS auf dem Bildschirm auszugeben. Falls dies möglich ist, wird das Programm mit dem Exitcode 0, andernfalls mit einer Fehlermeldung und dem Exitcode 1 beendet.

exp

Aufgabe: Berechnet die Exponentialfunktion.

Syntax:

```
#include <math.h>

double exp(x)
double x;
```

Rückgabewert: Die Potenzfunktion e^x.

Beschreibung: Berechnet die Exponentialfunktion e^x, wobei e=2.7118... die Basis des natürlichen Logarithmus ist.

fclose

Aufgabe: Schließen einer Datei.

Syntax:

```
#include <stdio.h>

int fclose(f1)
FILE *f1;
```

Rückgabewert: Die Funktion gibt 0 zurück, wenn die Datei erfolgreich geschlossen werden konnte, bei Auftreten eines Fehlers wird die Konstante EOF zurückgegeben.

Beschreibung: *fclose* dient zum Schließen einer Datei, die mit der Funktion *fopen* geöffnet wurde. Durch das Schließen einer Datei werden die Dateipuffer auf das externe Speichermedium zurückgeschrieben und die Verzeichnis-Einträge aktualisiert.

fflush

Aufgabe: Dateipuffer leeren.

Syntax:

```
#include <stdio.h>

int fflush(f1)
FILE *f1;
```

Rückgabewert: *fflush* gibt 0 bei erfolgreicher Arbeit zurück, und liefert *EOF*, falls ein Fehler aufgetreten ist.

Beschreibung: Beim Bearbeiten von Dateien mit den High-Level-Datei-Funktionen werden aus Effizienzgründen immer Pufferbereiche im Hauptspeicher gehalten, um Teile der Datei zwischenzupeichern. Die Funktion *fflush* dient dazu, die Dateipuffer der Datei *f1* zu leeren und physikalisch auf das externe Medium zurückzuschreiben.

floor

Aufgabe
Abrunden von Fließkommazahlen.

Syntax
```
#include <math.h>

double floor(x)
double x;
```

Rückgabewert
Die größte ganze Zahl als *double*, die nicht größer als *x* ist.

Beschreibung
floor liefert die größte Ganzzahl, die kleiner oder gleich *x* ist. Das Ergebnis ist vom Typ *double*.

Beispiel
```
#include <stdio.h>
#include <math.h>

main()
{
  printf("%lf\n",floor(3.00));
  printf("%lf\n",floor(3.33));
  printf("%lf\n",floor(3.99));
}
```

liefert

```
3.000000
3.000000
3.000000
```

fopen

Aufgabe
Öffnen einer Datei.

Syntax
```
#include <stdio.h>

FILE *fopen(fname,mode)
char *fname;
char *mode;
```

Rückgabewert
Wenn die Datei mit dem Namen *fname* erfolgreich geöffnet werden konnte, liefert die Funktion einen Zeiger, über den die geöffnete Datei von anderen Funktionen aus angesprochen werden kann. Im Falle eines Fehlers gibt *fopen* die Konstante *NULL* zurück.

Beschreibung
fopen dient dazu, eine Datei zu öffnen, um sie danach mit den High-Level-Datei-Funktionen zu bearbeiten. Die Zeichenkette *fname* gibt den Namen der Datei an, unter der sie dem Betriebssystem bekannt ist. Dabei sind neben einfachen Dateinamen auch komplette Pfadnamen zulässig.

Der Parameter *mode* kann folgende Werte annehmen:

r	Öffnen zum Lesen
w	Neuanlegen zum Schreiben
a	Öffnen zum Anhängen an das Ende der Datei bzw. Neuanlegen
r+	Öffnen zum Lesen und Schreiben
w+	Neuanlegen zum Lesen und Schreiben
a+	Öffnen zum Lesen und Schreiben und Positionierung am Ende der Datei

Zusätzlich kann *mode* noch einen der Buchstaben *b* oder *t* enthalten:

t	Bearbeiten im Textmodus
b	Bearbeiten im Binärmodus

Beispiel

siehe exit

fprintf

Aufgabe

Formatierte Ausgabe in eine Datei.

Syntax

```
#include <stdio.h>

int fprintf(f1,format,...)
FILE *f1;
char *format;
```

Rückgabewert

Falls ein Fehler aufgetreten ist, wird EOF zurückgegeben, andernfalls liefert die Funktion die Anzahl der tatsächlich ausgegebenen Zeichen.

Beschreibung

fprintf dient zur formatierten Ausgabe von Werten in die Datei *f1*. Die Funktion akzeptiert Aufrufe mit variabel langen Parameterlisten, es müssen jedoch immer mindestens die ersten beiden Parameter *f1* und *format* übergeben werden.

Der Parameter *format* dient zur Formatierung der Ausgabe und gibt zusätzlich die Typen an, die als weitere Parameter übergeben werden. Für jeden aktuellen Parameter muß dabei eine typmäßig passende Formatanweisung folgenden Aufbaus vorhanden sein:

```
%[Flag][Breite][Genauigkeit][Laenge]Typ
```

Es bedeuten:

Flag	-	Linksbündig ausgeben
	+	Vorzeichen immer ausgeben (auch +)
	Leerz.	Positive Zahlen beginnen mit einer Leerstelle
	#	Hex-Zahlen vorne mit 0x, Oktal-Zahlen mit 0 beginnend ausgeben

Breite	n	Die Feldbreite ist mindestens n Stellen
	0n	wie vorher, kürzere Ausgaben werden mit Nullen aufgefüllt
	*	Der nächste aktuelle Parameter enthält die Feldbreite
Genauig- keit	.n	Dezimalzahlen werden mit n Nachkommastellen ausgegeben
	.0	Unterdrücken eventueller Dezimalstellen
	*	Der nächste aktuelle Parameter enthält die Anzahl der auszugebenden Dezimalstellen
Laenge	l	Lange Variante des Datentyps soll ausgegeben werden, d.h. *long* (bei d,x,X,o,u) bzw. *double* (falls f,e,E,g,G für float zu verwenden sind)
Typ	d	*int* (dezimal)
	x,X	*int* (hexadezimal)
	o	*int* (oktal)
	u	*unsigned* (dezimal)
	c	*char* (oder *int*)
	s	*char**
	f	*double* (manchmal *float*)
	e,E	*double* (manchmal *float*) (mit Exponent)
	g,G	*double* (manchmal *float*) (evtl. mit Exponent)
	%	Prozentzeichen ausgeben

Beispiel

```
#include <stdio.h>
main()
{
  fprintf(stderr,"Fehler im Anwendungsprogramm\n");
  exit(1);
}
```

fread

Aufgabe

Lesen einer Datei.

Syntax

```
#include <stdio.h>

size_t fread(buf,size,num,f1)
void *buf;
size_t size;
size_t num;
FILE *f1;
```

Rückgabewert

Liefert die Anzahl der gelesenen Elemente (nicht Bytes !!) bzw. einen Wert kleiner *num,* falls ein Fehler aufgetreten ist.

Beschreibung

Mit *fread* kann eine Datei gelesen werden. Die Funktion ist insbesondere für Dateien geeignet, die aus vielen Sätzen gleicher Länge besteht. *fread* liest aus der Datei *f1* ab der aktuellen Position *num* Elemente mit einer Länge von jeweils *size* Bytes ein und speichert das Ergebnis in dem Puffer *buf.* Die Gesamtzahl gelesener Bytes ist also gleich *num*size* und der Puffer *buf* muß die entsprechende Größe haben.

Beispiel

```
#include <stdio.h>

struct adr {
  char name[20];
  char ort[20];
  int  alter;
} adress[10];

main()
{
  FILE *f1;

  if ((f1=fopen("kunden.dat","r"))==NULL) {
    fprintf(stderr,"Fehler beim Öffnen der Datei\n");
    exit(1);
  }
  if (fread(adress,sizeof(struct adr),10,f1)!=10) {
    fprintf(stderr,"Fehler beim Lesen der Datei\n");
    exit(1);
  }

  printf("%s\n",adress[3].name);
  printf("%s\n",adress[3].ort);
  printf("%d\n",adress[3].alter);
  fclose(f1);
}
```

free

Aufgabe

Zurückgeben von Hauptspeicher.

Syntax

```
#include <stdlib.h>

void free(p)
void *p;
```

Beschreibung

Diese Funktion dient der Rückgabe des mit *malloc* beschafften Hauptspeichers. Beispiele und ausführliche Erklärungen zu dieser Funktion finden Sie in den Kapiteln 9 und 10 bei der Einführung von Zeigern.

fscanf

Aufgabe

Formatiertes Lesen aus einer Datei.

Syntax

```
#include <stdio.h>

int fscanf(f1,format,...)
FILE *f1;
char *format;
```

Rückgabewert

Liefert die Anzahl der erfolgreich gelesenen Werte. Falls dieser Wert kleiner als die Anzahl der einzulesenden Werte ist, konnten einige Felder nicht gelesen werden. Bei Auftreten des Dateiendes wird *EOF* zurückgegeben.

Beschreibung

fscanf dient zum formatierten Einlesen von Werten aus der Datei *f1*. Die Funktion akzeptiert Aufrufe mit variabel langen Parameterlisten, es müssen jedoch immer mindestens die ersten beiden Parameter *f1* und *format* übergeben werden.

Der Parameter *format* macht Angaben über die Formatierung der einzulesenden Werte und gibt zusätzlich die Typen an, die als weitere Parameter übergeben werden müssen. Er besteht aus einer Aneinanderreihung von drei unterschiedlichen Objekttypen:

1. Whitespace erlaubt in der Eingabe an dieser Stelle eine beliebige Anzahl an Whitespaces und überliest diese.

2. Normale ASCII-Zeichen müssen in der Eingabedatei an derselben Stelle auftauchen.

3. Formatanweisungen dienen zum Einlesen von Werten und müssen ganz bestimmten Regeln entsprechen.

Für jeden aktuellen Parameter muß dabei eine typmäßig passende Formatanweisung folgenden Aufbaus vorhanden sein:

```
%[Ignore][Breite][Laenge]Typ
```

Es bedeuten:

Ignore	*	Das nächste Feld wird zwar gelesen, aber nicht an eine Variable zugewiesen.
Breite	n	Es werden maximal n Stellen eingelesen

Laenge	l	Lange Variante des Datentyps soll eingelesen werden, d.h. *long* (bei d,x,X,o,u) bzw. *double* (falls f,e,E,g,G für *float* zu verwenden sind)
	h	*short int* soll eingelesen werden (bei d,x,X,o,u)
Typ	d	Zeiger auf *int* (Dezimalwert erwartet)
	x	Zeiger auf *int* (Hexadezimal erwartet)
	o	Zeiger auf *int* (Oktalwert erwartet)
	i	Zeiger auf *int* (Hexadezimal, falls 0x... Oktal, falls 0..., dezimal sonst)
	u	Zeiger auf *unsigned* (Dezimalwert erwartet)
	c	Zeiger auf *char*. Falls Breite angegeben, Zeiger auf *char*[] mit genügend Platz
	s	*char**, 0-Byte wird angehängt
	f	*double* (manchmal *float*)
	e,E	*double* (manchmal *float*) (mit Exponent)
	g,G	*double* (manchmal *float*) (evtl. mit Exponent)
	%	Prozentzeichen einlesen
	[...]	*char** (mit Suchzeichenangabe)

Beispiel

```
#include <stdio.h>
main()
{
  int a,b;

  fscanf(stdin,"%x %x",&a,&b);
  printf("%X+%X=%X\n",a,b,a+b);
}
```

Das Programm liest zwei hexadezimale Werte über Standardeingabe ein und gibt diese zusammen mit ihrer Summe auf dem Bildschirm aus.

fseek

Aufgabe

Wahlfreie Positionierung in einer Datei.

Syntax

```
#include <stdio.h>

int fseek(f1,offset,origin)
FILE *f1;
long offset;
int origin;
```

Rückgabewert

Liefert 0, wenn die Funktion fehlerfrei ausgeführt werden konnte und einen Wert ungleich 0, falls ein Fehler aufgetreten ist.

Beschreibung

Die Funktion *fseek* dient zum Positionieren des Schreib-/Lesezeigers in der Datei *f1*. Der Zeiger wird relativ um *offset* Bytes, beginnend bei der durch *origin* angegebenen Startposition, verschoben.

origin kann folgende Werte annehmen:

SEEK_SET	Dateianfang
SEEK_CUR	Aktuelle Position
SEEK_END	Dateiende

Beispiel

```
#include <stdio.h>
main()
{
  FILE *f1;

  if ((f1=fopen("c:\config.sys","r"))==NULL) {
    fprintf(stderr,"Fehler beim Öffnen der Datei\n");
    exit(1);
  }
  fseek(f1,-1L,SEEK_END); printf("%d\n",getc(f1));
  fseek(f1,0L,SEEK_SET); printf("%c\n",getc(f1));
  fseek(f1,6L,SEEK_CUR); printf("%c\n",getc(f1));
  fclose(f1);
}
```

Das Programm gibt das letzte, erste und achte (!) Zeichen der Datei *config.sys* aus.

ftell

Aufgabe

Angabe der Position des Dateizeigers.

Syntax

```
#include <stdio.h>

long ftell(f1)
FILE *f1;
```

Rückgabewert

Gibt die Position des Dateizeigers, bzw. -1L im Fall eines Fehlers zurück.

Beschreibung

Mit der Funktion *ftell* kann die aktuelle Position des Schreib-/Lesezeigers in der Datei *f1* ermittelt werden. Der Rückgabewert ist die Position des Zeigers relativ zum Dateianfang.

Beispiel

```
#include <stdio.h>

main()
{
  FILE *f1;
```

```
  if ((f1=fopen("c:\config.sys","r"))==NULL) {
    fprintf(stderr,"Fehler beim Öffnen der Datei\n");
    exit(1);
  }
  fseek(f1,0L,SEEK_END);
  printf("%ld\n",ftell(f1));
  fclose(f1);
}
```

bestimmt die Länge der Datei CONFIG.SYS.

fwrite

Aufgabe

Schreiben einer Datei.

Syntax

```
#include <stdio.h>

size_t fwrite(buf,size,num,f1)
void *buf;
size_t size;
size_t num;
FILE *f1;
```

Rückgabewert

Liefert die Anzahl der tatsächlich geschriebenen Elemente (nicht Bytes!!) bzw. einen Wert kleiner *num*, falls ein Fehler aufgetreten ist.

Beschreibung

Mit *fwrite* kann eine Datei geschrieben werden. Die Funktion ist insbesondere für Dateien geeignet, die aus vielen Sätzen gleicher Länge bestehen. *fwrite* schreibt ab der aktuellen Position *num* Elemente mit einer Länge von jeweils *size* Bytes in die Datei *f1* und verwendet dazu die Daten aus dem Puffer *buf*. Die Gesamtzahl geschriebener Bytes ist also gleich *num*size* und der Puffer *buf* muß die entsprechende Größe haben.

Beispiel

```
#include <stdio.h>

struct {
  char name[20];
  char ort[20];
  int  alter;
} kunde;

main()
{
  FILE *f1;
  int i;

  if ((f1=fopen("kunden.dat","w"))==NULL) {
```

```
    fprintf(stderr,"Fehler beim Öffnen der Datei\n");
    exit(1);
  }
  strcpy(kunde.name,"Müller, Walter");
  strcpy(kunde.ort,"3000 Hannover");
  kunde.alter=42;
  for (i=1; i<=10; i++) {
    if (fwrite(&kunde,sizeof(kunde),1,f1)!=1) {
      fprintf(stderr,"Fehler beim Schreiben der Datei\n");
      exit(1);
    }
  }
  fclose(f1);
}
```

Das Programm erzeugt eine neue Kundendatei mit 10 gleichartigen Sätzen.

getc

Aufgabe

Lesen aus einer Datei.

Syntax

```
#include <stdio.h>

int getc(f1)
FILE *f1;
```

Rückgabewert

Liefert das nächste gelesene Zeichen bzw. *EOF*, wenn das Ende der Datei erreicht ist. Da diese Funktion gepuffert arbeitet, terminiert sie erst, wenn ein '\n' bzw. das Dateiende gelesen wurde.

Beschreibung

getc ist ein Makro, welches das nächste verfügbare Zeichen aus der Datei *f1* liefert und gleichzeitig den Dateizeiger eine Position weiter schiebt. Falls das Dateiende erreicht wurde, gibt *getc* die Konstante *EOF* zurück.

getchar

Aufgabe

Lesen von Standardeingabe.

Syntax

```
#include <stdio.h>

int getchar()
```

Rückgabewert

Liefert das nächste über Standardeingabe eingegebene Zeichen bzw. *EOF*, wenn keine weiteren Zeichen über die Standardeingabe verfügbar sind. Da diese Funktion gepuffert arbeitet, terminiert sie erst, wenn ein '\n' bzw. das Dateiende gelesen wurde.

Beschreibung

getchar ist ein Makro, welches das nächste verfügbare Zeichen von der Standardeingabe liest. Falls keine weiteren Zeichen verfügbar sind, gibt *getchar* die Konstante *EOF* zurück.

getenv

Aufgabe

Lesen von Umgebungsvariablen.

Syntax

```
#include <stdlib.h>

char *getenv(name)
char *name;
```

Rückgabewert

Liefert den Wert der Umgebungsvariable *name*, bzw. den Zeiger NULL, wenn eine Umgebungsvariable dieses Namens nicht existiert.

Beschreibung

Mit *getenv* können die Umgebungsvariablen des Beriebssystems gelesen werden. Der Parameter *name* gibt dabei an, welche Umgebungsvariable gelesen werden soll. Der Rückgabewert ist ein Zeiger auf das erste Zeichen der gefundenen Umgebungsvariable, bzw. Null, wenn sie nicht existiert. Es ist nicht möglich, mit Hilfe des zurückgegebenen Zeigers Umgebungsvariablen zu verändern.

Beispiel

```
#include <stdio.h>
#include <stdlib.h>
main()
{
  printf("PATH=%s\n",getenv("PATH"));
  printf("PROMPT=%s\n",getenv("PROMPT"));
  printf("COMSPEC=%s\n",getenv("COMSPEC"));
}
```

liefert beispielsweise

```
PATH=F:\;C:\;C:\DOS;C:\EXE;C:\BAT;C:\UNIX;D:\ZORTECH\BIN;
PROMPT=$p---$g
COMSPEC=C:\COMMAND.COM
```

isalnum

Aufgabe

Makros für Zeichenklassifizierung.

Syntax

```
#include <ctype.h>

int isalnum(c)
int c;
```

Rückgabewert

isalnum gibt einen Wert ungleich 0 zurück, wenn das übergebene Zeichen *c* ein Buchstabe (A..Z,a..z) oder eine Ziffer (0..9) ist, andernfalls wird 0 zurückgegeben.

Beschreibung

isalnum ist ein Makro zur Klassifizierung von Zeichen. Es ist als Wahrheitswert-Funktion zu verwenden, die immer dann den Wert »wahr« zurückgibt, wenn das übergebene Zeichen ein Buchstabe oder eine Ziffer ist. Aus Geschwindigkeitsgründen ist dieses Makro bei vielen Compilern auf der Basis einer Tabellensuche implementiert. Diese Tabelle ist meist nur für Werte von *c* zwischen -1 und 255 ausgelegt, so daß der Aufruf des Makros mit einem Wert, der außerhalb dieses Bereichs liegt, undefiniert ist.

Beispiel

```
#include <stdio.h>
#include <ctype.h>

main()
{
  printf("%d\n",isalnum('a'));
  printf("%d\n",isalnum('a'));
  printf("%d\n",isalnum('?'));
}
```

liefert unter Zortech C die Ausgabe

```
2
2
0
```

Wir können an diesem Beispiel erkennen, daß logische Funktionen im Fall von »wahr« nicht unbedingt 1 zurückgeben müssen, sondern lediglich einen Wert ungleich 0. Der logische Wahrheitswert »falsch« wird hingegen immer durch 0 repräsentiert.

In der Header-Datei *ctype.h* werden noch weitere Makros zur Klassifizierung von Zeichen definiert. Da diese auf dieselbe Art zu verwenden sind, wie *isalnum*, wollen wir die Beschreibung etwas verkürzen.

isalpha Erkennt alle klein- und großgeschriebenen Buchstaben.

isascii Erkennt alle ASCII-Zeichen, d.h. Zeichen mit einem Code zwischen 0 und 127.

iscntrl Erkennt alle Steuerzeichen, d.h. alle Zeichen mit einem Code kleiner 32 (dezimal) oder das Zeichen mit dem Code 127.

isdigit Erkennt alle Ziffern (0..9).

isgraph Liefert bei allen druckbaren Zeichen – außer es handelt sich um das Leerzeichen – einen Wert ungleich 0. Dieses Makro ist also bis auf das Leerzeichen mit *isprint* identisch.

islower Erkennt alle kleingeschriebenen Buchstaben. Beachten Sie, daß das Verhalten des Makros bei deutschen Umlauten unter Umständen compilerabhängig ist. Manche Compiler liefern hier das logische »wahr«, andere »falsch«.

isprint Erkennt alle druckbaren Zeichen, d.h. alle ASCII-Zeichen mit einem Code zwischen einschließlich 32 und 126.

ispunct Erkennt alle Zeichen, die weder Steuerzeichen noch alphanumerische Zeichen sind.

isspace Erkennt Leerzeichen, Tabulator, Zeilenschaltung, vertikalen Tabulator, Seitenvorschub oder Wagenrücklauf, also die Zeichen mit dem ASCII-Code von 9 bis 13 und 32.

isupper Erkennt großgeschriebene Buchstaben. Auch hier kann es Probleme mit den deutschen Umlauten geben.

isxdigit Erkennt hexadezimale Ziffern, also die Zeichen 0 bis 9, A bis F und a bis f.

log

Aufgabe

Berechnet den natürlichen Logarithmus.

Syntax

```
#include <math.h>

double log(x)
double x;
```

Rückgabewert

Der natürliche Logarithmus $\log_e x$ des Wertes *x* zur Basis e.

Beschreibung

Die Funktion *log* berechnet den Logarithmus $\log_e x$. Der Definitionsbereich ist $x>0$.

malloc

Aufgabe

Beschaffen von Hauptspeicher.

Syntax

```
#include <stdlib.h>

void *malloc(size)
unsigned size;
```

Rückgabewert

Liefert einen Zeiger auf das erste Byte des reservierten Speicherbereichs, wenn der Aufruf erfolgreich war. Andernfalls wird der Nullzeiger NULL zurückgegeben.

Beschreibung

Diese Funktion dient zum Beschaffen von *size* Bytes Hauptspeicher zur Laufzeit des Programmes. Bei erfolgreicher Ausführung liefert *malloc* einen Zeiger auf das erste Byte des reservierten Speicherbereichs.

memcmp

Aufgabe

Speicherbereiche vergleichen.

Syntax

```
#include <string.h>

int memcmp(buf1,buf2,size)
void *buf1;
void *buf2;
size_t size;
```

Rückgabewert

Der Rückgabewert ist

<0 falls *buf1* kleiner ist als *buf2*
>0 falls *buf1* größer ist als *buf2*
=0 falls *buf1* gleich *buf2* ist

Beschreibung

Die Funktion *memcmp* vergleicht die ersten *size* Bytes der beiden Speicherbereiche *buf1* und *buf2* lexikographisch miteinander. Die Funktion untersucht dabei, ob einer der beiden Speicherbereiche kleiner ist als der andere, oder ob beide gleich sind.

Beispiel

```
#include <stdio.h>
#include <string.h>
char *s1="abc1";
char *s2="abc2";
char *s3="abc3";

main()
{
  printf("%d\n",memcmp(s1,s2,(size_t)4));
  printf("%d\n",memcmp(s2,s1,(size_t)4));
  printf("%d\n",memcmp(s1,s3,(size_t)3));
}
```

liefert

```
-1
1
0
```

memcpy

Aufgabe

Kopieren von Speicherbereichen.

Syntax

```
#include <string.h>

void *memcpy(buf1,buf2,size)
void *buf1;
```

```
void *buf2;
size_t size;
```

Rückgabewert

Gibt *buf1* zurück.

Beschreibung

memcpy kopiert *size* Bytes aus dem Speicherbereich, auf den *pos2* zeigt, in den Speicherbereich, auf den *pos1* zeigt. Das Verhalten der Funktion ist undefiniert, wenn sich beide Speicherbereiche überlappen.

Beispiel

```
#include <stdio.h>
#include <string.h>

char *s1="abc1";
char *s2="xyz";

main()
{
  printf("%s\n",memcpy(s1,s2,(size_t)2));
}
```

liefert

```
xyc1
```

memset

Aufgabe

Initialisieren von Speicherbereichen.

Syntax

```
#include <string.h>

void *memset(buf,c,size)
void *buf;
int c;
size_t size;
```

Rückgabewert

Gibt *buf* zurück.

Beschreibung

memset initialisiert die ersten *size* Bytes des Speicherbereichs, auf den *buf* zeigt, mit dem Wert *c*.

Beispiel

```
#include <stdio.h>
#include <string.h>

char *s="Dieser String wird überschrieben";

main()
{
  printf("%s\n",memset(s,'x',(size_t)20));
}
```

schreibt

```
xxxxxxxxxxxxxxxxxxxxberschrieben
```

auf den Bildschirm.

open

Aufgabe

Öffnen einer Datei zum Lesen oder Schreiben.

Syntax

```
#include <io.h>

int open(fname,mode)
char *fname;
int mode;
```

Rückgabewert

Bei erfolgreicher Ausführung gibt die Funktion einen nichtnegativen Wert (den Dateihandle) zurück, der bei Zugriffen auf diese Datei benötigt wird. Falls ein Fehler aufgetreten ist, wird -1 zurückgegeben.

Beschreibung

Öffnen einer bestehenden Datei mit dem Namen *fname*. Falls eine Datei dieses Namens nicht existiert, gibt die Funktion -1 zurück. Der Parameter *mode* gibt an, ob die Datei zum Lesen und/oder Schreiben verwendet werden soll. Es bedeutet:

O_RDONLY Lesen
O_WRONLY Schreiben

Soll die Datei zum Lesen und Schreiben geöffnet werden, so können die Konstanten mit dem Bitweises-Oder-Operator verknüpft übergeben werden. Manchmal sind die beiden Konstanten nicht in *io.h* zu finden, sondern in anderen Header-Dateien wie z.B. *dos.h* oder *fcntl.h*.

pow

Aufgabe

Berechnen beliebiger Potenzen.

Syntax

```
#include <math.h>

double pow(x,y)
double x;
double y;
```

Rückgabewert

Die Potenz x^y.

Beschreibung

Die Funktion *pow* dient zum Berechnen von Potenzen der Form x^y.

Beispiel

```
#include <stdio.h>
#include <math.h>
main()
```

```
{
  printf("%lf\n",pow(3.0,2.0));
  printf("%lf\n",pow(2.0,3.0));
  printf("%lf\n",pow(256.0,0.125));
}
```

liefert

```
9.000000
8.000000
2.000000
```

printf

Aufgabe

Formatierte Ausgabe auf *stdout*.

Syntax

```
#include <stdio.h>

int printf(format,...)
char *format;
```

Rückgabewert

Falls ein Fehler aufgetreten ist, wird *EOF* zurückgegeben, andernfalls liefert die Funktion die Anzahl der tatsächlich ausgegebenen Zeichen.

Beschreibung

printf dient zur formatierten Ausgabe von Werten auf Standardausgabe. Die Funktion akzeptiert Aufrufe mit variabel langen Parameterlisten, es muß jedoch immer mindestens der Parameter *format* übergeben werden. *printf* unterscheidet sich nur durch das Fehlen des Dateiparameters von der Funktion *fprintf*. Alle dort gemachten Aussagen gelten auch für *printf*.

Beispiel

```
#include <stdio.h>

main()
{
  printf("%d\n", (int) 13.14);
  printf("%ld\n",(long)13.14);
  printf("%x\n", (int) 13.14);
  printf("%lf\n",13.14);
}
```

erzeugt die Ausgabe

```
13
13
d
13.140000
```

putc

Aufgabe — Ausgeben eines Zeichens in eine Datei.

Syntax

```
#include <stdio.h>

int putc(c,f1)
int c;
FILE *f1;
```

Rückgabewert — Bei erfolgreicher Ausführung liefert *putc* den Parameter *c* zurück, andernfalls *EOF*.

Beschreibung — *putc* dient zur Ausgabe eines einzelnen Zeichens *c* in die Datei *f1*.

Beispiel

```
#include <stdio.h>

char *s="hello, world\n";

main()
{
  FILE *f1;

  if ((f1=fopen("hello.txt","w"))==NULL) {
    fprintf(stderr,"Kann hello.txt nicht anlegen\n");
    exit(1);
  }
  while (putc(*s,f1)!='\n') s++;
  fclose(f1);
}
```

erzeugt eine Datei *hello.txt* mit dem Inhalt "hello, world\n".

putchar

Aufgabe — Ausgeben eines Zeichens auf *stdout*.

Syntax

```
#include <stdio.h>

int putchar(c)
int c;
```

Rückgabewert — Bei erfolgreicher Ausführung liefert *putchar* den Parameter *c* zurück, andernfalls *EOF*.

Beschreibung — *putchar* dient zur Ausgabe eines einzelnen Zeichens *c* auf Standardausgabe.

Beispiel

```
#include <stdio.h>

char *s="hello, world\n";
main()
{
  while (putchar(*s)!='\n') s++;
}
```

gibt die Zeichenkette "hello, world\n" auf *stdout* aus.

rand

Aufgabe

Zufallszahlengenerator.

Syntax

```
#include <stdlib.h>

int rand(void)
```

Rückgabewert

Liefert eine Zahl zwischen 0 und 2^{15}-1.

Beschreibung

Diese Funktion liefert bei jedem Aufruf eine (Pseudo-) Zufallszahl mit einem Wert zwischen 0 und 2 ^{15}-1. Normalerweise sollten alle Zahlen des Wertebereichs gleich wahrscheinlich sein, einige Compiler machen hier jedoch Einschränkungen und bieten deshalb zusätzlich bessere Zufallszahlengeneratoren an.

Ein Zufallszahlengenerator erzeugt natürlich keine »echten« Zufallszahlen, was auf einer deterministischen Maschine, wie ein digitaler Computer es ist, auch gar nicht so ohne weiteres möglich wäre. Stattdessen merkt er sich die jeweils letzte erzeugte Zahl und berechnet daraus nach einem festgelegten mathematischen Verfahren die nächste Zufallszahl. Entscheidend ist dabei, daß die Wahrscheinlichkeit für das Auftreten einer bestimmten Zahl über den gesamten Wertebereich gleich ist, so daß man den Eindruck hat, die Ergebnisse seien zufällig.

Für viele Anwendungen ist sicherlich der Wertebereich von *rand* viel zu groß, er läßt sich aber leicht mit Hilfe des Restwert-Operators einschränken. Wollen wir beispielsweise nur Zufallszahlen aus dem Bereich von 0..n-1 haben, so nehmen wir einfach bei jedem Aufruf den Rückgabewert modulo n.

Beispiel

```
#include <stdio.h>
#include <stdlib.h>
main()
{
  int i;

  for (i=0; i<10; i++) printf("%d\n",rand()%4);
}
```

Dieses Programm liefert 10 Zufallszahlen im Bereich zwischen 0 und 3. Das Ergebnis könnte etwa sein:

```
2
2
1
3
3
3
2
3
0
2
```

Beachten Sie, daß dieses Programm bei jedem Aufruf dieselbe Zahlenfolge liefert, da der Startwert des Zählers durch die Initialisierung des Programmes immer gleich ist. Mit Hilfe der Funktion *srand* (siehe unten) können wir den Startwert jedoch beeinflussen.

read

Aufgabe

Lesen aus einer Datei.

Syntax

```
#include <io.h>

int read(handle,buf,size)
int handle;
void *buf;
size_t size;
```

Rückgabewert

Liefert die Anzahl tatsächlich gelesener Bytes. Falls das Dateiende vorzeitig erreicht wurde, kann ein Wert kleiner als *size* zurückgegeben werden. Bei Auftreten eines Fehlers liefert die Funktion -1 zurück.

Beschreibung

Lesen aus einer Datei, die mit einer der Funktionen *open* oder *creat* geöffnet wurde. Dabei ist *handle* der Dateihandle, der beim Öffnen zurückgegeben wurde. *read* versucht *size* Bytes aus der Datei zu lesen und speichert die tatsächlich gelesenen Zeichen in dem durch *buf* spezifizierten Puffer.

Beispiel

```
#include <stdio.h>
#include <io.h>
#include <sys\stat.h>
#include <fcntl.h>

#define BUFSIZE 512

char buf[BUFSIZE];
```

```
main(argc,argv)
int argc;
char *argv[];
{
  int f1,f2;
  size_t len;

  f1=open(argv[1],O_RDONLY);
  f2=creat(argv[2],S_IREAD|S_IWRITE);
  do {
    len=read(f1,buf,(size_t)BUFSIZE);
    write(f2,buf,len);
  } while (len==BUFSIZE);
  close(f1);
  close(f2);
}
```

Dieses Programm ist die Grundversion eines Programmes zum Kopieren von Dateien. Damit das Beispiel nicht zu unübersichtlich wird, habe ich auf jegliche Fehlerprüfung verzichtet. Durch Vergrößern des Puffers (d.h. der Konstanten *BUFSIZE)* kann die Performance des Programmes erheblich gesteigert werden.

scanf

Aufgabe

Formatiertes Lesen von *stdin*.

Syntax

```
#include <stdio.h>

int scanf(format,...)
char *format;
```

Rückgabewert

Liefert die Anzahl der erfolgreich gelesenen Werte. Falls dieser Wert kleiner als die Anzahl der einzulesenden Werte ist, konnten einige Felder nicht gelesen werden. Bei Auftreten des Dateiendes wird *EOF* zurückgegeben.

Beschreibung

scanf dient zum formatierten Einlesen von Werten über die Standardeingabe. Die Funktion akzeptiert Aufrufe mit variabel langen Parameterlisten, dabei muß jedoch immer mindestens der Parameter *format* übergeben werden. Er macht Angaben über die Formatierung der einzulesenden Werte und gibt zusätzlich die Typen an, die als weitere Parameter übergeben werden müssen.

Die weiteren Details können Sie der Beschreibung der Funktion *fscanf* entnehmen.

Beispiel

```
#include <stdio.h>
main()
{
  int a,b;

  scanf("%x %x",&a,&b);
  printf("%X+%X=%X\n",a,b,a+b);
}
```

Das Programm liest zwei hexadezimale Werte über Standardeingabe ein und gibt diese zusammen mit ihrer Summe auf dem Bildschirm aus.

sin

Aufgabe

Berechnet den Sinus.

Syntax

```
#include <math.h>

double sin(x)
double x;
```

Rückgabewert

Liefert den Sinus von x.

Beschreibung

sin dient zur Berechnung des Sinus des in Bogenmaß übergebenen Winkels x.

Beispiel

```
#include <stdio.h>
#include <math.h>
main()
{
  printf("%.9lf\n",sin(3.14));
  printf("%.9lf\n",sin(3.1415));
  printf("%.9lf\n",sin(3.14159265));
}
```

liefert die Werte

```
0.001592653
0.000092654
0.000000004
```

sqrt

Aufgabe

Berechnet die Quadratwurzel.

Syntax

```
#include <math.h>

double sqrt(x)
double x;
```

Rückgabewert — Liefert die Quadratwurzel von x.

Beschreibung — *sqrt* dient zur Berechnung der Quadratwurzel aus x. Der Definitionsbereich von x sind alle positiven Zahlen und die 0.

Beispiel

```
#include <stdio.h>
#include <math.h>

main()
{
  printf("%lf\n",sqrt(0.0));
  printf("%lf\n",sqrt(1.0));
  printf("%lf\n",sqrt(2.0));
}
```

liefert

```
0.000000
1.000000
1.414214
```

srand

Aufgabe — Initialisieren des Zufallszahlengenerators.

Syntax

```
#include <stdlib.h>

void rand(n)
unsigned n;
```

Beschreibung — Diese Funktion initialisiert den Zufallszahlengenerator mit dem Wert *n*. Um zu verhindern, daß ein Programm bei jedem Aufruf dieselbe Sequenz von Zufallszahlen bekommt, können wir diese Funktion am Anfang des Programmes mit einem zufälligen Wert, z.B. der aktuellen Uhrzeit aufrufen.

Beispiel

```
#include <stdio.h>
#include <stdlib.h>
#include <time.h>

main()
{
  int i;

  srand((unsigned)time((long *)0));
  for (i=0; i<10; i++) printf("%d\n",rand()%4);
}
```

Dieses Programm liefert bei jedem Aufruf eine andere Folge von Zufallszahlen.

strcat

Aufgabe

Anhängen eines Strings an einen anderen.

Syntax

```
#include <string.h>

char *strcat(s1,s2)
char *s1;
char *s2;
```

Rückgabewert

Liefert *s1* zurück.

Beschreibung

Eine Kopie der Zeichenkette *s2* wird an das Ende der Zeichenkette *s1* angehängt. Dabei geht *strcat* davon aus, daß in *s1* genügend Platz zum Speichern beider Zeichenketten ist. Beide Zeichenketten müssen mit einem Nullbyte terminiert sein.

Beispiel

```
#include <stdio.h>
#include <string.h>

char s1[100]="Hallo";

main()
{
  printf("%s\n",s1);
  strcat(s1,"Welt");
  printf("%s\n",s1);
}
```

erzeugt die Ausgabe

```
Hallo
HalloWelt
```

strchr

Aufgabe

Sucht nach einem Zeichen in einem String.

Syntax

```
#include <string.h>

char *strchr(s,c)
char *s;
char c;
```

Rückgabewert

Liefert einen Zeiger auf das erste Zeichen *c* in *s*. Kommt *c* nicht in *s* vor, so wird NULL zurückgegeben.

Beschreibung

strchr dient zum Suchen des Zeichens *c* in dem String *s*. Dabei beginnt die Funktion mit der Suche beim ersten Zeichen des Strings. Wurde das Zeichen gefunden, so liefert *strchr* einen Zeiger darauf zurück, andernfalls die Konstante *NULL*.

Beispiel

```
#include <stdio.h>
#include <string.h>

char s[]="hello, world\n";

main()
{
  printf("%s\n",strchr(s,'w'));
}
```

gibt

```
world
```

aus.

strcmp

Aufgabe

Vergleichen zweier Strings.

Syntax

```
#include <string.h>

int strcmp(s1,s2)
char *s1;
char *s2;
```

Rückgabewert

Vergleicht die beiden Zeichenketten und liefert

<0	wenn *s1* kleiner *s2* ist
==0	wenn *s1* gleich *s2* ist
>0	wenn *s1* größer *s2* ist

Beschreibung

Die Funktion *strcmp* dient zum lexikographischen Vergleichen der null-terminierten Zeichenketten *s1* und *s2*. Die Zeichenketten werden bis zum ersten unterschiedlichen Zeichen, jedoch höchstens bis zum ersten Nullbyte miteinander verglichen.

Beispiel

```
#include <stdio.h>
#include <string.h>

char *s1="Halli";
char *s2="Hallo";

main()
```

```
{
  printf("%d\n",strcmp(s1,s2));
  printf("%d\n",strcmp(s1,"Hall"));
  printf("%d\n",strcmp(s1,""));
}
```

liefert die Werte

```
-1
1
1
```

strcpy

Aufgabe

Kopiert einen String in einen anderen.

Syntax

```
#include <string.h>

char *strcpy(s1,s2)
char *s1;
char *s2;
```

Rückgabewert

Gibt *s1* zurück.

Beschreibung

strcpy kopiert die Zeichenkette *s2* einschließlich des Null-Terminators an die Position von *s1*. Dabei wird vorausgesetzt, daß in *s1* genügend Platz für *s2* ist.

Beispiel

```
#include <stdio.h>
#include <string.h>

char *s1="hello, earth\n";
char *s2="hello, moon\n";

main()
{
  printf("%s",s1);
  strcpy(s1,s2);
  printf("%s",s1);
}
```

gibt

```
hello, earth
hello, moon
```

aus.

strlen

Aufgabe — Länge eines Strings.

Syntax

```
#include <string.h>

size_t strlen(s)
char *s;
```

Rückgabewert — Die Länge des Strings *s*.

Beschreibung — *strlen* ermittelt die Anzahl der Zeichen vom Anfang der Zeichenkette *s* bis zum ersten Nullbyte. Das Nullbyte wird nicht mitgezählt.

Beispiel

```
#include <stdio.h>
#include <string.h>

char s1[]="Hallo";
char s2[100]="Hallo";

main()
{
  printf("%d\n",strlen(s1));
  printf("%d\n",strlen(s2));
  printf("%d\n",strlen("Hallo"));
}
```

liefert

```
5
5
5
```

strncmp

Aufgabe — Vergleichen zweier Strings.

Syntax

```
#include <string.h>

int strncmp(s1,s2,len)
char *s1;
char *s2;
int len;
```

Beschreibung — Die Funktion *strncmp* arbeitet genauso wie *strcmp*, mit der Ausnahme, daß nur höchstens die ersten *len* Zeichen miteinander verglichen werden.

system

Aufgabe
Ausführen eines externen Programmes

Syntax
```
#include <stdlib.h>

int system(cmd)
char *cmd;
```

Rückgabewert
Liefert 0, wenn das Programm ausgeführt werden konnte, andernfalls -1.

Beschreibung
Die Funktion *system* dient dazu, externe Kommandos oder Programme aus einem C-Programm heraus aufzurufen. *cmd* ist dabei der Name des Programmes mit allen erforderlichen Parametern, so wie er auch von der Betriebssystemebene aus einzugeben wäre. Die Funktion verwendet die PATH-Umgebungsvariable, um das auszuführende Programm zu suchen, wenn es nicht im aktuellen Verzeichnis ist.

Beispiel
```
#include <stdio.h>
#include <stdlib.h>

main()
{
  printf("Hier ist das C-Programm\n");
  printf("Bitte ENTER drücken...\n");
  getchar();
  printf("Mit exit gelangen Sie zu C zurück\n\n");
  system("command");
  printf("Hier ist wieder das C-Programm\n");
}
```

Das Beispiel demonstriert, wie man von einem C-Programm aus den Kommandoprozessor *command.com* aufrufen und damit interaktiv MSDOS-Befehle eingeben und ausführen kann.

tan

Aufgabe
Berechnet den Tangens.

Syntax
```
#include <math.h>

double tan(x)
double x;
```

Rückgabewert
Liefert den Tangens von x.

Beschreibung
tan dient zur Berechnung des Tangens des in Bogenmaß übergebenen Winkels x.

Beispiel

```
#include <stdio.h>
#include <math.h>
main()
{
  printf("%.9lf\n",tan(3.14));
  printf("%.9lf\n",tan(3.1415));
  printf("%.9lf\n",tan(3.14159265));
}
```

liefert die Werte

```
-0.001592655
-0.000092654
-0.000000004
```

time

Aufgabe

Liefert die Tageszeit.

Syntax

```
#include <time.h>

time_t time(t)
time_t *t;
```

Rückgabewert

Liefert die Systemzeit in Sekunden seit dem 1. Januar 1970

Beschreibung

time dient zum Ermitteln der Systemzeit. Falls der Parameter *t* nicht der *NULL*-Zeiger ist, wird in der Variablen, auf die *t* zeigt, die ermittelte Zeit gespeichert. Der Rückgabewert enthält zusätzlich noch einmal die ermittelte Zeit.

Beispiel

```
#include <stdio.h>
#include <time.h>
main()
{
  time_t oldtime=0;
  int i;

  for (i=0; i<20; i++) {
    while (oldtime==time(NULL)) ;
    oldtime=time(NULL);
    putchar('.');
    fflush(stdout);
  }
  putchar('\n');
}
```

schreibt 20 Punkte in Sekundenabständen auf den Bildschirm.

tolower

Aufgabe

Umwandlung von Zeichen in Kleinbuchstaben.

Syntax

```
#include <ctype.h>

int tolower(c)
int c;
```

Rückgabewert

Liefert den in einen Kleinbuchstaben umgewandelten Wert von *c*, falls *c* ein Großbuchstabe war. Andernfalls wird *c* zurückgegeben.

Beschreibung

Diese Funktion dient zum Umwandeln von Groß- in Kleinbuchstaben. Dabei muß der in *c* übergebene Wert innerhalb des Bereichs 0 bis 127 liegen. Bei den MSDOS-Compilern darf er sogar innerhalb des Wertebereichs 0 bis 255 liegen.

Beispiel

```
#include <stdio.h>
#include <ctype.h>
main()
{
  printf("%c\n",tolower('a'));
  printf("%c\n",tolower('A'));
  printf("%c\n",tolower('Ä'));
}
```

liefert unter Zortech C

```
a
a
Ä
```

Wie Sie sehen, ist das Verhalten bei deutschen Umlauten nicht korrekt.

touppper

Aufgabe

Umwandlung von Zeichen in Großbuchstaben.

Syntax

```
#include <ctype.h>

int toupper(c)
int c;
```

Rückgabewert

Liefert den in einen Großbuchstaben umgewandelten Wert von *c*, falls *c* ein Kleinbuchstabe war. Andernfalls wird *c* zurückgegeben.

Beschreibung

Diese Funktion dient zum Umwandeln von Klein- in Großbuchstaben. Dabei muß der in *c* übergebene Wert innerhalb des Bereichs 0 bis 127 liegen. Bei den MSDOS-Compilern darf er sogar innerhalb des Wertebereichs 0 bis 255 liegen.

Beispiel

```
#include <stdio.h>
#include <ctype.h>

main()
{
  printf("%c\n",toupper('a'));
  printf("%c\n",toupper('A'));
  printf("%c\n",toupper('ä'));
}
```

liefert unter Zortech C

```
A
A
ä
```

An diesem Beispiel kann man erkennen, daß die deutschen Umlaute und Sonderzeichen nicht korrekt behandelt werden.

unlink

Aufgabe

Löschen einer Datei.

Syntax

```
#include <io.h>

int unlink(fname)
char *fname;
```

Rückgabewert

Der Rückgabewert ist 0 bei erfolgreichem Löschen, -1 andernfalls.

Beschreibung

unlink dient zum Löschen der nicht geöffneten Datei mit dem Namen *fname*. Der Dateiname kann dabei nur eine Datei oder aber eine komplette Pfadangabe beinhalten.

Beispiel

```
#include <stdio.h>
#include <io.h>

main(argc,argv)
int argc;
char *argv[];
{
  int i;

  for (i=1; i<argc; i++) unlink(argv[i]);
}
```

Dieses Programm ist ein Beispiel für eine etwas modifizierte Version des MSDOS-Befehls *del* zum Löschen der als Parameter angegebenen Dateien (Anmerkung: Bitte seien Sie – vor allem unter UNIX – vorsichtig beim Testen dieses Programmes).

write

Aufgabe

Schreiben in eine Datei.

Syntax

```
#include <io.h>

int write(handle,buf,size)
int handle;
void *buf;
size_t size;
```

Rückgabewert

Liefert die Anzahl tatsächlich geschriebener Bytes. Bei Auftreten eines Fehlers gibt die Funktion -1 zurück.

Beschreibung

write dient zum Schreiben in eine Datei, die mit einer der Funktionen *open* oder *creat* geöffnet wurde. Dabei ist *handle* der Dateihandle, der beim Öffnen zurückgegeben wurde. *write* versucht, *size* Bytes aus dem Puffer *buf* in die Datei *handle* zu schreiben.

Beispiel

siehe *read*.

Kapitel 11

Aufgaben

1.(B) Programmieren Sie einen Miniatur-Kommandointerpreter, der prinzipiell beliebige Programme starten kann. Er soll interaktiv eingegebene Kommandonamen und Parameter akzeptieren und die zugehörigen Programme ausführen. Implementieren Sie zusätzlich die folgenden beiden Kommandos:

?	Auflisten der letzten 10 eingegebenen Kommandos.
0..9	Ausführen des in der ?-Liste an dieser Stelle auftauchenden Kommandos.

2(B) Versuchen Sie, die praktische Bedeutung des folgenden Programmes herauszufinden:

```
#include <stdio.h>
#include <stdlib.h>

main(argc,argv)
int argc;
char *argv[];
{
  int c,ran;

  if (argc!=2) {
    fprintf(stderr,"Fehler 1\n");
    exit(1);
  }
  srand(atoi(argv[1]));
  while ((c=getchar())!=EOF) {
    ran=rand()%32;
    if (c>=32) c^=ran;
    putchar(c);
  }
}
```

3.(C) Erweitern Sie das Low-Level-Dateisystem um die Fähigkeit der Zeichenpufferung beim Arbeiten mit O_WRONLY-Dateien. Ersetzen Sie dazu die Funktion *write* durch die Funktionen *setfbuf, bwrite* und *bflush,*

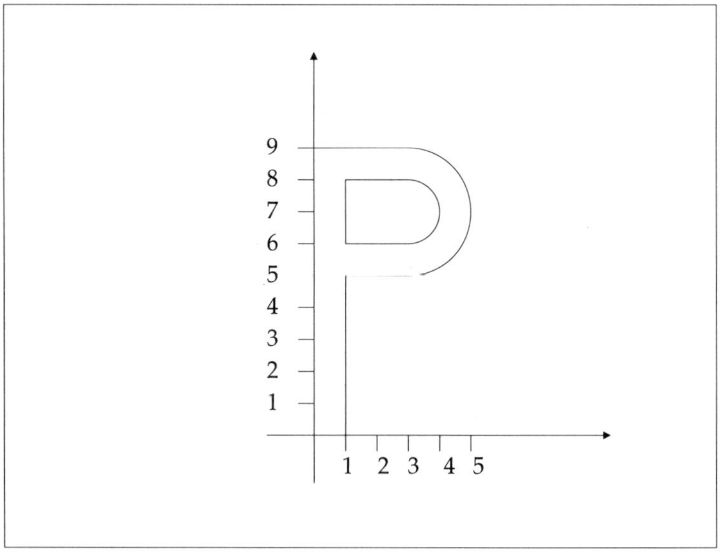

Abbildung 11.1 Der Buchstabe P zu Aufgabe 6

mit der nachfolgend angegebenen Funktionalität. *setfbuf* bekommt den Handle einer geöffneten Datei, den Zeiger auf einen Pufferbereich und die Größe des Puffers übergeben und hat die Aufgabe, der geöffneten Datei einen Puffer für Schreiboperationen zuzuordnen. *bwrite* wird genauso aufgerufen wie *write*, arbeitet jedoch gepuffert. *bflush* bekommt den Handle der geöffneten Datei übergeben und dient zum Leeren des zugeordneten Puffers.

Vergleichen Sie die Performance von gepufferter und ungepufferter Arbeitsweise anhand eines Programmes zum Kopieren von Dateien.

4.(B) Implementieren Sie eine vereinfachte Version des UNIX-Kommandos *cut*. Das Programm soll die Standardeingabe zeilenweise bearbeiten, aus jeder Zeile einen bestimmten Teil »ausschneiden« und auf Standard-Ausgabe ausgeben. Der auszuschneidende Teil soll über Kommandozeilenargumente auf zwei unterschiedliche Arten angegeben werden können:

-c<v>,<b> aus jeder Zeile sind die Zeichen in den Spalten *v* bis *b* auszugeben, die Zeichen in allen anderen Spalten sind zu ignorieren.

-f<c><p> aus jeder Zeile ist das *p*-te Feld auszugeben, wobei die Aufteilung der Zeile in einzelne Felder anhand des Trennzeichens *c* vorgenommen wird.

cut soll also soviele Zeilen ausgeben, wie es eingelesen hat, der Inhalt jeder Eingabezeile wird jedoch auf eine bestimmte Weise projiziert.

5.(B) Schreiben Sie ein Programm *level*, welches angibt, auf welcher Tiefe innerhalb des hierarchischen Verzeichnissystemes Ihrer Festplatte Sie sich gerade befinden. Das Wurzelverzeichnis soll dabei die Tiefe 0 haben. Verwenden Sie zur Implementierung keine der in diesem Kapitel nicht aufgelisteten Library-Funktionen.

6.(C) Schreiben Sie ein Programm, welches eine senkrecht verlaufende Gerade bestimmt, die den auf der linken Seite abgebildeten Buchstaben »P« so in zwei Teile teilt, daß die Teilstücke auf der linken und auf der rechten Seite die gleiche Fläche besitzen.

Kapitel 1

Musterlösungen

Aufgabe 1

```
#include <stdio.h>

main()
{
  printf("hello, world\n");
}
```

Das Bearbeiten dieser Aufgabe war sicherlich nicht besonders schwierig. Sinn der Aufgabe war es, den Turnaround-Zyklus mit Editieren, Compilieren und Linken zu üben.

Aufgabe 2

```
#include <stdio.h>

main()
{
  printf("C unterscheidet zwischen Groß- und Kleinschreibung.\n");
  printf("Die Programmausführung beginnt bei der main-Funktion.\n");
  printf("Geschweifte Klammern markieren die Funktionsgrenzen.\n");
  printf("Ein Semikolon markiert das Ende einer Anweisung.\n");
}
```

Auch diese Aufgabe sollte vornehmlich der praktischen Übung mit der Entwicklungsumgebung dienen.

Aufgabe 3

```
#include <stdio.h>

main()
{
  printf("#include <stdio.h>\n\n");
  printf("main()\n");
  printf("{\n");
  printf("  printf(\"hello, world\\n\");\n");
  printf("}\n");
}
```

Die Lösung dieser Aufgabe war insofern etwas schwieriger als die vorangegangenen, als es darauf ankam, mit der *printf*-Funktion alle im

Quelltext des »hello, world«-Programms vorkommenden Sonderzeichen auszugeben. Dabei ist insbesondere die Ausgabe der *printf*-Anweisung selbst sehenswert.

Aufgabe 4

Die Antwort, die ich mir überlegt hatte, sollte NEIN lauten. Mit den bisher gelernten Möglichkeiten – also lediglich unter Verwendung von *printf*-Anweisungen, die konstanten Text ausgeben, ist es tatsächlich nicht möglich, ein Programm zu schreiben, das seinen eigenen Quelltext auf den Bildschirm schreibt. Wir können uns leicht überlegen, daß ein solches Programm nicht existieren kann. (Der Schlüssel für diese Erkenntnis liegt in der Tatsache, daß die Anzahl der von einer outputerzeugenden Programmzeile ausgegebenen *printf* immer um 1 kleiner ist als die Anzahl der darin enthaltenen.)

Doch wie das Leben so spielt, die Praxis – sprich die Kursteilnehmer – gaben die Antwort JA, und es stellte sich heraus, daß sie Recht hatten. Als Beweis lieferten sie folgendes Programm (mit Namen *test.c*):

```
main()
{
  system("cat test.c");
}
```

Wenn Sie wollen, können Sie für sich selbst überprüfen, daß JA die richtige Antwort ist. Ein Blick in Ihre Compiler- oder Library-Dokumentation oder ins Kapitel 11 wird Sie überzeugen.

Anmerkung

Unter MSDOS ersetzen Sie das »cat« durch ein »type«.

Aufgabe 5

```
#include <stdio.h>

main()
{
  printf("\n\n\n\n\n\n\n\n\n\n\n\n\n\n\n\n\n\n\n\n\n\n\n\n");
}
```

Natürlich gibt es in den meisten C-Entwicklungssystemen irgendeine Library-Funktion, die den Bildschirm löscht. Wie Sie sich vorstellen können, war es nicht Sinn der Aufgabenstellung, eine solche herauszufinden. Vielmehr besteht die einfachste, mit dem Vorhandenen realisierbare Lösung darin, 24 Zeilenschaltungen auszugeben.

Aufgabe 6

Diese Aufgabe kann nur durch Probieren gelöst werden. Sie müssen einfach in der *main*-Funktion zwei Variablen definieren, deren Namen sich nur an der letzten Stelle unterscheiden und dann dieses Programm kompilieren. Wenn Sie den identischen Teil beider Variablen dann Schritt für Schritt verlängern und immer wieder neu kompilieren, wird sich irgendwann der Compiler über eine »Redefinition« beschweren.

Die Länge des konstanten Teils der Variablen ist dann die gesuchte Lösung.

```
#include <stdio.h>


main()
{
  int abcdefghijklmnopqrstuvwxyz123456x;
  int abcdefghijklmnopqrstuvwxyz123456y;
}
```

Anmerkung

Falls Sie einen der moderneren C-Compiler besitzen, der 127 oder mehr Zeichen in Bezeichnern unterscheidet, war es wahrscheinlich etwas mühsam, die richtige Lösung herauszufinden. Hoffentlich werden Sie durch die Fähigkeit, so lange Bezeichner verwenden zu können, etwas entschädigt.

Aufgabe 7

Die Ausgabe lautet:

```
Zeile 1 Zeile 2  Zeile 3  Letzte Zeile
```

Hier können eigentlich nur Probleme aufgetreten sein, wenn Sie die fehlenden Newline-Zeichen nicht bemerkt haben.

Kapitel 2

Musterlösungen

Aufgabe 1

```
#include <stdio.h>

main()
{
  double x=1.0,y=2.0;

  printf("Geben Sie zwei Fließkommawerte ein : ");
  scanf("%le %le",&x,&y);
  printf("Die Summe ist     : %f\n",x+y);
  printf("Die Differenz ist : %f\n",x-y);
  printf("Das Produkt ist   : %f\n",x*y);
  y==0?
    printf("Durch 0 kann ich nicht teilen\n"):
    printf("Der Quotient ist  : %f\n",x/y);
}
```

Das Programm liest zunächst zwei Fließkommazahlen über die Tastatur ein. Die Verwendung der *%le*-Formatanweisung in *scanf* besagt, daß ein *double*-Wert eingelesen werden soll. Das Einlesen eines *float*-Wertes würde hingegen mit *%e* erledigt. Die Sonderbehandlung für die Division durch 0 kann durch einen bedingten Ausdruck programmiert werden.

Aufgabe 2

```
#include <stdio.h>

main()
{
  int zahl, einsen, i;

  printf("Geben Sie ein int-Zahl ein : ");
  scanf("%d",&zahl);
  zahl>=0?
    printf("positiv\n"):
    printf("negativ\n");
  zahl%2?
    printf("ungerade\n"):
```

```
    printf("gerade\n");
  einsen=0; i=8*sizeof(int);
  while (i--) {
    einsen+=zahl&1;
    zahl>>=1;
  }
  printf("Anzahl 1en : %d\n",einsen);
}
```

Ob eine Zahl positiv ist oder nicht, kann ganz einfach durch einen relationalen Operator ermittelt werden. Etwas schwieriger wurde es da schon bei den folgenden beiden Aufgabenteilen. Eine Zahl *n* ist genau dann gerade, wenn sie sich ohne Rest durch 2 teilen läßt, also wenn das Ergebnis von *n%2* gleich 0 ist. Andernfalls ist sie ungerade.

Zur Bestimmmung der Anzahl der Einsen werden nacheinander alle Bits der Zahl zu der bisherigen Anzahl addiert. Das Durchlaufen aller Bits kann realisiert werden, indem in einer Schleife jeweils das letzte Bit *(zahl&1)* bearbeitet und dann die übrigen Bits eine Stelle nach rechts geschoben werden. Dies muß sooft getan werden, wie die Länge der Binärdarstellung der Zahl ist. Dieser Wert kann mit dem Ausdruck *8*sizeof(Datentyp)* ermittelt werden.

Aufgabe 3

```
#include <stdio.h>

main()
{
  int zahl, einsen, i;

  printf("Geben Sie ein int-Zahl ein : ");
  scanf("%d",&zahl);
  einsen=0; i=8*sizeof(int);
  while (i-- && einsen<3) {
    einsen=(zahl&1)?einsen+1:0;
    zahl>>=1;
  }
  einsen>=3?
    printf("Hurra, Drillinge\n"):
    printf("Keine Drillinge\n");
}
```

Das Programm untersucht in einer Schleife nacheinander alle Bits der eingegebenen Zahl. Immer, wenn es eine 1 vorfindet, wird ein Zähler um eins erhöht, andernfalls wird er auf 0 gesetzt. Ist der Zähler zu irgendeinem Zeitpunkt gleich 3, so wurde ein Einser-Drilling gefunden und die Schleife beendet.

Aufgabe 4

```
#include <stdio.h>

main()
{
  int zahl, i;

  printf("Geben Sie ein int-Zahl ein : ");
  scanf("%d",&zahl);
  i=8*sizeof(int);
  while (i--) {
    printf("%c",((zahl>>i)&1)+'0');
  }
}
```

Die Lösung dieser Aufgabe hat große Ähnlichkeit mit dem Ermitteln der Anzahl der Einsen in Aufgabe 2. Auch hier wird die Schleife sooft durchlaufen, wie die Zahl Bits enthält. In jedem Schleifendurchlauf wird jedoch die Zahl um den Wert *i* nach rechts geschoben, um das 16., 15., 14. usw... Bit nacheinander auf dem Bildschirm auszugeben. Interessant an diesem Programm ist noch die Addition einer *int*-Zahl und einer *char*-Konstanten in dem *printf*-Statement. Dadurch wird der numerische Wert 0 oder 1 in einen darstellbaren ASCII-Wert '0' oder '1' umgewandelt. Natürlich könnte man sich diese Addition schenken, wenn nicht *%c*, sondern *%d* als Formatparameter verwendet würde. Da diese Art von Addition aber in C nicht unüblich ist, wollte ich sie in dieser Lösung vorstellen.

Aufgabe 5

```
#include <stdio.h>

.main()
{
  double x,s,prec=0.001;

  printf("Geben Sie eine Fließkommazahl ein : ");
  scanf("%le",&x);
  printf("Bitte einen Moment Geduld ...\n");
  s=0.0;
  while (s*s<x) s+=prec;
  printf("Die Quadratwurzel ist %.3lf\n",s);
}
```

Dieses Programm ist recht simpel. Es initialisiert eine Laufvariable *s* mit 0 und erhöht sie dann solange, bis *s*s* größer oder gleich der eingegebenen Zahl ist. Das Ergebnis ist dann die Quadratwurzel der gesuchten Zahl. Dieses Verfahren hat allerdings einen Nachteil: will man eine vernünftige Genauigkeit des Ergebnisses haben, ist die Laufzeit unannehmbar groß, außerdem hängt sie von der Größe der eingegebenen Zahl ab. Besser (aber auch komplizierter) ist daher folgende Lösung:

```
#include <stdio.h>

main()
{
  double x,unten,oben,mitte,prec=1e-9;

  printf("Geben Sie eine Fließkommazahl ein : ");
  scanf("%le",&x);
  unten=mitte=0.0; oben=x;
  while (oben-unten>prec) {
    mitte=(oben+unten)/2;
    (mitte*mitte<x) ? (unten=mitte) : (oben=mitte);
  }
  printf("Die Quadratwurzel ist %.8lf\n",mitte);
}
```

Hier wird das Ergebnis durch eine »binäre Suche« ermittelt. Das Programm bestimmt die Quadratwurzel durch fortwährendes Halbieren eines Intervalls, in dem sich das gesuchte Ergebnis befinden muß. Das Ursprungsintervall ist (0,Zahl), danach wird jeweils geprüft, ob das Quadrat des Mittelwertes des Intervalls größer oder kleiner als die eingegebene Zahl ist. Für den Fall das es größer ist, wird der Mittelwert zur neuen Obergrenze des Intervalls, andernfalls zur neuen Untergrenze. Dieses Verfahren ist auch bei höherer Genauigkeit noch recht schnell, denn seine Laufzeit ist nur noch logarithmisch vom Eingabewert abhängig.

Diese zweite Version bringt den Rechner, wenn es unter Turbo-C kompiliert und gestartet wird, zum Absturz. Unter Zortech läuft es hingegen problemlos.

Aufgabe 6

```
#include <stdio.h>

main()
{
  unsigned long i=0 ,j;
  double fak;

  printf(" i  i^2     2^i                    i!\n");
  printf("-----------------------------------\n");
  while (i<=20) {
    printf("%2ld %4ld %7ld",i,i*i,1L<<i);
    fak=j=1; while (j<=i) fak*=(j++);
    printf("%20.0lf\n",fak);
```

```
    i++;
  }
}
```

Das Ermitteln von n^2 ist trivial und für 2^n kann die Schiebeoperation verwendet werden. Lediglich bei der Bestimmung der Fakultät ist eine zusätzliche Schleife nötig. Beachten Sie bei dieser Aufgabe die Verwendung einer *double*-Zahl für die Berechnung der Fakultät. Bei den hier auftretenden großen Werten würde bei *int*-Zahlen ein Überlauf eintreten.

Aufgabe 7

```
#include <stdio.h>

main()
{
  int a,b;

  printf("Geben Sie zwei int's ein : ");
  scanf("%d %d",&a,&b);
  printf("a == b is %d\n",!(a-b));
  printf("a != b is %d\n",a-b);
  printf("a >  0 is %d\n",a && !(a&0x8000));
  printf("a <  0 is %d\n",a&0x8000);
  printf("a <= b is %d\n",!((a-b) && !((a-b)&0x8000)));
  printf("a <  b is %d\n",(a-b)&0x8000);
}
```

Prinzipiell müssen in diesem Program nur zwei Operatoren realisiert werden, der Gleichheitstest und der Größer-Null-Test. Ersterer kann sehr einfach durch *!(a-b)* realisiert werden. Das Ergebnis von *a-b* ist nur bei Gleichheit von *a* und *b* Null, andernfalls ungleich Null. Da dies dem Ungleich-Operator entspricht, muß darauf nur der einstellige Not-Operator angewendet werden.

Etwas schwieriger ist da schon der zweite Test zu programmieren. Er wird in der hier vorgestellten Lösung durch Testen des höchstwertigen Bits (dies ist genau dann gesetzt, wenn die Zahl negativ ist) implementiert. Diese Lösung ist jedoch nicht ganz sauber und vor allem nicht ohne weiteres auf Fließkommazahlen übertragbar.

Alle anderen Tests sind durch Kombination der ersten beiden Tests zu realisieren. So gilt etwa *a<b* genau dann wenn *a-b<0*, usw...

Aufgabe 8

```
#include <stdio.h>

main()
{
  double t=0.0, step=1e-6, prec=1e-14,
         actwert=69.0, altwert=70.0;
```

```
  double s1,s2;
  double unten,oben,mitte;

  t=76.9;
  while (actwert<altwert && t<=100.0) {
    t+=step;
    altwert=actwert;
    s1=t*t+2500.0;
    /* Quadratwurzel aus s1 berechnen */
    unten=mitte=0.0; oben=s1;
    while (oben>prec+unten) {
      mitte=(oben+unten)/2.0;
      (mitte*mitte<s1) ? (unten=mitte) : (oben=mitte);
    }
    s1=mitte/5.0;
    s2=(100.0-t)*(100.0-t)+2500.0;
    /* Quadratwurzel aus s2 berechnen */
    unten=mitte=0.0; oben=s2;
    while (oben>prec+unten) {
       mitte=(oben+unten)/2.0;
      (mitte*mitte<s2) ? (unten=mitte) : (oben=mitte);
    }
    s2=mitte/2.5;
    actwert=s1+s2;
  }
  printf("Am schnellsten bei t=%lf\n",t);
}
```

Mit etwas höherer Mathematik kann man die Lösung dieser Aufgabe auch ohne C-Programm finden, was natürlich nicht Sinn der Aufgabenstellung war. Vielmehr sollte ein Programm geschrieben werden, welches eine numerische Lösung ermittelt. Dazu habe ich folgenden Ansatz gewählt:

Das Programm soll herausfinden, auf welchem Punkt auf der Wasserlinie die Person A in das Wasser gehen soll. Der günstigste Weg ist offensichtlich der, auf geradem Weg von A zu diesem Punkt zu laufen und dann auf geradem Weg zu B zu schwimmen, wenn dieser Punkt so gewählt ist, daß die Summe aus Landzeit und Wasserzeit minimal wird. Die Land- und Wasserzeit kann mit Hilfe eines rechtwinkligen Dreiecks bestimmt werden. Dazu ist es nötig, jeweils einmal die Wurzel zu ziehen.

Der globale Ablauf des Programmes ist damit wie folgt: In einer Schleife wird der gesuchte Punkt fortlaufend von links nach rechts verschoben. Für jeden Punkt wird die benötigte Zeit errechnet und mit der im vorigen Durchlauf errechneten Zeit verglichen. Ist die benötigte Zeit größer oder gleich dem alten Wert, wird die Schleife beendet und der Schleifenwert als Ergebnis ausgegeben, andernfalls wird der nächste Schleifendurchlauf ausgeführt.

Anmerkungen

Beachten Sie die hohe Laufzeit des Programmes bei wachsenden Genauigkeitsanforderungen. Ich habe diesem Problem dadurch Rechnung getragen, daß ich das Programm zunächst mit einem Startwert von 0 und nur zwei Dezimalstellen Schrittweite laufen lies. Erst dann entstand die (abgedruckte) wesentlich genauere Programmversion, indem das Ergebnis des ersten Programmes als Startwert für das zweite Programm verwendet wurde. Auch mit dem erhöhten Startwert kann das Programm noch eine halbe Stunde laufen.

Ich habe bei diesem Programm mit der Floating-Point-Arithmetik von Turbo-C Schwierigkeiten gehabt und keine vernünftigen Ergebnisse bekommen. Nach Umstieg auf Zortech lief das Programm wie gewünscht. Auch der Microsoft-Compiler stürzte zunächst ab, nach dem Verringern der Quadratwurzelgenauigkeit *prec* auf 1e-10 lief das Programm wie gewünscht.

Aufgabe 9

Das Programm berechnet den größten gemeinsamen Teiler der beiden eingegebenen Zahlen. Das in der Aufgabe verwendete Verfahren wurde vor etwa 2000 Jahren entdeckt und ist unter dem Namen »Euklidischer Algorithmus« bekannt.

Kapitel 3

Musterlösungen

Aufgabe 1

Die einzige Schwierigkeit bei dieser Aufgabe ist es, die einzelnen Dezimalziffern der eingegebenen Zahl nacheinander von links nach rechts zu extrahieren. Während die umgekehrte Richtung durch fortwährende Restbildung und Teilen durch 10 realisierbar wäre, muß in diesem Fall etwas anders vorgegangen werden.

Das Programm ermittelt zunächst die Wertigkeit der höchsten Ziffer, d.h. den Wert $10^{\text{Anzahl der Ziffern-1}}$. Mit diesem Startwert werden dann in einer Schleife alle Ziffern von links nach rechts untersucht und der passende Text ausgegeben.

```
#include <stdio.h>

main()
{
  int zahl, wertigkeit=1, temp;

  printf("Bitte eine Zahl : ");
  scanf("%d",&zahl);
  temp=zahl;
  while (temp/=10) wertigkeit*=10;
  if (zahl<0) {
    printf("minus ");
    zahl*= -1;
  }
  do {
    switch (zahl/wertigkeit) {
    case 0 : printf("null ");     break;
    case 1 : printf("eins ");     break;
    case 2 : printf("zwei ");     break;
    case 3 : printf("drei ");     break;
    case 4 : printf("vier ");     break;
    case 5 : printf("fünf ");     break;
    case 6 : printf("sechs ");    break;
    case 7 : printf("sieben ");   break;
    case 8 : printf("acht ");     break;
    case 9 : printf("neun ");     break;
    }
```

```
    zahl%=wertigkeit;
    wertigkeit/=10;
  } while (wertigkeit>0);
  printf("\n");
}
```

Aufgabe 2

Diese Aufgabe ist um einiges tückischer als auf den ersten Blick ersichtlich. Zunächst ermittelt das Programm die Anzahl der Stellen der eingegebenen Zahl, um einige Fehlerüberprüfungen vornehmen und einen Sonderfall (gleicher Wert für beide Positionen) behandeln zu können. Danach wird es interessanter. Zunächst wird die Wertigkeit der zu verdrehenden Stellen durch fortlaufende Multiplikation mit 10 ermittelt. Damit lassen sich dann durch Teilen und Restbildung sehr einfach die Zahlenwerte der beiden zu vertauschenden Stellen ermitteln. Um jetzt nicht in aufwendiger Weise mit den Ziffern jonglieren zu müssen, verwendet das Programm eine rein arithmetische Methode zum Verdrehen der Ziffern, die ich an einem Beispiel verdeutlichen will.

Angenommen, die eingegebene Zahl lautet 13565, und wir wollen die 1. und die 4. Stelle verdrehen (die Ziffern 5 und 3), dann ist die Wertigkeit der beiden Stellen 1 bzw. 1000. Um die Ziffern zu verdrehen, braucht jetzt nur die Differenz der beiden Ziffern 5 und 3 (also 2) mit der Wertigkeit 10000 malgenommen und zu der ursprünglichen Zahl addiert und zusätzlich mit der Wertigkeit 1 malgenommen und von der ursprünglichen Zahl subtrahiert werden. Das Ergebnis ist also 13565+1000*2-1*2=15563 und wie man sieht: es ist die eingegebene Zahl mit verdrehten Ziffern.

```
#include <stdio.h>

main()
{
  long zahl,temp;
  int pos1,pos2;
  int ziffern=0;

  printf("Bitte Zahl Pos1 Pos2 : \n");
  scanf("%ld %d %d",&zahl,&pos1,&pos2);
  temp=zahl;
  do ziffern++; while (temp/=10);
  if (pos1>ziffern || pos2>ziffern)
    printf("Die Zahl hat zuwenig Ziffern\n");
  else if (pos1<=0 || pos2<=0)
    printf("Ungültige Positionsangabe\n");
  else if (pos1==pos2)
    printf("%ld\n",zahl);
```

```
  else {
    long zehn_hoch_pos1=1,zehn_hoch_pos2=1;
    int wert1,wert2;
    int i;

    for (i=1; i<pos1; i++) zehn_hoch_pos1*=10;
    for (i=1; i<pos2; i++) zehn_hoch_pos2*=10;
    wert1=zahl/zehn_hoch_pos1%10;
    wert2=zahl/zehn_hoch_pos2%10;
    printf("%ld\n",zahl
               -zehn_hoch_pos1*(wert1-wert2)
               +zehn_hoch_pos2*(wert1-wert2));
  }
}
```

Aufgabe 3

Die Lösung dieser Aufgabe besteht darin, innerhalb einer Schleife mit *getchar* solange Einzelzeichen von der Tastatur zu lesen, bis eine Nichtziffer eingegeben wird. Interessant ist die simultan ablaufende Berechnung des Resultatwertes in der Schleife (ein Beispiel für Arithmetik mit *char*-Konstanten) und die Sonderbehandlung des Vorzeichens.

```
#include <stdio.h>

main()
{
  int zahl=0, sign=0;
  char c;

  while (((c=getchar())>='0' && c<='9') ||
          (c=='-' && !sign && !zahl)) {
    if (c=='-') {
      sign=1;
      continue;
    }
    zahl=zahl*10+c-'0';
  }
  printf("Die Zahl ist %d\n",sign?-zahl:zahl);
}
```

Aufgabe 4

Diese Aufgabe mag Ihnen auf den ersten Blick sehr schwierig vorgekommen sein. Da Sortieren immer auch etwas mit Vertauschen zu tun hat, könnten Sie vorgehabt haben, eines der gängigen Sortierverfahren mit dem Programm von Aufgabe 2 zu kombinieren. Der Aufwand wäre enorm gewesen. Nach einiger Überlegung kommt man jedoch auf eine viel einfachere Lösung, die nach der ersten Verblüffung beinahe trivial erscheint.

Das Lösungsprogramm durchläuft von rechts nach links alle Dezimalziffern der eingegebenen Zahl und zählt für jede der 10 möglichen Ziffern, wie oft sie aufgetreten ist. Danach gibt sie einfach jede Ziffer nacheinander so oft aus, wie sie vorher in der Zahl aufgetreten ist. Das Resultat kann sich sehen lassen, es handelt sich genau um die geforderte sortierte Ziffernfolge.

Bedauerlicherweise ist dieses »Sortierverfahren« nicht ohne weiteres zu verallgemeinern und Sie werden daher durch die aufgezeigte Lösung nichts über gute Sortieralgorithmen erfahren. Wir werden dieses Thema jedoch noch einmal aufgreifen, nachdem Arrays eingeführt wurden. Zudem ist die hier vorgestellte Lösung ein Beispiel dafür, daß auch unkonventionelle Mittel und etwas Einfallsreichtum oftmals gute Problemlöser sind.

```
#include <stdio.h>

main()
{
  int nullen=0, einsen=0, zweien=0, dreien=0, vieren=0;
  int fuenfen=0, sechsen=0, siebenen=0, achten=0, neunen=0;
  int i;
  long zahl;

  printf("Bitte eine Zahl : ");
  scanf("%ld",&zahl);
  do {
    switch ((int)(zahl%10)) {
    case 0 : nullen++; break;
    case 1 : einsen++; break;
    case 2 : zweien++; break;
    case 3 : dreien++; break;
    case 4 : vieren++; break;
    case 5 : fuenfen++; break;
    case 6 : sechsen++; break;
    case 7 : siebenen++; break;
    case 8 : achten++; break;
    case 9 : neunen++; break;
    }
  } while (zahl/=10);
  for (i=1; i<=nullen;   i++) printf("0");
  for (i=1; i<=einsen;   i++) printf("1");
  for (i=1; i<=zweien;   i++) printf("2");
  for (i=1; i<=dreien;   i++) printf("3");
  for (i=1; i<=vieren;   i++) printf("4");
  for (i=1; i<=fuenfen;  i++) printf("5");
  for (i=1; i<=sechsen;  i++) printf("6");
  for (i=1; i<=siebenen; i++) printf("7");
```

```
  for (i=1; i<=achten;   i++) printf("8");
  for (i=1; i<=neunen;   i++) printf("9");
  printf("\n");
}
```

Aufgabe 5

Zur Lösung dieser Aufgabe muß lediglich in einer Schleife (von zwei bis zu der eingegebenen Zahl) überprüft werden, ob die eingegebene Zahl durch den Schleifenzähler teilbar ist. Wenn ja, dann kann es keine Primzahl sein, da ja ein Teiler gefunden wurde. Die Musterlösung macht sich zusätzlich die Kommutativität der Multiplikation zu Nutze und läßt den Schleifenzähler *i* nur bis *zahl/i* laufen, was – insbesondere bei großen Zahlen – erhebliche Laufzeitvorteile bringt.

```
#include <stdio.h>
main()
{
  int zahl,i;
  int teiler=0;

  printf("Bitte eine Zahl : ");
  scanf("%d",&zahl);
  for (i=2; i<=zahl/i && !teiler; i++) teiler=!(zahl%i);
  if (teiler)
    printf("nicht prim, Teiler : %d\n",i-1);
  else
    printf("prim\n");
}
```

Aufgabe 6

Diese Aufgabe erfordert bei weitem den meisten Aufwand zur Lösung und läßt die Komplexität der Standard-I/O-Library des C-Compilers erahnen. Wenn Sie sich beim Lösen dieser Aufgabe nicht in Schleifen und Bedingungen hoffnungslos verstricken wollen, sollten Sie sehr systematisch vorgehen. Die übliche Vorgehensweise besteht darin, einen *deterministischen endlichen Automaten* (DEA) zu konstruieren, dessen Sprache die Menge der erlaubten Eingaben ist. Ein kurzer Abstecher in die Automatentheorie sei erlaubt:

Ein DEA besteht aus einer endlichen Menge von Zuständen, von denen genau einer der Anfangszustand ist. Weiterhin sind einige der Zustände Endzustände. Ein Zustandswechsel erfolgt immer aufgrund einer Eingabe in den Automaten. Dabei wird der aktuelle Zustand verlassen und ein neuer Zustand angenommen, der sich eindeutig aus aktuellem Zustand und Eingabe ergibt. Wenn der Automat nach dem Lesen aller Eingabezeichen in einem Endzustand steht, war die Eingabe gültig, andernfalls fehlerhaft.

Den für die Lösung der Eingabe verwendeten Automaten können Sie der Abbildung A.1 »Automat für Fließkommazahlen« entnehmen.

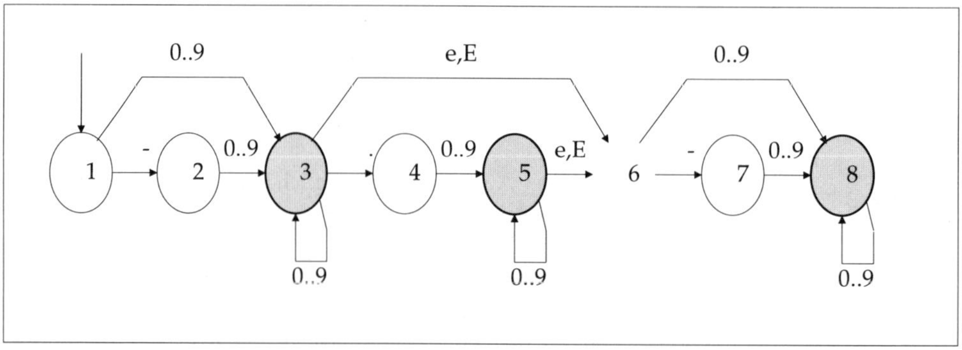

Abbildung A.1 Automat für Fließkommazahlen

Der aufgezeigte Automat hat 8 Zustände. Zustand 1 ist der Anfangszustand, die Zustände 3, 5 und 8 sind Endzustände. Er arbeitet grob in 3 Schritten. Zunächst bestimmt er den ganzzahligen Teil der Mantisse (Zustände 1..3) in der Variablen *x*. Dann ermittelt er den Nachkommateil (optional, denn Zustand 3 ist Endzustand) der Mantisse (Zustände 4..5) und speichert das Ergebnis weiterhin in *x*. Schließlich bestimmt er noch den (ebenfalls optionalen) Exponenten in der Variablen *e*, mit dessen Zehnerpotenz er schließlich die Mantisse malnimmt oder Sie dadurch teilt. Das Ergebnis ist die Floating-Point-Zahl *x*.

```
#include <stdio.h>

main()
{
  double x=0, k;
  char c;
  int zustand=1;
  int e=0;
  int sign=1;

  printf("Bitte eine double-Zahl : ");
  while (1) {
    c=getchar();
    switch (zustand) {
    case 1 :
      if (c=='-') {
    sign = -1;
        zustand=2;
      } else if (c>='0' && c<='9') {
        x=c-'0';
        zustand=3;
      } else goto error;
      break;
    case 2 :
```

```
  if (c>='0' && c<='9') {
    x= c-'0';
    zustand=3;
  } else goto error;
  break;
case 3 :
  if (c>='0' && c<='9') {
    x=10*x+c-'0';
    zustand=3;
  } else if (c=='e' || c=='E') {
    zustand=6;
  } else if (c=='.') {
    zustand=4;
  } else goto fertig;
  break;
case 4:
  if (c>='0' && c<='9') {
    k=0.1;
    x=x+k*(c-'0');
    k=k/10.0;
    zustand=5;
  } else goto error;
  break;
case 5:
  if (c>='0' && c<='9') {
    x=x+k*(c-'0');
    k=k/10.0;
    zustand=5;
  } else if (c=='e' || c=='E') {
    zustand=6;
  } else goto fertig;
  break;
case 6 :
  if (c>='0' && c<='9') {
    e=c-'0';
    zustand=8;
  } else if (c=='-') {
    zustand=7;
  } else goto error;
  break;
case 7 :
  if (c>='0' && c<='9') {
    e= -(c-'0');
    zustand=8;
  } else goto error;
```

```
        break;
      case 8 :
        if (c>='0' && c<='9') {
          e=10*e+c-'0';
          zustand=8;
        } else goto fertig;
        break;
      }
    }
fertig :
  x*=sign;
  if (e<0)
    while (e++) x/-10.0;
  else
    while (e--) x*=10.0;
  printf("Die Zahl lautet : %le\n",x);
  return 0;
error :
  printf("Syntaxfehler aufgetreten\n");
}
```

Anmerkung

Beachten Sie, daß die vorgestellte Lösung keine Überlaufprüfungen vornimmt und daß es nicht erlaubt ist, den Vor- oder Nachkommateil auszulassen, wenn er 0 ist (s. Fließkommakonstanten in Kapitel 1).

Aufgabe 7

Zur Lösung dieser Aufgabe ist wieder ein Durchlaufen der Ziffern der eingegebenen Zahl von links nach rechts nötig. Dazu wird zunächst die Wertigkeit und Position (von rechts) der höchsten Stelle ermittelt. Dann muß nur noch die Zahl durchlaufen, die einzelnen Ziffern ausgegeben und vor allen durch 3 teilbaren Positionen ein Tausenderpunkt ausgegeben werden. Die Ausgabe des zweistelligen Nachkommateils erfolgt durch Multiplikation und Restbildung.

```
#include <stdio.h>
main()
{
  double zahl,temp;
  double wertigkeit=1;
  int stellen=1;
  int ziffer;

  printf("Bitte eine double-Zahl : ");
  scanf("%le",&zahl);
  if (zahl<0.0) {
    zahl*=-1;
    printf("-");
  }
```

```
  temp=zahl;
  while ((temp/=10.0)>=1) {
    wertigkeit*=10.0;
    stellen++;
  }
  do {
    ziffer=((int)(zahl/wertigkeit))%10;
    printf("%d",ziffer);
    if ((stellen%3==1) && stellen!=1) printf(".");
    zahl-=(ziffer*wertigkeit);
    wertigkeit/=10.0;
    stellen--;
  } while (stellen);
  printf(",%d%d\n",(int)(zahl*10),((int)(zahl*100))%10);
}
```

Aufgabe 8

Das Programm ermittelt alle ganzzahligen Teiler einer eingegebenen Zahl. Auf UNIX-Systemen finden Sie dasselbe Programm unter dem Namen *factor*. Jetzt wissen Sie also, wie es programmiert wird.

Aufgabe 9

Das Programm bestimmt zunächst die Anzahl der Tage ab dem 1. Januar des Jahres und teilt sie dann durch 7, um das Ergebnis zu errechnen. Interessant ist die Berechnung der Anzahl Tage im Monat Februar. Dazu muß man wissen, ob es sich um ein Schaltjahr handelt oder nicht. Ein Jahr ist genau dann ein Schaltjahr, wenn es ganzzahlig durch 4, nicht aber durch 100 teilbar ist. Zusätzlich sind alle durch 400 teilbaren Jahre Schaltjahre.

```
#include <stdio.h>
main()
{
  int tag,monat,jahr;
  int tage=0;

  printf("Bitte Datum [Tag Monat Jahr] : ");
  scanf("%d %d %d",&tag,&monat,&jahr);

  while (--monat) {
    switch (monat) {
    case 2 :
      if ((jahr%4==0 && jahr%100!=0) || jahr%400==0)
        tage+=29;
      else
        tage+=28;
      break;
    case 1 : case 3 : case 5 : case 7 :
```

```
    case 8 : case 10 : case 12 :
      tage+=31;
      break;
    default :
      tage+=30;
    }
  }
  tage+=tag;
  printf("Der %d. Tag\n",tage);
  printf("Die Woche ist : %d\n",(tage+6)/7);
}
```

Aufgabe 10

Dieses Programm birgt keine Schwierigkeiten, wenn man nicht den Fehler macht, das zu versteuernde Einkommen als Fließkommazahl einzulesen. Dann nämlich wird man vor dem Problem stehen, die erforderliche Rundung auf ein ganzzahliges Vielfaches von 54 hinzubekommen. Besser ist da die Verwendung von *long*, man braucht dann nur Teilen und Multiplizieren. Die dann entstehenden gemischten Ausdrücke erfordern allerdings einige Vorsicht.

```
#include <stdio.h>
main()
{
  long zve, temp;
  double est,x,y,z;

  printf("Zu versteuerndes Einkommen [DM] : ");
  scanf("%ld",&zve);
  zve=zve/54*54;
  if (zve<=4752) {
    est=0.0;
  } else if (zve<=18035) {
    x=zve;
    est=0.22*x-1045.0;
  } else if (zve<=80027) {
    y=(zve-17982.0)/10000.0;
    est=(((0.34*y-21.58)*y+392.0)*y+2200.0)*y+2911.0;
  } else if (zve<=130031) {
    z=(zve-79974.0)/10000.0;
    est=(70.0*z+4900.0)*z+26974.0;
  } else {
    x=zve;
    est=0.56*x-19561.0;
  }
  printf("Zu zahlende ESt : %.2f\n",est);
}
```

Kapitel 4

Musterlösungen

Aufgabe 1

Auf MSDOS-Rechnern können die gewünschten Datentypen ganz leicht durch folgende Definitionen zur Verfügung gestellt werden:

```
#define BYTE  unsigned char
#define WORD  unsigned short
#define DWORD unsigned long
```

Diese Makros werden wahrscheinlich auch auf den meisten größeren Maschinen laufen. Wenn man allerdings auf einem Computer arbeitet, dessen Wortlänge nicht ein Vielfaches von 8 ist, kann es unter Umständen schwierig oder gar unmöglich sein, diese Datentypen herzustellen. Zur Überprüfung der Ergebnisse kann in diesem Fall auch nicht der *sizeof*-Operator verwendet werden, denn dieser gibt ja nicht die Anzahl an Bits, sondern nur das Verhältnis zur Wortlänge aus. Aus diesem Grund wird die Anweisungsfolge

```
printf("%d\n",sizeof(BYTE));
printf("%d\n",sizeof(WORD));
printf("%d\n",sizeof(DWORD));
```

auch beispielsweise auf Anlagen mit 9-Bit-Wortlänge die erwarteten Werte 1, 2 und 4 ausgeben, obwohl die Zahlen mit 9, 18 und 36 Bit dargestellt werden.

Aufgabe 2

Üblicherweise verwendet man Definitionen der Art

```
#define BOOL char
#define TRUE 1
#define FALSE 0
```

zur Simulation des boolschen Datentyps. Auf diese Weise lassen sich boolsche Variablen sehr leicht definieren und die Konstanten *TRUE* und *FALSE* entsprechen den üblichen C-Konventionen für die beiden möglichen Wahrheitswerte. Ein Beispiel dafür ist das folgende Programm

```
main()
{
  BOOL b1;
```

```
  b1=FALSE;
  if (b1) {
    /*...*/
  }
}
```

bei dem niemals die Anweisungen innerhalb nach der *if*-Anweisung ausgeführt werden.

Aufgabe 3

Wir erweitern das Makro *SWAP* durch Einfügen eines zusätzlichen Parameters *typ*. Dieser dient dazu, die temporäre Variable zur Speicherung des Zwischenergebnisses zu definieren. Beim Aufruf des Makros muß dann natürlich jeweils der Typ der zu vertauschenden Variablen mit angegeben werden.

```
#include <stdio.h>

#define SWAP(typ,x,y) {\
typ j;\
j=x;x=y;y=j;\
}

main()
{
  int    i1=5   , i2=8;
  double x1=5.0 , x2=8.0;
  char   c1='5' , c2='8';

  SWAP(int,i1,i2);
  printf("i1=%d i2=%d\n",i1,i2);
  SWAP(double,x1,x2);
  printf("x1=%lf x2=%lf\n",x1,x2);
  SWAP(char,c1,c2);
  printf("c1=%c c2=%c\n",c1,c2);
}
```

Aufgabe 4

Die Implementierung der Makros ist relativ einfach, im wesentlichen muß jeweils ein logischer Ausdruck über einen Bereich von Zeichen gebildet werden.

```
#define ISNUMBER(c) ((c)>='0' && (c)<='9')
#define ISALPHA(c) ((c)>='A' && (c)<='Z' || \
(c)>='a' && (c)<='z')
#define ISSPACE(c) ((c)==' ' || (c)=='\n' || (c)=='\t')
```

Die hier angegebenen Definitionen sind natürlich noch nicht perfekt. So werden beispielsweise von ISALPHA noch keine Umlaute erkannt und ISSPACE könnte auch noch etwas ausgebaut werden. In einem späteren Kapitel werden Sie die Include-Datei *ctype.h* kennenlernen, in der ganz ähnliche Makros schon vordefiniert sind. Diese sind allerdings im allgemeinen per Tabellensuche implementiert und laufen daher etwas schneller ab als unsere selbstgemachten Versionen.

Aufgabe 5

Um das Makro *ASSERT* mit dem Makro *NDEBUG* abschalten zu können, verwenden wir die bedingte Kompilierung, indem wir mit *#ifdef NDEBUG* das Vorhandensein von *NDEBUG* testen. Falls es vorhanden ist, expandieren wir *ASSERT* lediglich zu einem Semikolon, also einer leeren Anweisung. Ist es aber nicht vorhanden, wird *ASSERT* in eine Reihe von *printf*-Anweisungen umgewandelt, die zur Ausgabe der Fehlermeldung, der Quelldatei und der Zeilennummer dienen.

```
#ifdef NDEBUG
  #define ASSERT(dummy) ;
#else
  #define ASSERT(bed) if (!(bed)) {\
  printf("ASSERT-Fehler : %s\n",#bed);\
  printf("in Datei : %s\n",__FILE__);\
  printf("in Zeile : %d\n",__LINE__);\
  }
#endif
```

Eine typische Anwendung von ASSERT könnte etwa so aussehen:

```
main()
{
  ASSERT(1==1);
  ASSERT(2==1);
}
```

Ist die Test- und Entwicklungsphase des Programmes abgeschlossen, so werden einfach alle Quellen noch einmal mit der Compileroption *-DNDEBUG* übersetzt, um die Prüfanweisungen aus den Programmen zu entfernen.

Aufgabe 6

Eine Include-Datei kann sich ganz einfach dadurch vor mehrfachem Einbinden schützen, indem sie als allererstes mit einer Präprozessor-Direktive die Nicht-Definiertheit eines persönlichen Makros testet und die eigentlichen Anweisungen und Definitionen der Include-Datei nur dann kompiliert, wenn das Makro noch nicht existiert. Natürlich besteht die erste Anweisung innerhalb des Blockes darin, das Makro zu definieren. Als Makroname empfiehlt sich eine Abwandlung des Dateinamens.

Um beispielsweise die Include-Datei *xyz.h* vor mehrfachem Einbinden zu schützen, ergänzen wir den Inhalt der Datei um die Präprozessor-Anweisungen:

```
#ifndef XYZ_H
#define XYZ_H

...Eigentlicher Inhalt von xyz.h

#endif
```

Aufgabe 7

Die Lösung ist ganz einfach, weil es bereits die Möglichkeit gibt, die gewünschte Kontrollanweisung mit *else if* zu simulieren. Also brauchen wir nur noch ein Makro schreiben, welches das »Schlüsselwort« *elseif* gegen *else if* austauscht.

```
#define elseif(ex) else if (ex)
```

Kapitel 5

Musterlösungen

Aufgabe 1

Man kann diese Aufgabe sicherlich auf unterschiedliche Arten lösen und dabei insbesondere ohne die Verwendung eines Arrays auskommen. Der tiefere Sinn der Aufgabe lag aber darin, zuerst die Werte in ein Array mit 5 *double*-Elementen einzulesen und dann dieses Array weiterzuverarbeiten. Sie sollten den Umgang mit einem einfachen Array an einer einfachen Aufgabe üben.

```
#include <stdio.h>

main()
{
  double werte[5], summe=0.0;
  int i;

  for (i=0; i<5; i++) {
    printf("Bitte eine double-Zahl : ");
    scanf("%le",&werte[i]);
    summe+=werte[i];
  }
  printf("Der Mittelwert ist : %le\n",summe/5.0);
}
```

Aufgabe 2

```
#include <stdio.h>

main()
{
  int cnt[256], i;
  char c;

  for (i=0; i<256; i++) cnt[i]=0;
  while ((c=getchar())!=EOF) cnt[c]++;
  for (i=0; i<=32; i++) {
    if (cnt[i]) printf("%5d mal (ASCII %3d)\n",cnt[i],i);
  }
  for (i=33; i<256; i++) {
    if (cnt[i]) printf("%5d mal %1c\n",cnt[i],i);
  }
}
```

Die wichtigste Datenstruktur in diesem Programm ist das Array *cnt*. Es besteht aus 256 Elementen vom Typ *int* und hat die Aufgabe, die Anzahl der unterschiedlichen in der Eingabe aufgetretenen Zeichen zu zählen. Dabei soll nach dem Lesen der Eingabe für alle *i* zwischen 0 und 255 gelten, daß die Anzahl der Zeichen mit dem Code *i* in *cnt[i]* steht.

Um dies zu erreichen, werden in der *for*-Schleife zunächst alle 256 Zähler auf 0 zurückgesetzt und dann in der *while*-Schleife für jedes gelesene Zeichen der Zähler, der dem Code des gelesenen Zeichens entspricht, inkrementiert. Nachdem das Ende der Eingabe daran erkannt wurde, daß die Funktion *getchar* die Konstante *EOF* zurückgegeben hat, brauchen nur noch die Zähler mit einem Wert ungleich 0 ausgegeben werden. Für die Steuerzeichen (ASCII-Code zwischen 0 und 31) wurde dabei eine separate Ausgabeschleife eingerichtet, da das direkte Ausgeben eines Steuerzeichens zu unerwünschten Effekten auf dem Bildschirm führen kann.

Eine typische Anwendung für dieses Programm besteht darin, eine Statistik über die Verteilung der Zeichen in einer gegebenen Textdatei zu finden. Dazu braucht man nur die Standardeingabe wie folgt auf die zu analysierende Textdatei umzulenken:

```
a.out < Textdatei
```

Das Programm wird dann nicht von der Tastatur lesen, sondern byteweise den Inhalt der Datei untersuchen. Will man die Ausgabe nun noch sortiert haben, so kann man dies durch einen weiteren Filter sehr leicht erreichen:

```
a.out < Textdatei | sort
```

Durch diese Eingabe wird die Statistik in aufsteigender Reihenfolge ausgegeben.

Programme dieser Art werden insbesondere bei Problemstellungen aus der Codierungstheorie angewendet, etwa bei Programmen zur Kompression von Textdateien.

Aufgabe 3

Das 8-Damen-Problem ist seit langer Zeit bekannt und hat beispielsweise schon im 19. Jahrhundert den berühmten Mathematiker C.F. Gauß (der auf dem neuen 10-Mark-Schein) beschäftigt. Im Gegensatz zu uns hatte der Ärmste jedoch keinen Computer und konnte dieses Problem trotz seines Genies daher nicht vollständig lösen.

Damit wir mit Hilfe eines C-Programmes eine Lösung finden können, müssen wir uns zunächst eine geeignete Datenstruktur zur Darstellung des Schachbretts und der darauf befindlichen Damen überlegen. Der naheliegende Ansatz, eine 8x8-Matrix von Wahrheitswerten zu verwenden, erweist sich als zu umständlich, so daß wir stattdessen etwas anders vorgehen wollen. Da bei einer korrekten Lösung in jeder

Spalte genau eine einzige Dame stehen muß, verwenden wir zur Darstellung ein *int*-Array mit 8 Elementen. Jedes Element repräsentiert eine Spalte des Schachbretts und der darin enthaltene Wert gibt an, in welcher Zeile sich die Dame dieser Spalte befindet. Die Lösung soll dann dadurch gefunden werden, daß die Damen in den einzelnen Spalten so positioniert werden, daß sie sich nicht gegenseitig schlagen können. Im Programm hat das Array den Namen *dame*, es wurde allerdings etwas größer dimensioniert, damit wir mit dem Index bei 1 beginnen können.

```
#include <stdio.h>

#define TRUE 1
#define FALSE 0
#define BOOL int

main()
{
  int dame[9], spalte, i;
  BOOL bedrohung;

  for (i=1; i<=8; i++) dame[i]=0;
  spalte=1;
  while (spalte>=1 && spalte<=8) {
    if (dame[spalte]==8) {
      dame[spalte]=0;
      spalte--;
    } else {
      dame[spalte]++;
      bedrohung=FALSE;
      for (i=1; i<spalte && !bedrohung; i++)
        bedrohung=bedrohung || (dame[i]==dame[spalte]);
      for (i=1; i<spalte && !bedrohung; i++)
        bedrohung=bedrohung ||
                  ((dame[i]==dame[spalte]-(spalte-i)) ||
                   (dame[i]==dame[spalte]+(spalte-i)));
      if (!bedrohung) spalte++;
    }
  }
  if (spalte==0) {
    printf("Keine Lösung gefunden !\n");
  } else {
    for (i=1; i<=8; i++) printf("%d,%d\n",i,dame[i]);
  }
}
```

Um das Programm verstehen zu können, muß man insbesondere die Bedeutung der Variable *spalte* und der großen *while*-Schleife verstanden haben. Die Variable *spalte* bezeichnet dabei jeweils die Spalte, in der beim nächsten Schleifendurchlauf die Dame bewegt werden soll. Das Bewegen der Dame wird dabei immer am Anfang der *while*-Schleife durchgeführt, indem versucht wird, die Dame der aktuellen Spalte eine Zeile tiefer zu setzen. Falls diese Dame dann von keiner der weiter links stehenden Damen bedroht wird, so kann die Variable *spalte* inkrementiert und damit beim nächsten Schleifendurchlauf die nächste Spalte bearbeitet werden. Gibt es jedoch eine Bedrohung von links, so bleibt *spalte* unverändert und beim nächsten Schleifendurchlauf wird diese Dame erneut nach unten geschoben. Vor dem Schieben einer Dame muß natürlich überprüft werden, ob sie nicht schon in der letzten Zeile steht. Wenn dies der Fall ist, wird Sie vom Brett genommen (d.h. in Zeile 0 gesetzt) und die Variable *spalte* wird dekrementiert. In einem solchen Fall ist also das Programm beim Ermitteln der Lösung in eine Sackgasse geraten, aus der es sich irgendwie befreien muß. Die Lösung besteht in unserem Beispiel darin, eine Spalte zurückzugehen, die dort stehende Dame weiter nach unten zu schieben und es erneut zu versuchen.

Der Algorithmus, mit dem festgestellt wird, ob eine der weiter links stehenden Damen eine Bedrohung für die Dame in der aktuellen Spalte darstellt, arbeitet wie folgt: in der ersten *for*-Schleife wird überprüft, ob eine der weiter links stehenden Damen in der gleichen Zeile steht und in der zweiten *for*-Schleife wird überprüft, ob von einer der weiter links stehenden Damen eine Bedrohung über eine der Diagonalen ausgeht. Bemerkenswert ist die Realisierung des »Anschaltens« der Bedingung *bedrohung* durch die logische ODER-Verknüpfung mit der Anschalte-Bedingung und sich selbst; dadurch kann auf die aufwendigere *if*-Anweisung verzichtet werden.

Der Rest des Programmes beschäftigt sich nur noch mit der Ausgabe der Resultate. Das vom Programm ermittelte, korrekte Ergebnis ist übrigens (1,1) (2,5) (3,8) (4,6) (5,3) (6,7) (7,2) (8,4). Nach N. Wirth, »Algorithmen und Datenstrukturen« gibt es insgesamt 92 Lösungen, von denen 12 nicht symmetrisch zueinander sind.

Dieses Verfahren der Lösungsermittlung durch Probieren, bei der das Programm in Sackgassen geraten kann, bezeichnet man übrigens als *Backtracking*. Es spielt in der Informatik immer dann eine Rolle, wenn eine analytische Lösung eines Problems nicht existiert, etwa im Zusammanhang mit der Programmierung von wissensbasierten Expertensystemen. PROLOG ist ein Beipiel für eine Programmiersprache, die vollständig auf dem Gedanken des Backtrackings aufbaut.

Aufgabe 4

```
#include <stdio.h>

main()
{
  char c;

  while ((c=getchar())!=EOF) {
    if (c=='d') {
      putchar('d');
      while ((c=getchar())!=EOF && c!='\n') putchar(c);
      putchar('\n');
    } else {
      while ((c=getchar())!=EOF && c!='\n') ;
    }
  }
}
```

Die Hauptaufgabe dieses Programmes besteht darin, zu erkennen, ob am Anfang einer Eingabezeile ein 'd' steht und wenn ja, die komplette Zeile auf dem Bildschirm auszugeben. Andernfalls wird die Zeile einfach verschluckt. Das angegebene Programm funktioniert natürlich nur unter UNIX, die MSDOS-Version muß anstelle des 'd' nach dem Wort '<DIR>' suchen.

Aufgabe 5

Das Hauptproblem bei der Lösung besteht darin, auf das Drücken der ENTER-Taste zu warten, denn während des Betriebs des Programmes ist die Standardeingabe ja umgeleitet. Unter MSDOS gibt es in diesem Fall immer noch die Möglichkeit, die Tastatur direkt über einen BIOS-Call abzufragen (mit der Funktion *bioskey* bei Turbo-C bzw. _bios_keybrd bei MSC und Zortech), während die Lösung unter UNIX weitaus komplizierter ist. Wir wollen daher nur die MSDOS-Lösung vorstellen.

```
#include <stdio.h>

main()
{
  char c;
  int skipped_lines=0, column_cnt=0;

  while ((c=getchar())!=EOF) {
    putchar(c);
    column_cnt++;
    if (c=='\n' || column_cnt==80) {
      skipped_lines++;
      column_cnt=0;
    }
```

```
    if (skipped_lines=20) {
      bioskey(0);
      skipped_lines=0;
    }
  }
}
```

Aufgabe 6

Einen richtig funktionierenden Druckertreiber zu schreiben ist gar nicht so einfach, wie es auf den ersten Blick aussieht; daher hatte die Aufgabe den Schwierigkeitsgrad C. Prinzipiell soll so ein Programm lediglich alle eingegebenen Zeichen wieder ausgeben, zusätzlich jedoch einige Formatierungen ausführen, damit das Resultat ansehnlicher wird. Wie Sie an dem nachfolgenden Programm sehen, ist es nicht unmöglich, eine kurze und erweiterbare Lösung zu finden.

```
#include <stdio.h>

main()
{
  int zeile=1,spalte=1;
  char c;

  c=getchar();
  while (c!=EOF) {
    if (zeile==1) {
      printf("\n\n\n\n\n");
      zeile=6;
    } else if (zeile==68) {
      printf("\n\n\n\n\n");
      zeile=1;
    } else if (spalte==1) {
      printf("     ");
      spalte=6;
    } else if (spalte=75) {
      putchar('\n');
      if (c=='\n') c=getchar();
      zeile++;
      spalte=1;
    } else {
      putchar(c);
      spalte++;
      if (c=='\n') {
        zeile++;
        spalte=1;
      }
```

```
      c=getchar();
    }
  }
  while (zeile<=72) {
    putchar('\n');
    zeile++;
  }
}
```

Der Grundgedanke des Programmes ist es, ständig zu wissen, in welcher Zeile und Spalte sich der Druckcursor befindet. Der Druckcursor ist dabei ein Gedankengebilde, welches die exakte Papierposition angibt, an der das nächste Zeichen ausgegeben wird. Abhängig von der Position des Druckcursors überprüft das Programm nun vor jeder Ausgabe eines eingelesenen Zeichens, ob bestimmte Aktionen auszuführen sind. Solche Aktionen sind etwa das Ausgeben zusätzlicher Leerzeilen am Anfang oder Ende einer Seite, zusätzlicher Leerzeichen am Anfang einer Zeile oder eine zusätzliche Zeilenschaltung, wenn die Eingabezeile zu lang ist. Wichtig ist hier, daß diese Aktionen auch unmittelbar nacheinander ausgeführt werden können (ohne daß in der Zwischenzeit ein neues Zeichen eingelesen wurde). So werden beispielsweise am Anfang einer Seite zunächst 5 Leerzeilen gefolgt von 5 Leerzeichen ausgegeben und erst danach wird das nächste Eingabezeichen verarbeitet. Nach dem Lesen des letzten Zeichens muß das Programm dann nur noch die fehlenden Zeilenschaltungen bis zum Ende der Seite ausgeben.

Aufgabe 7

Das gegebene Programm berechnet die Potenz a^b. Um dies zu verstehen, muß man sich den Aufbau der beiden *for*-Schleifen genauer ansehen. Die innere Schleife addiert *a*-mal den Wert von *A[0]* in der Variable *A[1]*, danach bekommt *A[0]* diesen Wert zugewiesen. Ein Durchlauf der äußeren Schleife ist also identisch mit der Anweisung *A[0]=A[0]*a;*. Da *A[0]* mit 1 initialisiert wird, hat also *A[0]* nach dem ersten Durchlauf der äußeren Schleife den Wert *a*, nach dem zweiten Durchlauf den Wert *a*a*, nach dem dritten den Wert *a*a*a* usw..., bis es schließlich nach dem *b-ten* Durchlauf den Wert *a*a*a*...*a* mit *b a*'s hat. Für diesen Ausdruck gibt es natürlich eine einfachere Schreibweise, nämlich a^b. Überzeugen Sie sich selbst davon, daß das Programm auch für *b=0* korrekt arbeitet; nicht geeignet ist es jedoch für negative Exponenten.

Aufgabe 8

Das Zählen der Buchstaben und Zeilen ist absolut problemlos und kann mit zwei Programmzeilen erledigt werden. Etwas schwieriger ist da schon das Zählen der Worte. Die Musterlösung geht davon aus, daß zwei aufeinanderfolgende Worte ausschließlich durch Whitespaces getrennt werden und fragt dies mit *isspace* ab. Damit nicht jedes einzelne Whitespace (nach einem Wort kann ja mehr als ein Whitespace auftauchen), zu einem Erhöhen des Wort-Zählers führt, merkt sich das Programm in der logischen Variablen *in_word*, ob es sich innerhalb eines Wortes oder innerhalb einer Whitespace-Sequenz befindet.

Wenn Sie dieses Programm mit einem der unter MSDOS verfügbaren C-Compiler übersetzen und laufen lassen, werden Sie feststellen, daß es bezüglich der Buchstabenanzahl im Vergleich zum *dir*-Befehl geringe Abweichungen gibt. Falls Sie jetzt vermuten, daß Ihr Programm falsch zählt, so liegen Sie damit goldrichtig. Die Differenz kommt dadurch zustande, daß die Zeilenschaltungen in MSDOS-Textdateien *\r\n* beim Einlesen vom Laufzeitsystem automatisch in *\n* konvertiert werden, um Portierbarkeit mit UNIX zu erreichen. Das Programm wird daher bei jeder Zeilenschaltung einen Buchstaben zu wenig zählen. Sie können natürlich ganz naiv Abhilfe schaffen, indem Sie den Buchstabenzähler bei Auftreten eines *\n* zusätzlich inkrementieren und bekommen dann wohl in den meisten Fällen bessere Ergebnisse. Da im Text (etwa in Druckdateien) aber auch einzelstehende *\n* vorkommen könnten, arbeitet Ihr Programm trotzdem noch nicht in allen Fällen korrekt und außerdem haben Sie sich die UNIX-Portierbarkeit verspielt.

```
#include <stdio.h>
#include <ctype.h>
main()
{
  long letters=0, words=0, lines=1;
  int in_word=0;
  char c;

  while ((c=getchar())!=EOF) {
    letters++;
    if (c=='\n') lines++;
    if (isspace(c)) {
      if (in_word) {
        words++;
        in_word=0;
      }
    } else {
      in_word=1;
    }
  }
  if (!letters) lines=0;
  printf("Zeilen  : %ld\n",lines);
  printf("Worte   : %ld\n",words);
  printf("Zeichen : %ld\n",letters);
}
```

Kapitel 6

Musterlösungen

Aufgabe 1

Die Lösung dieser Aufgabe ist nicht weiter schwierig, man muß lediglich bei der Typisierung der Funktionsargumente und Rückgabewerte die richtigen Werte wählen. Beachten Sie, daß die in der Musterlösung angegebenen Funktionen alle ein 'r' vor dem Namen haben. Da sie global sichtbar sind, könnte andernfalls eine Kollision mit gleichnamigen Funktionen der Standard-Library auftreten.

```
#include <stdio.h>

double rabs(x)
double x;
{
  return (x<0?-x:x);
}

int rsign(x)
double x;
{
  if (x<0)
    return -1;
  else
    if (x>0) return 1;
  else
    return 0;
}

double rneg(x)
double x;
{
  return -x;
}

main()
{
  double x;

  printf("Bitte eine double-Zahl : ");
  scanf("%le",&x);
```

```
  printf("Zahl :        %le\n",x);
  printf("rabs(Zahl) :  %le\n",rabs(x));
  printf("rsign(Zahl) : %d\n",rsign(x));
  printf("rneg(Zahl) :  %le\n",rneg(x));
}
```

Aufgabe 2

```
#include <stdio.h>

int potenz(a,b)
int a,b;
{
  int p=1;

  while (b--) p*=a;
  return p;
}

main()
{
  int i,j;

  printf("Zwei Zahlen : ");
  scanf("%d %d",&i,&j);
  printf("potenz(%d,%d)=%d\n",i,j,potenz(i,j));
}
```

Bei dieser Aufgabe ging es im wesentlichen darum, den schon bekannten Algorithmus der ganzzahligen Potenzierung in eine eigenständige Funktion mit zwei Parametern zu verpacken und somit auf einfache Art wiederverwendbar zu machen. Auch hier dürften keine ernsthaften Schwierigkeiten aufgetreten sein.

Aufgabe 3

```
#include <stdio.h>

int search(s,s1)
char s[],s1[];
{
  int i,j;

  for (i=0; s[i]; i++)
    for (j=0; s1[j]; j++)
      if (s[i]==s1[j])
        return i;
  return -1;
}
```

```
main()
{
  static char  s[]="What a wonderful world!";
  static char s1[]="!ql";

  printf("search(\"%s\",\"%s\")=%d\n",s,s1,search(s,s1));
}
```

Die Funktion *search* bekommt zwei offene Zeichen-Arrays *s* und *s1* übergeben und sucht mit einem sehr einfachen Algorithmus nach der geforderten Übereinstimmung: die Zeichenkette *s* wird elementweise durchlaufen, wobei jedes Element daraufhin überprüft wird, ob es in der Zeichenkette *s1* enthalten ist. Dazu müssen (schlimmstenfalls) ebenfalls alle Elemente von *s1* durchlaufen werden. Falls eine Übereinstimmung gefunden wurde, bricht die Funktion mit *return* ab und gibt den Zähler der äußeren Schleife zurück. Die Abbruchbedingung beider Schleifen ist jeweils das Nullbyte am Ende der untersuchten Zeichenkette, welches mit *s[i]* getestet wird. Konnte bis zum Ende der äußeren Zeichenkette keine Übereinstimmung gefunden werden, so läuft die Funktion auf die Anweisung *return -1;* und gibt die geforderte Fehleranzeige zurück.

Aufgabe 4

Die rekursive Vorgehensweise in der vorgestellten Funktion *max* zum Ermitteln des größten Elementes eines *int*-Arrays besteht aus den folgenden beiden Regeln:

1. Falls das zu überprüfende Array nur ein Element enthält, so ist dieser Wert das gesuchte Maximum.

2. Enthält das Array mehr als ein Element, so ist das Maximum gleich dem größeren der beiden folgenden Werte
   - das letzte Element des Arrays
   - das Maximum des Arrays, welches aus dem um das letzte Element verkürzten, ursprünglichen Array besteht.

Um die Größe des Arrays bei jedem Aufruf der Funktion *max* zu kennen, übergeben wir sie bei jedem Aufruf als zweiten Parameter *n* an *max*. Genau genommen bezeichnet *n* in der Musterlösung nicht die Größe des Arrays, sondern den Index des letzten Elements (also den um eins kleineren Wert).

```
#include <stdio.h>

int max(feld,n)
int feld[];
int n;
{
  int max_rest;
```

```
  if (n==0) return feld[0];
  max_rest=max(feld,n-1);
  return (max_rest>feld[n])?max_rest:feld[n];
}

int test[10] = {13,34,32,4,45,5,6767,3454,2,5};

main()
{
  printf("%d\n",max(test,9));
}
```

Zum Starten wird *max* mit dem Index des letzten Elements des zu untersuchenden Arrays aufgerufen. *max* überprüft dann zunächst, ob dieser Wert schon 0 ist und gibt in diesem Fall dieses Element zurück. Andernfalls ruft *max* sich selber auf, um das Maximum des um ein Element verkleinerten Arrays zu bestimmen. Wenn die dadurch ausgelöste Kette von weiteren Funktionsaufrufen beendet ist, steht in der Variablen *max_rest* das Maximum dieses verkleinerten Arrays. Nun braucht nur noch dieser Wert mit dem letzten Element des Arrays verglichen und der größere der beiden zurückgegeben werden.

Aufgabe 5

Die Lösung dieser Aufgabe sieht aufwendiger aus, als sie wirklich ist. Die eigentliche Arbeit wird nur in der Funktion *hanoi* verrichtet, alles andere ist Beiwerk, um das Ermitteln der Lösung auf dem Bildschirm darstellen zu können.

Die Funktion *hanoi(src,dest,h)* hat die Aufgabe, einen *h* Scheiben hohen Turm unter Einhaltung der vorgegebenen Nebenbedingungen von dem Stab mit der Nummer *src* auf den Stab mit der Nummer *dest* zu transportieren. Die Stäbe haben die Nummern 0, 1 und 2. Um nicht den rekursiven Ansatz in *hanoi* durch unwichtigen »Kleinkram« zu verdecken, verwenden wir eine Funktion *move(src,dest)*, welche die Fähigkeit hat, eine einzelne Scheibe von Stab *src* zum Stab *dest* zu transportieren. (Zu Testzwecken reicht es, in *move* lediglich eine Ausgabeanweisung *printf(»%d-->%d\n«,src,dest);* unterzubringen.) Die Funktion *hanoi* geht nun folgendermaßen vor: zunächst überprüft sie, ob der zu transportierende Turm schon die Höhe 1 hat – in diesem Fall braucht sie nur eine einzelne Scheibe zu bewegen. Falls der Turm größer ist, wird die Arbeit durch Rekursion in den folgenden 4 Schritten bewältigt:

1. Der Turm aus den oberen *h*-1 Scheiben auf Stab *src* wird auf den freien Stab transportiert. Dies kann durch einen geeigneten Aufruf der Funktion *hanoi* erledigt werden. Beachten Sie, wie die Nummer des freien Stabes *(3-src-dest)* ermittelt wird.

2. Die unterste Scheibe wird von *src* nach *dest* transportiert.

3. Der in Schritt 1 versetzte Turm wird wieder auf den Stab *src* zurücktransportiert. (Wieder durch einen rekursiven Aufruf von *hanoi*)

4. Der jetzt auf Stab *src* stehende, um eine Scheibe verkleinerte Turm wird durch einen rekursiven Aufruf auf die Scheibe *dest* transportiert.

Um die Funktion *hanoi* zu verstehen, sollten Sie sich zunächst diese 4 Einzelschritte anhand eines Beispiels mit 3 oder 4 Scheiben klarmachen. Danach brauchen Sie nur noch die Implementierung dieser Schritte in der Funktion *hanoi* nachzuvollziehen, was dann aber keine Probleme mehr bereiten dürfte.

Die weiteren Details der Lösung widmen sich »nur« der Darstellung der Abläufe auf dem Bildschirm und haben keinen Einfluß auf den rekursiven Lösungsansatz. Das Spielfeld wird durch ein zweidimensionales Array dargestellt, welches drei Arrays (die Stäbe) enthält, die jeweils die maximal mögliche Anzahl an Scheiben aufnehmen können. Das Vorhandensein einer Scheibe der Größe n auf der m-ten Position des x-ten Stabes wird durch *board[x][m]=n* angezeigt. Die Funktion *move(src,dest)* bewegt nun eine einzelne Scheibe von einem Stab zum anderen, während die Funktion *show_board* die Belegung des Spielfeldes zu einem beliebigen Zeitpunkt auf dem Bildschirm ausgeben kann.

```
#include <stdio.h>

#define ANZ_SCHEIBEN 4

int board[3][ANZ_SCHEIBEN+1];

void show_board()
{
  int i,j,k,width,spc;

  for (i=ANZ_SCHEIBEN; i>=0; i--) {
    for (j=0; j<3; j++) {
      width=2*board[j][i];
      spc=(24-width)/2;
      for (k=1; k<=spc; k++)   putchar(' ');
      for (k=1; k<=width/2; k++) putchar('H');
      putchar('I');
      for (k=1; k<=width/2; k++) putchar('H');
      for (k=1; k<=spc; k++)   putchar(' ');
      printf(" ");
    }
    printf("\n");
  }
  printf("----------------------------------------------\ n");
}
```

```
void move(src,dest)
int src,dest;
{
  int i,j;

  for (i=ANZ_SCHEIBEN-1; !(board[src][i]); i--) ;
  for (j=ANZ_SCHEIBEN-1; !(board[dest][j]) && j>=0; j--) ;
  board[dest][j+1]=board[src][i];
  board[src][i]=0;
  show_board();
}

void hanoi(src,dest,h)
int src,dest,h;
{
  int tmp_store;

  if (h==1) {
    move(src,dest);
  } else {
    tmp_store=3-src-dest;
    hanoi(src,tmp_store,h-1);
    move(src,dest);
    hanoi(tmp_store,src,h-1);
    hanoi(src,dest,h-1);
  }
}

main()
{
  int i,j;

  for (i=0; i<3; i++)
    for (j=0; j<=ANZ_SCHEIBEN; j++)
      board[i][j]=0;
  for (i=0; i<ANZ_SCHEIBEN; i++) board[0][i]=ANZ_SCHEIBEN-i;
  show_board();
  hanoi(0,2,ANZ_SCHEIBEN);
}
```

Falls Sie selbst durch diese Lösung noch nicht von der prinzipiellen Leistungsfähigkeit rekursiver Lösungsansätze überzeugt sind, sollten Sie versuchen, eine iterative Lösung des Türme-von-Hanoi-Problems zu finden. Falls Ihnen dies tatsächlich gelingen sollte, stellen Sie beide Lösungen einander gegenüber und vergleichen Sie sie bezüglich der Anzahl der benötigten Anweisungen und der Lesbarkeit. Wenn Sie dann immer noch Ihre iterative Lösung für besser halten, senden Sie

sie mir zu, die Chancen eines Abdruckes in der nächsten Auflage dieses Buches stehen nicht schlecht !

Aufgabe 6

Es gibt unzählige Verfahren zum Sortieren eines Arrays. Zu den bekanntesten und schnellsten gehört sicher Quicksort, das wir hier aber nicht vorstellen wollen. Die Musterlösung verwendet aus Gründen der Verständlichkeit ein einfaches Austauschverfahren. Aufgrund seiner Langsamkeit ist es für große Arrays jedoch nicht besonders gut geeignet.

```
#include <stdio.h>

int test6[10] = {13,34,32,4,45,5,6767,3454,2,5};

void sort(feld,len)
int feld[],len;
{
  int i,j,min,tmp;

  for (i=0; i<len-1; i++) {
    min=i;
    for (j=i+1; j<len; j++)
      if (feld[j]<feld[min]) min=j;
    tmp=feld[min];
    feld[min]=feld[i];
    feld[i]=tmp;
  }
}

main()
{
  int i;

  sort(test6,10);
  for (i=0; i<10; i++) printf("%d,",test6[i]);
  printf("\n");
}
```

Die Funktion *sort* sortiert das übergebene Array *feld* von der 0-ten bis zur *len*-ten Position. Dazu führt die Funktion (durch die äußere *for*-Schleife) ebenso viele Schritte durch, wie Elemente zu sortieren sind. In jedem Schritt ermittelt sie das kleinste Element des Arrays, indem sie es von der aktuellen bis zur letzten Position untersucht, und vertauscht dieses mit dem Element an der aktuellen Position. Dann wird der Positionszähler erhöht und der nächste Schritt nach demselben Muster ausgeführt. Das Array ist fertig sortiert, wenn das letzte Element untersucht wird.

Aufgabe 7

Diese Aufgabe ist nicht besonders schwierig zu lösen. Im wesentlichen muß man die Elemente des Arrays nacheinander ansehen und mit ihren unmittelbaren Vorgängern bzw. Vorvorgängern (für den Test auf alternierend) vergleichen. Etwas ungewöhnlich habe ich die Rückgabe des Ergebnisses gelöst. Da wir bisher nur einen einzigen Wert zurückgeben können, übergebe ich die Testergebnisse bitweise. Wenn im Rückgabewert das Bit 0 gesetzt ist, ist das Array aufsteigend sortiert, bei gesetztem Bit 2 absteigend und bei gesetztem Bit 3 alternierend sortiert. Beachten Sie, daß Fall 1 und 2 gleichzeitig auftreten, wenn alle Elemente des Arrays gleich sind.

```
#include <stdio.h>


int test7[10] = {1,0,-3,-6,-10,-14,-100,-201,-300,-999};
int ordered(feld,n)
int feld[],n;
{
  int asc,desc,alt;
  int i,diff;

  asc = feld[1]>=feld[0];
  desc= feld[1]<=feld[0];
  alt = feld[1]!=feld[0];
  for (i=2; i<n; i++) {
    asc  = asc  && (feld[i]>=feld[i-1]);
    desc = desc && (feld[i]<=feld[i-1]);
    alt  = alt  && (feld[i]!=feld[i-1])
                && ((long)(feld[i-1]-feld[i-2])*
                    (long)(feld[i]-feld[i-1])) < 0;
  }
  i=0;
  if (asc)  i+=1;
  if (desc) i+=2;
  if (alt)  i+=4;
  return i;
}

main()
{
  printf("%d\n",ordered(test7,10));
}
```

Aufgabe 8

Diese Aufgabe war sehr einfach, es ging lediglich darum, die schon bekannte Quadratwurzelfunktion mit der Pythagorasfunktion zu kombinieren. Probleme konnten auftreten, wenn man die *pyth*-Funktion vor der *sqrt*-Funktion definiert und vergisst, eine Deklaration *double sqrt();* in den Definitionsteil einzufügen. In diesem Fall würde der Aufruf in *pyth* als *int* übersetzt und daher fehlerhaft durchgeführt.

```
#include <stdio.h>

double sqrt(x)
double x;
{
  double s=0.0,prec=0.001;

  while (s*s<x) s+=prec;
  return s;
}

double pyth(a,b)
double a,b;
{
  return sqrt(a*a+b*b);
}

main()
{
  printf("pyth(13,0.005)=%le\n",pyth(13.0,.0005));
}
```

Aufgabe 9

Die Funktion *nett* berechnet auf rekursive Weise die Summe ihrer Argumente. Dazu ruft sie sich b-mal rekursiv auf und addiert jeweils die Konstante 1 zum Ergbnis, auf das beim Erfülltsein der Abbruchbedingung noch der Wert von a addiert wird. Daher liefert ein Aufruf von *nett(a,b)* das Ergebnis $a+b*1$, also $a+b$.

Aufgabe 10

Die Lösung dieser Aufgabe ist nicht ganz einfach zu ermitteln. Ich habe einen rekursiven Ansatz verwendet, weil er noch am übersichtlichsten ist. Die Funktion *perm(feld,a,b)* gibt auf dem Bildschirm die Permutationen des Arrays *feld* aus, und zwar von der a-ten bis zur b-ten Stelle. Die Abbruchbedingung der Rekursion ist dann erfüllt, wenn a gleich b ist. In diesem Fall wird der Inhalt des kompletten Feldes auf dem Bildschirm ausgegeben. Ist a aber ungleich b, so ruft *perm* sich ebenso oft selbst auf, wie Elemente zwischen a und b liegen. Jeweils davor wird das erste mit dem aktuellen Element vertauscht. Der rekursive Ansatz kann also durch folgende Regeln beschrieben werden:

1. Die Permutation einer einstelligen Folge ist nur die Folge selbst.

2. Die Permutationen einer n-stelligen Folge sind die n Zahlen der Folge, jeweils gefolgt von allen Permutationen der um ein Element kürzeren Folge, in der die n-te Zahl weggelassen wurde.

Als Beispiel soll die Folge <1,2,3> betrachtet werden. Nach Regel 2 ergeben sich die Permutationen dieser Folge aus

a. Der Zahl 1, gefolgt von den Permutationen der Folge <2,3>

b. Der Zahl 2, gefolgt von den Permutationen der Folge <1,3>

a. Der Zahl 3, gefolgt von den Permutationen der Folge <1,2>

Nun müssen natürlich noch die Permutationen der Folgen <2,3>, <1,3> und <1,2> ermittelt werden, was auf die gleiche Weise geschehen kann. So ergeben sich nach und nach alle Permutationen der ursprünglichen Zeichenfolge.

```
#include <stdio.h>

#define ARRAYSIZE 5

int test10[ARRAYSIZE] = {1,2,3,4,5};

void show_perm(feld)
int feld[];
{
  printf("{%d,%d,%d,%d,%d}\n",
         feld[0],
         feld[1],
         feld[2],
         feld[3],
         feld[4]);
}

perm(feld,a,b)
int feld[],a,b;
{
  int i,tmp;

  if (a==b) {
    show_perm(feld);
  } else {
    for (i=a; i<=b; i++) {
      tmp=feld[a]; feld[a]=feld[i]; feld[i]=tmp;
      perm(feld,a+1,b);
      feld[i]=feld[a]; feld[a]=tmp;
    }
  }
}

main()
{
  perm(test10,0,3);
}
```

Kapitel 7

Musterlösungen

Aufgabe 1

Um den Speicher bei der Darstellung eines Datums besser auszunutzen, bietet sich die Darstellung mit Bit-Feldern an. Die folgende Tabelle gibt dabei Auskunft über den jeweils zugrundeliegenden Wertebereich und die zur Darstellung nötige Größe des Bitfeldes.

Feld	*Wertebereich*	*Anzahl Bits*
tag	1..31	5
monat	1..12	4
jahr	0..99	7

Daraus kann man dann folgende Struktur ableiten:

```
struct datum {
  unsigned tag:5;
  unsigned monat:4;
  unsigned jahr:7;
};
```

Da die Summe der Längen der Member gleich 16 ist, benötigt der Compiler nur 2 Byte zur Darstellung einer Variable vom Typ *datum*. Beachten Sie, daß bei dieser Art der Darstellung nur Datumswerte innerhalb des aktuellen Jahrhunderts verarbeitet werden können.

Aufgabe 2

Da beide Varianten nur alternativ auftreten, bietet sich die Speicherung in einer Union an.

```
struct coor {
  char iscart;
  union {
    struct {
      double x,y;
    } cart;
    struct {
      double s,r;
    } pol;
  } val;
};
```

Da wir zusätzlich den Diskriminator *iscart* brauchen, um festzuhalten, ob wir gerade in kartesischer oder Polardarstellung speichern, reicht eine Union allein leider nicht aus, sondern wir müssen die Union in eine Structure einbetten. Da die Koordinatenangaben selbst wieder Structures sind, ist der Zugriff auf die einzelnen Elemente schon recht unbequem. Um beispielsweise auf den (kartesischen) x-Wert einer Variable *p1* vom Typ *struct coor* zuzugreifen, müssen wir schreiben

```
p1.val.cart.x
```

In Pascal beispielsweise wäre jeweils eine Memberselektion weniger nötig. Wir können uns in C allerdings mit dem Präprozessor behelfen und Teile der Member-Kette hinter Makros verbergen:

```
#define CART_X val.cart.x
#define CART_Y val.cart.y
#define POL_S  val.pol.s
#define POL_R  val.pol.r
```

Mit diesen Makros kann der obige Zugriff dann einfacher in der Form

```
p1.CART_X
```

geschrieben werden.

Aufgabe 3

Das Ausgeben eines Datumswertes ist sehr einfach, es brauchen lediglich die Member des als Parameter übergebenen *struct datum* formatiert ausgegeben werden. Etwas aufwendiger ist da schon die Eingabefunktion. Zwar können auch hier die Werte mit *scanf* formatiert eingelesen werden, da ein Bitfeld jedoch keine Adresse hat, müssen wir an *scanf* zunächst Zwischenvariablen übergeben. Erst danach können wir der eigentlichen Struktur die erhaltenen Werte zuweisen. Schließlich wird diese Struktur dann als Rückgabewert zurückgegeben.

```
void write_date(d)
struct datum d;
{
  printf("%2d.%2d.19%2d\n",
          d.tag,
          d.monat,
          d.jahr);
}

struct datum read_date()
{
  struct datum d;
  int tag,monat,jahr;

  scanf("%2d.%2d.%4d",
        &tag,
```

```
         &monat,
         &jahr);
  if (jahr>=1900) jahr-=1900;
  d.tag=tag;
  d.monat=monat;
  d.jahr=jahr;
  return d;
}
```

Die Verwendung der Funktionen wird durch das folgende Hauptprogramm demonstriert, welches zunächst eine Datumsvariable einliest und sie gleich darauf wieder ausgibt.

```
main()
{
  struct datum d;

  printf("Bitte Datum (dd.mm.[yy]yy) : ");
  d=read_date();
  write_date(d);
}
```

Aufgabe 4

Dieses Problem ist zu komplex, um es in einer einzigen Funktion unterzubringen. Daher teilen wir es in drei Funktionen auf. Der prinzipielle Lösungsansatz besteht darin, zu den beiden Daten jeweils die Anzahl der Tage seit dem 1.1.1900 zu bestimmen. Die gewünschte Differenz der Datumswerte ist dann gleich der Differenz der beiden Tageszahlen. Die Berechnung der Anzahl Tage geschieht in der Funktion *day_num*. Sie berechnet unter Berücksichtigung der Schaltjahre, wieviele Tage seit dem Anfang des Jahrhunderts vergangen sind.

Um das Vorhandensein eines Schaltjahres zu testen, gibt es die Funktion *schaltjahr*. Sie gibt genau dann einen Wert ungleich 0 zurück, wenn das übergebene Datum in einem Schaltjahr liegt, andernfalls gibt sie 0 zurück.

```
int tage[12] = {31,28,31,30,31,30,31,31,30,31,30,31};

int schaltjahr(jahr)
int jahr;
{
  return (jahr%4==0 && jahr%100!=0 || jahr%400==0);
}

long day_num(d)
struct datum d;
{
  long res=0;
```

```
  int  i;

  for (i=0; i<d.jahr; i++) {
    res+=365;
    if (schaltjahr(1900+i)) res++;
  }
  for (i=1; i<d.monat; i++) {
    res+=tage[i-1];
    if (i==2 && schaltjahr(1900+d.jahr)) res++;
  }
  res+=d.tag;
  return res;
}

int date_diff(d1,d2)
struct datum d1,d2;
{
  return (int)(day_num(d2)-day_num(d1));
}
```

Diese Lösung ist noch nicht optimal. Insbesonders bei der Berücksichtigung der Schaltjahre gibt es einige Optimierungsansätze, die darauf beruhen, daß nur Daten aus diesem Jahrhundert betrachtet werden. Betrachten Sie es als Appell an Ihren Forscherehrgeiz, herauszufinden, wie beispielsweise die erste Schleife vollkommen entfernt werden kann (natürlich, ohne daß sich am Ergebnis etwas ändert).

Aufgabe 5

Der Test ist ganz einfach durchzuführen. Wir definieren einfach irgendeine Struktur und zwei Variablen dieses Typs. Wenn der Compiler bei einer Zuweisung dieser Variablen eine Fehlermeldung ausgibt, ist er offensichtlich nicht in der Lage, Strukturen einander zuzuweisen. Wenn man ganz sicher gehen will, kann man natürlich zusätzlich noch das Ergebnis der Zuweisung überprüfen.

```
#include <stdio.h>

struct test {
  int a,b;
}

main()
{
  struct test x,y;

  x.a=5;
  x.b=10;
```

```
  y.a=1;
  y.b=7;
  x=y;
  printf("%d %d\n",x.a,x.b);
}
```

Wenn der Compiler alles richtig macht, müßten die Werte 1 und 7 auf dem Bildschirm ausgegeben werden.

Aufgabe 6

Ein geignetes Programm zum Testen der Geschwindigkeit ist das folgende:

```
#include <stdio.h>

typedef struct {
  char a[5000];
} bigStruct;

typedef char bigArray[5000];

test1(p)
bigStruct p;
{
}

test2(p)
bigArray p;
{
}

main()
{
  bigStruct S;
  bigArray  A;
  long i;

  printf("struct starten mit ENTER...\n");
  getchar();
  for (i=0; i<1000L; i++) {
    test1(S);
  }
  printf("array starten mit ENTER...\n");
  getchar();
  for (i=0; i<1000000L; i++) {
    test2(A);
  }
  printf("fertig\n");
}
```

Trotz einer inhärenten Ungenauigkeit sind die Ergebnisse überraschend deutlich. Zum Durchlaufen der ersten Schleife benötigt das Programm auf meinem Rechner 3,6 Sekunden, während die zweite Schleife 9,8 Sekunden benötigt. Da in der ersten Schleife jedoch lediglich 1000 Funktionsaufrufe – im Gegensatz zu 1000000 in der zweiten Schleife – abgearbeitet werden, ergibt sich ein Verhältnis von etwa 1:367 im Laufzeitverhalten. Der Aufruf der Funktion mit der Struktur ist also um diesen Faktor langsamer als der Aufruf mit dem Array.

Woran liegt das nun ? Die Antwort ist ganz einfach: der Grund liegt darin, daß Structures per Wert übergeben werden, Arrays hingegen per Referenz. Bei jedem Aufruf der Funktion muß also der Structure-Parameter in seiner vollen Größe kopiert werden, während das Array lediglich in der Form eines Zeigers übergeben wird. Angenommen, ein Zeiger belegt 4 Bytes und pro Funktionsaufruf sind zusätzlich konstant 8 Bytes zu kopieren, so ergibt sich mit (5000+8)/(4+8) ein Verhältnis von 417, das dem Meßergebnis schon recht nahe kommt.

Es ist also durchaus angebracht, unter gewissen Umständen die Übergabe von Parametern an Funktionen in Laufzeitbetrachtungen einzubeziehen.

Anmerkung

Beim Compilieren des Programmes kann es auf einigen Compilern nötig sein, den verfügbaren Stack-Speicher heraufzusetzen, damit die 5 kBytes große Structure beim Aufruf der Funktion übergeben werden kann.

Kapitel 8

Musterlösungen

Aufgabe 1

Über die Hälfte des Aufwandes bei der Lösung dieser Aufgabe besteht in der Implementierung der Benutzerschnittstelle. Sind die Dateien erst ordnungsgemäß geöffnet, wird die Eingabedatei in einer *while*-Schleife Zeichen für Zeichen in die Ausgabedatei kopiert. Dabei wird jedes Zeichen ggfs. zunächst in einen Großbuchstaben umgewandelt. Beachten Sie, daß die hier vorgestellte Lösung die Umlaute nicht konvertiert.

```
#include <stdio.h>

main()
{
  char fname1[20], fname2[20];
  FILE *f1,*f2;
  char c;

  printf("Name der Quelldatei : ");
  scanf("%18s",fname1);
  printf("Name der Zieldatei : ");
  scanf("%18s",fname2);
  if ((f1=fopen(fname1,"r"))==NULL) {
    fprintf(stderr,"Kann %s nicht öffnen\n",fname1);
    exit(1);
  } else if ((f2=fopen(fname2,"w"))==NULL) {
    fprintf(stderr,"Kann %s nicht öffnen\n",fname2);
    exit(1);
  } else {
    while ((c=getc(f1))!=EOF) {
      if (c>='a' && c<='z') c-=32;
      putc(c,f2);
    }
    fclose(f1);
    fclose(f2);
  }
}
```

Aufgabe 2

Es war natürlich nicht der tiefere Sinn dieser Aufgabe, ein Zeitmessprogramm zu schreiben. Vielmehr sollte das Programm so gestartet und gestoppt werden können, daß eine manuelle Zeitmessung möglich ist. Das hier vorgestellte Programm verwendet drei geschachtelte *for*-Schleifen, um die Dateien wie gewünscht anzulegen.

In der äußeren Schleife wird die Gesamtgröße der anzulegenden Dateien hochgezählt, d.h. der Schleifenzähler durchläuft die Werte 5, 50, 500, usw. Darin wird jeweils 10 mal (die mittlere Schleife) eine Datei angelegt und mit der gewünschten Anzahl Bytes beschrieben (die innere Schleife).

```
#include <stdio.h>

main()
{
  long i,j,size;
  FILE *f1;

  for (size=5; size<=50000; size*=10) {
    printf("10 Dateien  %ld Byte anlegen\n",size);
    printf("Bitte ENTER drücken...");
    getchar();
    for (i=0; i<10; i++) {
      if ((f1=fopen("muster8.tmp","w"))==NULL) {
        fprintf(stderr,"Kann Datei nicht öffnen\n");
        exit(1);
      }
      for (j=0; j<size; j++) putc(' ',f1);
      fclose(f1);
    }
    printf("Fertig\n\n");
  }
}
```

Das Anlegen der Datei erfolgt jeweils durch Öffnen im Modus »w«, der eine nicht vorhandene Datei neu anlegt bzw. eine existierende reinitialisiert. In die leere Datei wird dann die erforderliche Anzahl an Leerzeichen geschrieben. Auf meiner Anlage lieferte das Programm für jeweils 10 Durchläufe folgende Ergebnisse:

Größe	*Dauer [s]*
5	1.62
50	1.69
500	1.77
5000	2.40
50000	6.63

Auffallend ist bei diesen Ergebnissen, daß die zum Erstellen benötigte Zeit nicht linear von der Größe der Datei abhängt. Zwar könnten wir eine bessere Linearität feststellen, wenn wir die Dateien noch größer machten, das Ergebnis zeigt aber, daß der Aufwand zum Öffnen (bzw. Anlegen) und Schließen der Datei in etwa dem Aufwand zum Schreiben von einigen 10 Kilobytes Daten entspricht. Daran ist zu erkennen, daß das Öffnen und Schließen von Dateien nicht als triviale Operation angesehen werden kann.

Aufgabe 3

Bei dieser Aufgabe kam es im wesentlichen darauf an, die Dateien richtig zu öffnen und die gelesenen Zeichen miteinander zu vergleichen. Das Öffnen der Dateien geschieht im Textmodus, um den Zeilenzähler *linecnt* durch einfachen Test der eingelesenen Zeichen auf Gleichheit mit '\n' inkrementieren zu können. Nach dem Öffnen der Dateien liest eine *while*-Schleife solange jeweils das nächste Zeichen simultan aus beiden Dateien, bis entweder ein Unterschied oder das gemeinsame Ende beider Dateien erkannt wurde.

Falls der einzige Unterschied zwischen zwei Dateien darin besteht, daß eine der beiden kürzer ist als die andere, so terminiert die Schleife ebenfalls ordnungsgemäß, da in ihrer Testbedingung ein reguläres Zeichen mit *EOF* verglichen wird, was zum Abbruch der Schleife führt. Dieser Fall wird auch bei der Ausgabe des Programmresultates noch einmal gewürdigt.

```
#include <stdio.h>

main()
{
  char fname1[20], fname2[20];
  FILE *f1, *f2;
  char c1,c2;
  int  charcnt=0,linecnt=0;

  printf("Name der 1. Datei : ");
  scanf("%18s",fname1);
  printf("Name der 2. Datei : ");
  scanf("%18s",fname2);
  if ((f1=fopen(fname1,"rt"))==NULL) {
    fprintf(stderr,"Kann %s nicht öffnen\n",fname1);
    exit(1);
  } else if ((f2=fopen(fname2,"rt"))==NULL) {
    fprintf(stderr,"Kann %s nicht öffnen\n",fname2);
    exit(1);
  } else {
    while ((c1=getc(f1))==(c2=getc(f2)) && c1!=EOF) {
      charcnt++;
```

```
      if (c1=='\n') linecnt++;
    }
    if (c1==c2) {
      printf("Beide Dateien sind gleich\n");
    } else {
      printf("%d. Zeichen unterschiedlich\n",charcnt+1);
      printf("In Zeile %d\n",linecnt+1);
      if (c1==EOF) {
        printf("Ende der 1. Datei erreicht\n");
      } else if (c2==EOF) {
        printf("Ende der 2. Datei erreicht\n");
      }
    }
    fclose(f1);
    fclose(f2);
  }
}
```

Aufgabe 4

Die Hauptschwierigkeit bei dieser Aufgabe besteht darin, die Anfangspositionen der aktuellen und vorigen Zeile herauszufinden, denn: wenn der mitlaufende Zähler die Suchposition gefunden hat, liegen die Zeilenanfänge natürlich schon weit zurück.

Eine mögliche Lösung des Problems besteht darin, in einem Zeichen-Array die letzten beiden Zeilen zu speichern und nach dem Finden der Suchstelle zunächst diese beiden Zeilen auszugeben. Anschließend müßte dann nur noch die Datei bis zur übernächsten Zeilenschaltung weitergelesen und jedes gefundene Zeichen ausgegeben werden. Der Nachteil dieser Lösung ist, daß zum Compile-Zeitpunkt nicht bekannt ist, welche Länge die größte vorkommende Zeile hat, so daß es nicht möglich ist, im Programm allgemeingültige Zeichen-Arrays zu definieren.

Meine Lösung sieht daher so aus:

```
#include <stdio.h>

main()
{
  char fname1[20];
  FILE *f1;
  char c1;
  int  such;
  long pos1,pos2,cnt=0;

  printf("Name der Datei : ");
  scanf("%18s",fname1);
  printf("Suchposition : ");
```

```
  scanf("%d",&such);
  if ((f1=fopen(fname1,"r"))==NULL) {
    fprintf(stderr,"Kann %s nicht öffnen\n",fname1);
    exit(1);
  } else {
    pos2=pos1=ftell(f1);
    while ((c1=getc(f1))!=EOF && cnt!=such) {
      if (c1=='\n') {
        pos1=pos2;
        pos2=ftell(f1);
      }
      cnt++;
    }
    if (c1!=EOF) {
      fseek(f1,pos1,SEEK_SET);
      while ((c1=getc(f1))!=EOF && c1!='\n') putchar(c1);
      putchar('\n');
      while ((c1=getc(f1))!=EOF && c1!='\n') putchar(c1);
      putchar('\n');
      while ((c1=getc(f1))!=EOF && c1!='\n') putchar(c1);
      putchar('\n');
    } else {
      printf("Position nicht in der Datei\n");
    }
    fclose(f1);
  }
}
```

Das Programm merkt sich die Positionen der letzten beiden Zeilenanfänge (newline-Zeichen) in den Variablen *pos1* und *pos2*. Dabei gibt *pos2* den Anfang der aktuellen und *pos1* den Anfang der vorigen Zeile an. Wenn das Programm nun (durch Mitzählen in *cnt*) feststellt, daß die gewünschte Position erreicht ist, braucht es nur noch zur Stelle *pos1* zurückspringen und ab dort alle Zeichen bis zum dritten darauffolgenden newline auszugeben.

Hier wurde also das Speichern der Zeilen durch das Speichern der Position der Zeile in der Datei ersetzt. (Wenn Sie am Ende des 9. Kapitels an diese Bemerkung zurückdenken, wird Ihnen wahrscheinlich auffallen, daß hier ein Zusammenhang mit den dort erklärten Zeigern besteht.)

Aufgabe 5

Es ist für ein Computerprogramm gar nicht so einfach, herauszufinden, ob es eine Binär- oder Textdatei bearbeitet. Während ein menschlicher Betrachter auf den ersten Blick erkennt, welcher der beiden Klassen die Datei zuzuordnen ist, müssen wir dem Programm die nötigen Regeln erst beibringen.

Das einzige relativ sichere Kriterium *für* eine Binärdatei ist das Vorhandensein eines Null-Zeichens, welches in einer Textdatei nichts verloren hat. Allerdings stützt sich unser Programm zusätzlich auf einige ungenauere Kriterien, die für die eine oder andere Art sprechen. Diese Kriterien müssen jedoch nicht auf alle Dateien zutreffen, so daß es passieren kann, daß das Programm Fehlentscheidungen trifft.

Für eine Binärdatei spricht:

- Zeichen mit Code > 127 gefunden (insbesondere auf UNIX-Systemen mit 7-Bit-Zeichensatz).

- Zeichen mit Code < 32 gefunden, welcher kein Whitespace ist.

Für eine Textdatei spricht:

- Letztes Zeichen in der Datei ist ctrl-Z (nur für MSDOS).

- Dateilänge geteilt durch Anzahl gefundener linefeed-Zeichen (MSDOS: carriage return / linefeed) ist kleiner als 80. (Entspricht der mittleren Zeilenlänge)

Diese Regeln werden in folgendem Programm beispielhaft für die MSDOS-Version implementiert:

```
#include <stdio.h>

main()
{
  char fname[20];
  FILE *f1;
  int  c,last_c='\0';
  int  nullchar=0;
  int  gt_127=0;
  int  ls_32=0;
  int  ctrl_z=0;
  int  nl_cnt=1;
  int  size=0;
  int  i;

  printf("Name der Datei : ");
  scanf("%18s",fname);
  if ((f1=fopen(fname,"rb"))==NULL) {
    fprintf(stderr,"Kann %s nicht öffnen\n",fname);
    exit(1);
  } else {
    while ((c=getc(f1))!=EOF) {
      size++;
      if (c==0)
```

```
          nullchar=1;
        else if (c>127)
          gt_127=1;
        else if (c<32 && c!='\t' && c!='\n' && c!='\r')
          ls_32=1;
        else if (c=='\n' && last_c=='\r')
          nl_cnt++;
        last_c=c;
      }
      if (last_c==26) ctrl_z=1;
      switch (2*nullchar+gt_127+ls_32-ctrl_z
              -((size/nl_cnt<=80)?2:0)) {
      case 4 : case 3 : case 2 : case 1 :
        printf("Eine Binärdatei\n");
        break;
      case 0 :
        printf("Nicht entscheidbar\n");
        break;
      case -1 : case -2 :
        printf("Eine Textdatei\n");
        break;
      }
      fclose(f1);
    }
  }
```

Das Programm merkt sich das Erfülltsein der Kriterien in den logischen 0/1-Variablen. Am Ende summiert es die für eine Binärdatei sprechenden Kriterien und subtrahiert die für eine Textdatei sprechenden. Ist das Ergebnis kleiner 0, handelt es sich um eine Textdatei, ist es größer 0, um eine Binärdatei und war das Ergebnis 0, so kann keine Angabe gemacht werden. Beachten Sie, daß die Kriterien »Nullzeichen« und »Anzahl Zeichen geteilt durch Anzahl Zeilen kleiner 80« jeweils doppelt gewertet werden. Bei meinen Tests hat sich das Programm in dieser Form als recht treffsicher erwiesen.

Aufgabe 6

Die gegebene Aufgabe läßt sich gut in drei Funktionen unterteilen:

1. Das Hauptprogramm übernimmt das Öffnen und Schließen der Datei, den Benutzerdialog und die Steuerung des globalen Programmablaufs.

2. Die Funktion *readline* liest aus der Eingabedatei die nächste Zeile in einen übergebenen Puffer.

3. Die Funktion *includes* überprüft, ob der Suchstring in der aktuellen Zeile enthalten ist.

Nach dieser Unterteilung ist die Programmierung des Hauptprogramms (der Funktion *main)* trivial. Auch die Funktion *readline* sollte keine Schwierigkeiten machen. Hier muß lediglich darauf geachtet werden, daß die Pufferlänge nicht überschritten wird und daß der String ordnungsgemäß mit einem Null-Zeichen terminiert wird.

Etwas komplizierter ist da schon die Implementierung der *includes*-Funktion. Das hier gewählte Verfahren verwendet die einfachste, aber auch langsamste Methode zur Überprüfung. Der Suchbegriff wird zeichenweise mit der Zeichenkette verglichen, wobei dieser – beginnend an der ersten Position – bei Nichterfolg immer eine Position weiterrückt. Konnte das Ende des Suchbegriffs erreicht werden, so ist dieser in der Zeichenkette enthalten und die Funktion gibt 1 zurück. Wurde hingegen das Ende der Zeichenkette erreicht, ist der Suchbegriff nicht enthalten und die Funktion gibt 0 zurück.

```
#include <stdio.h>

int readline(f,buf)
FILE *f;
char buf[];
{
  int c,i=0;

  while ((c=getc(f))!=EOF && c!='\n' && i<128)
    buf[i++]=c;
  buf[i]='\0';
  return (c!=EOF || i!=0);
}

int includes(s1,s2)
char s1[],s2[];
{
  int i=0,j;

  while (s1[i]) {
    j=0;
    while (s1[i+j] && s2[j]==s1[i+j]) j++;
    if (s2[j]=='\0')  return 1;
    i++;
  }
  return 0;
}

main()
{
  char fname[20], such[30], buf[130];
  FILE *f1;
```

```
  printf("Name der Datei : ");
  scanf("%18s",fname);
  printf("Suchbegriff : ");
  scanf("%28s",such);
  if ((f1=fopen(fname,"r"))==NULL) {
    fprintf(stderr,"Kann %s nicht öffnen\n",fname);
    exit(1);
  } else {
    while (1) {
      if (!readline(f1,buf)) break;
      if (includes(buf,such)) printf("%s\n",buf);
    }
    fclose(f1);
  }
}
```

Aufgabe 7

Das Programm ist eine leichte Abwandlung des Kommandos *tee* von UNIX. Es kopiert zunächst nur die Standardeingabe auf die Standardausgabe, schreibt aber gleichzeitig jedes gelesene Zeichen auch auf Standard-Fehler. Das Programm ist also eine Art T-Stück (daher der Name), welches innerhalb einer Kette von Programmen, die über Pipes verbunden sind, Zwischenergebnisse sichtbar machen kann.

Angenommen, unser Programm heißt *muster8*, dann wird durch die Kommandozeile

```
cat test.c | muster8 | grep "extern" | sort  test.dat
```

eine Datei *test.dat* erstellt, die in sortierter Form alle Zeilen der Datei *test.c*, die das Wort »extern« enthalten, erstellt. Gleichzeitig wird der Inhalt der Originaldatei durch das T-Stück *muster8* auf dem Bildschirm angezeigt.

Noch größeren Nutzen bringt dieses Programm, wenn man die Zwischenergebnisse in eine Datei umleiten kann. In unserem Fall können Sie dies (unter UNIX) mit der Umleitung von Standard-Fehler erreichen, das Original-*tee*-Programm erlaubt sogar gleich die Angabe eines Dateinamens.

Aufgabe 8

Das Hauptproblem bei der Lösung dieser Aufgabe besteht darin, die über Standardeingabe eingelesenen Zeichen zwischenzuspeichern, um sie nach Ende der Eingabe rückwärts ausgeben zu können. Die Speicherung im Hauptspeicher scheidet von vorneherein aus, da eine Datei sehr viel größer werden kann, als Hauptspeicher zur Verfügung steht. Folglich bleibt nur die Zwischenspeicherung in einer temporären Datei.

Nachdem die temporäre Datei geschrieben wurde, wird an das Ende der Datei gesprungen und diese dann Zeichen für Zeichen von hinten nach vorne auf Standardausgabe ausgegeben. Beachten Sie, daß jeder Rückwärtsschritt zweimal ausgeführt werden muß, da das Lesen eines Zeichens den Satzzeiger wieder um eine Position nach vorne bewegt.

```
#include <stdio.h>

main()
{
  int c;
  FILE *f1;

  if ((f1=fopen("muster8.tmp","w+b"))==NULL) {
    fprintf(stderr,"Kann temporäre Datei nicht öffnen\n");
    exit(1);
  } else {
    while ((c=getchar())!=EOF) putc(c,f1);
    c=fseek(f1,0L,SEEK_END);
    while (fseek(f1,-1L,SEEK_CUR)==0) {
      c=getc(f1);
      fseek(f1,-1L,SEEK_CUR);
      putchar(c);
    }
    fclose(f1);
  }
}
```

Eigentlich ist es kein guter Stil, eine temporäre Datei nach Programmende nicht zu löschen. Nach dem *fclose(f1)* sollte daher der Befehl *unlink("muster8.tmp")* eingefügt werden.

Kapitel 9

Musterlösungen

Aufgabe 1

Um herauszubekommen, wieviel Heap zur Verfügung steht, kann man ein Programm schreiben, welches einfach solange Speicher alloziert, bis keiner mehr zur Verfügung steht. Um das Programm nicht vollkommen trivial zu machen, kann man es so gestalten, daß die Menge des auf einmal reservierten Speichers immer kleiner wird, d.h. sie wird immer dann halbiert, wenn *malloc* NULL zurückgibt. Das Ende des Programmes ist erreicht, wenn ein einzelnes Byte reserviert werden soll.

```
#include <stdio.h>
#include <stdlib.h>

#define STARTSIZE 30000

main()
{
  long summe=0;
  int  size=STARTSIZE;
  char *p=NULL;

  while (size>1) {
    p=malloc(size);
    if (p!=NULL) {
      summe+=size;
    } else {
      size/=2;
    }
  }
  printf("%ld\n",summe);
}
```

Bei näherer Betrachtung ist das Programm nicht ganz wasserdicht. Läßt man es – unter sonst gleichen Bedingungen – mit kleineren Werten von *STARTSIZE* laufen, wird man feststellen, daß insgesamt weniger Heap-Speicher zur Verfügung steht. Dies liegt daran, daß *malloc* selbst Teile des Heaps zur Verwaltung der freien und besetzten Speicherblöcke benötigt. Da bei einem kleineren Wert von *STARTSIZE* aber insgesamt mehr Speicherblöcke angefordert werden, wächst auch der Overhead für die Verwaltung derselben.

Beachten Sie, daß bei den MSDOS-C-Compilern die Größe des verfügbaren Heaps vom Speichermodell, mit dem kompiliert wurde, abhängig ist. So steht insbesondere unter den Modellen mit 16-Bit-Zeigern (z.B. *small*) nur ein Heap von maximal 64 kB zur Verfügung. Erst bei Verwendung größerer Speichermodelle (z.B. large) kann der gesamte verfügbare DOS-Speicher genutzt werden.

Aufgabe 2

Die Implementierung der Funktion *count* ähnelt sehr stark der Funktion *print* zum Ausgeben der Liste. Mit Hilfe eines Hilfszeigers *ptr* werden alle Elemente der Liste sequentiell durchlaufen und ein mitlaufender Zähler *cnt* bestimmt die Zahl der Listenelemente.

```
#include <stdio.h>
#include <stdlib.h>

int count()
{
  struct asatz *ptr;
  int cnt=0;

  ptr=first;
  while (ptr) {
    cnt++;
    ptr=ptr->next;
  }
  return cnt;
}
```

Etwas aus dem Rahmen fällt die Abbruchbedingung für die Schleife. Normalerweise würde dort *ptr!=NULL* stehen. Da aber *NULL* normalerweise als *(void*)0* definiert ist (oder auf eine andere Art von der 0 abgeleitet wurde), kann er auch direkt als Testausdruck verwendet werden.

Aufgabe 3

```
#include <stdio.h>
#include <stdlib.h>

void swap(el)
struct asatz *el;
{
  struct asatz *p;

  if (el==NULL || el->next==NULL) {
    return;
  } else if (el==first) {
```

```
    p=first->next;
    first->next=p->next;
    p->next=first;
    first=p;
  } else {
    p=first;
    while (p->next!=el) p=p->next;
    p->next=el->next;
    el->next=p->next->next;
    p->next->next=el;
  }
}
```

Die Funktion differenziert im wesentlichen (abgesehen von der Unterscheidung nach trivialen Listen mit 0 oder 1 Element) danach, ob das erste Element der Liste an der Vertauschung beteiligt ist oder nicht. Im ersten Fall muß nach dem Umhängen einiger Zeiger der Listenanker *first* neu gesetzt werden, im zweiten Fall muß zunächst per Listendurchlauf das vor dem Vertauschelement liegende Listenelement gefunden werden, um danach die notwendigen Änderungen an den Zeigern durchführen zu können.

Aufgabe 4

Um die Dinge nicht unnötig zu verkomplizieren, soll unser Stack lediglich *int*-Werte speichern können. Die grundlegende Datenstruktur *struct stack* enthält daher nur ein *int data* und einen Zeiger *next* auf das nächste Element.

```
#include <stdio.h>
#include <stdlib.h>

struct stack {
  int data;
  struct stack *next;
};
```

Wie bei einer linearen Liste verwenden wir einen Anker *first* als Zeiger auf das oberste Element, der leere Stack wird durch *FIRST==NULL* angezeigt.

```
struct stack *first=NULL;
```

Die Implementierung der geforderten Funktionen ist einfacher als bei linearen Listen, da immer am oberen Ende der Liste eingefügt und gelöscht wird.

Da das Einfügen und Löschen immer an der selben Stelle erfolgt, entsteht zwangsläufig die typische LIFO-Charakteristik (Last In First Out) eines Stacks.

```
void push(wert)
int wert;
{
  struct stack *p;

  p=first;
  first=malloc(sizeof(struct stack));
  first->data=wert;
  first->next=p;
}

void pop()
{
  struct stack *p;

  if (first!=NULL) {
    p=first;
    first=first->next;
    free(p);
  }
}

int top()
{
  if (first!=NULL) {
    return first->data;
  } else {
    return -1;
  }
}
```

Beachten Sie, daß bei der Implementierung der Funktion *push* keine Sonderbehandlung für den Fall, daß nicht mehr genügend Heap-Speicher verfügbar ist, vorgesehen ist. In einer realen Implementierung sollte diese Fehlerbehandlung natürlich auf keinen Fall fehlen.

Aufgabe 5

Diese Aufgabe zu lösen war sicherlich nicht ganz einfach ! Zwar wäre es relativ leicht, durch die Liste zu laufen und sich Zeiger auf alle Elemente zu merken, die schon besucht wurden. Dann könnte man bei jedem Schritt überprüfen, ob ein schon bekanntes Element vorliegt. Diese Vorgehensweise erfordert aber leider genauso viele Zeiger, wie Elemente in der Liste sind, d.h. der Platzbedarf ist proportional zur Länge der Liste. Auch das Geschwindigkeitsverhalten dieses Verfahrens ist alles andere als optimal, da jeweils im n-ten Schritt $n-1$ Zeiger verglichen werden müssen und somit die Laufzeit fast quadratisch mit der Anzahl der Elemente wächst.

Erstaunlicherweise gibt es aber einen Algorithmus, der nur einen einzigen Merker benötigt und zudem ein lineares Laufzeitverhalten hat. Betrachten Sie zunächst den Programmcode und lesen Sie dann die nachfolgenden Erklärungen.

```
#include <stdio.h>
#include <stdlib.h>

struct element {
  struct element *next;
};

struct element *first=NULL;

int Zyklus()
{
  struct element *p, *mem;
  int step=1,cnt=0;

  p=mem=first;
  while (p) {
    p=p->next;
    if (p==mem) return 1;
    cnt++;
    if (cnt==step) {
      mem=p;
      step*=2;
      cnt=0;
    }
  }
  return 0;
}
```

Die Funktion *Zyklus* verwendet einen Merker *mem*, der auf ein Listenelement zeigen kann. Das Prinzip der Funktion ist nun so, daß man den Merker auf ein bestimmtes Listenelement setzt, dann eine vorgegebene Anzahl an Listenelementen weiter läuft und bei jedem Element überprüft, ob der Merker auf dieses Element zeigt. Wurde der Merker wiedergefunden, so hat die Liste einen Zyklus, da man an derselben Stelle schon einmal war. Wurde der Merker aber vor Ablauf der Schrittzahl nicht gefunden, so wird die Schrittzahl für den nächsten Durchlauf verdoppelt, der Merker an der aktuellen Position plaziert und wieder von vorne begonnen. Durch diese Vorgehensweise entdeckt man beliebig große Zyklen an beliebigen Stellen in der Liste !

Interessant ist, daß man mit einem einzigen Merker auskommt, der Platzbedarf also nicht von der Länge der Liste abhängig ist. Vom

Laufzeitverhalten her kann es schlimmstenfalls passieren, daß der Zyklus knapp zweimal durchlaufen wird, bevor er entdeckt wird. Dies bedeutet aber nichts anderes als ein lineares Laufzeitverhalten.

Aufgabe 6

Das angegebene Programm liest die Standardeingabe und speichert zu jedem gefundenen Zeichen alle Positionen, an denen es in der Eingabe aufgetaucht ist. Es handelt sich also um eine Art Crossreferenzliste der Anordnung von Zeichen in einer Datei. So erzeugt beispielsweise der Aufruf

```
echo hallo | a.out
```

die Ausgabe

```
 10 :    7
 32 :    6
 97 :    2
104 :    1
108 :    3    4
111 :    5
```

d.h. an Position 7 befand sich ein Newline, an Position 6 ein Leerzeichen, an Position 3 und 4 befand sich jeweils ein 'l', usw...

Das Programm speichert diese Informationen in einem Array von 256 Zeigern, von denen jeder auf den Anfang einer linearen Liste mit den Positionsangaben verweist, wenn das Zeichen mit dem zugehörigen Index wenigstens einmal in der Datei auftauchte. Kam ein bestimmtes Zeichen nicht in der Eingabe vor, so enthält das zugehörige Array-Element den Wert *NULL*.

Dieses Programm sollte die Implementierung einer mehrdimensionalen Datenstruktur demonstrieren, wenn eine der Dimensionen von konstanter Ausdehnung ist (256 unterschiedliche Zeichen gibt es), während die andere Dimension in der Größe variiert (Anzahl der Vorkommen jedes Zeichens).

Aufgabe 7

Das Schwierigste an dieser Aufgabe ist es sicherlich, sie erst einmal zu verstehen. Am besten, man dreht das angegebene Prädikat um und erhält dann: »Ein Element ist genau dann einzufügen, wenn in der Liste bereits ein Element existiert, welches Teiler des Einzufügenden ist«. Dies hört sich schon viel einfacher an und kann durch einfachen Listendurchlauf implementiert werden.

```
#include <stdio.h>
#include <stdlib.h>
struct element {
  int wert;
  struct element *next;
};
```

```
struct element *first=NULL;

void vinsert(n)
int n;
{
  struct element *p;

  p=first;
  while (p) {
    if (n%p->wert==0) {
      p=first;
      first=malloc(sizeof(struct element));
      first->wert=n;
      first->next=p;
      break;
    }
    p=p->next;
  }
}
```

Da in der Aufgabenstellung nichts darüber ausgesagt wurde, an welcher Stelle in der Liste das Element eingefügt werden soll, gehen wir den einfachsten Weg und fügen am Listenkopf an.

Aufgabe 8

Mit folgendem kurzen Programm können beide Fragen beantwortet werden:

```
#include <stdlib.h>

main()
{
  int *p1;
  char *p2;

  p1=p2;
}
```

Wenn der Compiler bei der *#include*-Anweisung auf einen Fehler stößt, so existiert diese wahrscheinlich nicht. Während die gängigen MSDOS-C-Compiler (und alle anderen ANSI-C-Compiler) diese Datei besitzen, ist sie auf vielen UNIX-Systemen (z.B. System V) noch nicht vorhanden.

Wenn Ihr C-Compiler Zeiger unterschiedlicher Typen unterscheiden kann, wird ihm die Anweisung *p1=p2* nicht gefallen. Auch hier werden die ANSI-Compiler zumindest eine Warnung ausgeben, während einige UNIX-Compiler sich nicht daran stören.

Aufgabe 9

Eine ähnliche Funktion haben wir schon im Kapitel 6 kennengelernt, die hier vorgestellte ist allerdings noch etwas eleganter, da wir nur einen Parameter übergeben müssen.

```
struct element {
  unsigned wert;
  struct element *next;
};

struct element *first=NULL;

unsigned lmax(p)
struct element *p;
{
  unsigned i;

  if (p) {
    i=lmax(p->next);
    return p->wert>i?p->wert:i;
  } else {
    return 0;
  }
}
```

Die Funktion *lmax* bekommt einen Zeiger auf den Anfang einer linearen Liste übergeben. Durch rekursiven Aufruf ermittelt sie zunächst das Maximum der Liste, die übrig bleibt, wenn man das erste Element abschneidet, vergleicht diesen Wert mit dem Inhalt des aktuellen Listenkopfes und liefert den größeren der beiden Werte zurück. Bei einer leeren Liste gibt *lmax* den Wert 0 zurück, was den Vorteil hat, daß keine Sonderbehandlung für die Abbruchbedingung der Rekursion notwendig ist.

Kapitel 10

Musterlösungen

Aufgabe 1

Da die einzelnen Kommandozeilenelemente bereits in Form von Zeichenketten in einem Array an die *main*-Funktion übergeben werden, ist diese Aufgabe leicht zu lösen. Es brauchen lediglich *argc-1* Elemente, beginnend bei dem Element mit der Nummer 1 (da das Element 0 den Namen des Programmes enthält), ausgegeben werden.

```
#include <stdio.h>

main(argc,argv)
int argc;
char *argv[];
{
  int i;

  for (i=1; i<argc; i++) printf("%s ",argv[i]);
  printf("\n");
}
```

Aufgabe 2

Wir kennen zwar noch keine Funktion, welche die Größe einer externen Datei angibt, aus Kapitel 8 kennen wir aber bereits die Funktionen *fseek* und *ftell*, die wir verwenden können, um die Länge einer geöffneten Datei festzustellen.

```
#include <stdio.h>

main(argc,argv)
int argc;
char *argv[];
{
  FILE *f1;

  if (argc!=2) {
    fprintf(stderr,"Aufruf : a.out <Dateiname>\n");
  } else {
    if ((f1=fopen(argv[1],"rb"))!=NULL) {
      fseek(f1,0L,SEEK_END);
      printf("Länge von %s ist %ld\n",argv[1],ftell(f1));
```

```
      fclose(f1);
    } else {
      fprintf(stderr,"Datei %s nicht da\n",argv[1]);
    }
  }
}
```

Zunächst öffnet das Programm die als Argument übergebene Datei, bewegt dann den Dateizeiger durch einen geeigneten *fseek*-Aufruf an das Dateiende und bestimmt schließlich mit *ftell* die Position des Dateizeigers. Dieser Wert entspricht der Länge der Datei.

Aufgabe 3

Der grundlegende Algorithmus arbeitet so, daß beide Strings Zeichen für Zeichen miteinander verglichen werden. Falls beide Zeichen Null sind oder sich voneinander unterscheiden, kann die Schleife abgebrochen werden, und die Differenz aus erstem und zweitem Zeichen zurückgegeben werden. Der resultierende Wert ist dann kleiner, gleich oder größer Null, wenn die erste Zeichenkette kleiner, gleich oder größer der zweiten Zeichenkette war.

Um die gewünschte Nebenbedingung (Unabhängigkeit von Groß- und Kleinschreibung) zu realisieren, ist innerhalb der Schleife zusätzlich eine kleine Konvertierungsroutine zu plazieren.

Damit die Funktion möglichst schnell arbeitet, verwenden wir Zeigerarithmetik und benutzen die als Parameter (denn es sind ja nur Kopien) übergebenen Zeiger auf den Anfang der beiden Zeichenarrays zum Durchlaufen der Strings.

```
int strucmp(s1,s2)
char *s1,*s2;
{
  char c1,c2;

  while ((c1=*s1++) && (c2=*s2++)) {
    if (c1>='a' && c1<='z') c1-='a'-'A';
    if (c2>='a' && c2<='z') c2-='a'-'A';
    if (c1!=c2) break;
  }
  if (!c1) c2=*s2;
  return c1-c2;
}
```

Die etwas seltsam anmutende Anweisung

```
if (!c1) c2=*s2;
```

hat ihren Grund in der Short-Circuit-Evaluation des Testausdrucks der Schleife. Wenn nämlich beide Zeichenketten gleich sind, wird die Schleife beim Erreichen der Nullbytes schon nach der Auswertung des

Ausdrucks *c1=*s1++* gestoppt und die Variable *c2* hat noch den Wert aus dem letzten Schleifendurchlauf. Das hätte zur Folge, daß die Differenz aus *c1* und *c2* nicht 0, sondern einen Wert kleiner 0 ergeben hätte.

Diese Fehlerquelle ist recht tückisch (ich bin auch darauf hereingefallen) und zeigt, daß man bei der Verwendung von Nebeneffekten in Ausdrücken, in denen auch die logischen Operatoren && oder || vorkommen, besonders aufpassen muß.

Aufgabe 4

Man kann die Aufgabe ganz einfach dadurch lösen, daß man die Liste der Argumente zweimal durchläuft und dabei zunächst nur die Schalter und erst beim zweiten Druchlauf die Nicht-Schalter-Argumente ausgibt. Einen Schalter kann man dabei daran erkennen, daß das erste Zeichen des Arguments ein '-' ist.

```
#include <stdio.h>

main(argc,argv)
int argc;
char *argv[];
{
  int i;

  printf("Programmname : %s\n",argv[0]);
  printf("Schalter : \n");  for (i=1; i<argc; i++) {
    if (argv[i][0]=='-') printf("%s\n",argv[i]);
  }
  printf("Normale Argumente :\n");
  for (i=1; i<argc; i++) {
    if (argv[i][0]!='-') printf("%s\n",argv[i]);
  }
}
```

Erfahrungsgemäß gehen viele Tools unter UNIX (oder MSDOS) allerdings nicht so vor, sondern erwarten alle Schalter ganz am Anfang der Argumentliste. Schalter, die dann nach einem Nicht-Schalter-Argument auftauchen, werden ebenfalls als Nicht-Schalter-Argument angesehen. (Das ist übrigens einer der wenigen Ansätze, um unter UNIX Dateien mit Namen wie »-c« oder »-x«, usw... wieder zu löschen. Das Löschen von Dateien mit Namen wie »*« oder »?« ist im Vergleich dazu fast ein Kinderspiel.)

Aufgabe 5

Um das Programm möglichst universell und bequem in der Anwendung zu machen, ist ein Aufruf mit 4 Parametern denkbar:

1. Der Name der Quelldatei

2. Der Trennpunkt in Prozent zwischen 0 und 100

3. Der Name der ersten Zieldatei

4. Der Name der zweiten Zieldatei

so daß beispielsweise der Aufruf

```
split k1.txt 50 k1.t1 k2.t1
```

die Datei *k1.txt* genau in der Mitte teilt. Dabei wird die erste Hälfte in die Datei *k1.t1* und die zweite Hälfte in die Datei *k1.t2* kopiert. Prozentuale Trennpunkte kleiner gleich Null oder größer gleich 100 soll das Programm ablehnen.

Das nachfolgende Programm ist nur deshalb so lang, weil es so viele Fehlermöglichkeiten abcheckt und auf Standard-Error dokumentiert. Die eigentlichen Tätigkeiten beginnen erst im letzen Viertel mit dem Ermitteln der Länge der Quelldatei und des Trennpunktes und dem anschließenden Kopieren in die beiden Zieldateien. Da das Programm alle Dateien im Binärmodus öffnet, kann es nicht nur Texte, sondern beliebige Dateien splitten.

```
#include <stdio.h>

main(argc,argv)
int argc;
char *argv[];

{
  FILE *f1,*f2,*f3;
  char c;
  long pos,i=0;

  if (argc!=5) {
    fprintf(stderr,"Aufruf: split <D1> <n> <D2> <D3>\n");
    exit(1);
  }
  if ((f1=fopen(argv[1],"rb"))==NULL) {
    fprintf(stderr,"Kann %s nicht öffnen\n",argv[1]);
    exit(1);
  }
  if ((f2=fopen(argv[3],"wb"))==NULL) {
    fprintf(stderr,"Kann %s nicht öffnen\n",argv[3]);
    exit(1);
  }
  if ((f3=fopen(argv[4],"wb"))==NULL) {
    fprintf(stderr,"Kann %s nicht öffnen\n",argv[4]);
    exit(1);
  }
```

```
  pos=atoi(argv[2]);
  if (pos<=0 || pos>=100) {
    fprintf(stderr,"Trennpunkt in %% angeben\n");
    exit(1);
  }
  fseek(f1,0L,SEEK_END);
  pos=ftell(f1)*pos/100;
  fseek(f1,0L,SEEK_SET);
  while ((c=getc(f1))!=EOF) {
    if (i++<pos) {
      putc(c,f2);
    } else {
      putc(c,f3);
    }
  }
  fclose(f1); fclose(f2); fclose(f3);
}
```

Aufgabe 6

Um die Aufgabe lösen zu können, müssen wir uns merken, an welcher Stelle die Tabstops stehen sollen. Wir verwenden dazu ein Zeichen-Array *lineal*, in dem das 0-te Element genau dann auf 1 steht, wenn sich an dieser Stelle ein Tabstop befindet – andernfalls hat es den Wert 0. Da unser Array 132 Elemente enthält, kann das Pogramm nur Dateien mit Zeilen, die nicht länger als 132 Zeichen sind, korrekt verarbeiten.

Damit das Programm möglichst flexibel ist, implementieren wir es als Filter, d.h. wir Lesen von Standardeingabe und Schreiben auf Standardausgabe. Das hat zusätzlich den Vorteil, daß wir uns nicht mit Quell- oder Zieldateinamen herumschlagen müssen.

Unser Programm besteht im wesentlichen aus zwei Teilen. Die Funktion *init_lineal* hat die Aufgabe, die Kommandozeile zu analysieren und das Tabstop-Array mit den vom Benutzer gewünschten Einstellungen zu versehen. Dabei akzeptiert diese Funktion sowohl die Einzeleingabe der Tabstops als auch die Eingabe von Tabstops in konstanten Abständen, die mit dem *-a*-Schalter angegeben werden. Das Hauptprogramm braucht dann nur noch zeichenweise die Standardeingabe lesen und einen internen Spaltenzähler *pos* zu führen. Es gibt dann drei Fälle zu unterscheiden:

1. Wenn ein Tabulatorcode in der Eingabe auftaucht, sind soviele Leerzeichen auszugeben, bis die nächste vorgesehene Tabulatorposition erreicht ist.

2. Wenn eine Zeilenschaltung auftaucht, ist diese auszugeben und der Spaltenzähler auf 0 zu setzen.

3. Alle anderen Zeichen werden unverändert ausgegeben.

```
#include <stdio.h>

#define LINLEN 132

static char lineal[LINLEN];

void init_lineal(argc,argv)
int argc;
char *argv[];
{
  int i,size;

  for (i=0; i<LINLEN; i++) lineal[i]=0;
  if (argv[1][0]=='-') {
    size=atoi(argv[1]+2);
    for (i=0; i<LINLEN; i++) {
      if (i%size==0) lineal[i]=1;
    }
  } else {
    for (i=1; i<argc; i++) {
      size=atoi(argv[i]);
      if (size>=0 && size<LINLEN) lineal[size]=1;
    }
  }
}

main(argc,argv)
int argc;
char *argv[];
{
  char c;
  int  pos=0,i,j;

  if (argc<2) {
    fprintf(stderr,"Aufruf : untab -a<num>\n");
    fprintf(stderr,"  oder : untab <tpos> ...\n");
    exit(1);
  }
  init_lineal(argc,argv);
  while ((c=getchar())!=EOF) {
    if (c=='\t') {
      for (i=pos+1; i<LINLEN && !lineal[i]; i++) ;
      if (i<LINLEN) {
        for (j=1; j<=i-pos; j++) putchar(' ');
        pos=i;
      }
    } else if (c=='\n') {
      putchar('\n');
```

```
      pos=0;
    } else {
      putchar(c);
      pos++;
    }
  }
}
```

Falls in der Eingabe mehr Tabulatoren auftauchen, als in der Kommandozeile angegeben wurden, oder die Eingabezeile länger als 132 Zeichen ist, verschluckt das Programm die eingehenden Tabulatoren, d.h. es gibt an ihrer Stelle gar nichts aus. Wir müssen uns selbst überlegen, ob dieses Verhalten für unsere Anforderungen geeignet ist und wie wir es gegebenenfalls ändern können.

Aufgabe 7

*typedef int *v1[ ];*
Es handelt sich um ein Array von Zeigern, die jeweils auf *int*-Variablen zeigen, d.h. man kann diese Definition auch als Array von *int*-Arrays auffassen, oder aber als zweidimensionales *int*-Array. Diese Konstruktion kommt in der Praxis nicht selten vor und ist uns schon (mit *char* als Grundtyp) bei der Übergabe von Kommandozeilenparametern begegnet.

*typedef int (*v2)[ ];*
Es handelt sich um einen Zeiger auf ein Array von *int*-Werten. So etwas kommt in der Praxis kaum vor.

*typedef int **v3;*
Da ein Array prinzipiell nichts anderes ist als ein Zeiger, ist diese Definition mit der ersten gleichbedeutend. Viele Autoren verwenden diese Schreibweise, um Kommandozeilenparameter zu definieren:

```
main(argc,argv)
int argc;
char **argv;
{
  ...
}
```

*typedef int *(*v4)();*
Es handelt sich um einen Zeiger auf eine Funktion, die einen Zeiger auf ein *int* zurückgibt. Man könnte es sich auch als einen Zeiger auf eine Funktion vorstellen, deren Rückgabewert ein *int*-Array ist.

*typedef int ***v5;*
Es handelt sich um einen Zeiger auf einen Zeiger auf einen Zeiger auf ein *int*. Ob eine solche Definition nützlich ist, ist mir nicht bekannt – in der Praxis kommt sie normalerweise nicht vor.

*typedef v4 (*v6)();*
Es handelt sich um einen Zeiger auf eine Funktion, deren Rückgabewert wiederum ein Zeiger auf eine Funktion ist, die ihrerseits die Adresse einer *int*-Variablen liefert. Auch diese Definition ist ein gutes Stück jenseits der Definitionen, mit denen man als C-Programmierer täglich zu tun hat, sie ist aber immer noch gebräuchlicher als die vorige.

Aufgabe 8

Das Programm *tee* ist ein Filter, der die Standardeingabe unverändert auf die Standardausgabe sendet, dabei aber gleichzeitig alle Zeichen auch in eine Datei schreibt. Da *tee* nicht interaktiv ist, kann es den Dateinamen nur in der Kommandozeile mitgeteilt bekommen. In unserem Programm ist dies auch gleichzeitig das einzige erlaubte Argument an das Programm.

Eine Besonderheit des Programmes liegt in der Art seiner Fehlerbehandlung. Wird beim Aufruf von *tee* kein Argument angegeben oder kann die angegebene Datei nicht angelegt werden, so bricht das Programm nicht etwa mit einer Fehlermeldung ab, sondern benutzt Standard-Error zur Ausgabe. Ob dies in allen Fällen sinnvoll ist, mag dahingestellt bleiben, es ging mir hier hauptsächlich darum, die dahinterstehende Technik zu demonstrieren.

```
#include <stdio.h>

main(argc,argv)
int argc;
char *argv[];
{
  int c;
  FILE *f1;

  if (argc==1) {
    f1=stderr;
  } else {
    if ((f1=fopen(argv[1],"w"))==NULL) {
      f1=stderr;
    }
  }
  while ((c=getchar())!=EOF) {
    putchar(c);
    putc(c,f1);
  }
  if (f1!=stderr) fclose(f1);
}
```

Kapitel 11

Musterlösungen

Aufgabe 1

Ein Kommandointerpreter ist im Prinzip ein sehr einfaches Programm. Er führt lediglich in einer Schleife die beiden Tätigkeiten »Hole eine neue Tastatureingabe« und »Führe die angegebenen Befehle und Kommandos aus« immer wieder nacheinander aus. Dieses Prinzip bleibt auch nach der Einführung zusätzlicher Funktionalitäten erhalten.

Unser Programm besteht daher tatsächlich aus einer großen *while*-Schleife, in der zunächst durch Aufruf der Funktion *enter_cmd* die nächste Eingabezeile gelesen und in einem Puffer zwischengespeichert wird. Als zweiter Schritt wird dann untersucht, ob die Eingabe die Sonderkommandos »?«, »!« oder »exit« (Beenden des Kommandointerpreters) beinhaltet und gegebenenfalls entsprechend reagiert. Ist dies nicht der Fall, wird die angegebene Kommandozeile mit Hilfe des Systemcalls »system« zur Ausführung gebracht.

```
#include <stdio.h>
#include <stdlib.h>
#include <ctype.h>

static char old_cmds[10][80];

void enter_cmd(buf)
char *buf;
{
  int i=0,c;

  printf("\nminishell>");
  while ((c=getchar())!='\n') buf[i++]=c;
  buf[i]='\0';
}

main()
{
  static char buf[80];
  int i;

  for (i=0; i<10; i++) old_cmds[i][0]='\0';
  while (1) {
    enter_cmd(buf);
```

```
    if (strcmp(buf,"exit")==0) {
      break;
    } else if (strcmp(buf,"?")==0) {
      for (i=0; i<10; i++) {
        printf("\n %d-%s",i,old_cmds[i]);
      }
    } else if (buf[0]=='!' && isdigit(buf[1])) {
      system(old_cmds[buf[1]-'0']);
    } else {
      system(buf);
      for (i=0; i<9; i++) {
        strcpy(old_cmds[i],old_cmds[i+1]);
      }
      strcpy(old_cmds[9],buf);
    }
  }
  printf("bye.\n");
}
```

Zur Speicherung der bisherigen Kommandos benutzen wir das Array *old_cmds*, welches in der Lage ist, die 10 letzten Befehlszeilen zwischenzuspeichern. Bei der Eingabe eines neuen Kommandos muß das Array verändert, bei der Eingabe des »?«- oder »!«-Befehls muß es gelesen werden.

Diese Miniaturshell bietet vielfältige Ansätze zu Verbesserungen und ist ein guter Ausgangspunkt für eigene Experimente auf diesem Gebiet. Naheliegende Erweiterungen wären etwa:

- Löschen und Editieren von gespeicherten Kommandos.
- Speichern der letzten 10 Kommandos auf der Festplatte, so daß diese nach einem erneuten Aufruf des Kommandointerpreters gleich wieder zur Verfügung stehen.
- Vorrichtungen zur Bearbeitung mehrzeiliger Kommandos wie Schleifen und bedingte Anweisungen.

Aufgabe 2

Das Programm stellt eine kryptographische Maschine dar, d.h. es kann zum Verschlüsseln und Entschlüsseln von Texten verwendet werden. Das Programm arbeitet als Filter, so daß alle Zeichen, die über die Standardeingabe hereinkommen, verschlüsselt und auf Standardausgabe wieder ausgegeben werden. Es erwartet genau ein Argument, das als Schlüssel verwendet wird. Nur, wenn dem Empfänger der Schlüssel bekannt ist, kann er eine Nachricht wieder entschlüsseln. Um beispielsweise eine Datei *geheim.txt* zu verschlüsseln, ist folgendes Kommando abzusetzen:

```
cat geheim.txt | a.out 531 > geheim.cry
```

Alle Zeichen aus *geheim.txt* werden mit Hilfe des Schlüssels 531 verschlüsselt und in die Datei *geheim.cry* kopiert. Damit der Empfänger die so verschlüsselte Datei wieder im Klartext lesen kann, muß er den Schlüssel kennen und die Schlüsselmaschine erneut aufrufen:

```
cat geheim.cry | a.out 531
```

liefert ihm den Originaltext auf dem Bildschirm. Bei Verwendung irgendeines anderen Schlüssels würde er nur Buchstabensalat erhalten.

Das Programm basiert auf einer Variante der Vernam-Verschlüsselung, dem einzig beweisbar sicheren Verschlüsselungsverfahren. Bei der Vernam-Verschlüsselung wird ein Klartext aus n Zeichen mit Hilfe eines Schlüssels, der ebenfalls die Länge n hat, kodiert. Dabei wird jeweils das i-te Zeichen und das i-te Schlüsselelement bitweise exklusiv-oder-verknüpft, das Resultat ist das i-te Element des verschlüsselten Textes. Damit der Empfänger die Nachricht wieder entschlüsseln kann, muß er genau das gleiche mit dem verschlüsselten Text durchführen. Da das Verfahren den Schlüssel zur Codierung eines einzelnen Zeichens jeweils nur einmal verwendet, kann eine codierte Nachricht ohne Kenntnis des kompletten Schlüssels praktisch nicht geknackt werden.

Da der Schlüssel jedoch immer genauso lang sein muß wie der Klartext, ist das Verfahren für sehr lange Informationen nicht besonders geeignet, denn es wird immer ein »sicherer« Übertragungsweg für den Schlüssel benötigt. Aus diesem Grund konstruiert man sich ersatzweise Maschinen, die aufgrund einiger weniger definierter Vorgaben – der Basisschlüssel – in der Lage sind, sehr lange deterministische Schlüsselfolgen zu erzeugen. Nun brauchen Sender und Empfänger nur noch den sehr kurzen Basisschlüssel über einen sicheren Kanal zu übertragen.

Eine derartige Maschine zur Konstruktion deterministischer Zahlenfolgen ist erstaunlicherweise der aus diesem Kapitel bekannte Zufallszahlengenerator. Er erzeugt bei einem gleichbleibenden Startwert immer dieselbe Folge von Zufallszahlen, so daß wir ihn hervorragend als Schlüsselgenerator verwenden können. Den Startwert bekommen wir per Kommandozeile und übergeben ihn mit der Funktion *srand* an den Generator. Wir brauchen nun nur noch jedes einzelne Zeichen mit der jeweils nächsten Zufallszahl exklusiv zu ver-odern und erhalten so den verschlüsselten Text. Da das exklusive Oder ein umkehrbarer Operator ist, erhalten wir durch Anwendung der gleichen Methode und des Originalstartwertes wiederrum den Klartext. Ist der Startwert hingegen nicht bekannt, so ergibt sich eine völlig andere Zufallszahlenfolge und der verschlüsselte Text bleibt unlesbar.

(Beachten Sie, daß das Programm einige Tricks anwendet, um keine Steuerzeichen (ASCII 0 .. 31) im Schlüsseltext zu produzieren, die den Einsatz des Programmes als Filter unmöglich gemacht hätten.)

Aufgabe 3

Da mehr als eine Datei gleichzeitig geöffnet sein kann, müssen wir uns zunächst eine Datenstruktur zur Verwaltung der Pufferinformationen aufbauen. Je Datei muß ein Zeiger auf den Pufferanfang, dessen Länge und Füllungsgrad verwaltet werden. Die einfachste Möglichkeit zur Speicherung besteht in der Konstruktion eines Arrays aus Structures dieses Aufbaus. Der Handle einer geöffneten Datei dient dann als Index in dem Array mit den Pufferinformationen. Diese Vorgehensweise impliziert natürlich eine Obergrenze für die Handles, da die Größe des Arrays zur Übersetzungszeit festgelegt werden muß. Da die Handles gewöhnlich kleine positive ganze Zahlen sind, ist eine Obergrenze von 100 in der Praxis sicherlich ausreichend.

Durch die Funktion *setfbuf* wird das Arrayelement, dessen Index dem übergebenen Handle entspricht, initialisiert. Die eigentlich Pufferung wird von *bwrite* erledigt. Wenn eine Schreibanfrage von *n* Bytes an *bwrite* gerichtet wird, überprüft die Funktion zunächst, ob noch mindestens *n* Bytes Platz im Puffer sind. Ist dies der Fall, werden die übergebenen Daten lediglich in den Puffer geschrieben und dessen Füllungsgrad vergrößert, physikalisch geschrieben wird hingegen nicht. Ist nicht mehr genug Platz im Puffer, so wird dieser geleert, d.h. mit *write* weggeschrieben. Danach wird überprüft, ob die Anzahl der übergebenen Daten in den Puffer paßt. Ist dies der Fall, so werden die Daten wiederrum lediglich in den Puffer kopiert, andernfalls werden alle Daten mit *write* geschrieben und der Puffer bleibt leer.

Damit beim Schließen einer gepufferten Datei mit *close* nicht die Daten verlorengehen, die sich noch im Puffer befinden, gibt es die Funktion *bflush*, mit der der Puffer einer per Handle übergebenen Datei weggeschrieben werden kann.

```
#include <stdio.h>
#include <io.h>
#include <fcntl.h>
#include <sys\stat.h>

#define MAXHANDLE 100
#define FB filebuf[handle]

struct {
  char *buf;
  int len;
  int size;
} filebuf[MAXHANDLE];

void setfbuf(handle,buf,len)
int  handle;
char *buf;
int  len;
```

```
{
  if (handle>=0 && handle<MAXHANDLE) {
    FB.buf=buf;
    FB.len=len;
    FB.size=0;
  }
}

int bwrite(handle,buf,len)
int handle;
char *buf;
int len;
{
  if (FB.len-1-FB.size>=len) {
    memcpy(FB.buf+FB.size,buf,len);
    FB.size+=len;
  } else {
    write(handle,FB.buf,FB.size);
    FB.size=0;
    if (FB.len>len) {
      memcpy(FB.buf,buf,len);
      FB.size=len;
    } else {
      write(handle,buf,len);
    }
  }
}

void bflush(handle)
int handle;
{
  write(handle,FB.buf,FB.size);
  FB.size=0;
}
```

Um die Verwendung der neuen Funktionen besser zu verstehen, betrachten Sie folgendes Hauptprogramm zum Kopieren einer Datei. Nach dem Öffnen (bzw. Anlegen) der Dateien wird der Schreibdatei ein Puffer zugeordnet, so daß alle nachfolgenden Schreiboperationen mit *bwrite* erfolgen können. Um beim *close* keine Datenverluste zu erleiden, wird unmittelbar davor durch den Aufruf von *bflush* der zugeordnete Puffer geleert.

```
main(argc,argv)
int argc;
char *argv[];
```

```
{
  int f1,f2;
  char c;
  static char xbuf[20000];

  if (argc!=3) {
    fprintf(stderr,"Aufruf : muster11 source dest\n");
    exit(1);
  }
  if ((f1=open(argv[1],O_RDONLY))== -1) {
    fprintf(stderr,"Kann %s nicht öffnen\n",argv[1]);
    exit(1);
  }
  if ((f2=creat(argv[2],S_IWRITE|S_IREAD))== -1) {
    fprintf(stderr,"Kann %s nicht anlegen\n",argv[2]);
    exit(1);
  }
  setfbuf(f2,xbuf,200);
  while (read(f1,&c,1)==1) {
    bwrite(f2,&c,1);
  }
  bflush(f2);
  close(f1);
  close(f2);
}
```

Vom Laufzeitverhalten her ergab sich durch das Puffern der Ausgabedatei eine Geschwindigkeitssteigerung des gesamten Programmes um etwa den Faktor 2,5. Dabei spielte es kaum eine Rolle, ob der Puffer 200 oder 20000 Bytes groß war. Erst bei Puffergrößen unter 50 Bytes wurde die Performance allmählich wieder schlechter und erreichte bei einem nur 2 Byte großen Puffer schließlich dieselben Werte wie die ungepufferte Ausgabe.

Aufgabe 4

Wenn man beginnt, diese Aufgabe zu lösen, stellt man fest, daß das Analysieren der Kommandozeile beinahe der aufwendigste Teil des gesamten Programmes ist. Daher bietet sich eine Modularisierung in die drei Bereiche »Kommandozeile analysieren«, »Eingabe verarbeiten bei Feldwahl« und »Eingabe verarbeiten bei Spaltenwahl« an. Für die erste Aufgabe verwende ich die *main*-Funktion und für die anderen beiden die Funktionen *cut_feld* und *cut_column*, die von *main* nach der Analyse der Eingabezeile aufgerufen werden.

Zu *main* gibt es nicht viel zu erklären, die Funktion bemüht sich hauptsächlich, die übergebenen Parameter einzulesen und in die später benötigten Typen umzuwandeln. Das Wirkungsprinzip der beiden anderen Funktionen ähnelt sich. In *cut_feld* wird ein Feldzähler *actfeld* geführt, der bei Auftreten des Trennzeichens inkrementiert und bei Auftreten einer Zeilenschaltung auf 1 gesetzt wird. Nur während der Zeichen, bei denen dieser Feldzähler denselben Wert hat wie die als Parameter übergebene Feldnummer, werden die Eingabezeichen auch an die Ausgabe weitergereicht. Eine Ausnahme von dieser Regel bildet allerdings die Zeilenschaltung, welche immer ausgegeben wird.

Ganz ähnlich arbeitet *cut_column*, nur daß hier statt des Feldzählers ein Spaltenzähler *actpos* geführt wird, anhand dessen überprüft werden kann, ob die eingelesenen Zeichen in den gewünschten Spalten stehen.

```
#include <stdio.h>
#include <stdlib.h>

void cut_feld(del,feld)
char del;
int  feld;
{
  char c;
  int actfeld=1;

  while ((c=getchar())!=EOF) {
    if (c=='\n') {
      putchar('\n');
      actfeld=1;
    } else if (c==del) {
      actfeld++;
    } else if (actfeld==feld) {
      putchar(c);
    }
  }
}

void cut_column(von,bis)
int  von,bis;
{
  char c;
  int actpos=1;

  while ((c=getchar())!=EOF) {
    if (c=='\n') {
      putchar('\n');
      actpos=1;
    } else {
      if (actpos>=von && actpos<=bis) putchar(c);
      actpos++;
    }
```

```
  }
}

main(argc,argv)
int argc;
char *argv[];
{
  int  von=0,bis=0,i,feld=0;
  char c,buf[20],delimiter;

  if (argc!=2) {
    fprintf(stderr,"Aufruf : cut -f<c><pos>\n");
    fprintf(stderr,"  oder : cut -c<von>,<bis>\n");
    exit(1);
  }
  if (argv[1][1]=='f') {
    strcpy(buf,argv[1]+2);
    delimiter=buf[0];
    if (!delimiter) {
      fprintf(stderr,"Fehler in Feldangabe\n");
      exit(1);
    }
    for (i=1; buf[i]; i++) {
      feld=feld*10+buf[i]-'0';
    }
    cut_feld(delimiter,feld);
  } else if (argv[1][1]=='c') {
    strcpy(buf,argv[1]+2);
    for (i=0; buf[i] && buf[i]!=','; i++) {
      von=10*von+buf[i]-'0';
    }
    if (!buf[i]) {
      fprintf(stderr,"<bis> muß angegeben werden\n");
      exit(1);
    }
    for (++i; buf[i]; i++) {
      bis=10*bis+buf[i]-'0';
    }
    cut_column(von,bis);
  } else {
    fprintf(stderr,"Fehler : falsches Argument\n");
    exit(1);
  }
}
```

Aufgabe 5

Eine der Möglichkeiten, diese Aufgabe zu lösen, besteht darin, den Namen des aktuellen Verzeichnisses zu ermitteln und die Anzahl der darin auftauchenden \, gefolgt von mindestens einem anderen Zeichen, festzustellen. Das Problem ist nur, daß wir noch keine Library-Funktion kennen, mit der wir den Namen des aktuellen Verzeichnisses bestimmen können. Also müssen wir einen kleinen Trick anwenden.

Auf Kommandoebene gibt es mit Sicherheit einen Befehl, der den Namen des aktuellen Verzeichnisses bekanntgibt. Unter UNIX heißt er *pwd*, während unter MSDOS *cd* (ohne Parameter) das Gewünschte erledigt. Die Lösung der Aufgabe beruht darauf, aus dem Programm heraus dieses Kommando aufzurufen und dessen Ausgabe in eine Datei umzuleiten. Danach braucht nur noch diese Datei gelesen und deren Inhalt nach \ durchsucht zu werden.

Das Musterprogramm implementiert das Verfahren für MSDOS. Um es auf UNIX-Systeme zu portieren, ist lediglich das Kommando *cd* gegen *pwd* auszutauschen und statt nach \ ist nach / zu suchen.

```
#include <stdio.h>
#include <stdlib.h>
#include <io.h>

main()
{
  FILE *f1;
  char buf[133],c;
  int  i,level=0;

  system("cd > level.$$$");
  if ((f1=fopen("level.$$$","r"))==NULL) {
    fprintf(stderr,"Kann temporäre Datei nicht lesen\n");
    exit(1);
  }
  for (i=0; i<132 && (c=getc(f1))!=EOF && c!='\n'; i++)
    buf[i]=c;
  buf[i]='\0';
  fclose(f1);
  for (i=0; buf[i]; i++) {
    if (buf[i]=='\\') level++;
  }
  if (i>0 && buf[i-1]=='\\') level--;
  unlink("level.$$$");
  printf("level ist %d\n",level);
}
```

Anmerkung

Vielleicht haben Sie nicht damit gerechnet, daß *system* in der Lage ist, so komplizierte Dinge wie Ausgabeumleitung zu erledigen und sind deshalb nicht auf die Lösung gekommen. Trösten Sie sich, *system* kann es wirklich nicht, aber die Funktion ist intelligent genug, den Kommandointerpreter (MSDOS: *command.com*, UNIX: */bin/sh*) mit der Ausführung des Programmes zu beauftragen. Aus diesem Grunde kann man an *system* alle Kommandostrings übergeben, die auch bei einer manuellen Eingabe auf der Ebene des Kommandointerpreters möglich gewesen wären.

Aufgabe 6

Zur Lösung der Aufgabe versuchen wir, eine Funktion *flaeche_x* zu bestimmen, welche die Fläche eines Teils des »P« in Abhängigkeit von seiner Ausdehnung in x-Richtung liefert. Für den linken Rand des »P« soll dabei x=0 gelten. *flaeche_x* liefert also beispielsweise den Wert 9 für x=1, weil bei x=1 lediglich die linke Säule des »P« sichtbar ist oder 13 für x=3, weil zusätzlich ein Teil des Kopfes vom »P« sichtbar geworden ist. Für x=5 bestimmt die Funktion die Fläche des gesamten Buchstabens.

Mit Hilfe dieser Funktion können wir dann eine binäre Suche nach einem Wert x zwischen 0 und 5 starten, für den *flaeche_x(x)* gleich der Hälfte der gesamten Fläche *flaeche_x(5)* ist.

Die Herleitung der Funktion *flaeche_x* ist etwas aufwendiger. Wir stellen uns das »P« durch 2 vertikale Geraden in 3 Abschnitte unterteilt vor. Die Abschnitte sind:

I 0<=x<=1
II 1<x<=3
III 3<x<=5

Die Flächenberechnung für 0<=x<=3 ist einfach, da wir es nur mit rechteckigen Flächenstücken zu tun haben. Etwas schwieriger wird es da schon für 3<x<=5, denn dort müssen wir mit Kreisabschnitten rechnen. Die Formel zur Berechnung des Kreisabschnittes in Abhängigkeit vom Radius r und des Mittelpunktswinkels α (in Bogenmaß) ist

$$A=(\alpha-\sin\alpha)r^2/2 \qquad (1)$$

Da wir den Winkel α nicht kennen, sondern den Kreisabschnitt in Abhängigkeit von seiner Entfernung x vom Mittelpunkt des Kreises bestimmen wollen, müssen wir zunächst α aus x berechnen. Wegen der Winkelfunktionen im rechtwinkligen Dreieck gilt:

$$\alpha=2\arccos(x/r) \qquad (2)$$

Nach Einsetzen von (2) in (1) ergibt sich die Fläche des Kreisabschnittes in Abhängigkeit von der Entfernung x vom Kreismittelpunkt. In unserem Programm werden die Formeln (1) und (2) durch die Funktionen *kreis_abschnitt* und *alpha* repräsentiert.

Mit den nun verfügbaren Mitteln können wir die Funktion *flaeche_x* implementieren. Dabei bestimmen wir die Gesamtfläche aus der Summe der einzelnen Teilstücke in den Abschnitten I bis III. Eine wichtige Rolle bei der Bereichseingrenzung spielt noch die Funktion MIN, welche das Minimum zweier *double*-Werte zurückgibt. Sie wird verwendet, um bei den Flächenberechnungen innerhalb der einzelnen Bereiche den rechten Rand des Bereiches nicht zu überschreiten.

```
#include <stdio.h>
#include <math.h>

#define myPI 3.1415926535

double alpha(x,r)
double x,r;
{
  return 2*acos(x/r);
}

double kreis_abschnitt(x,r)
double x,r;
{
  return (alpha(x,r)-sin(alpha(x,r)))*r*r/2.0;
}

double MIN(x,y)
double x,y;
{
  return (x<y)?x:y;
}

double flaeche_x(x)
double x;
{
  double flaeche=0.0;

  if (x>0.0) {
    flaeche=9.0*MIN(x,1.0);
    if (x>1.0) {
      flaeche+=2.0*MIN(x-1.0,2.0);
      if (x>3.0) {
        flaeche+=2.0*myPI-
                 kreis_abschnitt(MIN(x-3.0,2.0),2.0);
        flaeche-=0.5*myPI-
                 kreis_abschnitt(MIN(x-3.0,1.0),1.0);
      }
    }
  }
  return flaeche;
}
```

```
double center_x(half,epsilon)
double half,epsilon;
{
  double unten=0.0,oben=5.0;

  while (oben-unten>epsilon) {
    if (flaeche_x((unten+oben)/2.0)<half) {
      unten=(unten+oben)/2.0;
    } else {
      oben=(unten+oben)/2.0;
    }
  }
  return unten;
}

main()
{
  double x,gesamtflaeche;

  gesamtflaeche=flaeche_x(5.0);
  x=center_x(gesamtflaeche/2.0,0.00001);
  printf("Abstand von der y-Achse ist %lf\n",x);
}
```

Das Programm liefert den Wert

```
0.984020
```

als Abstand der Geraden von der y-Achse. Wenn also in diesem Abstand eine senkrechte Gerade durch das »P« gezogen wird, ist die Fläche auf der linken und rechten Seite der Geraden gleich groß.

Anmerkungen

Um nicht in Konflikt mit den Standard-Header-Dateien einiger C-Compiler zu kommen, haben wir die Konstante 3.1415... als *myPI* definiert. Hätten wir sie hingegen *PI* benannt, so würde sich der Zortech-C-Compiler über eine »Redefinition« beschweren, hätten wir sie gar nicht selbst definiert, bekämen wir bei den anderen Compilern Probleme.

Wenn Sie noch etwas Zeit haben, zeichnen Sie ein solches »P« auf festem Karton auf und schneiden Sie es aus. Stellen Sie dann ein langes Lineal hochkant genau unterhalb der oben errechneten Gerade unter das »P«. Wenn Sie jetzt das ausgeschnittene »P« loslassen, wird es dann im Gleichgewicht bleiben oder wird es nach links oder rechts umfallen?

Anhang B

Fehlermöglichkeiten

Dieser Anhang enthält eine Liste häufig anzutreffender Programmierfehler. In der Liste sind die Fehler grob nach Wichtigkeit geordnet, wobei die Fehler, die besonders häufig auftreten oder besonders schwere Folgen haben, zuerst kommen.

Gleichheitsoperator
Der relationale Operator zum Testen der Gleichheit zweier Operanden heißt nicht =, sondern ==.

```
if (a=b) ...
```

testet nicht, ob *a* gleich *b* ist, sondern weist *a* den Wert von *b* zu und testet dann, ob *a* ungleich 0 ist.

Semikolon am Ende
Am Ende einer Ausdrucksanweisung muß ein Semikolon stehen.

```
main()
{
  int a;

  a=0
}
```

gibt einen Fehler beim Kompilieren.

Semikolon in der Mitte
Ein zuviel gesetztes Semikolon innerhalb einer Anweisung wird möglicherweise als Nullanweisung angesehen und führt zu verdeckten Fehlern.

```
if (i==10) ;
  printf("Ende erreicht\n");
```

schreibt die Meldung immer auf den Bildschirm (und nicht nur, wenn *i* gleich 10 ist), da das überflüssige Semikolon die Anweisung für den *if*-Zweig der Bedingung bildet.

Semikolon hinter Makro

Ein Semikolon am Ende einer Makrodefinition wird Bestandteil des Makros und somit bei jeder Verwendung des Makros in den Quelltext eingefügt.

```
#define MAXIMUM 100 ;
  ...
if (liter>=MAXIMUM) {
  ...
```

wird expandiert zu

```
#define MAXIMUM 100 ;
  ...
if (liter>=100;) {
  ...
```

und führt dann zu einem Syntaxfehler.

if-Anweisung

Der Testausdruck einer *if*-Anweisung muß immer in Klammern stehen, ein Schlüsselwort *then* gibt es in C nicht.

```
if a>=100 then
  ...
```

würde höchstens ein PASCAL-Compiler verstehen.

Logische Operatoren

Die logischen Operatoren für die UND bzw. ODER-Verknüpfung heissen in C && und || (und nicht etwa & und |).

```
if (i<10 & j==0)
  ...
```

würde die beiden Teilausdrücke bitweise UND-verknüpfen und dann testen, ob das Resultat ungleich 0 ist.

break in der switch-Anweisung

Am Ende eines *case*-Teils innerhalb der *switch*-Anweisung muß normalerweise ein *break* stehen.

```
switch (i) {
  case 10 :
    printf("i ist 10\n");
  case 12 :
    printf("i ist 12\n");
  default :
    printf("i ist weder 10 noch 12\n");
}
```

arbeitet nur korrekt, wenn *i* weder 10 noch 12 ist. In den anderen Fällen werden die nachfolgenden *printf*-Anweisungen ebenfalls ausgegeben.

for-Schleife
Die drei Ausdrücke im Kopf der *for*-Schleife müssen mit Semikolons getrennt werden und nicht mit Kommas.

```
for (i=0, i!=10, i++) ...
```

führt zu einem Syntaxfehler.

printf
Die an *printf* bzw. *scanf* übergebenen Parameter müssen genau zu den im Formatstring angegebenen Formatanweisungen passen. Achten Sie diesbezüglich insbesondere auf die *long*- und *double*-Parameter und darauf, daß Sie nicht Formatanweisungen verwenden, die Ihr C-Compiler nicht kennt.

```
printf("x=%d\n");
```

wird immer undefinerte Werte ausgeben.

Zeiger bei scanf
Alle an *scanf* übergebenen Parameter müssen Zeiger sein. Vergessen Sie daher nicht den Adressoperator & vor Nicht-Zeiger-Variablen.

```
int i=15;

scanf("%d",i);
```

bringt unter Umständen den Rechner zum Abstürzen

Backslash
Das *char*-Literal Backslash muß (wegen der Escape-Funktion des Backslash) als '\\' eingegeben werden.

Block-Klammern
Vergessen Sie nicht, die Block-Klammern zu setzen, wenn Sie den Anweisungsteil einer der Anweisungen *do*, *while* oder *if* von einer einzigen auf mehrere Anweisungen erweitern.

```
int i=0;

while (i<10)
  printf("%d\n",i);
  i++;
```

ist eine wunderbare Endlosschleife.

Deklaration vergessen

Eine Funktion, deren Rückgabewert nicht vom Typ *int* ist, muß vor ihrer Verwendung deklariert werden. (Beispiel: *malloc*)

```
char *p;

p=malloc(10000);
```

wird ohne vorhergehende Deklaration auf sehr vielen Compilern schwere Fehler verursachen.

Operator-Rangfolge

Beachten Sie die Operator-Rangfolge beim Schreiben komplexer Ausdrücke. Verwenden Sie lieber ein Klammerpaar zuviel als zuwenig.

```
int c;

while (c = getchar() != EOF) {
  printf("c is %d\n",c);
}
```

wird nur Einsen ausgeben.

Nebeneffekte in logischen Ausdrücken

In C werden logische Ausdrücke in Shortcut-Evaluation ausgewertet, so daß möglicherweise Nebeneffekte in weiter rechts stehenden Teilausdrücken nicht mehr ausgeführt werden.

Überprüfung von Funktionsargumenten

Kontrollieren Sie alle Funktionsaufrufe doppelt, falls Sie einen C-Compiler verwenden, der beim Aufrufen einer Funktion Anzahl und Typ der aktuellen Parameter nicht überprüft.

Zeiger-Rückgabewerte

Achten Sie darauf, daß Sie keine Zeiger auf lokale Variablen aus einer Funktion zurückgeben oder globale Zeigervariablen nach Ende einer Funktion noch auf deren lokale Variablen zeigen.

```
int *xyz()
{
  int i;

  ...
  return &i;
}
```

gibt einen Zeiger auf eine (nach Ende der Funktion) undefinierte Variable zurück.

Klammerung in Makros

Klammern Sie die formalen Argumente eines Makros bei deren Verwendung, wenn Sie das Makro mit Ausdrücken aufrufen wollen.

```
#define QUADRAT(x) x*x

main()
{
  int i,q;

  i=5;
  q=QUADRAT(i+3);
}
```

wird nicht den Wert 64, sondern 23 errechnen.

Nebeneffekte in Makros

Benutzen Sie beim Aufruf unbekannter parameterisierter Makros keine aktuellen Parameter mit Nebeneffekten, durch die rein textuelle Ersetzung könnten diese mehrfach ausgeführt werden.

```
#define QUADRAT(x) (x)*(x)

main()
{
  int i,q;

  i=5;
  q=QUADRAT(++i);
}
```

wird nicht den Wert 36, sondern 42 errechnen.

Stacküberlauf

Definieren Sie keine sehr großen lokalen Variablen, aktivieren Sie gegebenenfalls per Compilerswitch den Stack-Check.

```
main()
{
  int gross[25000];

  ...
}
```

wird sicherlich die meisten Laufzeitsysteme überfordern.

long-Parameter
Übergeben Sie nicht versehentlich ein *int*, wenn die Funktion ein *long* erwartet (Beispiel: *fseek*).

dangling-else
Setzen Sie Block-Klammern, wenn Sie eine *if*-Anweisung in eine *if-else*-Anweisung schachteln.

Nicht ausgeführtes break
Ein *break* springt nicht aus einer Schleife heraus, wenn es innerhalb der Schleife in einer *switch*-Anweisung verwendet wird.

return-Anweisung vergessen
Das Vergessen der *return*-Anweisung führt zu undefinierten Rückgabewerten beim Aufruf der Funktion.

getchar
Die Funktion *getchar* terminiert erst, wenn eine Zeilenschaltung eingelesen wurde.

Tippfehler in Konstanten
Verwenden Sie bei längeren numerischen Konstanten den Präprozessor und definieren Sie mit seiner Hilfe eine symbolische Konstante.

Umfangreiche Makros
Große Makros neigen zu unerwünschten Nebeneffekten und sind nicht zu debuggen. Schreiben Sie anstelle eines Makros möglichst eine Funktion.

Array-Überlauf
Das erste Element eines Arrays der Größe n hat immer den Index 0 und das letzte den Index n-1.

Globale Variablen
Verwenden Sie globale Variablen nur, wenn es unbedingt nötig ist. In vielen Fällen können auch *static*-Variablen eingesetzt werden.

Unresolved External
Falls der Linker unerwartet »unresolved external« meldet, haben Sie möglicherweise beim Aufruf einer Funktion einen Tippfehler in deren Namen.

Rückgabewerte einiger Library-Funktionen
Einige Funktionen der Standard-Library geben im Fehlerfall -1, andere 0 und manche *NULL* oder *EOF* zurück.

Fehlerhafte Sign-Extension
Verwenden Sie möglichst *unsigned*-Typen, wenn Sie mit bitweisen oder Schiebeoperatoren arbeiten.

Alignment
Achten Sie bei bei der Portierung auf einen anderen Compiler auf Alignment-Probleme in Structures.

Textmodus bei Dateioperationen
Bearbeiten Sie Binärdateien nicht im Textmodus.

Ignorieren von Rückgabewerten
Ignorieren Sie nicht die Rückgabewerte zur Anzeige von Fehlerzuständen beim Aufrufen von Library-Funktionen.

sizeof auf Zeiger
Auf einen Zeiger angewendet, gibt *sizeof* immer einen konstanten Wert zurück, unabhängig von dem Datentyp, auf den der Zeiger verweist (Ausnahme: Arraynamen).

free
Geben Sie an *free* nur Zeiger zurück, die Sie von *malloc* erhalten haben.

Streams und Handles
Verwenden Sie streams (also den Typ *FILE**) nur mit den High-Level-Dateifunktionen und Handles (also den Typ *int*) nur mit den Low-Level-Funktionen.

Altmodische Zuweisungoperatoren
Die kombinierten Zuweisungsoperatoren für Addition und Subtraktion heißen += bzw. -= (und nicht etwa =+ bzw. =-).

Anhang C

Programmiertools

Dieser Anhang beschreibt die wichtigen Tools *make, touch* und *grep* zur Entwicklung und Wartung von C-Programmen. Obwohl diese Hilfsprogramme ursprünglich nur auf UNIX-Systemen zu finden waren, sind sie mittlerweile Bestandteil der meisten professionellen C-Entwicklungssysteme für MSDOS. Möglicherweise haben einzelne der Programme unter bestimmten Systemen einen etwas anders lautenden Namen, wie z.B. *nmake* statt *make* bei Microsoft C.

Während so gut wie alle Systeme über *make* verfügen, gibt es doch einige C-Compiler unter MSDOS ohne *grep* oder *touch*. Da diese Tools jedoch sehr nützlich sind, sollte man sich eventuell die Mühe machen, diese zu beschaffen oder in Eigenregie zu entwickeln.

Die hier angegebenen Eigenschaften beschreiben jeweils nur die wichtigsten Aspekte der Hilfsprogramme und sollten daher von allen Entwicklungssystemen erfüllt werden. Bei vielen Systemen geht vor allem die Funktionalität von *make* weiter als hier angegeben. Es lohnt sich daher, vor der Entwicklung eines größeren Projektes die spezifischen Fähigkeiten der Tools anhand der zugehörigen Compilerdokumentation zu studieren.

make

Aufgabe

make ist ein Programm, welches die Verwaltung von Projekten erleichtert, an der mehr als eine Quelldatei beteiligt ist. Es wird durch eine Datei *makefile* gesteuert, in der Abhängigkeiten zwischen den Quelldateien angegeben sind. Anhand von Dateidatum und -uhrzeit kann *make* dann erkennen, ob eine Datei des Projektes möglicherweise nicht mehr aktuell ist, weil sie von anderen Dateien abhängt, die jüngeren Datums sind.

Das Programm funktioniert unter anderem deshalb, weil Datum und Uhrzeit einer Datei bei jeder Änderung vom Betriebssystem aktualisiert werden. Erkennt *make* eine veraltete Datei, so führt es die im *makefile* angegebenen Kommandos zur Aktualisierung – insbesondere Compiler- oder Linkeraufrufe – aus.

Aufruf

```
make [<Ziel>] [<Schalter>]
```

Abhängigkeitsregeln

Das *makefile* besteht aus einer Anzahl von Regeln, welche die Abhängigkeiten der Quelldateien untereinander beschreiben. Jede Regel hat die Form

```
Zieldatei : Quelldatei1 Quelldatei2 ...
  Kommando1
  Kommando2
  ...
```

Durch eine solche Regel wird angegeben, daß die Datei *Zieldatei* von den Dateien *Quelldatei1*, *Quelldatei2*, usw... abhängt. Falls *make* feststellt, daß *Zieldatei* veraltet ist, führt es nacheinander die Kommandos *Kommando1*, *Kommando2*, usw. aus.

Die Frage ist nun zunächst, wann eine Datei von einer anderen abhängt. Dafür gibt es eine ganz einfache Regel: eine Datei A hängt von einer Datei B genau dann ab, wenn B zum Erstellen von A benötigt wird.

Die offensichtlichsten Abhängigkeiten bestehen daher zunächst einmal zwischen den Quelldateien und den aus ihnen erzeugten Objektdateien, d.h. eine Datei *A.o* (*A.obj* unter MSDOS) ist immer von der zugehörigen Quelldatei *A.c* abhängig, da *A.c* zum Erstellen von *A.o* benötigt wird. Um nun festzustellen, ob *A.o* aktuell ist, braucht lediglich Datum und Uhrzeit der beiden Dateien verglichen werden: ist *A.c* jünger als *A.o*, so muß *A.o* inaktuell sein, da *A.c* nach Erstellen von *A.o* noch einmal verändert wurde. Um *A.o* auf den neuesten Stand zu bringen, müßte *A.c* kompiliert werden.

Um diese Zusammenhänge im *makefile* darzustellen, müßte folgende Regel aufgestellt werden:

```
A.o : A.c
  cc -c A.c
```

Neben diesen Abhängigkeiten zwischen Quelldateien und den daraus erzeugten Objektdateien gibt es noch zwei weitere Typen von Abhängigkeiten, die in der Praxis eine wichtige Rolle spielen:

1. Die Abhängigkeit eines ausführbaren Programmes von den Objektdateien, aus denen es zusammengelinkt wurde.

2. Die zusätzliche Abhängigkeit einer Objektdatei von den Header-Dateien, die ihre eigene Quelldatei per *#include* eingebunden hat.

Wir wollen ein etwas umfangreicheres Beispiel betrachten. Ein Projekt bestehe aus den Quelldateien *A.c*, *B.c* und *C.c*, sowie den Headerdateien *X.h* und *Y.h*. *X.h* werde von *A.c* und *B.c* eingebunden, *Y.h* von *A.c* und *C.c*.

Das fertige Programm soll den Namen *UVW* haben. Ein passendes *makefile* hätte folgendes Aussehen:

```
UVW : A.o B.o C.o
  cc -oUVW A.o B.o C.o

A.o : A.c X.h Y.h
  cc -c A.c

B.o : B.c X.h
  cc -c B.c

C.o : C.c Y.h
  cc -c C.c
```

Anmerkung

Bei sehr vielen *make*-Programmen – insbesondere unter UNIX – ist es unbedingt nötig, am Anfang der Kommandos einen Tabulator (und keine Leerzeichen) zu setzen! Andernfalls erkennt das Programm die Kommandos nicht und bricht mit seltsamen Fehlermeldungen ab.

Wir wollen uns nun ansehen, wie dieses *makefile* bei Aufruf des Programmes *make* interpretiert würde.

Interpretation des makefile

make beginnt mit seiner Analyse der Abhängigkeiten immer bei der allerersten Regel. Dabei überprüft es zunächst für alle Dateien auf der rechten Seite der Regel, ob diese innerhalb des *makefile* selbst auf der linken Seite einer Regel verzeichnet sind. Ist dies der Fall, wird rekursiv zunächst diese Regel bearbeitet, wobei es wegen derselben Vorgehensweise auch hier wieder passieren kann, daß zunächst eine weitere Regel ausgewertet wird, usw...

Wenn auf diese Art alle Teilregeln für die rechte Seite ausgewertet wurden oder wenn für eine Datei auf der rechten Seite einer Regel keine eigene Regel vorhanden ist, beginnt die eigentliche Feststellung der Aktualität. Dabei wird überprüft, ob wenigstens eine der Dateien auf der rechten Seite der Regel jünger ist als die abhängige Datei auf der linken Seite der Regel. Ist dies der Fall, werden die in der Regel angegebenen Kommandos nacheinander ausgeführt, um die abhängige Datei zu aktualisieren.

Wir wollen diese Vorgehensweise anhand des obigen *makefile* an einem Beispiel untersuchen. Angenommen, alle Dateien wären erstellt und aktuell. Wir führen nun eine kleine Änderung in der Quelldatei *B.c* durch und rufen

```
make
```

auf. *make* beginnt mit der Regel *UVW* und stellt fest, daß für alle Dateien auf der rechten Seite ebenfalls Regeln vorhanden sind. Bei der nun anstehenden Überprüfung der Regel *A.o* stellt *make* fest, daß keine der unabhängigen Dateien als Regel in diesem *makefile* auftauchen, und daß die nachfolgende Überprüfung der Dateidaten auch keine Inaktualität von *A.o* erkennen läßt. Im nächsten Schritt wird *B.o* ausgewertet. Hier stellt das Programm allerdings fest, daß – bedingt durch die Änderung in *B.c* – die Datei *B.c* jünger ist als *B.o*, so daß nun das Kommando

```
cc -c B.c
```

ausgeführt wird. Bei der dann folgenden Überprüfung der Regel *C.o* werden genau wie bei *A.o* keine Inaktualitäten festgestellt. Nachdem nun alle unabhängigen Dateien von *UVW* aktualisiert wurden, stellt *make* bei der Überprüfung der Daten fest, daß die Datei *B.o* jünger ist als *UVW* (denn sie wurde durch den Compileraufruf eben gerade erstellt) und führt zur Aktualisierung nun das Kommando

```
cc -oUVW A.o B.o C.o
```

aus. Durch dieses Kommando wird nun seinerseits *UVW* durch Linken der drei Objektdateien erstellt und ist somit wieder auf dem neuesten Stand. *make* hat also die Kommandos zum Compilieren und Linken ebenso angewendet, wie wir es getan hätten, um eine aktuelle Version des Programmes *UVW* zu erstellen.

Die Vorteile bei der Verwendung von *make* gegenüber manuellem Compiler- und Linkeraufruf liegen auf der Hand:

1. Auch bei großen Projekten behält man den Überblick, weil das *make* automatisch dafür sorgt, daß alle geänderten Dateien neu übersetzt und gelinkt werden.

2. Es werden nur die Dateien kompiliert, die sich tatsächlich geändert haben. Dadurch werden die Turn-Around-Zeiten in größeren Projekten im allgemeinen spürbar kleiner.

3. Das *makefile* ist eine sehr gute Dokumentation eines Programmprojektes, denn es listet alle nötigen Quellen und Include-Dateien auf und beschreibt die modularen Zusammenhänge zwischen diesen.

Weitere Eigenschaften von make

Kommentare
In einem *makefile* können Kommentare durch das Doppelkreuz (#) eingeleitet werden. Der Rest der Zeile hinter dem Doppelkreuz wird dann ignoriert.

Implizite Regeln
Um das Aktualisieren vieler gleichartiger Typen von Dateien zu erleichtern, kann man implizite Regeln in der Form

```
.a.b :
  Kommando1
  Kommando2
  ...
```

angeben.

Diese Regel deklariert alle *.b*-Dateien des aktuellen Verzeichnisses als abhängig von der gleichnamigen *.a*-Datei. Falls eine *.b*-Datei nicht aktuell ist, werden die angegebenen Kommandos ausgeführt.

Um innerhalb eines Kommandos auf den impliziten Dateinamen der gerade bearbeiteten Datei zuzugreifen, kann man das vordefinierten Makros $* (s.u.) verwenden. Eine typische Regel für alle Objektdateien könnte beispielsweise wie folgt definiert werden:

```
.c.o :
  cc -c $*.c
```

Makros

Makros sind Zeichenketten, die beim Auftreten im *makefile* durch andere Zeichenketten ersetzt werden. Dabei ist zwischen internen und selbstdefinierten Makros zu unterscheiden.

Interne Makros: Interne Makros werdem automatisch von *make* generiert und können daher ohne Deklaration verwendet werden. Es gibt folgende interne Makros, die sich auf die jeweils gerade abgearbeitete Regel beziehen:

$*	Name der abhängigen Datei ohne Extension.
$@	Voller Name der abhängigen Datei.
$**	Vollständige Liste der unabhängigen Dateien.
$?	Die Liste der unabhängigen Dateien, die neuer sind als die abhängige Datei.

Selbstdefinierte Makros: Selbstdefinierte Makros können am Anfang des *makefile* gemäß folgender Syntax definiert werden:

```
NAME=TEXT
```

Um das Makro im Text zu verwenden, ist die Syntax

```
$(NAME)
```

zu verwenden. *make* ersetzt dann das Makro durch den zugeordneten Text.

Kommandozeilenschalter

In den meisten Fällen reicht es aus, *make* ohne Angabe von Schaltern oder Parametern aufzurufen. Für besondere Zwecke sind jedoch einige Optionen recht nützlich.

-n	Das *makefile* soll die angegebenen Regeln auswerten, die erforderlichen Kommandos aber nicht ausführen, sondern nur auf dem Bildschirm auflisten.
-f<Datei>	Nicht *makefile*, sondern *Datei* enthält die Regeln und soll als Steuerdatei verwendet werden.
-d	Ausgabe zusätzlicher Informationen zu Debugging-Zwecken.

-s	Ausgabe der Kommandonamen unterdrücken.
-i	Fehler beim Auftreten von Kommandos sollen nicht zum Abbruch von *make* führen.

touch

Aufgabe

Das Programm *touch* hat die Aufgabe, Datum und Uhrzeit der als Parameter übergebenen Dateien auf das aktuelle Systemdatum einzustellen. Nützlich ist das Programm vor allem im Zusammenhang mit *make*, um dafür zu sorgen, daß bestimmte Dateien auf jeden Fall compiliert werden.

Aufruf

```
touch <Dateiname> [...]
```

Setzt Datum und Uhrzeit aller angegebenen Dateinamen auf das aktuelle Systemdatum. Normalerweise dürfen die einzelnen Dateinamen auch die Wildcards ? und * enthalten.

Dies führt dann dazu, daß alle Dateien der entsprechenden Gruppe bearbeitet werden.

grep

Aufgabe

grep dient dazu, in einer oder mehreren Dateien alle Zeilen zu finden, die einem bestimmten Suchmuster entsprechen. Alle gefundenen Zeilen werden dann nacheinander auf dem Bildschirm ausgegeben. Wenn man *grep* mit der Suchfunktion eines durchschnittlichen Editors vergleicht, schneidet es aus zwei Gründen besser ab:

1. *grep* kann nicht nur eine Datei durchsuchen, sondern beliebig viele. So kann beispielsweise mit einem *grep*-Aufruf nach allen Vorkommen einer bestimmten globalen Variable in allen Quelltexten eines Projektes gesucht werden.

2. Als Suchbegriffe können nicht nur einfache Textkonstanten angegebenen werden, sondern auch *reguläre Ausdrücke*. Mit diesen ist es möglich, Textstellen auch dann zu suchen, wenn sie nur teilweise bekannt sind oder von Vorkommen zu Vorkommen leicht variieren.

Wahrscheinlich werden Sie *grep* umso mehr schätzen, je mehr Sie programmieren und je größer Ihre Projekte werden. Während man ohne *grep* bei Fragen der Art »Wo wurde eigentlich das Makro *XYZ* definiert ?« oder »Welche Programme rufen die Funktion *abc* auf ?« in großen Projekten möglicherweise Stunden Arbeit vor sich hat, geht die Beantwortung dieser Fragen bei Verwendung von *grep* im allgemeinen in wenigen Sekunden vor sich. Zudem ist die Fehlerhäufigkeit natürlich wesentlich geringer.

Aufruf

```
grep [<Schalter>] <Suchbegriff> <Datei> [...]
```

durchsucht die angegebenen Datei(en) zeilenweise nach dem Suchbegriff und gibt alle passenden Zeilen auf dem Bildschirm aus. Ein Dateiname darf auch die Wildcards ? und * enthalten.

Das Verhalten von *grep* kann durch einige Schalter gesteuert werden:

-c	Die passenden Zeilen werden nicht ausgegeben, sondern lediglich gezählt. Am Ende jeder Datei wird die Anzahl der Treffer ausgegeben.
-i	Bei der Suche wird nicht zwischen Groß- und Kleinschreibung unterschieden.
-l	Die passenden Zeilen werden nicht ausgegeben, sondern nur die Dateinamen, wenn mindestens eine Zeile gefunden wurde.
-n	Die gefundenen Zeilen werden jeweils mit vorangestellter Zeilennummer ausgegeben.
-v	Es werden alle Zeilen gefunden, die dem Suchbegriff nicht entsprechen.

Reguläre Ausdrücke

Der Begriff »regulärer Ausdruck« stammt aus der theoretischen Informatik und bezeichnet Ausdrücke zur Konstruktion von Zeichenketten. Bei *grep* versteht man darunter die Möglichkeit, nicht nur nach konstanten Texten, sondern in gewissem Umfang auch nach variablen Mustern zu suchen.

Der angegebene Suchbegriff kann dazu eine Reihe von Zeichen enthalten, die für *grep* eine besondere Bedeutung haben. Diese Zeichen sind:

^	Findet den Zeilenanfang.
$	Findet das Zeilenende.
.	Findet ein beliebiges Zeichen.
*	Findet 0 oder mehr Vorkommen des vorigen Zeichens.
+	Findet 1 oder mehr Vorkommen des vorigen Zeichens.
\	Sorgt dafür, daß das nächste Zeichen nicht als Sonderzeichen interpretiert wird.
[abcd]	Findet eines der Zeichen a, b, c oder d.
[^abcd]	Findet alle Zeichen außer a, b, c oder d.

Beispiel

Suchbegriff	*Sucht nach...*
xyz	allen Zeilen, in denen xyz vorkommt.
^xyz	allen Zeilen, in denen xyz am Anfang der Zeile steht.
xyz$	allen Zeilen, in denen xyz am Ende der Zeile steht.
^$	allen Leerzeilen.

Suchbegriff	Sucht nach...
af+e	allen Zeilen, in denen ein a, gefolgt von einem oder mehreren f, gefolgt von einem e vorkommt. (z.B. afe, affe, schlaffer, Tafel)
af*e	allen Zeilen, in denen ein a, gefolgt von Null oder mehreren f, gefolgt von einem e vorkommt. (z.B. afe, affe, schlaffer, afffffffffffeeee, aber auch Maenner)
[afe]	allen Zeilen, in denen ein a, f oder e vorkommt.
[^x]	allen Zeilen, in denen kein x vorkommt.
while.*1	allen Zeilen, in denen das Wort while und – irgendwo danach – die 1 vorkommt.
.*	allen Zeilen
\..*0	allen Zeilen, in denen ein . irgendwo links von einer 0 vorkommt.

Anhang D

Compilerübersicht

Dieser Anhang beschreibt Installation und Aufruf der bei der Erstellung dieses Buches verwendeten C-Compiler

1. Zortech C++/C 2.00 Developers Edition
2. Borland Turbo C 2.0
3. Microsoft C 6.0 pds
4. SCO XENIX Development System

Die Beispiele und Aufgaben können prinzipiell mit allen hier angegebenen Compilern gelöst werden. Da ich selbst die Programme mit Zortech C entworfen habe, kann es sein, daß bei Verwendung eines anderen Compilers an einigen der Quellen geringfügige Änderungen vorgenommen werden müssen.

Haupteigenschaften

Eine vollständige Beschreibung der verwendeten Compiler würde in diesem Rahmen zu weit führen. Im folgenden finden Sie eine Beschreibung der charakteristischen Eigenschaften der einzelnen Compiler.

Auf die Details der integrierten Oberfläche können wir an dieser Stelle nicht eingehen.

Zortech C/C++ 2.00

Ist eigentlich ein Compiler für C++, versteht aber auch den kompletten ANSI-C-Standard. Der Compiler ist schnell und erzeugt dank des ausgezeichneten Optimierers sehr guten Code. Das System kommt ineiner integrierten Umgebung mit einem makrofähigen Multi-Datei-Editor und der Möglichkeit, alle Komponenten auf Knopfdruck aufzurufen. Sehr gut ist der Debugger von Zortech.

Installation

Die Programme kommen auf 7 Disketten und werden mit dem auf der »Compiler Disk #1« befindlichen Programm *ztcsetup* installiert. Das Installationsprogramm arbeitet dialogorientiert. Zunächst werden Quell- und Ziellaufwerk sowie die zu installierenden Teile der Software erfragt. Danach werden alle erforderlichen Teile der Software selbständig installiert.

Compileraufruf

```
ztc { Schalter } { Datei }
```

Schalter

-c Die angegebenen Quellen nur kompilieren, nicht aber linken.

-DMakro[=Text] Definieren eines Makros für die zu übersetzende Quelldatei. Dieser Schalter enspricht einer im Quelltext eingefügten Präprozessoranweisung

```
#define Makro Text
```

-e Zusätzliche Ausgabe der Auswirkungen des Präprozessors.

-f Erzeugt Inline-Fließkommaarithmetik für einen mathematischen Co-Prozessor, anstatt die Fließkomma-Libraries zu verwenden.

-g Erzeugen einer *.map*-Datei und Zusatzinformationen für den Debugger. Ein Programm kann nur debuggt werden, wenn es mit dieser Option übersetzt wurde.

-IPfad Angabe eines zusätzliche Suchpfades für Include-Dateien, die in spitzen Klammern eingeschlossen sind.

-lDatei Erzeugt eine Listdatei, mit Fehlermeldungen, Zeilennummern und ggfs. Präprozessorauswirkungen.

-mx Angabe des gewünschten Memory-Modells. x kann einen der Werte

T Tiny (Code+Daten<64k)
S Small (Code<64k + Daten<64k)
M Medium (Code<1MB + Daten<64k)
C Compact (Code<64k + Daten<1MB)
L Large (Code<1MB + Daten<1MB)

-o Aktiviert den Code-Optimierer zum Erzeugen möglichst schneller Programme.

-oDateiname Bestimmt den Namen der Ausgabedatei als Dateiname.exe.

-s Erzeugt automatische Stacküberprüfungen am Anfang einer jeden Funktion. Ist z.B. bei großen lokalen Variablen nützlich.

Borland Turbo-C 2.0

Ist ein sehr schneller Compiler für ANSI-C, der einen einfachen Code-Optimierer besitzt. Turbo-C kommt mit einer sehr gut zu bedienenden, schnellen Oberfläche, der allerdings die Makro- und Multidateifähigkeit fehlt. Aus der Oberfläche heraus kann ein integrierter Debugger eingesetzt werden.

Installation

Die Programme kommen auf 6 Disketten und werden mit dem auf der »INSTALL/HELP« Disk befindlichen Programm *install* installiert. Das Installationsprogramm arbeitet dialogorientiert. Es erlaubt die Angabe von Quell- und Zielverzeichnissen für die Installation sowie des Umfangs der zu installierenden Komponenten. Nach den Eingaben erfolgt die Installation selbstständig.

Compileraufruf

```
tcc { Schalter } { Datei }
```

Schalter

-c Die angegebenen Quellen nur kompilieren, nicht aber linken.

-DMakro[=Text] Definieren eines Makros für die zu übersetzende Quelldatei. Dieser Schalter enspricht einer im Quelltext eingefügten Präprozessoranweisung

```
#define Makro Text
```

-f Erzeugt Inline-Fließkommaarithmetik für einen mathematischen Co-Prozessor, anstatt die Fließkomma-Libraries zu verwenden.

-G Auf Geschwindigkeit optimieren.

-IPfad Angabe eines zusätzlichen Suchpfades für Include-Dateien, die in spitzen Klammern eingeschlossen sind.

-lDatei Erzeugt eine Listdatei, mit Fehlermeldungen, Zeilennummern und ggfs. Präprozessorauswirkungen.

-M Erzeugt eine *.map*-Datei. Diese Option muß aktiviert werden, wenn der Debugger benutzt werden soll.

-mx Angabe des gewünschten Memory-Modells. x kann einen der Werte

t Tiny (Code+Daten<64k)
s Small (Code<64k + Daten<64k)
m Medium (Code<1MB + Daten<64k)
c Compact (Code<64k + Daten<1MB)
l Large (Code<1MB + Daten<1MB)
h Huge (Code<1MB + Daten<1MB, ein einzelnes Datenelement kann >64k sein)

-N Erzeugt automatische Stacküberprüfungen am Anfang einer jeden Funktion. Ist z.B. bei großen lokalen Variablen nützlich.

-v Aktiviert die Möglichkeit, auf Quelltextebene zu debuggen.

Microsoft-C 6.0 pds

Ist ein stark optimierender ANSI-C-Compiler, der allerdings recht langsam übersetzt. Das System kommt mit einer überaus funktionalen Oberfläche, die unter anderem über Makro-, und Multidateifähigkeit sowie die Suche nach regulären Ausdrücken verfügt, aber ebenfalls etwas träge arbeitet. Auch der Debugger ist sehr gut.

Installation

Die Programme kommen auf 7 HD-Disketten und werden mit dem auf der Diskette »Setup/Compiler 1« befindlichen Programm *setup* installiert. Das Installationsprogramm arbeitet dialogorientiert. Dabei ist eine Vielzahl von YES/NO-Fragen zu beantworten sowie die Eingabe der Zielverzeichnisse erforderlich. Nach den Eingaben erfolgt die weitere Installation selbstständig.

Compileraufruf

```
cl { Schalter } { Datei }
```

Schalter

/Ax Angabe des gewünschten Memory-Modells. x kann einen der Werte

T Tiny (Code+Daten<64k)
S Small (Code<64k + Daten<64k)
M Medium (Code<1MB + Daten<64k)
C Compact (Code<64k + Daten<1MB)
L Large (Code<1MB + Daten<1MB)
H Huge (Code<1MB + Daten<1MB, eine einzelne Datenstruktur kann >64k sein)

/c Die angegebenen Quellen nur kompilieren, nicht aber linken.

/DMakro[=Text] Definieren eines Makros für die zu übersetzende Quelldatei. Dieser Schalter enspricht einer im Quelltext eingefügten Präprozessoranweisung

```
#define Makro Text
```

/FPi87 Erzeugt Inline-Fließkommaarithmetik für einen mathematischen Co-Prozessor, anstatt die Fließkomma-Libraries zu verwenden.

/IPfad Angabe eines zusätzlichen Suchpfades für Include-Dateien, die in spitzen Klammern eingeschlossen sind.

/O Aktiviert den Code-Optimierer zum Erzeugen möglichst schneller Programme.

/P Führt nur den Präprozessordurchlauf für die angegebenen Quellen durch und schreibt die Ausgabe in Dateien mit der Erweiterung *.i*

/Zi Einfügen von Debuggerinformationen in die Objektdatei. Diese Option muß aktiviert werden, wenn ein Programm debuggt werden soll.

SCO XENIX C Development System

Ist ein optimierender C-Compiler wie er für die meisten UNIX-Systeme typisch ist. Das System verfügt nicht über eine intergierte Oberfläche, bei der Entwicklung von C-Programmen hilft jedoch eine riesige Menge von Tools, zu denen unter anderem auch ein Quelltextdebugger gehört.

Installation

Die Installation erfordert Systemadministrations-Kenntnisse und sollte daher einem XENIX-Spezialisten überlassen werden.

Compileraufruf

```
cc { Schalter } { Datei }
```

Schalter

-c Die angegebenen Quellen nur kompilieren, nicht aber linken.

-DMakro[=Text] Definieren eines Makros für die zu übersetzende Quelldatei. Dieser Schalter enspricht einer im Quelltext eingefügten Präprozessoranweisung

```
#define Makro Text
```

-g Erzeugen von Zusatzinformationen für den Debugger. Ein Programm kann nur debuggt werden, wenn es mit dieser Option übersetzt wurde.

-IPfad Angabe eines zusätzlichen Suchpfades für Include-Dateien, die in spitzen Klammern eingeschlossen sind.

-lDatei Angabe einer zusätzlichen Libary für den Linklauf.

-o Aktiviert den Code-Optimierer zum Erzeugen möglichst schneller Programme.

-oDateiname Bestimmt den Namen der Ausgabedatei. Der Standardname für die Ausgabedatei ist *a.out*.

Anhang E
Syntax

Einführung

In diesem Anhang finden Sie eine Zusammenfassung der Syntax der Sprache C. Diese Zusammenfassung ist weniger als exakte formale Sprachbeschreibung, sondern vielmehr als praktische Hilfe beim Programmieren gedacht. Um die Produktionen noch einigermaßen übersichtlich zu halten, habe ich an einigen Stellen bewußt Details ausgelassen, die wesentlichen Sprachmöglichkeiten werden jedoch dargestellt.

Die Darstellung der Syntax orientiert sich an der »Erweiterten Backus-Naur-Form« (EBNF), es werden folgende Komponenten verwendet:

Produktionen

Die Syntaxbeschreibung besteht aus vielen Produktionen. Auf der linken Seite des Doppelpunktes einer Produktion steht jeweils ein *Nichtterminalsymbol*, welches definiert wird. Auf der rechten Seite des Doppelpunktes erfolgt die eigentliche Definition mit Hilfe von *Terminalzeichen*, *Metasymbolen* und weiteren Nichtterminalzeichen.

Terminalzeichen

Sie bezeichnen Schlüsselworte oder Sonderzeichen, die genauso geschrieben werden müssen, wie sie hier abgedruckt werden. Terminalzeichen sind alle einstelligen Zeichen, sofern sie nicht Metazeichen sind, weiterhin alle Metazeichen, wenn sie in Anführungszeichen stehen und schließlich alle kleingeschriebenen Worte, die länger als ein Buchstabe sind.

Nichtterminalsymbole

Nichtterminalsymbole repräsentieren die »Variablen« der Syntaxbeschreibung. Dabei wird jedes Nichtterminalsymbol genau einmal definiert und kann beliebig oft verwendet werden. Nichtterminalzeichen werden groß geschrieben.

Das Startsymbol dieser Syntaxbeschreibung ist *Quelldatei*.

Metazeichen

Metazeichen haben eine besondere Bedeutung und beschreiben die Zusammenhänge zwischen Terminal- und Nichtterminalzeichen. In dieser Syntaxbeschreibung tauchen folgende Metazeichen auf:

| Alternative. A | B bedeutet, daß sowohl A als auch B möglich ist. Dieses Metazeichen hat die geringste Bindungskraft und wird

daher immer ganz zuletzt angewendet (also auch nach der Hintereinanderschreibung, s.u.).

[ ] Option. [A] bedeutet, daß A vorkommen kann, aber nicht unbedingt muß.

{} Iteration. {A} bedeutet, daß A nullmal, einmal oder beliebig oft vorkommen kann.

() Gruppierung. Dient zur logischen Gruppierung von Teilausdrükken, um diese zuerst auszuwerten.

... Bereich. A...B bedeutet, daß alle Zeichen zwischen (lexikalisch) A und B (einschließlich) vorkommen können.

Die wichtigste implizite Regel besagt jedoch, daß hintereinander stehende Symbole, die nicht durch ein Metazeichen getrennt sind, auch im Quelltext hintereinander vorkommen müssen. Steht ein Metazeichen in Anführungsstrichen, so sind die Anführungsstriche in Gedanken zu entfernen und das Metazeichen ist als Terminalsymbol anzusehen.

Lexikalische Elemente

```
Kommentar :
 /* { Zeichen } */
Bezeichner :
 [ Buchstabe | Unterstrich ]
 { Buchstabe | Unterstrich | Ziffer }

Konstante :
  Zahl |
  " { Zeichen } " |
  ' Zeichen '

Zahl :
  Ganzzahl |
  [+|-] Ziffer { Ziffer } [. { Ziffer }]
  [(e|E) [+|-] Ziffer { Ziffer } ]

Ganzzahl :
  [+|-] Ziffer { Ziffer } [l|L|u|U] |
  [+|-] OctZiffer { OctZiffer } [l|L|u|U] |
  [+|-] HexZiffer { HexZiffer } [l|L|u|U]

Buchstabe :
  A..Z | a..z

Unterstrich :

  _

Ziffer :
  0..9
```

```
OctZiffer :
  0..7

HexZiffer :
  0..9 | A..F | a..f

Zeichen :
  Alle verfügbaren Zeichen
```

Ausdrücke

```
Ausdruck :
  EinfachAusdruck |
  * Ausdruck |
  & Ausdruck |
  - Ausdruck |
  + Ausdruck |
  ! Ausdruck |
  ~ Ausdruck |
  ++ Ausdruck |
  -- Ausdruck |
  Ausdruck ++ |
  Ausdruck -- |
  sizeof Ausdruck |
  "(" Typname ")" Ausdruck |
  Ausdruck BinOp Ausdruck |
  Ausdruck , Ausdruck |
  Ausdruck ? Ausdruck : Ausdruck

EinfachAusdruck :
  Bezeichner |
  Konstante |
  "(" Ausdruck ")" |
  EinfachAusdruck "(" [ Namensliste ] ")" |
  EinfachAusdruck "[" Ausdruck "]" |
  LValue.Bezeichner |
  EinfachAusdruck-Bezeichner

LValue :
  Bezeichner |
  EinfachAusdruck "[" Ausdruck "]" |
  LValue.Bezeichner |
  EinfachAusdruck->Bezeichner |
  * Ausdruck |
  "(" LValue ")"

BinOp :
  *   |  /  |  %  |
  +   |  -  |
```

```
  >>   | <<   |
  <    |  >   | <=   | >=   |
  ==   | !=   |
  &    |
  ^    |
  "|"  |
  &&   |
  "||" |
  =    | +=   | -=   | *=   | /=   | %=   |
  >>=  | <<=  | &=   | ^=   | "|="

KonstAusdruck :
  wie Ausdruck, jedoch zur Übersetzungszeit bekannt
```

Anweisungen

```
Anweisung :
  Block |
  Ausdruck ; |
  if "(" Ausdruck ")"
    Anweisung |
  if "(" Ausdruck ")"
    Anweisung
  else
    Anweisung |
  while "(" Ausdruck ")"
    Anweisung |
  do
    Anweisung
  while "(" Ausdruck ")" ; |
  for "(" [Ausdruck] ; [Ausdruck] ; [Ausdruck] ")"
    Anweisung |
  switch "(" Ausdruck ")" "{"
  { case KonstAusdruck :
    Anweisung }
  [ default :
    Anweisung ]
  "}" |
  break ; |
  continue ; |
  return Ausdruck ; |
  goto Bezeichner ; |
  Bezeichner :
    Anweisung |
  ;

Block :
  "{"
```

```
  { DatenDeklaration }
  { Anweisung }
  "}"
```

Deklarationen

```
Deklaration :
  DatenDeklaration |
  FunktionsDeklaration

DatenDeklaration :
  EinfachDeklaration |
  StruktDeklaration |
  EnumDeklaration

EinfachDeklaration :
  {Speicherklasse} {TypModi} TypName
  [*] Bezeichner [ "[" Ganzzahl "]" | "()" ] [ Init ]
  {, [*] Bezeichner [ "[" Ganzzahl "]" | "()"] [ Init ] };

StruktDeklaration :
  struct [ Bezeichner ] "{"
    { Datendefinition }
    { BitFeld }
  "}" [ Namensliste ] [ Init ] ; |
  union [ Bezeichner ] "{"
    { Datendefintion }
  "}" [ Namensliste ] [ Init ] } ;

EnumDeklaration :
  enum [ Bezeichner ] "{"
    Bezeichner [ = Ganzzahl ]
    { , Bezeichner [ = Ganzzahl ] }
  "}" [ Namensliste ] ;

FunktionsDeklaration :
  {TypModi} TypName [*] Bezeichner "(" Namensliste ")"
  { DatenDeklaration }
  Block

Speicherklasse :
  auto |
  static |
  extern |
  register |
  typedef

Typmodi :
  short |
```

```
  long |
  unsigned

Typname :
  char |
  short |
  int |
  long |
  unsigned |
  float |
  double |
  Bezeichner

Init :
  = Konstante |
  = "{" Konstante { , Konstante } "}"

BitFeld :
  unsigned Bezeichner : Ganzzahl ; |
  unsigned : Ganzzahl ;

Namensliste :
  Bezeichner { , Bezeichner }
```

Präprozessor

```
PräprozessorAnweisung :
  #define Bezeichner { Zeichen } |
  #define Bezeichner "(" Namensliste ")" { Zeichen } |
  #undef Bezeichner |
  #include <Dateiname> |
  #include "Dateiname" |
  #if KonstAusdruck
  { Zeichen }
[ #elif Konstausdruck
  { Zeichen } ]
[ #else
  { Zeichen } ]
#endif |
  #ifdef Bezeichner
  { Zeichen }
[ #elif Bezeichner
  { Zeichen } ]
[ #else
  { Zeichen } ]
#endif |
  #ifndef Bezeichner
  { Zeichen }
```

```
[ #elif Bezeichner
  { Zeichen } ]
[ #else
  { Zeichen } ]
#endif |
  #line Ganzzahl Dateiname

Dateiname :
  { Zeichen } [ . { Zeichen }
```

Quelldatei

```
Quelldatei :
  {
  [ PräprozessorAnweisung ]
  [ Deklaration ]
  }
```

Anhang F

Operator-Reihenfolge

Operator	*Name*	*Assoziativität*
A++	Postinkrement	von links nach rechts
A—	Postdekrement	
A(B)	Funktionsausfruf	
A[B]	Feldindex	
A.B	Memberzugriff	
A-B	Memberkennzeichnung	
++A	Präinkrement	von rechts nach links
—A	Prädekrement	
–A	Unäres Minus	
+A	Unäres Plus	
!A	Logische Negation	
~A	Einerkomplement	
*A	Umleitung	
&A	Adresse	
sizeof A	sizeof	
(type)A	Typumwandlung	
A*B	Multiplikation	von links nach rechts
A/B	Division	
A%B	Restwert	
A+B	Addition	
A–B	Subtraktion	
A<<B	Linksschieben	
A>>B	Rechtsschieben	
A<B	Kleiner als	
A<=B	Kleiner gleich	
A>B	Größer als	
A>=B	Größer gleich	

<table>
<tr><th>Operator</th><th>Name</th><th>Assoziativität</th></tr>
<tr><td>A==B</td><td>Gleichheit</td><td>von links nach rechtst</td></tr>
<tr><td>A!=B</td><td>Ungleichheit</td><td></td></tr>
<tr><td>A&B</td><td>Bitweises UND</td><td></td></tr>
<tr><td>A^B</td><td>Bitweises EXCLUSIV-ODER</td><td></td></tr>
<tr><td>A | B</td><td>Bitweises ODER</td><td></td></tr>
<tr><td>A&&B</td><td>Logisches UND</td><td></td></tr>
<tr><td>A | | B</td><td>Logisches ODER</td><td></td></tr>
<tr><td>A?B:C</td><td>Bedingung</td><td></td></tr>
<tr><td>A=B</td><td>Zuweisung</td><td></td></tr>
<tr><td>A+=B</td><td>Addition-Zuweisung</td><td></td></tr>
<tr><td>A–=B</td><td>Subtraktion-Zuweisung</td><td></td></tr>
<tr><td>A*=B</td><td>Multiplikation-Zuweisung</td><td></td></tr>
<tr><td>A/=B</td><td>Division-Zuweisung</td><td></td></tr>
<tr><td>A%=B</td><td>Restwert-Zuweisung</td><td></td></tr>
<tr><td>A&=B</td><td>Bitweises-UND-Zuweisung</td><td></td></tr>
<tr><td>A | =B</td><td>Bitweises-ODER-Zuweisung</td><td></td></tr>
<tr><td>A^=B</td><td>Bitweises-EXCLUSIV-ODER-Zuweisung</td><td></td></tr>
<tr><td>A<<=B</td><td>Linksschiebe-Zuweisung</td><td></td></tr>
<tr><td>A>>=B</td><td>Rechtsschiebe-Zuweisung</td><td></td></tr>
<tr><td>A,B</td><td>Komma</td><td></td></tr>
</table>

Anhang G

Literaturhinweise

Nachfolgend finden Sie eine kleine Liste mit zusätzlicher Literatur. Alle Bücher beschäftigen sich auf die eine oder andere Art mit dem Programmieren in der Sprache C. Die Liste ist sehr subjektiv und repräsentiert unter anderem die Bücher, die von mir bei der Erstellung dieses Buches verwendet wurden.

[1] »*The C-Programming Language*«, Brian W. Kernighan und Dennis M. Ritchie, *Prentice Hall 1978.*
Das Originalwerk über C von den Entwicklern der Sprache. Es ist für all diejenigen, deren Interesse an C über das bloße Erlernen der Sprache hinausgeht und als Referenz für den ursprünglichen Sprachstandard ein Muß.

[2] Übersetzung: »*Programmieren in C*«, Brian W. Kerninghan und Dennis M. Ritchie, Hanser Verlag 1988, 1990.

[3] »*Programming in C*«, Stephen G. Kochan, *Hayden Books Library 1988.*
Ein sehr gutes Lehrbuch auch für Leute mit geringen Programmierkenntnissen. Allerdings in englisch.

[4] »*Referenzbuch Standard-C*«, P.J.Plauger und J. Brodie, *Vieweg/Microsoft Press 1990.*
Die Referenz für den ANSI-C-Standard. Nur geeignet für Leute, die schon C können. Sehr detaillierte Angaben, aber teilweise etwas undurchsichtig strukturiert.

[5] »*Zortech V 2.0 C++ Compiler-Reference*« und »*Zortech C++ Function-Reference*«, *Zortech.*
Die Handbücher zum C++/C-2.0-Entwicklungssystem von Zortech. Als Lehrbücher für die Sprache C/C++ nicht ganz ausreichend, aber gute Referenz.

[6] »*Turbo-C User Guide*« und »Turbo-C Reference Guide«, *Borland.*
Handbücher zum Turbo-C-2.00-Compiler. Insbesonders die Auflistung der Library-Funktionen ist sehr gelungen.

[7] *»Microsoft C Reference«* und *»Microsoft C Advanced Programming Techniques«, Microsoft.*
Handbücher zum Microsoft-C-6.0 Professional Development System. Reine Referenz für Leute, die C schon gut können.

[8] *»System Interfaces + Libraries Reference Manual«, »C-Compiler Reference Manual«, »Users Reference Manual«, Olivetti.*
Handbücher zu einem typischen UNIX-C-Compiler, in diesem Fall zu X/OS von Olivetti. Als Lehrbuch ungeeignet, aber gute Referenzfunktion.

[9] *»User's Reference«, »Programmer's Reference«, »Programmer's Guide 1+2«, SCO.*
Die Handbücher zum C-Development-System von SCO-XENIX. Zusammen sowohl als Lehrbücher wie auch als Nachschlagewerke für die UNIX-C-Programmierung vorbildlich.

[10] *»Kuckucksei, die Jagd auf die deutschen Hacker, die das Pentagon knackten«,* Clifford Stoll, *Wolfgang Krüger Verlag 1989.*
Kein C-Lehrbuch, sondern für alle, die etwas mit UNIX-Systemprogrammierung zu tun haben, genauso spannend wie Mrs. Marple.

[11] *»Faszination Programmieren«,* S. Lammers, *Markt & Technik/ Microsoft Press 1976.*
Interviews mit führenden PC-Programmierern. Vermittelt einen Einblick in die Arbeitsweise einiger bekannter amkerikanischer Programmierer. Interessant ist vor allem die Rolle der Sprache C.

Index

Q

R

S

T

Datenbanken

Objektorientierte Datenbanken

Konzepte, Modelle, Systeme

Andreas Heuer

In diesem Buch werden die Konzepte objektorientierter Datenbankmodelle und -systeme sowie einige konkrete Modelle und Systeme vorgestellt.

628 Seiten, 1992, 79,90 DM, gebunden
ISBN 3-89319-315-4

Relationale Datenbanken

Theorie und Praxis inklusive SQL-2

Hermann Sauer

In fast allen Lebensbereichen hat sich die Anwendung relationaler Datenbanken durchgesetzt. Sie lernen die Grundlage aller relationaler Datenbanken ebenso kennen wie deren interne Arbeitsweise.
Ein Leitfaden für die Beurteilung und Auswahl relationaler Datenbanksysteme rundet die Darstellung ab. Das Thema SQL-2 findet in diesem Buch besondere Beachtung.

291 Seiten, 2. Auflage 1992, gebunden
59,90 DM, ISBN 3-89319-573 - 4

INFORMIX 4.0/5.0

Das relationale Datenbanksystem
mit INFORMIX OnLine

Dusan Petkovic

Das Buch beschreibt die Versionen 4.0 und 5.0 von Informix. Es ist als Lehrbuch konzipiert und wendet sich an Endbenutzer und Datenbankprogrammierer, die Informix erlernen und praktisch anwenden wollen.

476 Seiten, 1993, 79,90 DM, gebunden
ISBN 3-89319-530-0

ADDISON-WESLEY